F IREDOM

Աֆրիկյան ներգաղթյալների ֆինանսական անկախության պատմություններ

OLUMIDE OGUNSANWO

&

ACHANI SAMON BIAOU

FIREDOM. ԱՖՐԻԿԱՑԻ ՆԵՐԳՂՏԱԿԱՆՆԵՐԻ ՖԻՆԱՆՍԱԿԱՆ ԱՆԿԱԽՈՒԹՅԱՆ ՊԱՏՄՈՒԹՅՈՒՆՆԵՐ
Առաջին հրատարակություն.

2023-10-30

Բաժանորդագրվեք մեր տեղեկագրին՝ firedom.substack.com

Էլ.փոստով մեզ՝ hello@myfiredom.com
Այցելեք մեր կայք՝ myfiredom.com

1. Ներածություն

Olumide Ogunsanwo. Ես կցանկանայի սկսել՝ ողջունելով բոլորին, ովքեր գնել են այս գիրքը։ Մենք երախտապարտ ենք և հուսով ենք, որ գիրքը կօգնի ձեզ ինքներդ բացահայտելու, անձնական զարգացման, անկախության և ազատության ձեր ճանապարհորդության մեջ։

Այս ներածական գլխում մենք կանդրադառնանք հինգ թեմաների . գիրք.

Սամոն, ես կցանկանայի սկսել ավելին իմանալով քո և քո ծագման մասին։

Աչանի Սամոն Բիաու. Ես Սամոն Բիաու եմ։ Ես ծնվել եմ Բենինում, Արևմտյան Աֆրիկա և ապրել եմ աշխարհի ավելի քան 20 երկրներում և այցելել մոտ հարյուր։ Ես խոսում եմ 8 լեզուներով: Ես մի քանի կյանք եմ ունեցել. սկսել եմ որպես ինժեներ, անցել կառավարման խորհրդատվության և այժմ կենտրոնացել եմ ձեռներեցության և ներդրումների վրա։ Իմ հիմնական հետաքրքրությունները մշակույթները հասկանալն է, տարբեր վայրեր տեսնելը և խնդիրների լուծումը։

Olumide Ogunsanwo. Ո՞ր երեք լեզուներով եք ամենաշատը խոսում։

Աչանի Սամոն Բիաու. Ես ամենից հաճախ խոսում եմ անգլերեն, որին հաջորդում են ֆրանսերենը և յորուբաները։

Olumide Ogunsanwo. Սպասիր : Ես յորուբա եմ, և ես գրեթե չեմ խոսում յորուբա։ Ինչո՞ւ եք այդքան շատ զբաղվում յորուբայով։ Արդյո՞ք դա ձեր ծնողների կամ ընտանիքի պատճառով է։

Աչանի Սամոն Բիաու. Իսկապես, ես մայրիկիս և

ընտանիքիս անդամների հետ խոսում եմ յորուբա: Մեր հակիրճ նախապատմություն մեր ընթերցողների համար. յորուբան ոչ միայն էթնիկ խումբ է, այլև լեզու, որով խոսում են Արևմտյան Աֆրիկայում: Յորուբացիներին կարելի է հանդիպել նաև այլ երկրներում, ներառյալ Բրազիլիայում և Կուբայում:

Ես կցանկանայի կիսվել երկու հերքումով մեր ընթերցողների համար: Նախ, ես սիրում եմ ուրախ տրամադրություն, քանի որ ես մեծացել եմ դրա շուրջ: Բենինում իմ մանկության տարիներին ամեն ինչ պտտվում էր երջանկության և բարիդրացիական հարաբերությունների շուրջ: Ես սիրում եմ շրջապատված լինել ուրախությամբ:

Olumide Ogunsanwo: [Ծիծաղ]

Աչանի Սամոն Բիաու. Երկրորդ, ես հաճախ օգտագործում եմ միջլեզու, ինչը նշանակում է, որ երբ խոսում եմ, խառնում եմ շարահյուսությունը իմ իմացած մյուս յոթ լեզուներից: Երբեմն ես սկսում եմ մտածել մի լեզվով և ավարտում եմ մեկ այլ լեզվով: Հետևաբար, եթե լսում եք նախադասություններ ձևակերպելու տարօրինակ ձև, ապա դա հավանաբար արաբերեն, ֆրանսերեն, անգլերեն և յորուբա լեզուների խառնուրդի պատճառով է:

Olumide Ogunsanwo: Հիանալի: Ես կարող եմ բարելավել իմ ֆրանսերենը, եթե մի քանի ֆրանսերեն բառեր դնես: Նույնիսկ այն ձևը, որով դուք ձևակերպել եք այդ նախկին նախադասությունը «լավ ուրախություն» հավանելու մասին, տարբերվում է այն բանից, թե ինչպես ես (անգլերենի բնիկ խոսնակը) կարտաբերեի այն: Ես կարող եմ շատ բան սովորել այս գործընթացից: Ես անհամբեր սպասում եմ իմ ֆրանսերենի բարելավմանը:

Աչանի Սամոն Բիաու. Դուք պետք է ինձ տեղեկացնեք, թե ֆրանսերենի որ տեսակն եք ուզում սովորել՝ ֆրանսերեն ֆրանսերեն, իվուարյան ֆրանսերեն, թե բենիներեն ֆրանսերեն: Դրանք գրեթե բոլորովին տարբեր լեզուներ են [Ծիծաղ]:

Olumide Ogunsanwo. [Ժպտացեք] Որո՞նք են ձեր հետաքրքրությունները:

Աչանի Սամոն Բիաու. Իմ հիմնական հետաքրքրությունը մարդկային փորձի ավելի խորը ընկալումն է, որը ներառում է հասկանալ, թե ինչու են մարդիկ իրենց պահում որոշակի ձևերով և ինչն է նրանց դրդում: Մարդկային վիճակի ըմբռնման այս հետաքրքրությունն այն է, ինչը մղում է իմ կիրքը ճամփորդությունների միջոցով տարբեր մշակույթներ ուսումնասիրելու համար:

Իսկ թե ինչպես է զարգացել այս հետաքրքրությունը, ես դա կապում եմ յորուբա մշակույթում իմ դաստիարակության հետ, որտեղ երեցները շփվում էին՝ օգտագործելով ասացվածքներ: Ծնողներս կամ հորեղբայրներս կարող էին ամբողջ խոսակցություններ վարել միայն ասացվածքներ փոխանակելով: Սա ինձ սովորեցրեց մեծ ուշադրություն դարձնել ոչ միայն մարդկանց օգտագործած բառերին, այլև նրանց ոչ խոսքային նշաններին և վարքագծին:

Olumide, իմ մասին մի փոքր կիսվելուց հետո ես հետաքրքրված եմ ավելին իմանալ քո մասին: Ով ես դու?

Olumide Ogunsanwo: Ո՞վ եմ ես: Դա հնչում է որպես խորը փիլիսոփայական հարց: Իմ անունը Օլումիդ Օգունսանվոն է:

Իմ ընդհանուր արժեքներն են՝ հարաբերությունները, առողջությունը, ինքնավարությունը/ազատությունը, ուսումնառությունը, կատարողականը (հիասթափվելը), արկածները և ֆինանսական գերազանցությունը:

Այս արժեքները ոգեշնչում են իմ հատուկ հետաքրքրությունները, որոնք ներառում են տեխնոլոգիա, անձնական ֆինանսներ, անձնական զարգացում, գրքեր, գիտություն, մաթեմատիկա, փոդքասթեր, պատմություն, միաձուլումներ և ձեռքբերումներ (M&A), ընկերության պատմություններ, սնուցում, ճանապարհորդություն, պար և ճանապարհորդական պարգևատրման ծրագրեր:

Հետաքրքիր է, որ մենք կիսում ենք առնվազն երկու ընդհանուր հետաքրքրություն՝ ճանապարհորդություն և անձնական ֆինանսներ:

Աչանի Սամոն Բիաու. Այո՛: Ես չէի կարող զսպել մի քիչ ծանրաբեռնվածություն, երբ դու խոսում էիր: Այսքան հետաքրքրություններով հանդերձ, ինչպե՞ս եք օրվա մեջ բավականաչափ ժամեր գտնում՝ դրանք բոլորին հետամուտ լինելու համար: Ձեր կյանքի տարբեր ժամանակաշրջաններում կենտրոնանում եք այս արժեքների վրա, թե՞ միանգամից հետևում եք դրանց:

Օլումիդ Օգունսանվո. Ես ապրում եմ իմ կյանքն իմ արժեքների հետ համահունչ, որոնք արմատացած են իմ մեջ: Ես ակտիվորեն չեմ հետապնդում նրանց, նրանք առաջնորդում են ինձ որոշումներ կայացնելիս և օգնում են ինձ առաջնահերթություն տալ իմ ժամանակին, երբ ես ունեմ բազմաթիվ հնարավորություններ և առկա մրցակցային տարբերակներ:

Իմ հետաքրքրությունները հաճախ համընկնում են, և քանի որ դրանք ինձ համար հետաքրքիր և զվարճալի են թվում, ես դրանք առաջնահերթություն եմ տալիս այնպես, որ ինձ հնարավորություն է տալիս ժամանակ հատկացնել բոլորին:

Աչանի Սամոն Բիաու. Ինչպե՞ս եք զարգացնում նոր հետաքրքրություններ:

Օլումիդ Օգունսանվո. Ես մեծ փորձեր եմ անում, և իմ հետաքրքրություններից շատերը առաջացել են անցյալ փորձերից: Ամեն ամիս ես փորձում եմ մի նոր փորձ, ոմանք մնում են, իսկ մյուսները՝ ոչ: Բացի այդ, ապրելով բազմամշակութային քաղաքներում, ինչպիսիք են Լագոսը, Չիկագո, Լոնդոնը, Բոստոնը և Մայամին, ինձ բացահայտեցին տարբեր կենսակերպ և հեռանկարներ ունեցող մարդկանց լայն տեսականի:

Այս ամենը միասին դնելով՝ ես երեք տարբեր բան եմ անում: Ես ներդրող եմ, փոդքաստեր և խորհրդատու (և հեղինակ՝ այս գիրքը հրատարակելուց հետո).

1. **Ներդրող**. Ես ներդրումներ եմ կատարում աֆրիկյան ստարտափներում Adamantium Fund-ի միջոցով [1]:

2. **Պոդքասթեր. Ես** Afrobility փոդքասթի [2]համահաղորդավարն ու համահիմնադիրն եմ : Եթե ձեզ դուր է գալիս այս գիրքը, ապա կարող եք հավանել փոդքասթը: Այն պարունակում է աֆրիկյան տեխնոլոգիական ընկերությունների պատմություններ և վերլուծություններ:

3. **Խորհրդատու**. Ես խորհուրդ եմ տալիս ստարտափներին: Ես նաև ունեմ ֆինանսական անկախության խորհրդատվական բիզնես; Ես խորհուրդ եմ տալիս մարդկանց, թե ինչպես դառնալ ֆինանսապես անկախ (այս գրքի թեմայի նման):

Այս գիրքը հիմնականում ուսումնասիրում է իմ հետաքրքրությունները անձնական ֆինանսների և ֆինանսական անկախության վերաբերյալ, բայց ես ունեմ ավելի լայն հետաքրքրություններ, որոնք հավանաբար կհայտնվեն մեր պատմությունների միջով անցնելիս:

Աչանի Սամոն Բիաու. Որտե՞ղ եք ապրում:

Olumide Ogunsanwo. Ես իմ ժամանակը բաժանում եմ տարբեր քաղաքների միջև՝ հիմնվելով իմ աշխարհաստրատեգիայի վրա.

Մայամի 50%, Լագոս 20%, Նյու Յորք 5%, Լոնդոն 5%, Այլ

1. http://adamantiumfund.com

2. http://afrobility.com

քաղաքներ 20%

Աչանի Սամոն Բիաու. Ես թույլ չեմ տա չնշել, որ ձեր խորհրդատուն շարունակում է ամեն ինչ լավ կառուցված լինել: Հիանալի է մեկ այլ գործընկեր խորհրդատուի հետ զրուցելու և կառուցվածքը ճանաչելու համար:

Օլումիդե Օգունսանվո: [Ժպտացեք]: Դա մի քիչ իմ մասին է: Ինչպե՞ս հանդիպեցինք:

Աչանի Սամոն Բիաու. Իմ գործընկերն ինձ ասաց Օլումիդի մասին 2022 թվականի օգոստոսին՝ ասելով, որ մենք հաճույքով կխոսենք միմյանց հետ: Այն ժամանակ ես դրա մասին շատ չէի մտածում: Մինչև 2022 թվականի հոկտեմբեր, ես այցելում էի Մայամի, և Օլումիդի անունը նորից հնչեց, քանի որ նա ապրում է քաղաքում: Հետո գործընկերս նշեց, որ Օլումիդը ֆինանսական անկախության մեջ է, և նա անմիջապես գրավեց իմ ուշադրությունը: Մենք գնացինք Օլումիդի տուն, ես գնացի ֆինանսական անկախության զրույցի և մնացի հանուն մարդկային իսկության և իրականության:

Օլումիդ Օգունսանվո. [Ժպտացեք] Օ, դա այնքան քաղցր է:

Աչանի Սամոն Բիաու. Մենք շատ ընդհանուր բաներ ունենք: Դուք իսկական եք և իսկական: Դա իմ տեսակն է, ում հետ կարող եմ շփվել: Մենք անհամեմատ ժամանակ անցկացրինք՝ խոսելով մեր փորձառությունների մասին, ինչպես երկու ավագ դպրոցի երեխաներ: Մենք զվարճացանք:

Olumide Ogunsanwo. Այո՜: Այդպես էր զգացվում: Կյանքի այն պահերից էր, երբ ակնթարթորեն կապվում ես մարդու հետ: Մենք ունեինք այս ընդհանուր շահը ֆինանսական անկախության մեջ, և մենք պարզապես շարունակում էինք գնալ ավելի ու ավելի խորը: Մենք նույնիսկ անմիջապես անցանք աղյուսակների և բյուջեների մեջ: Դա զվարճալի էր! Այդ ճամփորդությունը այս նախագծի վրա միասին աշխատելու ծագումն էր, քանի որ ես կարծում էի, որ դուք պոտենցիալ հետաքրքիր անձնավորություն եք ավելի լավ ճանաչելու համար։

Ինչո՞ւ եք ուզում գրել այս գիրքը։

Աչանի Սամոն Բիաու. Նախ՝ պահպանել մեր զրույցների հիշողությունները և ընկերոջ հետ խոսելու հաճույքը։

Օլումիդ Օգունսանվո. 2030 թվականին և դրանից հետո ես կարող եմ անդրադառնալ այս գրքին և հիշել այն հրաշալի կապը, որը հաստատեցի Սամոնի հետ։ Մենք ստեղծել ենք հատուկ բան՝ կիսվելու մեր կյանքի պատմություններով, և ուրախություն է իմանալ, որ այս փորձառությունը հավերժ կպահպանվի իր էջերում։ Այս գրքով այդ փորձառությունը ընդմիշտ կոդավորելու մեջ կա մի հրաշալի բան։

Աչանի Սամոն Բիաու. Երկրորդ, ես դա տեսնում եմ որպես մեր զրույցների միջոցով սովորելու և աճելու հնարավորություն։

Օլումիդ Օգունսանվո. Ես հավատում եմ, որ կարող եմ շատ բան սովորել ֆինանսական անկախության ձեր մոտեցումից, քանի որ դուք այլ ճանապարհ եք բռնել։ Այս գիրքը հիանալի հնարավորություն է երկուսիս համար սովորելու միմյանց փորձից։

Աչանի Սամոն Բիաու. Ինձ դուր եկավ մեր կապը և թե որքան բաց էինք մենք միմյանց հետ ի սկզբանե։ Լինելով այնպիսի միջավայրում, որտեղ ես կարող եմ թուլացնել իմ զգոնությունը, և մրցակցության միջոցով գոյատևելու բնազդները պետք չեն, ինձ համար իսկապես հզոր է։ Մեծ ընկերությունն այն միջավայրն է, որտեղ ես չեմ անհանգստանում, չեմ անհանգստանում, չեմ ամաչում, թե ով եմ ես և ինչ եմ արել։ Դա ավելի հզոր է, քան ցանկացած գումար։

Այս գիրքը գրելու իմ երրորդ պատճառը մեր պատմությունները ուրիշների հետ կիսելն է։

Այնուամենայնիվ, ես դրա վերաբերյալ հակասական զգացումներ ունեմ, քանի որ չեմ ուզում, որ մարդիկ սխալ եզրակացություններ անեն մեր փորձից։ Լավ որոշումներ կայացնելը բարդ է, և ռիսկային է պարզապես պատճենել այն, ինչ արել են ուրիշները՝ չհասկանալով նրանց օգտագործած հիմքում ընկած սկզբունքները։ Փոխարենը, ավելի լավ է դասեր քաղել այդ սկզբունքներից և կիրառել դրանք այնպես, որ հարմար լինի ձեր իրավիճակին և անել մի բան, որը տարբերվում է մեր արածից։

Olumide Ogunsanwo. Ես համաձայն եմ։ Դա որոշումների հիմքում ընկած մտածողության գործընթացն է, այլ ոչ թե որոշումներն իրենք։

Ես հաշվի առա իմ կյանքի յուրաքանչյուր փուլում առկա տարբերակները, որոնք համապատասխանում էին իմ անձին և հետաքրքրություններին, և իմ ունեցած կիտրոններից պատրաստեցի լավագույն լիմոնադը։ Ես հաստատ ուրիշի պլանին չեմ հետևել։

Երբ դուք կարդում եք մեր պատմությունները, մենք ձեզ խրախուսում ենք մտածել այն մասին, թե ինչպես կարող եք ընտրություն կատարել ձեր կյանքի համար՝ պարզապես մեր արածը պատճենելու փոխարեն։ Այս գրքից հիմնական առավելությունը դիտավորյալ և նպատակաուղղված ապրելն է։

Աչանի Սամոն Բիաու. Դրանք իմ պատճառներն էին։ Որո՞նք են այս գիրքը գրելու ձեր պատճառները։

Olumide Ogunsanwo. Առաջին պատճառն այն է, որ ես ուզում եմ զվարճանալ և նոր բան զգալ։ Թեև ես ձայնագրել եմ Afrobility փոդքասթի ավելի քան 100 ժամ, ես նախկինում երբեք գիրք չեմ գրել, ուստի հետաքրքիր հնարավորություն կլինի սովորել որևէ այլ բան։

Ես և Սամոնը քննարկեցինք, թե ինչպես պետք է տեղավորել գիրքը և ներկայանալ։ Ես կիսեցի, որ իսկականությունն ամենակարևորն է, քանի որ ես նախընտրում եմ ժամանակ անցկացնել մարդկանց հետ, ովքեր անկեղծ են և թույլ են տալիս ինձ լինել: Ընդհակառակը, եթե մեկը ստիպված է լինում թաքցնել իր մասերը, կյանքը դառնում է ավելի քիչ հաճելի: Իմ հույսն այն է, որ ստեղծելով այս գիրքը՝ մենք կարող ենք ազատ խոսել, հանգստանալ և վայելել ճանապարհորդությունը:

Այս գիրքը գրելու մեկ այլ պատճառ էլ պատմվածքի մարդկային կողմն է: Պատմություններն այն են, թե ինչպես են մարդիկ գիտելիքները փոխանցում սերնդից մյուսին:

Այս գրքում Սամոնը ինձ մի քանի հարց կտա դեպի ֆինանսական անկախություն տանող իմ ճանապարհորդությունը, և ես նույնը կանեմ և հարցեր կտամ նրան իր ճանապարհորդության մասին: Զրույցի այս ձևաչափը պետք է զվարճալի լինի, և ես հուսով եմ, որ ընթերցողները կարող են որոշ արժեքավոր հատվածներ քաղել մեր պատմություններից:

Աչանի Սամոն Բիաու. Ինչո՞ւ մենք չպետք է ստեղծենք այս գիրքը:

Olumide Ogunsanwo: Երեք պատճառ.

1. Վախ անհայտից. Երբ ես փորձում եմ նոր բաներ, ես հաճախ անհանգստանում եմ, թե ինչպես կընդունեն դրանք և ինչպես կներկայացնեմ ինձ: Այս գիրքը վաճառքի է հանվելու և բաց կլինի քննադատության համար: Թեև ես հիմա ավելի քիչ եմ մտահոգված, քանի որ ես արդեն սկսել եմ փոդքասթ և VC հիմնադրամ, քննադատության վախը դեռևս ինչ-որ տեղ թաքնված է իմ ենթագիտակցության մեջ:

2. Անձնական ֆինանսական տեղեկատվության լայն հասանելիություն. արդեն իսկ կան բազմաթիվ անձնական ֆինանսական տեղեկություններ, որոնք հասանելի են տարբեր ձևաչափերով, ինչպիսիք են բլոգները, փոդքասթները և գրքերը, բայց դա ինձ շատ չի անհանգստացնում, քանի որ այս գիրքն այլ մոտեցում է ցուցաբերում: Մեր գիրքը կենտրոնանում է մեր անձնական պատմությունների և փորձառությունների վրա և սպասարկում է թերիներին և օտարներին: Մինչ մենք կիսում ենք մեր ֆինանսական ճանապարհորդությունները որպես աֆրիկացի ներգաղթյալներ, ֆինանսական անկախության սկզբունքները համընդհանուր կիրառելի են՝ անկախ ռասայից կամ ծագումից:

3. **Բացահայտման և գաղտնիության մակարդակ**. գրքի բնույթը ներառում է մեր անձնական ֆինանսական ճամփորդությունների փոխանակումը, ինչը կարող է մտահոգություններ առաջացնել գաղտնիության և կիսված մանրամասների վերաբերյալ: Այդուհանդերձ, մենք կձգտենք գիրքը դարձնել գործող և հարաբերական ընթերցողների համար՝ առաջարկելով համընդհանուր սկզբունքներ և ռազմավարություններ, որոնք գրեթե միշտ օգտակար են: Մենք նաև կներառենք հատուկ տեղեկատվություն, երբ դա անհրաժեշտ լինի՝ օգնելու ընթերցողներին հասկանալ ռազմավարությունների իրականացումը և փոխզիջման նկատառումները:

Սրանք որոշ վերապահումներ են, որոնք ես ունեմ, բայց ես, այնուամենայնիվ, պատրաստվում եմ շարունակել: Հենց այս պահին ես մի փոքր վախենում եմ, որ գիտեմ, որ պետք է շարունակեմ առաջ մղվել:

Աչանի Սամոն Բիաու. Ես նույնպես պատռված եմ: Մի կողմից ուզում եմ, որ գիրքը մարդկանց համար հնարավորինս շոշափելի դարձնենք: Մյուս կողմից, դա կարող է հանգեցնել զուտ արժեքի և գաղտնիության այլ խնդիրների վրա չափազանց մեծ ուշադրության:

Օլումիդ Օգունսանվո. Ի՞նչ ենք ուզում, որ ընթերցողները ստանան այս գրքից:

Աչանի Սամոն Բիաու. Ես ուզում եմ, որ ընթերցողները զգան, որ կարող են պատմել իրենց պատմությունը: Նրանց պատմությունը կարևոր է կիսվելու համար և կարող է պոտենցիալ ոգեշնչել ուրիշներին։

Olumide Ogunsanwo. Իմ փիլիսոփայությունը դրա վերաբերյալ պարզ է. «Ուղղակի արա դա»։ ինչպես Nike-ի կարգախոսը։ Երբեմն կարող եք զգալ, որ դարպասապահները խանգարում են ձեզ անել այն, ինչ ցանկանում եք, կամ որ դուք որակավորված կամ պատրաստ չեք ինչ-որ բան անելու։ Բայց այս արգելքների մեծ մասը մեր գլխում է։ Իրականությունն այն է, որ մարդիկ չափազանց հզոր են, և մենք կարող ենք իրականացնել այն ամենը, ինչ ցանկանում եք։ Դա անելու համար պարզապես պետք է քաջություն ունենալ։ Ամեն ինչ ավելի հեշտ է, քան թվում է, հատկապես այն բանից հետո, երբ դուք ընդունում եք ձախողումը որպես նոր բաներ փորձելու բնական հետևանք։ Կրկնվող փորձերի և պոտենցիալ ձախողման միջոցով հարմարավետություն զարգացնելը մկան է, որը դուք կարող եք կառուցել։

Դուք, հավանաբար, կարդում եք այս գիրքը և մտածում. «Սամոնը և Օլումիդը յոթ ամիս ծախսեցին պլանավորման մեջ, ունեին հրատարակիչ և խմբագիր։ Նրանք պետք է համաձայնություն ձեռք բերեին իրավունքների մասին»։ Իրականում ես հանդիպեցի Սամոնին, որոշեցի, որ ես սիրում եմ այս տղային, և մենք պետք է գիրք գրենք ֆինանսական անկախության մասին։ Մենք մշակեցինք պլան և շատ արագ սկսեցինք իրականացնել, և պատրաստի արտադրանքը այն է, ինչ դուք ունեք ձեր ձեռքերում։

Մեր նպատակներին հասնելու ամենամեծ խոչընդոտը հաճախ մեր սեփական վախերն ու կասկածներն են։ Մենք ստեղծում ենք տեսլականներ բոլոր այն բաների մասին, որոնք կարող են սխալ լինել և երբեք չենք անում առաջին քայլը։ Նրանք պետք է «Just do it» Nike ոճով։

Մարդիկ լավագույն մեկնարկային մեքենաները չեն, բայց մենք հիանալի ավարտական մեքենաներ ենք։ Երբ սկսում ես առաջադրանքը, շատ ավելի հավանական է, որ այն ավարտես։ Թույլ տվեք ձեզ աճել և ուսումնասիրել։ Մշակեք հետազոտողի և փորձարարի մտածելակերպ՝ գործերը կատարելու համար։

Ես երախտապարտ եմ, որ ես և Սամոնը հավաքվեցինք այս գիրքը գրելու համար, և հուսով եմ, որ այն կոգեշնչի ընթերցողներին դրական փոփոխություններ մտցնել իրենց կյանքում և ստեղծել իրեր։ Անկախ նրանից, թե դա արտադրանք է, գիրք, փողքասթ, տեղեկագիր կամ ամբողջությամբ այլ բան, արեք այն, ինչ դուք ցանկանում եք, այլ ոչ թե այն, ինչ հասարակությունն ասում է, որ պետք է։ Այնտեղ կա մեկը, ով ցանկանում է լսել ձեր պատմությունը։ Մարդիկ նույնպես առանձնահատուկ են ու տարբեր։ Յուրաքանչյուր ոք ունի յուրահատուկ պատմություն։ Սովորաբար այնտեղ կա մեկը, ով գնահատում է այն ամենը, ինչի միջով դուք անցել եք։ Դա իմ փոքրիկ ելույթն էր և հիշիր. «Ուղղակի արա դա»։

Աչանի Սամոն Բիաու. Սա պատճառներից մեկն է, թե ինչու ես սիրում եմ զրուցել Օլումիդի հետ։ Ես արդեն այնքան դրական լիցքեր եմ ստանում։ Ձեր ասածներից շատերն ինձ հետ են արձագանքում։ Իմ կյանքը լի է շատ բաներով, որոնք ես ուզում էի անել։ Ես ունեմ մոտ 10 հոդված, որոնք ուզում էի հրապարակել, բայց անընդհատ մտածում էի, թե արդյոք որևէ մեկին կհետաքրքրի դրանք։

Երբեմն ես տեսնում եմ անհետաքրքիր թվացող հոդվածներ, և մտածում եմ, թե ինչու է այս մարդն անգամ նեղություն քաշել սա գրել։ Հետո ես տեսնում եմ այն մեկնաբանությունները, որտեղ որոշ մարդիկ հոդվածները ոգեշնչող են համարում։ Դուք հասկանում եք, որ աշխարհը խելագար չէ, և գուցե դուք խենթ եք, որ մտածում եք, որ կա գլոբալ միօրինակություն։ Աշխարհը զարմանալիորեն բազմազան է. Ապրանքը, որը հետաքրքիր է մեկ անձի համար, կարող է հետաքրքիր չլինել մյուսի համար։

Olumide Ogunsanwo: Ճիշտ է։ Եթե դուք օտար, փոքրամասնություն կամ ներգաղթյալ եք, դուք կարող եք մեծացել այնպիսի զգացումով, որ կարիք ունեք ծնողների, ուսուցիչների կամ ղեկավարների թույլտվության՝ բաներ անելու համար։ Ժամանակի ընթացքում այս զգացումը արմատավորվում է ձեր ենթագիտակցության մեջ, և դուք շարունակում եք դարպասապահներ փնտրել նույնիսկ այն վայրերում, որտեղ այդպիսիք չկան։ Բայց դու դարպասապահներ պետք չեն։ Դու կարող ես դա անել. Ինտերնետը լի է հզոր ռեսուրսներով, և ձեզ հարկավոր է միայն ռիսկի ախորժակը և հասկանալ, որ պոտենցիալ անկման ռիսկը սովորաբար նվազագույն է։

Վերցրեք այս գիրքը որպես օրինակ։ Ո՞րն է ամենավատ սցենարը։ Միգուցե ոչ ոք չի կարդում, բայց դա նորմալ է, քանի որ մենք չենք գրել այն փող աշխատելու համար։ Ես դեռ հիանալի ժամանակ կանցկացնեի Սամոնի հետ պատմությունները ձայնագրելով և փոխանակելով։

Շատ մարդիկ գերագնահատում են բացասական ռիսկերը, բայց ավելի լավ է ճիշտ հասկանալ և քանակականացնել դրանք, որպեսզի կարողանաք կառավարել դրանք՝ պարզապես պատկերացնելու փոխարեն։ Սկսեք փորձարկել և արեք այն, ինչ գիտեք, որ ցանկանում եք անել, բայց վախենում եք սկսել։ Ձեզ ոչ մեկից թույլտվություն պետք չէ։ Դուք առանձնահատուկ եք ձեր ձևով և պետք է անեք այն, ինչ ուզում եք կյանքում։ Առաջ գնացեք և արեք դա։

Աչանի Սամոն Բիաու. Օլումիդ, ամեն անգամ, երբ խոսում ես, ես զգում եմ, որ դու ուղղակիորեն խոսում ես իմ հոգու հետ։ Ես ուզում եմ երկու տեսակետ ավելացնել քո ասածին։

Նախ, ես լիովին համաձայն եմ, որ մեզ հանդիպող շատ խոչընդոտներ հոգեկան են։ Մենք մեզ համար խոչընդոտներ ենք ստեղծում, որոնք իրականում գոյություն չունեն։

Երկրորդ, թեև ճիշտ է, որ շատ խոչընդոտներ կան մեր գլխում, երբեմն կան իրական դարպասապահներ, ովքեր փորձում են մեզ հետ պահել մեր նպատակներին հասնելուց։ Ամեն անգամ, երբ ինձ հաջողվել է ճեղքել դարպասը, դա այն պատճառով չէ, որ ես կենտրոնացել եմ դարպասապահների վրա։ Փոխարենը, դա այն պատճառով էր, որ ես նույնիսկ չգիտեի, որ նրանք այնտեղ են, կամ ես տեսա նրանց և մտածեցի.

Եթե ցանկանում եք ինչ-որ բան անել, պարզապես առաջ գնացեք և արեք դա։ Դուք կսովորեք պոտենցիալ բարդ մասերը, երբ գնում եք։ ԱՄՆ-ում ինձ դուր եկած բաներից մեկն այն է, որ այստեղ ավելի շատ մարդիկ պատրաստ են ռիսկի դիմել և փորձել նոր բաներ։ Ի հակադրություն, որոշ այլ երկրներում, որտեղ ես ապրել եմ, կարող է լինել այնպիսի զգացողություն, որ ինչ-որ մեկը միշտ հետևում է քեզ և դատում է քեզ։

Երբ ես բակալավրիատ էի, ես շատ էի անհանգստանում այն հարցի շուրջ, թե արդյոք ինձ թույլ են տալիս որոշակի բաներ անել, թե արդյոք դրանք հակասում են օրենքին կամ համարվում են տարօրինակ։ Բայց հիմա հասկանում եմ, որ այդ անհանգստությունները ինձ հետ էին պահում։ Իմ խորհուրդը բոլորին, ովքեր ցանկանում են ինչ-որ նոր բան փորձել, անտեսել դարպասապահներին և մերժողներին և պարզապես գնալ դրան։

Օլումիդ Օգունսանվո. Անձի զարգացման և որոշ վաղ փորձառությունների չսովորելու գործընթացը հատկապես կարևոր է։ Ձեր մտահորիզոնն ընդլայնելու լավագույն միջոցներից մեկը ձեզ նոր գաղափարների, մշակույթների և փորձառությունների ենթարկելն է։ Եթե դուք չեք մարտահրավեր նետում ինքներդ ձեզ և չեք փնտրում նոր գիտելիքներ, ապա այն կարող է դժվար լինել աճել և զարգանալ։

Աչանի Սամոն Բիաու. Ես հավատում եմ, որ մեզանից յուրաքանչյուրում երկու մաս գոյակցում է։ Թուլլտվություն խնդրելն ընդդեմ ուղղակի գործեր անելու։

Ես կցանկանայի կիսվել մի փորձով, որը ես ունեցել եմ Մայամիում Olumide-ի հետ՝ օրինակ բերելու համար։ Մի օր նա մեզ առաջարկեց հանգստանալ և նստել ջրի մոտ, քանի որ նա ապրում է ջրի մոտ։ Մենք մի փոքր քայլեցինք նրա շենքի դիմացի ոլորապտույտ ճանապարհով, մինչև որ տեղ գտանք նստելու և վայելելու տեսարանը։ Երբ մենք զրուցում էինք, մարդիկ անցնում էին մեր կողքով, և ես սկսեցի անհանգիստ զգալ՝ մտածելով, թե արդյոք մենք խոչընդոտում ենք, թե նույնիսկ կարելի է այնտեղ նստել։

Ես նայեցի Օլումիդին որոշակի վստահության համար, բայց նա կարծես թե մոռացել էր այդ ամենին, պարզապես հանգստանում էր և վայելում պահը առանց աշխարհի հոգսերի։ Սկզբում սկսեցի կասկածել նրա ու նրա անկաշկանդ վերաբերմունքի մեջ՝ մտածելով, թե «ո՞վ է այսպես նստած մայթին»: Առաջին րոպեներին ինձ անհարմար էր զգում։

Սակայն շուտով հասկացա, որ ես եմ իմ ներքին մենախոսությամբ անհարմարություն պատճառողը: Օլումիդը ճիշտ պատկերացում ուներ՝ պարզապես վայելելու պահը, առանց անհանգստանալու, թե ինչ են մտածում ուրիշները կամ մեզ շրջապատող կանոնները։ Դա ինձ ստիպեց կասկածի տակ առնել իմ սեփական մտածելակերպը, և թե որքան հաճախ եմ թույլ տվել, որ իմ մտքերն ու ընկալումները սահմանափակեն կյանքից հաճույքս։

Օլումիդ Օգունսանվո . Դա ծիծաղելի է։ Ես հանգիստ էի։

Աչանի Սամոն Բիաու. Ես հասկացել եմ, որ երբեմն ինձ զսպում եմ, քանի որ ունեմ որոշակի արգելքներ և պատկերացումներ այն մասին, թե ինչն է ճիշտ և թույլատրելի։ Թեև լավ է ուշադիր լինելը, սահմաններն անցնելն այն է, ինչը մղում է մարդկային ցեղի էվոլյուցիան։

Դա այն բաներից մեկն է, որ ես սիրում եմ Ամերիկայում։ Այն խրախուսում է մարդկանց լինել երևակայություն, փորձել նոր բաներ և առաջ մղել սահմանները։ Ով գիտի, ինչ-որ մեկը կարող է անսովոր բան անել, և նոր բիզնես կամ գաղափար ծնվի։

Արգելքներից զերծ լինելը հզոր բան է, և ֆինանսական անկախության հասնելը կարող է օգտակար գործիք լինել այնտեղ հասնելու համար։ Դա միակ գործիքը չէ, և ոմանք կասեին, որ դա նույնիսկ հիմնականը չէ։ Բայց ֆինանսական անկախություն ունենալը կարող է ձեզ ազատություն տալ կյանքում անել ձեր սեփական գործը և բացահայտել նոր հնարավորություններ։

Olumide Ogunsanwo. Դա ապրելակերպի ձևավորում է։ Ձևավորեք կյանք, որն աշխատում է ձեզ համար։ Պետք չէ գնալ ավանդական ճանապարհով. Դուք կարող եք ընտրել ցանկացած ճանապարհ, բայց դա պահանջում է մտադրություն, նպատակ և պլանավորում։ Դուք պարզապես չեք արթնանում այն կյանքից, որը ցանկանում եք։ Եթե դուք հետևեք ստատուս քվոյին, ապա կհայտնվեք ստատուս քվոյի հետ, որը կարող է ձեր ուզածը չլինել։

Աչանի Սամոն Բիաու. Դուք դա շատ ավելի լավ ասացիք, քան ես կարող էի արտահայտել։ Այս գիրքը բոլորի համար է, ովքեր հետաքրքրված են կյանքում ինչ-որ բանով տարբերվելու, քան այն, ինչ նրանք «ենթադրվում են» անել։ Մեր հույսն այն է, որ ընթերցողները կվերացնեն այս գրքից մետա պատկերացումները. կան այլ ուղիներ, որոնց պետք է գնալ ստատուս քվոյի սահմաններից դուրս։

Գիրքը փորձում է ձեզ տալ նոր հնարավորությունների զգացում։ Պետք չէ գնալ սովորական ճանապարհով։ Հուսով եմ, որ ընթերցողները հասկանում են, որ այս պատմությունն իրականում շատ քիչ կապ ունի փողի հետ։

Olumide Ogunsanwo. Գիրքը հաստատ փողի մասին չէ ։ Ֆինանսական անկախությունը նշանակում է ունենալ բավականաչափ ֆինանսական ռեսուրսներ, որոնք կարող են գոյատևել մինչև ձեր կյանքը, բայց այս գիրքը ավելին է, քան դա։

Աչանի Սամոն Բիաու. Ֆինանսական անկախությունը մեզ համար մեծ խթան է հանդիսացել։ Այս գիրքը կքննարկի, թե ինչպես ենք մենք սկսել այս ուղին և ինչպես է այն մեզ ուժ տվել իրականացնելու մեր երազանքները։

Olumide Ogunsanwo. Մեր գրքի խորագիրն է «Աֆրիկյան ներգաղթյալների ֆինանսական անկախության պատմությունները»։ Գիրքը կառուցված է ժամանակագրական կարգով, երբ մենք հետ ենք նայում և մտածում մեր կայացրած որոշումների մասին, որոնք հանգեցրել են մեր ֆինանսական անկախությանը մեր երեսունականների կեսերին։

Բացի մեր անձնական պատմություններով կիսվելուց, մենք նաև քննարկում ենք հիմնական սկզբունքները, որոնք կարևոր էին մեր ճանապարհորդությունների համար։ Այս սկզբունքները ներառում են ինչպես լայն ռազմավարություններ, այնպես էլ կոնկրետ գործողություններ, որոնք ընթերցողները կարող են ձեռնարկել ֆինանսական անկախության հասնելու համար։ Մենք հավատում ենք, որ այս սկզբունքների մշակումը որպես ձեր ապրելակերպի մաս էական նշանակություն ունի երկարաժամկետ ֆինանսական հաջողության հասնելու համար։

Որպեսզի օգնենք ընթերցողներին կիրառել և ներառել այս սկզբունքները իրենց կյանքում, մենք նաև ներառում ենք գրքերի առաջարկներ, որոնք համապատասխանում են յուրաքանչյուր սկզբունքին: Մեր հույսն այն է, որ կիսվելով մեր պատմություններով և սկզբունքներով, մենք կարող ենք ոգեշնչել և զորացնել ուրիշներին՝ վերահսկելու իրենց ֆինանսական ապագան:

Աչանի Սամոն Բիաու. Օլումիդ, ի՞նչ եք ուզում, որ ընթերցողները վերցնեն այս գրքից:

Օլումիդ Օգունսանվո. Այս գրքի իմ նպատակն է ոգեշնչել ընթերցողներին ապրել իրենց լավագույն կյանքով, հարմարավետ լինել լինելով իրենց իսկական եսը և չզգալ, որ նրանք պետք է համապատասխանեն հասարակության ակնկալիքներին: Հուսով եմ՝ ընթերցողները կվերցնեն այն, ինչ օգտակար է գրքից և անտեսում են այն, ինչ իրենց չի վերաբերում:

Ամենից առաջ ես ուզում եմ խրախուսել ընթերցողներին գտնել ազատ լինելու ուղիներ: Սա չի նշանակում միայն ֆինանսական ազատություն, թեև դա կարևոր թեմա է այս գրքում: Դա նշանակում է նաև սոցիալական ազատություն, ժամանակի ազատություն և աշխարհագրական ազատություն: Ցանկանում եմ, որ ընթերցողները իրենց զորություն զգան ռիսկի դիմելու և ընտրություն կատարելու համար, որը կօգնի նրանց ավելի ազատ դառնալ իրենց կյանքի բոլոր բնագավառներում:

Աչանի Սամոն Բիաու. Ձեր կարծիքով, որտեղի՞ց է դասվում ֆինանսական ազատությունը մնացած բոլոր ազատությունների շարքում:

Olumide Ogunsanwo: Կյանքի երկու ամենակարևոր ասպեկտները, հավանաբար, հարաբերությունների և առողջության հետ կապված ազատություններն են: Որոշ մարդիկ կարող են պնդել, որ լավ առողջությունն ամենակարևորն է, քանի որ առանց դրա դժվար է որևէ բանի հասնել, իսկ մյուսները կարող են ասել, որ ընտանիքի և ընկերների հետ ամուր հարաբերությունները լիարժեք կյանքի բանալին են:

Այս երկուսից հետո ֆինանսական ազատությունը, հավանաբար, երրորդ կամ չորրորդ կարևորագույն կողմն է: Թեև դա կարևոր է, այն չունի նույն կշիռը, ինչ հարաբերություններն ու առողջությունը: Եթե ինչ-որ մեկը վիճարկի, որ ֆինանսական ազատությունն ամենակարևորն է, ես խորհուրդ կտայի նրան նախ և առաջ հաշվի առնել իրենց առողջությունն ու հարաբերությունները:

Աչանի Սամոն Բիսու. Ես ֆինանսական ազատությունը տեսնում եմ որպես այլ ազատությունների հնարավորություն: Օրինակ՝ սթրեսային աշխատանքը կազդի ձեր առողջության վրա: Բայց եթե դուք ի վիճակի եք ընտրելու, թե ինչով եք զբաղվելու կամ ընդհանրապես չաշխատելու համար, ապա ֆինանսական ազատությունը կարող է օգնել ձեր առողջությանը:

Olumide Ogunsanwo. Ֆինանսական ազատությունը թույլ է տալիս կենտրոնանալ կյանքի կարևոր բաների վրա, ինչպիսիք են ձեր հարաբերությունները (լինի դա ռոմանտիկ գործընկերոջ, ընտանիքի կամ ընկերների հետ) և ձեր առողջության վրա: Երբ դուք ֆինանսապես ազատ եք, կարող եք նաև իրականացնել ձեր ձեռնարկատիրական երազանքները և ծախսել այնքան ժամանակ, որքան ցանկանում եք՝ տարբեր գաղափարների հետ շփվելու համար: Եվ եթե դուք գնահատում եք փորձառություններն ու արկածները, ֆինանսական անկախությունը ձեզ ճկունություն է տալիս այդ նպատակների վրա ծախսելու այնքան ժամանակ, որքան ցանկանում եք:

Ըստ էության, ֆինանսական անկախությունը հնարավորություն է տալիս, որն աջակցում է երկու մեծ ասպեկտներին (հարաբերություններ և առողջություն), ինչպես նաև ցանկացած այլ բան, որը ձեզ կարող է հետաքրքրել, քանի որ այդ բաներն անելը կամ վայելելը հաճախ գումար է պահանջում:

Սամոն, իմ ընկերը, իմ եղբայրը։ Ի՞նչ ենք ուզում, որ ընթերցողները վերցնեն այս գրքից։

Աչանի Սամոն Բիաու. Համարեք այս գիրքը ձեր սեփական պայմաններով կյանքն ապրելու և ձեր առավելագույն ներուժն օգտագործելու ուղեցույց։ Այսօրվա հասարակությունում մեր շուրջը կան հաջողության և օրինակելի օրինակների անհամար օրինակներ։ Որպես բիզնես խորհրդատու՝ ես եղել եմ շատ սենյակներում, որտեղ հասկացել եմ, որ այդ դերակատարների մեծ մասը սովորական, միջին մարդիկ են։ Նրանք կարող են հիանալի լինել որոշ բաներում, բայց նրանք նաև ընթացքի մեջ են այլ ոլորտներում։ Ես հավատում եմ, որ ավելի շատ մարդիկ կարող են իրենց ուժը զգալ գտնելու իրենց պատասխանները և գծելու իրենց սեփական ճանապարհները դեպի հաջողություն։

Olumide Ogunsanwo. Բացարձակապես։ Օրինակներ փնտրելը կարող է իրերին մոտենալու լավագույն միջոցը չլինել։ Յուրաքանչյուր մարդ ունի յուրահատուկ արժեքներ, ուժեղ կողմեր և նախասիրություններ։ Փոխանակ փնտրելու ինչ-որ մեկին, ում հետևում եք ինքներդ ձեզ մոդելավորելու համար, կարևոր է պարզել ձեր իսկական եսը և այն, ինչ իրականում ցանկանում եք կյանքում։ Թեև դուք կարող եք պոտենցիալ սովորել ուրիշներից, ձեր իսկական եսը բացահայտելու ճանապարհորդությունը միշտ սկսվում է ներսից։

Դերային մոդելավորումն ունի ուրիշի կյանքի վրա չափազանց շատ կենտրոնանալու բացասական կողմը։ Միակ մարդը, ում պետք է նայել, ինքներդ եք։

Աչանի Սամոն Բիաու. Շատ հուզիչ։ Աշխարհը շարժվում է զուգահեռ հետքերով. Առաջին ուղին այն է, որ անհատներին ասում են, որ իրենք լինեն։ Բայց դուք կարող եք չբավականացնել այնպես, ինչպես այսօր եք։ Յուրաքանչյուր ոք պետք է անընդհատ զարգանա։

Օլումիդ Օգունսանվո։ Վայ։ Ձեր մեկնաբանությունները արատավոր են [Ժպտացեք]։

Աչանի Սամոն Բիաու. Երկրորդ ուղին այն է, որ մեզ ասում են, որ պետք է ընդօրինակենք օրինակելի կյանքը։ Ցավոք սրտի, այս մոտեցումը կարող է իրականում սահմանափակել ինքներս մեզ մտածելու մեր ունակությունը, քանի որ մենք չափազանց կենտրոնացած ենք ուրիշներին պատճենելու վրա, այլ ոչ թե մեր ուրույն տեսակետը զարգացնելու վրա։

Այս երկու հետքերը («դու բավական է» և «պատճենիր դերի մոդելը») հաճախ ուժեղացվում են սոցիալական մեդիայի կողմից՝ մարդկանց ստիպելով զգալ, որ պետք է ընտրություն կատարեն դրանց միջև։ Բայց այն, ինչ հաճախ անտեսվում է, շարունակական ինքնակատարելագործման և աճի կարևորությունն է, միաժամանակ սովորելով ուրիշների փորձից՝ առանց պարտադիր պատճենելու դրանք։

Olumide Ogunsanwo. Առաջին հայացքից FIREDOM-ը կարող է թվալ որպես Ֆինանսական անկախության գիրք։ Բայց իրականում դա ավելի շատ ինքդ քեզ զարգացնելու մասին է, որպեսզի հասնես ազատության՝ ապրելու այն կյանքով, որն իսկապես ուզում ես։

Աչանի Սամոն Բիաու. Կարևոր է գիտակցել, որ մեր պատմությունները կատարյալ չեն, և որ կլինեն ասպեկտներ, որտեղ մենք գերազանցել ենք, և ուրիշներ, որտեղ մենք կարող էինք ավելի լավ անել։

Ես ինձ ուշագրավ չեմ համարում, բայց հավատում եմ, որ յուրաքանչյուրն իր նպատակներին հասնելու ներուժ ունի։ Ձեր առջեւ նպատակներ դնելը և դրանց հասնելու համար անհրաժեշտ քայլեր ձեռնարկելը կարևոր է։ Հաջողության հասնելու համար պարտադիր չէ բացառիկ լինել, բայց պետք է պատրաստակամ լինել գործը դնելու համար։

Olumide Ogunsanwo. FIREDOM = FI (Ֆինանսական

անկախություն) + RE (վաղաժամկետ թոշակի անցնել) + Ազատություն։ Ինչո՞ւ եք ուզում ազատություն և անկախություն: Դուք անկախություն եք ուզում, որպեսզի կարողանաք ապրել ձեր պայմաններով։ Կյանքի տևողությունը, կախված այն երկրից, որտեղ դուք գտնվում եք, տատանվում է 50-ից 80 տարեկանների միջև։ Երկրի վրա մեր ունեցած ժամանակը սահմանափակ է, ուստի ինչու չօգտագործել այն առավելագույնը՝ ապրելով հագեցած և հաճելի կյանքով։

Այս պատմությունը հենց դրա մասին է. ապրել այնպես, ինչպես ուզում ես, ազդեցություն թողնել, զվարճանալ և փոխել։ Փողը միակ բանը չէ, որ կարևոր է, այլ կարևոր է, քանի որ այն հնարավորություն է տալիս ավելի մեծ և լավ բաներ անել։ Առանց ֆինանսական կայունության, փողը ձեր կյանքում սթրեսի մշտական աղբյուր կլինի։

Մենք ուրախ ենք այս գրքում ձեզ հետ կիսվել մեր պատմություններով։ Դա սիրո աշխատանք է, և մենք հուսով ենք, որ այն կոգեշնչի և կխրախուսի ձեզ փոխել ձեր կյանքը։ Բարի գալուստ ճանապարհորդություն մեզ հետ։

2. Մանկության պատմություններ և ինքնավստահության և ինքնապահովման սկզբունքներ

Olumide Ogunsanwo. Գրքի յուրաքանչյուր գլուխ վերաբերում է կյանքի փուլին և կներկայացնի մեր անձնական պատմությունները, որին կհետևեն ֆինանսական անկախության համապատասխան սկզբունքների խորը ուսումնասիրություն:

Մեր ուսումնասիրությունը սկսվում է մանկության փորձառություններից, որոնք էականորեն ձևավորում են մեր անհատականությունը, ինքնաընկալումը, ինքնագնահատականը և այն, ինչ մենք կարծում ենք, որ հնարավոր է հասնել կյանքում:

Աչանի Մամոն Բիաու. Ինձ դուր է գալիս, որ մենք սկսում ենք մանկության պատմություններից: Ընթերցողները, ովքեր ծնողներ են, կարող են գտնել այս պատմությունները օգտակար իրենց երեխաների համար:

Օլումիդ Օգունսանվո. Մանկության ազդեցությունների ուսումնասիրությունը նաև օգտակար է բոլորի համար՝ հասկանալու, թե ինչն է նրանց բերել ներկայիս իրավիճակին և ինչպես այդ վաղ փորձառությունները կարող են ազդել իրենց վրա այսօր: Անցյալը հասկանալն ու ընդունելը կարևոր քայլ է ցանկացած ճանապարհորդություն սկսելու համար, ոչ միայն ֆինանսական անկախություն:

Կխոսենք նաև ինքնավստահության և ինքնապահովման սկզբունքների մասին: Սրանք հիմնարար սկզբունքներ են ֆինանսական անկախության ճանապարհին: Գիրքը սկսելու ավելի լավ տեղ, քան մարդկային հոգեբանության և մտածելակերպի մեջ խորանալը:

2A. Օլումիդի մանկության պատմությունը

Աչանի Մամոն Բիաու. Օլումիդ, եկեք սկսենք ձեր մանկությունից։ Ասա ինձ քո ամենավաղ հիշողությունների մասին։

Օլումիդ Օգունսանվո. Ես ծնվել եմ ութսունականների կեսերին Լագոսում, Նիգերիա, Արևմտյան Աֆրիկա։ Ես ծնվել եմ միջին մեծության ընտանիքում՝ և չորս եղբայրների և քույրերի հետ։ Ես ունեմ երկու մեծ քույր և երկու փոքր եղբայր։ Ես հենց մեջտեղում եմ։

Հայրս ձեռնարկատեր էր: Նա ուներ բազմաթիվ վարձակալած անշարժ գույք, վարում էր թղթի տպագրական բիզնես, ֆինանսական վարկերի բիզնես և մի քանի այլ բիզնեսներ։ Նա նաև քաղաքական գործիչ էր և երբեմն առաջադրվել էր իր թեկնածությունը։ Նա շատ տարբեր գործեր էր անում և երիտասարդ տարիքում լրագրող էր։

Մայրս տնային տնտեսուհի էր: Բայց հետաքրքիր է, որ երբ ես մոտ 14 կամ 15 տարեկան էի, նա վերադարձավ դպրոց՝ իրավաբանություն սովորելու և այժմ Լագոս նահանգի կառավարության իրավաբանն է։ Պատմությունը, թե ինչպես է նա դարձել իրավաբան, հետաքրքրաշարժ է։ Նա գիշերային պարապմունքների էր գնում, երբ ես սովորում էի ավագ դպրոցում, և ես չէի կարողանում հասկանալ, թե ինչու է նա գնում այդ բոլոր դժվարությունների։ Ես հարցրի նրան այդ մասին, և նա ասաց, որ թողել է իր աշխատանքը բանկային ոլորտում, որպեսզի մեզ մեծացնի և մտածեց, թե ինչ կլիներ, եթե նա չթողներ իր աշխատանքը։ Նա ասաց, որ հեռուստացույցով տեսել է փաստաբաններին և մտածել, որ դա կարող է անել։ Եվ նա արեց։

Աչանի Սամոն Բիաու. Որո՞նք էին ձեր առաջին փորձը Ֆինանսների կամ ազատության հետ։

Օլումիդե Օգունսանվո. Հայրս ընտանիքի կերակրողն էր։ Ինքն ուներ այն եկամուտը, որը նա ապահովում էր ընտանիքի համար, իսկ մայրս տնային տնտեսուհին էր: Ֆինանսների պատասխանատուն հայրս էր, և մայրիկիս փող էր տալիս, որ տանը տարբեր բաներ աներ, ինչը նշանակում էր, որ մայրս տարբեր բաների համար փող էր խնդրում հորիցս:

Նկատեցի, որ դա տարօրինակ ազդեցություն ունեցավ հարաբերությունների վրա: Հիշում եմ, որ նայում էի փոխազդեցություններին և մտածում, որ սա լավ չէ, և ես պետք է համոզվեմ, որ երբեք այնպիսի իրավիճակում չեմ, որ ստիպված լինեմ կանոնավոր կերպով որևէ մեկի մոտ գնալ փողի համար։ Այն ստեղծում է տարօրինակ հարաբերությունների դինամիկա, որը, իմ կարծիքով, լավագույնը չէ։

Դա հասկացության սերմ է տնկել, թե որքան անհարմար է ինչ-որ մեկից կանոնավոր կերպով գումար խնդրելը։ Ես հաստատ գիտեի, որ դա մի իրավիճակ էր, որում երբեք չէի ուզում հայտնվել։

Աչանի Սամոն Բիաու. Ես փորձում եմ պատկերացնել, թե արդյոք մանուկ հասակում տեղյակ էի արդյոք այդ դինամիկայի մասին, քանի որ մանուկ հասակում դուք գնում եք և մարդկանցից փող եք խնդրում։ Դուք մարդկանցից ամեն ինչ եք խնդրում:

Olumide Ogunsanwo. Ես կարծում էի, որ դա ոչ օպտիմալ իրավիճակ է հարաբերությունների համար, քանի որ դա խոցելի վիճակում է դնում մեկ գործընկերոջը։ Դա գրեթե հակառակն է ֆինանսապես անկախ լինելուն։ Դա մեկ առ մեկ կախվածություն է։ Առնվազն ձեր աշխատանքը կախված է նրանից, թե արդյոք ձեր ղեկավարը ձեզ դուր է գալիս, արդյոք ձեր հաշվետվությունները ձեզ դուր են գալիս և այլն:

Երբ ես նկատեցի իմ ծնողների հարաբերությունների դինամիկան, ես անմիջապես հասկացա, որ պետք է խուսափեմ դրանից իմ կյանքում: Դա մեծ մեկնարկային կետ էր փողի մասին մտածելու և այն մասին, թե ինչ է այն տալիս կյանքում:

Աչանի Սամոն Բիաու. Ես տեսնում եմ: Դրանից որքա՞ն ժամանակ անց կատարեցիք ֆինանսական անկախության առաջին քայլերը: Կարող եմ պատկերացնել, որ դուք նկատեցիք այս դինամիկան և հասկացաք, որ չեք ցանկանում ապագայում լինել այս պաշտոնում: Բայց դուք պարտադիր չէ, որ կարողանաք գործել ձեր որոշման համաձայն: Ե՞րբ եք առաջին անգամ զգացել, որ անկախ եք:

Olumide Ogunsanwo. Իմ բացվածքը մի փոքր նեղ էր, անկախության մասին ես մտածում էի հատկապես հնարավորինս շատ գումար ստանալու համար: Մտածում էի, որ եթե դպրոցում լավ սովորեի, հետո լավ վարձատրվող աշխատանք կստանամ: Դա անուղղակի էր: Խոսքը ակադեմիկոսների վրա կենտրոնանալու մասին էր:

Չէի ասի, որ մենք աղքատ ենք եղել կամ հարուստ: Նիգերիայի չափանիշներով, հավանաբար, միջինից բարձր եկամուտներ էինք: Օրինակ, եթե ես հորս կամ մորս ինչ-որ բան խնդրեի, նրանք ինքնաբերաբար չէին ասի այո: Ասում էին՝ ոչ կամ հարցնում էին, թե ինչի համար է դա ինձ պետք: Սա հանգեցրեց իրավիճակների, երբ ես սկսեցի մի փոքր մտածել անձնական ֆինանսների և փողի մասին:

Ինչպես Սամոնը, ես յորուբա եմ (Նիգերիայի ամենամեծ էթնիկ խմբերից մեկը): Մանկության տարիներին ինձ երբեմն տանում էին յորուբա միջոցառումների (ծննդյան, հարսանիքների, թաղումների) և պարելու ժամանակ գումար էին տալիս: Եթե հիշում եք այս գրքի առաջին գլուխը, իմ հիմնական հետաքրքրություններից մեկը պարն է։ Ես պարում էի և ստանում էի (փոքր) գումար։ Ես գիտեմ, որ դա տարօրինակ է հնչում, բայց դա այդպես էր։ Ինձ հասանելի էր այդ գումարը և սկսեցի մտածել, թե ինչ կարող եմ անել դրա հետ։

Հիշում եմ, որ մայրիկիս հարցրի բանկային հաշիվ բացելու մասին։ Մայրս ինձ տարավ բանկ և ինձ բանկային հաշիվ բերեց մի փոքրիկ դեղին գրքույկով։ Միջոցառումների ժամանակ պարելուց վաստակածս գումարը կպահեի։ Ես իմացա հետաքրքրության մասին։ Թեև դա չնչին գումար էր, այն արժեքավոր բացահայտում տվեց։

Աչանի Սամոն Բիաու. Քանի՞ տարեկան էիր։

Օլումիդ Օգունսանվո. Կցանկանայի, որ կարողանայի հիշել իմ ճշգրիտ տարիքը։ Ասենք՝ ինչ-որ տեղ 7-ի և 11-ի միջև։

Ես ունեի մի փոքրիկ անձնագիր, որը նայում էի և կարդում ավանդի և տոկոսների գումարները, որոնք դանդաղ էին կուտակվում դրանում։ Երբեմն մայրս հրաժարվում էր ինձ տանել բանկ՝ գումար դնելու համար, քանի որ նա ամաչում էր այն չնչին գումարներից, որոնք ես ուզում էի դնել։

Հնարավոր է, որ այստեղից է ծագել իմ հետաքրքրությունը անձնական ֆինանսների նկատմամբ։ Կամ գուցե ես պարզապես բնածին հետաքրքրություն ունեմ ֆինանսների և տնտեսագիտության նկատմամբ։ Գիտեմ միայն, որ կամաց-կամաց սկսեցի հետաքրքրվել ապագայում գումար ունենալու մեջ։

Աչանի Սամոն Բիաու. Երկու հարց.

1. Ինչպե՞ս իմացաք բանկ հասկացության մասին և ինչպե՞ս հասկացաք, որ այն վերաբերում է երեխաներին։

2. Ի՞նչ փորձ ունեիք գումարը հանելու և ծախսելու հետ կապված։ Ձեր ծնողները բանկ գնալու կարիք

ունե՞ք։

Օլումիդ Օգունսանվո. Դա հավանաբար պահառության հաշիվ էր, քանի որ ես կարող էի բանկ գնալ միայն մորս հետ։ Ամեն անգամ, երբ ես ավանդ կամ հանում էի, բանկի գանձապահները գրքում էին գրում։ Ինձ գրավեց գումարը հաշվին դնելու և այն տոկոս վաստակելու գաղափարը։

Ինչպես և քեզ, ես գերազանց էի ակադեմիական առումով, ինչը նշանակում էր, որ ես կարող էի շատ բան անել։ Հիշում եմ, կենսաբանության ուսուցչուհիս ինձ հարցրեց, թե ինչու եմ ես այդքան ամբարտավան և չափից դուրս ինքնավստահ։ Նրան դուր չեկավ իմ վերաբերմունքը։ Ես սկսեցի զգալ, որ, քանի որ ակադեմիական լավ էի սովորում, ես կարող էի ավելի շատ բան անել։ Անել այն, ինչ ուզում եմ, բացասական է թվում, բայց իրականում դա նմանություն ունի անկախ մտածողությանը, քանի որ սկսում ես մտածել շրջանակից դուրս և հիմնական հասարակությունից հեռու։ Ես մի քիչ խառնաշփոթ էի, բայց լավ իմաստով։ Ես երբեք շատ խենթ բան չեմ արել։

Աչանի Սամոն Բիաու. Հետաքրքիր է։ Կարո՞ղ եք մեզ ներկայացնել ձեր տարրական և միջնակարգ դպրոցների փորձը։ Ընկերներիդ հետ ինչպե՞ս ես շփվել։ Ի՞նչ են ասել ձեր ընկերները ձեր մասին։

Օլումիդ Օգունսանվո. Ես սկզբում գնացի տարրական դպրոց Գրեյսի մանկական դպրոցում՝ զրոյից հինգից կամ վեցից։ Այդ մասին շատ բան չեմ հիշում։ Հետո ես տեղափոխվեցի Կորոնայի հիմնական դպրոց 5 կամ 6 տարեկանից մինչև 10 տարեկան։ Հիշում եմ, որ շատ սպորտով էի զբաղվում։ Ծնողներս ինձ ամեն օր դպրոց էին տանում ու վերադարձնում։ Բացի դրանից, այդ ժամանակաշրջանից կարևոր դասեր չկային։

10-ից 13 տարեկանում ես գնացի միջնակարգ դպրոց (նաև հայտնի է որպես ավագ դպրոց) Քինգս քոլեջում (KC), որը տղաների համար նախատեսված դպրոց էր։

Աչանի Սամոն Բիաու. Մի փոքր պատմեք մեզ KC-ի մասին, ի՞նչ պետք է իմանա ընթերցողը դրա մասին:

Olumide Ogunsanwo: Համատեքստի համար հայրս գնաց KC 60-ական և 70-ականներին, երբ այն Նիգերիայի լավագույն դպրոցներից մեկն էր: Հիմա այն կառավարվում է կառավարության կողմից և մի տեսակ հիմար է: Դասասենյակները ի սկզբանե կառուցված էին 20 հոգու համար, բայց ես իմ դասարանում ունեի 80-ից 100 հոգի, այնպես որ տեսարանը հետևյալն էր. տղաներ, ինչքան աչքը կարող է տեսնել, ոմանք կոպիտ էին, ոմանք՝ կեղտոտ, սոված, ինչպես կասեք: Դա նման էր Վայրի Արևմուտքին:

Չնայած այս ենթակառուցվածքային խնդիրներին, KC-ն ուներ մի քանի խելացի երեխաներ: Corona Elementary-ում ես սովորաբար իմ դասարանում առաջին կամ երկրորդն էի, նախքան KC անցնելը: Այնուամենայնիվ, KC-ում ես սովորաբար երրորդ կամ չորրորդ տեղում էի:

Ես հիշում եմ այս տղային, ով սովորաբար առաջինն էր: Նա ուշագրավ էր, երբեք հարցեր չէր տալիս և դասի չէր մասնակցում: Ինձ սա գրավիչ գտա: Կյանքը վերահսկելը և անհատական նպատակներ հետապնդելը կարող է հաջողության հասնել՝ անկախ խոչընդոտներից: Այս դասը պարզ դարձավ իմ փորձառության ընթացքում, երբ իմացա, որ անկախ արտաքին գործոններից, անձնական վճռականությունը կարող է հաղթահարել ցանկացած հանգամանք: Սա ամենաթանկն էր իմ այնտեղ անցկացրած ժամանակից:

Աչանի Սամոն Բիաու. Ինչպիսի՞ն էին ձեր դասընկերները:

Օլումիդ Օգունսանվո. Այս բոլոր տարբեր մարդկանց հետ խոսելն օգնեց ինձ հասկանալ, որ իմ համակուրսեցիները տարբեր տնտեսական ծագում ունեն: KC-ն ուներ ցածր եկամուտ ունեցող ընտանիքների աշակերտների բարձր տոկոս: KC-ից հետո ես տեղափոխվեցի իմ երկրորդ միջնակարգ դպրոցը՝ Atlantic Hall (AHall), որը համախմբված դպրոց էր, որտեղ ես անցկացրել եմ իմ միջնակարգ կրթության երկրորդ մասը (13-ից 16 տարեկան):

AHall-ն ուներ հարուստ ուսանողների ավելի մեծ մասնաբաժին, քան KC-ն: AHall-ում ես կենտրոնացա ակադեմիկոսների վրա, քանի որ կարծում էի, որ դա կօգնի ինձ լավ աշխատանք գտնել ապագայում, որն ավելի շատ գումար կբերի:

Աչանի Սամոն Բիաու. Ինչպե՞ս է այս ամենը նպաստում ազատության կամ ֆինանսական անկախության:

Օլումիդ Օգունսանվո. Ես սկսեցի ավելի նոնկոնֆորմիստ դառնալ: Ես ինչ-որ բաներ էի անում ինքնուրույն, քանի որ ակադեմիական առումով այնքան լավ էի: Ես մեքենա ունեի և կարող էի ազատ վարել ու շարժվել:

Աչանի Սամոն Բիաու. Ո՞ր տարիքում եք մեքենա ունեցել:

Օլումիդ Օգունսանվո. Ես սովորեցի մեքենա վարել, երբ 15 տարեկան էի, որը հենց ավագ դպրոցի վերջում էր: Դա իմ ծնողների մեքենան էր [Ժպտում է]: Ծնողներս մի բան չէին տալիս: Հիմնականում ինձ թույլ են տվել անել այն, ինչ ուզում եմ: Ես կարող էի դուրս գալ, երբ ուզեի: Ես զգում էի, որ լիակատար ազատություն ունեմ անելու այն, ինչ ուզում եմ, և ծնողներիս կողմից սահմանափակումներ չունեի:

Չգիտեմ ինչու ծնողներս ինձ այդպես դաստիարակեցին, ճիշտն ասած, բայց պարզ էր, որ ես կարող եմ անել այն, ինչ ուզում եմ, և դա ինձ դուր եկավ:

Աչանի Սամոն Բիաու. Հաճելի է: Ես լսել եմ Օլումիդի մանկության ընկերներից, որ նա շատ քրտնաջան աշխատում է և շատ կենտրոնացած և ինտենսիվ մարդ է:

Olumide Ogunsanwo. Հետաքրքրաշարժ! Ճիշտ է, ես քրտնաջան աշխատել եմ և հավանել եմ: Ես շատ էի սովորում և հաճույք ստացա դրանից: Ես սովորաբար առաջինն էի մաթեմատիկայի և առաջադեմ մաթեմատիկայի դասերին։ Հոյակապ էր. Որոշ մարդկանց ծնողները ստիպել են կենտրոնանալ ակադեմիկոսների վրա։ Ես ակադեմիական մարդ էի: Ես սիրում էի այդ շարանը։ Ես դեռ սիրում եմ այդ խայտառակությունը։ Ակադեմիկոսների նկատմամբ իմ հետաքրքրությունը հոսել է իմ տարբեր հետաքրքրությունների մեջ այսօր։ Իմ մոտիվացիան ներքին և ներքին էր։

Աչանի Սամոն Բիաու. Օլումիդին ինձ նկարագրեցին որպես ինտեննսիվ։ Մեկը, ով իր հայացքը կդնի ինչ-որ բանի վրա և անչափ ջանասիրաբար կաշխատի դրան հասնելու համար։ Դա նպատակների վրա լազերային կենտրոնացման պատմություն է։

Olumide Ogunsanwo. Այո, ես ինձ կբնութագրեի որպես բարձր կարգապահ, բարձր կազմակերպված, չափազանց մոտիվացված և կենտրոնացած։

Կնկարագրե՞մ ինձ որպես ինտեննսիվ։ չգիտեմ: Մարդկանց մեծամասնության համեմատ՝ այո: Բայց ես չգիտեմ, թե արդյոք ես կօգտագործեի ինտեննսիվ բառը, ես հիշում եմ, որ ակադեմիական կենտրոնացած էի, ցանկանում էի լինել լավագույնը։ Հիմնականում, եթե դուք իսկապես ցանկանում եք լինել լավագույնը, դուք գրեթե միշտ հայտնվում եք լավագույնը։

Շատերին այնքան չէր հետաքրքրում, որքան ես։ Մանկության տարիներին նրանք այլ առաջնահերթություններ ունեին։ Մանկուց ես գիտեի, թե ինչ եմ ուզում, և դուրս եկա և ստացա այն։ Նույնը, ինչ մեծահասակ։

Աչանի Սամոն Բիաու. Ի՞նչ բան կուզենայիք, որ այդ տարիներին սովորեիք ֆինանսների կամ ազատության մասին։

Օլումիդ Օգունսանվո. Հիանալի կլիներ, եթե ծնողներս ինձ հետ խոսեին հատուկ անձնական ֆինանսների մասին: Չգիտեմ՝ կլսեի՞, չգիտեմ՝ կտարբերվեր, բայց լավ կլիներ: Ինչպես հետագայում կլսեք, որ պատմեմ իմ պատմությունը, գրեթե այն ամենը, ինչ ես գիտեմ անձնական ֆինանսների մասին, ինքնուսուցված էր:

Ես պետք է սկսեի հիմունքներից. Ինչպե՞ս կարող եմ բյուջե ստեղծել: Ինչպե՞ս կարող եմ մեծացնել իմ եկամուտը: Ինչպե՞ս պարզել իմ ծախսերը: Ինչպե՞ս է աշխատում ֆոնդային շուկան: Ինչպե՞ս կարող եմ ներդրումներ կատարել: Մի փոքր ավելի հեշտ կլիներ, եթե ծնողներս ինձ սովորեցնեին այս բաները, բայց ես նրանց չեմ մեղադրում, քանի որ նրանք նույնպես շատ բան չգիտեին այս բաների մասին:

Ես դա ասում եմ երկմտորեն, քանի որ վստահ չեմ, որ դուք ինչ-որ բան եք սովորում, եթե չեք ցանկանում ստանալ տեղեկատվություն: Ոմանք տեղեկատվություն են ստանում, բայց չեն ընդունում, քանի որ պատրաստ չեն և չեն ցանկանում փոփոխություն կատարել: Չգիտեմ, արդյոք կընդունեի այն ուսմունքներից որևէ մեկը, որ ծնողներս ինձ տվել էին այն ժամանակ:

Աչանի Սամոն Բիաու. Թերևս ինքնուրույն գիտելիք փնտրելն այն է, ինչը իսկապես հնարավորություն է տալիս սովորել: Ըստ կրթական տեսության՝ փորձառական ուսուցումը սովորելու ամենաարդյունավետ միջոցն է: Ահա թե ինչու պարզապես ինչ-որ բան ասելը միշտ չէ, որ արդյունավետ է երկարաժամկետ հեռանկարում: Որպես մարդ՝ մենք ակտիվորեն կառուցում ենք գիտելիքը, այլ ոչ թե պասիվորեն կլանում այն:

Olumide Ogunsanwo: Հետաքրքիր է: Իրականում ես երբեք օրինակներ չեմ ունեցել: Ես սովորաբար դերի օրինակ էի, ինչը նշանակում է, որ ես պետք է ինքս ամեն ինչ պարզեի։

Մի օրինակ բերեմ. Դեռ ավագ դպրոցում ես ամենաբարձր գնահատականներն էի ստացել մաթեմատիկայի և բնագիտական առարկաների մեծ մասում։ Ուրիշ մարդ չկար, որին նայեի, ես պետք է ինձ վրա հույս դնեի հաջողության հասնելու համար։ Այս ինքնապահովված մտածելակերպն ինձ հետ է եղել մանկուց, քանի որ ես միշտ նախապատվություն եմ ունեցել ինքնուրույն պարզել ամեն ինչ, այլ ոչ թե ուրիշներից առաջնորդություն փնտրել։

Աչանի Սամոն Բիաու. Ինչպե՞ս կփոխեր ձեզ օրինակելի դերը։

Օլումիդ Օգունսանվո. Ինչ-որ մեկին հանդիպելու ազդեցությունը կախված է նրանից, թե ինչպես եմ ես հանդիպել նրան։ Եթե մեզ ուրիշը ներկայացներ կամ ինձ ներկայացնեին, երևի մեծ ազդեցություն չէր ունենա։ Այնուամենայնիվ, եթե ես դրանք հայտնաբերեի հետազոտության և հետախուզման միջոցով, ես շահագրգռված կլինեի խոսել նրանց հետ։

Ոչ թե այն պատճառով, որ ես ուզում եմ հետևել նրանց հետքերին՝ որպես հետևորդ, այլ հասկանալ նրանց որոշումների կայացման գործընթացը և նրանց կյանքի ընտրության հետ կապված նրբությունները և փոխզիջումները։

Դեր մոդելավորելը հիմարություն է. Կատարումը գալիս է ոչ թե ուրիշների կյանքի գործողությունները պատճենելուց, այլ սեփական կյանքի վրա կենտրոնանալուց։ Ուրիշներին պատճենելը սկզբունքորեն թերի է, քանի որ դուք հաշվի չեք առնում ձեր սեփական արժեքները, նպատակները, նախասիրությունները և շահերը, ինչը կարող է ձեզ ավելի վատ վիճակում թողնել, քան եթե ինքներդ փորձեիք պարզել ամեն ինչ։

Աչանի Սամոն Բիաու. Հետաքրքիր է։ Սա կլինի կրկնվող թեմա. մի փորձեք ընդօրինակել մեկ ուրիշին, նույնիսկ եթե նրանք հիանալի են: Դու նրանց տեղում չես: Փոխարենը, ձգտեք բացահայտել, թե ինչ կարող է նշանակել ձեզ համար մեծությունը: Ընթացքում սովորեք որքան կարող եք շատ աշխարհի մասին՝ նպատակ ունենալով ավելի լավ հասկանալ ինքներդ ձեզ: Սա կարող եմ ամփոփել երկու խորհուրդով.

Նախ, զարգացրեք հետաքրքրասիրությունը ձեր անմիջական շրջանակից դուրս գտնվող բաների վերաբերյալ:

Երկրորդ, նվիրվեք ձեր արհեստի շարունակական կատարելագործմանը կանխամտածված պրակտիկայի միջոցով:

Օլումիդ Օգունսանվո. Ջիմ Ռոնը, անձնական զարգացման հայտնի առաջնորդը, խելամտորեն ասաց. «Մի եղիր հետևորդ, եղիր ուսանող»: Այսինքն՝ սովորեք մարդկանցից, պարզապես մի՛ հետևեք նրանց: Ուսանող լինելը ենթադրում է ակտիվ ներգրավվածություն կյանքի հետ և պատրաստակամություն կասկածի տակ դնելու և վիճարկելու ենթադրությունները:

Աչանի Սամոն Բիաու. Ես սիրում եմ դա:

Olumide Ogunsanwo. Այդ խոսքերը հզոր են: Ուսանողի մտածելակերպն ավելի հզոր է, քան հետևորդների մտածելակերպը: Ուսանողի մտածելակերպը սովորում է, իսկ հետևորդների մտածելակերպը պատճենում է: Ես սիրում եմ այդ մեջբերումը:

2B: Սամոնի մանկության պատմությունը

Olumide Ogunsanwo. Ժամանակն է ավելին իմանալ Սամոնի մանկության մասին։ Սամոն, կարո՞ղ եք մեզ որոշակի ենթատեքստ տալ այն միջավայրի մասին, որտեղ դուք մեծացել եք։

Աչանի Սամոն Բիաու. Ես մեծացել եմ շատ էկլեկտիկ միջավայրում։ Ես ծնվել եմ գյուղական բնակավայրում, բարձր միջին խավի ընտանիքում։ Իմ հայրենի քաղաքը Քանդին է՝ արևմտյան Աֆրիկայի փոքրիկ Բենին երկրում։ Կանդիի բնակչությունն այն ժամանակ 100000-ից քիչ էր։ Հայրս ղեկավարում էր մի շարք բիզնեսներ և երկրում հարգված պետական գործիչ էր։

Մանուկ հասակում ես շփվել եմ Բենինի ամենաաղքատ մարդկանց հետ։ Մենք խաղում էինք փոշու մեջ, երբեմն ծնողներիս տնից բավականին հեռու։ Իմ և այդ քաղաքի ամենաաղքատ երեխաների միջև հեռավորություն չկար։ Ոչինչ չէի ուզում, բայց փչացած չեմ մեծացել։

Օլումիդ Օգունսանվո. Ինչո՞ւ սկսեցիք պատմության այդ հատվածով։ Արդյո՞ք դա այն պատճառով է, որ զգում ես, որ և՛ քո հայրը, և՛ այդ միջավայրն են ազդել քեզ վրա։

Աչանի Սամոն Բիաու. Այո, տարբեր սոցիալ-տնտեսական դասերի շուրջ մեծանալու հակադրությունն ինձ ստիպեց հարմարավետ շփվել կյանքի բոլոր խավերի մարդկանց հետ։ Սա, հավանաբար, ձևավորեց իմ ընկալումը ֆինանսական անկախության մասին ավելի ուշ կյանքում։ Ես գիտեի, թե ինչ է աղքատ լինելը, քանի որ իմ ընկերների մեծ մասը աղքատ էր։

Հազվադեպ չէր, երբ որոշ երեխաներ մի քանի օրով բացակայում էին խաղահրապարակից, քանի որ նրանց ծնողները հիվանդ էին, և նրանք պետք է հոգ տանեին նրանց մասին։ Սկզբում չէի կարողանում հասկանալ, թե ինչու հենց այնպես չգնացին հիվանդանոց: Այնուամենայնիվ, ես ավելի ուշ իմացա, որ իմ ընկերներից շատերի ծնողները չեն կարող իրենց թույլ տալ բժշկական բուժումը և ապավինում էին տնական միջոցներին լուրջ հիվանդությունների դեմ պայքարելու համար։ Թեև իմ ընտանիքում նման իրավիճակ չէր լսվել, ես հասկացա, որ դա իրականություն է շատ այլ ընտանիքների համար։ Ես հասկանում էի, որ որոշ մարդիկ այնքան ֆինանսական դժվարություններ են ունեցել, որ նրանց գոյատևումը վտանգի տակ է, սակայն նրանք ամեն ինչ անում էին, որպեսզի կարողանան հաղթահարել հանգամանքները։

Olumide Ogunsanwo: Դա հետաքրքիր է: Դուք հնարավորություն ունեիք դա զգալու՝ առանց անմիջական ազդեցության ենթարկվելու։

Աչանի Սամոն Բիաու. Այո՛, ընկերներիս ընտանիքներով հասկացա, թե փողի բացակայությունն ինչպես է սահմանափակում մարդկանց: Սեփական ընտանիքով ես հասկացա, որ հարստությունը չպետք է նշանակի ավելորդություն:

Իմ ամենավաղ հիշողություններից մեկը մանկությանս ընթացքում ազատության ուժեղ զգացումն է։ Ես գերազանց էի դպրոցում և վայելում էի մեծ ազատություն, ուստի փոքր տարիքից գիտեի, թե ինչ է նշանակում ազատ լինել։ Երբ ես ինը տարեկան էի, ես հայտնեցի ծնողներիս, որ ցանկանում եմ սովորել Կոտոնուում՝ Բենինի Հանրապետության դե ֆակտո մայրաքաղաքում։ Ծնողներս հետաքրքրվեցին և մտահոգվեցին և հարցրին, թե ինչու եմ ուզում այնտեղ սովորել: Նրանք անմիջապես չդիմացան այդ գաղափարին այնքան, որքան կարող էիք ակնկալել: Ի վերջո, որքան հաճախ է ինը տարեկանը խնդրում սովորել այլ քաղաքում:

Օլումիդ Օգունսանվո. Դուք նշեցիք, որ մանուկ հասակում ազատության խոր զգացում ունեք: Ցանկանու՞մ էիք գնալ Կոտոնու, որովհետև ավելի շատ ազատություն էիք ուզում:

Աչանի Սամոն Բիաու. Ես տնից դուրս չեմ եկել ավելի շատ ազատություն փնտրելու համար. Ես արդեն ազատ էի զգում, այդ իսկ պատճառով հավատում էի, որ կարող եմ ինքնուրույն ընտրություն կատարել: Ինձ հետաքրքրեց մայրաքաղաք Կոտոնուն այն բանից հետո, երբ Կանդիից իմ լավագույն ընկերը պատմեց դրա մասին իր ամենամյա ամառային այցելությունների ժամանակ: Ես ուզում էի ինքս ապրել այնտեղ ապրելու փորձը:

Ի սկզբանե ծնողներս դեմ չէին այդ գաղափարին, բայց ինձ առաջարկեցին սպասել մի փոքր մեծանալու: Ես վիրավորված էի նրանց արձագանքից՝ զգալով, որ նրանք ինձ չեն դիտարկում որպես պատասխանատու կամ հասուն անհատ: Հետ նայելով, նրանց համար հասկանալի էր վարանել վստահել փոքրիկ երեխային այդքան մեծ որոշում կայացնելիս:

Ծնողներիս դժկամությունը՝ հավանություն տալու իմ քայլին, բարկացրեց ինձ, և ես վճռական էի ստիպել նրանց տեսնել, որ ես լուրջ եմ: Ի վերջո, հայրս, ով որոշումներ էր կայացնում երկու ծնողների անունից, ինձ թույլտվություն տվեց մեկօրյա հացադուլից հետո:

Olumide Ogunsanwo. Մեկ օր հացադուլն անարդյունավետ է թվում [Ծիծաղ]:

Աչանի Սամոն Բիաու. Այդ դեպքից հետո ծնողներս հասկացան, որ ես այլևս երեխա չեմ: Ես պատահաբար հարցրեցի նրանց՝ կարո՞ղ եմ տեղափոխվել մեկ այլ քաղաք, ինչպես 18-ամյա երիտասարդը կարող է թույլտվություն խնդրել գրադարան գնալու համար։ Ես տեղյակ էի աղքատության, խնայողության և աղքատ չլինելու հակադրության մասին։ Ես իմ սեփական ազատության ուժեղ զգացողություն ունեի և չեմ կարող հիշել իմ կյանքի մի պահ, երբ ինձ ազատ չզգայի։

Olumide Ogunsanwo. Ձեր ընտանիքի անդամներն ուղղակիորեն խոսե՞լ են փողի կամ ազատության մասին։

Աչանի Սամոն Բիաու. Թոշակի անցնելու և ֆինանսական անկախության մասին խոսակցություն չի եղել։ Ծնողներս ձեռնարկատերեր էին. ինքնին թոշակի չկար։

Olumide Ogunsanwo: Ես տեսնում եմ։ Կա՞ն որևէ այլ վաղ մանկության փորձառություններ, որոնք ազդել են ազատության և/կամ ֆինանսական անկախության ձեր տեսակետի վրա։

Աչանի Սամոն Բիաու. Կան երկու այլ պատմություններ, որոնք ես ուզում եմ կիսվել ձեզ հետ անսահման հետաքրքրասիրության մասին և ևս մեկը՝ հորս հաշվապահ լինելու մասին։ Սկսենք անսահման հետաքրքրասիրությունից: Ես չարաճճի երեխա էի:

Olumide Ogunsanwo: Արդյո՞ք դա այն պատճառով էր, որ դուք լավ եք սովորել դպրոցում։

Աչանի Սամոն Բիաու. Այո, ես համարվում էի «չարաճճի» երեխա իմ հետաքրքրասիրության և արգելված կամ անպատշաճ համարվող բաներ ուսումնասիրելու ցանկության պատճառով։ Չնայած դրան, ես գերազանց էի դպրոցում, և իմ ակադեմիական առաջադիմությունը ինձ որոշակի մեղմություն բերեց։ Օրինակ, մինչ քույրերիս արգելված էր տղամարդ այցելուներ ունենալ, ինձ հետաքրքրում էր դրա պատճառը։ Որպես քույրերիս հետ ապրող տղա, ես չէի կարողանում հասկանալ, թե ինչու էին մյուս տղաները անցանկալի ընկալվում։ Արդյո՞ք դա այն պատճառով էր, որ նրանք ակադեմիական լավ արդյունքներ չունեին։ Նմանապես, ես գաղտագողի կերպով կարդում էի հորս թերթերը նրա բացակայության ժամանակ՝ հասկանալու համար, թե ինչու են դրանք կարևոր նրա համար։

Olumide Ogunsanwo. Որտեղի՞ց է ծագել այս բնական հետաքրքրասիրությունը։

Աչանի Սամոն Բիաու. Դա գալիս է երկու տեղից։ Նախ՝ դա կապված է ազատության այս հասկացության հետ: Ես չէի խանգարում նոր բաների ուսումնասիրմանը. եթե ուզում էի ինչ-որ բան իմանալ, առանց վարանելու հետամուտ էի դրան: Շատ փոքր տարիքից ես երբեք կարիք չեմ զգացել ինձ համապատասխանեցնելու կամ գրաքննության ենթարկելու։ Եթե իմ հետաքրքրասիրությունն ինձ տաներ ինչ-որ բանի, ես կհետևեի դրան: Երկրորդ՝ ձանձրույթը դեր խաղաց իմ պահվածքում: Քանի որ դպրոցական աշխատանքն ինձ համար հեշտ էր, ես գտա ավելի շատ ազատ ժամանակ և ինքս ինձ սահմաններին մղելու ցանկություն։ Ժամանակս վատնելու փոխարեն ես փնտրեցի նոր մարտահրավերներ, որոնք կխթանեն իմ միտքը և կօգնեն ինձ զարգացնել նոր հմտություններ։

Olumide Ogunsanwo. Հետաքրքրասիրության, անհամապատասխանության, անկախ մտածողության և տարբեր ուղիներ ուսումնասիրելու պատրաստակամության բնութագրերը հաճախ հանգեցնում են ֆինանսական անկախության և ազատության հասնելու ավելի մեծ հետաքրքրության։ Երբ ինչ-որ մեկը մտածում է շրջանակից դուրս, բաց է նոր փորձառությունների համար և չի համապատասխանում ավանդական նորմերին, նրանք ավելի հավանական է, որ այլընտրանքային ուղիներ որոնեն։ Ֆինանսական անկախությունը սովորական 9-5 աշխատանքի նման այլընտրանքներից մեկն է մինչև

60-70 տարեկան թոշակի անցնելը։ Ձեր պատմությունից թվում է, որ այս հատկությունները կարող են դեր խաղացել ձեր ցանկության մեջ՝ հետևելու ոչ սովորական տարբերակներին։

Աչանի Սամոն Բիաու. Ես համաձայն եմ ձեր դիտարկման հետ։ Ինը տարեկանում ես կատարեցի իմ ցանկությունը՝ տեղափոխվելու մայրաքաղաք Կոտոնու, որտեղ մնացի մորաքույրներիցս մեկի մոտ։ Նա հաճախ բացակայում էր՝ թողնելով ինձ և իմ երկու երիտասարդ հորեղբայրներին հիմնականում հոգալու համար։ Այս փորձառությունը մեզ յուրաքանչյուրին հնարավորություն տվեց լինել անկախ և տնօրինել մեր կյանքը։ Կոտոնուում ապրելն ինձ Ֆինանսական կրթություն է տվել։ Ի տարբերություն այն ժամանակ, երբ ես ապրում էի ծնողներիս հետ և ստիպված չէի գումար տնօրինել, ես այժմ ստիպված էի բյուջե ծախսել այնպիսի ծախսերի համար, ինչպիսին է սնունդը, քանի որ տնօրինում էի իմ սեփական միջոցները (իմ «P&L»)։

Olumide Ogunsanwo. Դուք չունեք P&L: Դուք պարզապես կորուստներ եք ունեցել [ծիծաղ]։

Աչանի Սամոն Բիաու. [Ժպտա] Ես ծախսեր ունեի։ Երբ 11 տարեկանում տեղափոխվեցի Կոտոնու, ծնողներս ինձ գումար ուղարկեցին՝ ծախսերս հոգալու համար։ Ես խնդրեցի, որ գումարն անմիջապես ինձ ուղարկեն մորաքրոջս փոխարեն, որը սովորաբար բացակայում էր։ Քանի որ անչափահաս էի և մենակ չէի կարողանում բանկ գնալ, նախընտրեցի գումարը կանխիկ ստանալ։ Ես սովորեցի բյուջե կազմել մի ամբողջ ամսվա համար՝ ուշադիր պլանավորելով, թե երբ պետք է գերծախսեմ և երբ խնայեմ։ Ինձ մոտ ձևավորվեց պատասխանատվության ուժեղ զգացում և հասկացա, թե որքան կարևոր է փողը չսպառել։

Olumide Ogunsanwo. Սա տեղի է ունեցել 11-ից 14 տարեկանում։

Աչանի Սամոն Բիաու. Ճիշտ է։

Օլումիդ Օգունսանվո. Անհավանական է նման փորձ ունենալ այդքան երիտասարդ տարիքում: Սովորաբար մարդիկ այդ փորձը չունեն, քանի դեռ չեն ընդունվել համալսարան: Դա բավականին երիտասարդ է, համեմատաբար: Մանկության ի՞նչ այլ փորձառություններ պատրաստեցին ձեզ ֆինանսական անկախության:

Աչանի Սամոն Բիաու. Երբ ես յոթ տարեկան էի, դարձա հորս հաշվապահը:

Olumide Ogunsanwo. Դա ծիծաղելի է: Դուք արդեն գիտեիք խորացված մաթեմատիկա:

Աչանի Սամոն Բիաու. Ես սկսեցի տարրական դպրոց հաճախել չորս տարեկանում, թեև դա չէր թույլատրվում: Չեմ կարող հիշել, թե ինչպես կարողացանք շրջանցել տարիքային պահանջը:

Olumide Ogunsanwo. Ես կարող եմ ձեզ ասել, թե ինչպես եք դա արել: Ձեր հայրը ճանաչում էր մի տղայի, ով ճանաչում էր մի տղայի, ով ճանաչում էր մի տղայի: Այդպես էլ ստացվեց:

Աչանի Սամոն Բիաու. [Ժպտացեք] Գուցե: Ես այդ դինամիկայից երևի այն ժամանակ տեղյակ չէի: Մենք ունեինք մի մեծ հացաբուլկեղեն, որը մատակարարում էր ամբողջ քաղաքը: Որպես իմ պարտականությունների մի մաս, գիշերների մեծ մասը ես կզբաղվեի հաշվապահությամբ: Մենք ունեինք մի քանի տասնյակ մանրածախ առևտրով զբաղվողներ, որոնք վաղ առավոտից գալիս էին մի քանի հարյուր բագետի իրենց պաշարը վերցնելու: Իրենց ապրանքները վաճառելուց հետո նրանք գիշերը վերադառնում էին իրենց հաշիվները մաքրելու: Մեր մուտքերը (ալյուր, խմորիչ, բենզին և այլն) և արդյունքները (յուրաքանչյուր մանրածախ վաճառողին առաքված բագետների քանակը) հետևելու համար հայրս օգտագործեց թղթե նոթատետր, որը կառուցված էր որպես շահույթի և վնասի հաշվետվություն։ Մենք պետք է բազմապատկեինք քանակները յուրաքանչյուր մանրածախ առևտրի միավորի գնով և գումարեինք ամեն ինչ։ Երբեմն մանրածախ առևտրով զբաղվողները ունեին ապառքներ, որոնք պետք է հաշվի առնվեին՝ վերջնական վճարման գումարը որոշելու համար։

Գրքերը հավասարակշռելու համար հայրս օգտագործում էր իր հաշվիչը՝ ավելացնելու գրառումները։ Այնուամենայնիվ, քանի որ ես լավ էի մաթեմատիկայից, առաջարկեցի, որ կարող եմ ամեն ինչ մտովի հաշվարկել։ Ես սկսեցի առաջարկելով լինել հայրիկիս հաշվիչը՝ մշակելով 75 անգամ 1243 և 75 անգամ 419 հավասարումներ։ Դպրոցում ես դեռ սովորում էի հիմնական բազմապատկումը, օրինակ՝ 5 անգամ 5 և 4 անգամ 9։ Ի վերջո, ես առաջարկեցի ստանձնել P&L-ը։ կառավարումն ամբողջությամբ։ Հայրս սկզբում թերահավատ էր, բայց ի վերջո համաձայնեց թույլ տալ ինձ փորձել։

Հանկարծ ես հայտնվեցի մի իրավիճակում, որտեղ ավելի հին, փորձառու մանրածախ առևտրով զբաղվողները գալիս էին և կարգավորում էին իրենց հաշվեկշիռները։ Ես կհարցնեի նրանց, թե քանի կտոր են նրանք վաճառել այդ օրը և արագ ստուգել դրանց համարները մեր իսկ գրառումների համեմատ։ Որոշ մտավոր մաթեմատիկայի միջոցով ես կարող էի հաշվարկել նրանց վերջնական մնացորդը։

Olumide Ogunsanwo: [Ծիծաղ] Դուք սպառնացե՞լ եք, մաֆիոզ ոճով, կոտրել նրանց ոտքերը, եթե չվճարեն։ Այդպե՞ս աշխատեց։

Աչանի Սամոն Բիաու. [Ծիծաղ] Դե, ճիշտ չէ, բայց շատ զգացմունքային ինտելեկտ էր ներգրավված։ Ես ուսումնասիրեցի, թե ինչպես է հայրս շփվում մանրածախ վաճառողների հետ։ Օրինակ, կար մի տիկին, որը հաճախ պայքարում էր իր ֆինանսները տնօրինելու համար՝ միշտ պատճառաբանելով վճարումները ուշացնելու կամ պարտքերի մեջ լինելու համար: Նա մեղադրում էր այնպիսի բաների, ինչպիսին է անցնող մեքենան, որը ջուր է ցողում իր հացի զամբյուղի վրա, ինչի հետևանքով փչացած ապրանքներ էր հայտնվում, որոնք նա չէր կարող վաճառել, և խնդրում էր վճարել փոքր մասով մի քանի ամսվա ընթացքում: Թեև այս բաները կարող էին պատահել ցանկացածի հետ, նրա հետ թվում էր, թե ինչ-որ բան կամ մյուսը միշտ սխալ է: Երբ նա եկավ, ես գիտեի, որ ավելի լավ է բաց թողնել հաճույքները և կենտրոնանալ թվերի վրա. «Դուք մեզ պարտք եք 80,750 CFA»: Այս մոտեցումը կտրեց նրա բողոքներն ու արդարացումները:

Ժամանակի ընթացքում ես զարգացրեցի թրեյդերների տրամադրությունները կարդալու զգացողություն և սովորեցի, թե ինչպես վարվել դժվար խոսակցությունների հետ՝ օգտագործելով համապատասխան ողջույններ և փոքր խոսակցություններ՝ կանխատեսելու և ցրելու հակամարտությունները: Երբ ես 7 կամ 8 տարեկան էի, ես արդեն հավաքում էի վճարումներ, հետևում էի, թե ով է մեզ պարտք, և կառավարում էի բիզնեսի մատակարարման կողմը՝ վերահսկելով գույքագրման օգտագործումը:

Olumide Ogunsanwo. Այո, դուք երիտասարդ տարիքում շատ եք ծանոթացել տնտեսագիտության և ֆինանսական կառավարմանը և այդ ամենին: Դա հազվադեպ է:

Աչանի Սամոն Բիաու. Ես հստակ հասկանում էի, թե ինչ է նշանակում ունենալ ավելցուկ և բիզնես վարել: Դեռ փոքր ժամանակ ես հասկացել էի գնաճ հասկացությունը, երբ հայրս բարձրացրեց բագետի գինը, քանի որ զգում էի ալյուրի թանկացման ազդեցությունը: Ես երիտասարդ տարիքում ունեի այս հասկացությունների իրազեկման և ըմբռնման բարձր մակարդակ:

Olumide Ogunsanwo. Հետաքրքիր է նշել, որ դուք երիտասարդ տարիքում փորձ եք ձեռք բերել ինչպես բիզնեսի, այնպես էլ անձնական ֆինանսների ոլորտում: Նախորդ պատմության ձեր սեփական P&L-ը կառավարելու ձեր փորձը, զուգորդված մանրածախ առևտրով զբաղվողների հետ ձեր հոր փոխհարաբերությունների վերաբերյալ ձեր դիտարկումների հետ, ձեզ տրամադրեց փողի լավ զգացում հարակից, բայց տարբեր ոլորտներում: Թեև բիզնեսի ֆինանսները և անձնական ֆինանսները նույնը չեն, կան արժեքավոր դասեր, որոնք կարող են փոխանցվել նրանց միջև: Հատկանշական է, որ երկու փորձն էլ ձեռք բերելու հնարավորություն եք ունեցել մինչև 13 տարեկանը:

Աչանի Սամոն Բիաու. Բիզնեսի ֆինանսավորման փորձն ինձ բացահայտեց անշարժ գույքի աշխարհը երիտասարդ տարիքում: Մեր ընտանեկան տունը գտնվում էր շուկայի գլխավոր փողոցում, և մենք տարածքներ էինք վարձակալում խանութների մանրածախ վաճառողներին: Իմանալով, որ նրանք ամսական վճարում են վարձավճարը, և որ երբեմն լինում են վերանորոգման ծախսեր, ես կիրառեցի հացաբուլկեղենի բիզնեսի շահույթի և վնասի սկզբունքները՝ հաշվարկելու մեր վարձակալության բիզնեսի շահութաբերությունը: Ինձ հետաքրքրում էր պարզել, թե խանութների մանրածախ առևտրով զբաղվողները որքան շահույթ են ստանում, և որքա՞ն է այդ եկամուտը մենք ստանում՝ նրանց խանութները վարձակալելով:

Հիշում եմ, որ հորս հետ քննարկել եմ շուկայական հետազոտությունների իմ բացահայտումները: «Ես որոշ ուսումնասիրություններ կատարեցի քաղաքի շուրջը և պարզեցի, որ փողոցի երկու թաղամաս վերևում գտնվող տանտերերը մեզնից նմանատիպ վարձավճարներ էին գանձում։ Այնուամենայնիվ, մեր գտնվելու վայրը շատ ավելի լավն է, ուստի մենք պետք է ավելի շատ գանձենք»։ Հայրս ինձ հարցնում էր, թե ինչպես եմ ես ստացել այդ տեղեկությունը, և ես բացատրում էի, որ ընկերացել եմ մյուս տանտերերի որդու կամ աղջկա հետ կամ լսել եմ խոսակցություն։

Երբեմն հայրս հավելյալ տեղեկություններ էր հայտնում. «Այս խանութպանն ավելի քիչ է վճարում, քանի որ լավ վարձակալ է եղել, բայց նրա բիզնեսը լավ չի ընթանում, և նա չի կարող իրեն թույլ տալ ավելի շատ վճարել»։ Այս զրույցների միջոցով ես վաղ տարիքից ծանոթացա բիզնեսի հետ կապված մի շարք թեմաների։

Olumide Ogunsanwo: Դա հիանալի էր։ Որո՞նք են այն հիմնական դասերը, որոնք դուք սովորել եք վաղ մանկության տարիներին, որոնք կցանկանայիք ամփոփել։

Աչանի Սամոն Բիաու. Կան մի քանի դասեր.

1. Ես իմացա փող չունենալու սահմանափակումները ցածր եկամուտ ունեցող ընտանիքների ընկերներիս հետ շփվելու միջոցով։

2. Ես վաղուց էի ենթարկվել ֆինանսների և բիզնեսի, քանի որ հորս հաշվապահն էի։

3. Ես ենթարկվել եմ անձնական ֆինանսների, ինքնակառավարման՝ հիմնականում 11 տարեկանում իմ սեփական ֆինանսները ծնողներիցս հեռացնելով։

Հետաքրքիր է, որ ավելի առաջադեմներն ավելի վաղ էին եկել, քանի որ ես աջակցում էի բիզնեսին, նախքան անձնական ֆինանսների մասին իմանալը։

Օլումիդե Օգունսանվո. Ի՞նչ կուզենայիք, որ մանուկ հասակում այլ կերպ իմանայիք կամ այլ կերպ վարվեիք մինչ համալսարան գնալը։

Աչանի Սամոն Բիաու. Կցանկանայի, որ ես հայտնվեի բարձր կատարողական միջավայրում, որտեղ ես միշտ չէ, որ կարող էի հաղթել։ Իմ տեսակետը լուսաբանելու համար բերեմ մի օրինակ. Իմ հայրենի քաղաքում ես ակադեմիական առումով անառարկելի էի և իմ դասարանում մշտապես զբաղեցնում էի առաջին տեղը։ Երբ ես հասա Կոտոնու, մեկ այլ տղա, որը հետագայում դարձավ լավ ընկեր, գերակշռող ուսանող էր։ Նա ինտենսիվ էր և կենտրոնացած, մինչդեռ ես ժամանակի մեծ մասը ժիր էի։

Օլումիդ Օգունսանվո. [Ծիծաղ] Ձեզ դուր է գալիս ուրախ տրամադրությունը։

Աչանի Սամոն Բիաու. [Ժպտում է] Այո, ինձ դուր էր գալիս ուրախ տրամադրությունը, մինչդեռ նա բուռն էր։

Ես եկել էի մի գյուղական շրջանից, որտեղ ծանոթությունը սահմանափակ էր, մինչդեռ նա ուներ գրականության լայն շրջանակ, ներառյալ ֆրանսիացի հայտնի հեղինակ Վոլտերի ստեղծագործությունները։

Նրա հայրը կառավարության նախարար էր, մինչդեռ հայրս ձեռնարկատեր էր, որը մեծ հանձնառություն ուներ համայնքի ներգրավվածության հարցում։

Մեր ապրելակերպը շատ տարբեր էր, քանի որ նա մեքենա ու վարորդ ուներ՝ քաղաքում նավարկելու համար, մինչդեռ ես պետք է ապավինեի իմ մոտոցիկլետին և ինքս նավարկեի ճանապարհներով։

Նրա ընդհանուր գնահատականները և անհատական գնահատականները շատ առարկաներից ավելի բարձր էին, քան իմը։ Շատ բաներում նա շատ լավ էր և ընդհանուր առմամբ հիանալի։

Ես գերազանց էի և նրանից բարձր էի մաթեմատիկայի և ֆիզիկայի մեջ, բայց նա ավելի լավ էր սովորում այնպիսի առարկաներից, ինչպիսիք են ֆրանսերենը և պատմությունը։ Նա գիտեր բոլոր տեսակի բարդ բառերը և ֆրանսերենի քննություններից բարձր գնահատականներ կունենար: Գյուղական վայրում մեծանալով ես այդ ամենին չեմ ենթարկվել։

Olumide Ogunsanwo. Դասընթացների որոշակի տեսակների կատարումը մեծապես փոխկապակցված է ազդեցության հետ։

Աչանի Սամոն Բիաու. Իսկապես ։ Առաջին անգամն էր, որ ես գիտակցեցի իմ անիմաստությունը։

Օլումիդ Օգունսանվո. Օ՜, վայ։ Ինչո՞ւ եք այդքան ուժեղ բառ օգտագործում՝ «անիմաստություն»։

Աչանի Սամոն Բիաու. Ես միայն մեկ անգամ զբաղեցրի երկրորդ տեղը, երբ գյուղում էի, այնպես որ ես ինքս ինձ վրա այնքան զայրույթ զգացի։ Ես կասկածի տակ էի դնում, թե արդյոք սկսում եմ սայթաքել և ինչու չեմ կարողացել պահպանել բարձր դիրքը։

Olumide Ogunsanwo. Որպես երեխա, դուք մեծ էգո եք դրել լավագույնը լինելու համար։ Ձեր էգոն կապված էր դրան։ Դու դա՞ ես ասում։

Աչանի Սամոն Բիաու. Չգիտեմ՝ այդպես կանվանե՞մ։

Olumide Ogunsanwo. Դուք չեք ցանկանում դա ընդունել, բայց դա այդպես է հնչում։ Դրա համար դու վիրավորվել ես։

Աչանի Սամոն Բիաու. Ես զգացի, որ պետք է կանխատեսեի և անեի այն ամենը, ինչ անհրաժեշտ էր առաջին տեղում զբաղեցնելու համար։ Թիվ մեկ լինելու իմ ձգտումը չի սնուցվել ինձ ուրիշների հետ համեմատելով, այլ ավելի շուտ գերազանցելու իմ անձնական ցանկությամբ։

Olumide Ogunsanwo. Ես հասկանում եմ։ Դա հարաբերական չէր այլ մարդկանց հետ։ Ես նաև ներքին դրդապատճառ ունեի գերազանցելու անկախ այլ մարդկանց կատարողականից։ Դա ինձ այլ մարդկանց հետ համեմատելու արդյունք չէր։

Աչանի Սամոն Բիաու. Քննությունների առաջին փաթեթից հետո։ Ես զբաղեցրել եմ երկրորդ տեղը։ Նա տիրում էր այն ամենին, ինչը մաթեմատիկա և ֆիզիկա չէր։ Դա ինձ համար արթնացման կոչ էր, քանի որ ես հասկացա, որ ֆրանսերենում հաջողության հասնելը միայն կամքի ուժի խնդիր չէ. Ես պետք է ավելի շատ ջանքեր գործադրեի պատրաստվելու համար։ Այս մյուս ուսանողը բացահայտեց իմ թերություններն ու թերությունները, և ես որոշ ժամանակ զայրացա: Ես փորձեցի ռացիոնալացնել իմ ցածր կատարողականը ամենատարբեր պատճառաբանություններով, օրինակ՝ «նա պետնախարարի որդի է, ուստի, իհարկե, նա ստանում է այս բոլոր լրացուցիչ ռեսուրսները անվճար»։

Որոշ ժամանակ ես նրան չէի սիրում, և ես գտնում էի, որ նա չափազանց ինտենսիվ և լարված է։

Olumide Ogunsanwo: Նա բավականաչափ ժիր չէր:

Աչանի Սամոն Բիաու. Այո, նա ամենևին էլ ժիր չէր։ Ես կասեի ընկերներիս. «Նա լավ երեխա չէ»:

Ի վերջո, ես հասկացա, որ ես հիմար եմ։ Իրավիճակն այն ամբողջ մոտիվացիան էր, որն ինձ անհրաժեշտ էր։ Ես գնացի գրախանութ և օգտագործեցի իմ ամսական նպաստի կեսը՝ գնելու ֆրանսիական դասական գրականության բոլոր գրքերը, որոնք կարող էի գտնել։ Որպեսզի դրանք գնամ, ես օրական մեկ անգամ կերակուր էի բաց թողնում և ծնողներիս չէի ասում։

Olumide Ogunsanwo: Դուք նոր սովի դիետա եք սկսել։ [Ծիծաղ]

Աչանի Սամոն Բիաու. Այո՛: Եկա այն եզրակացության, որ ինձ այդքան էլ պետք չէ մաթեմատիկա և ֆիզիկա սովորել: Փոխարենը գրականության գրքեր էի կարդում ու նոր բառեր սովորում: Մեկ տարվա ընթացքում ես գրականության մեջ շատ հետ մնալուց դարձա գրեթե մրցունակ։ Նույնը պատմության հետ։ Մինչ կրտսեր տարին իմ ամբողջ արձակուրդը նվիրել եմ սովորելուն: Ես շատ աշխատեցի և պատրաստ էի ջախջախել նրան, երբ վերադառնայի Կոտոնու։

Օլումիդ Օգունսանվո. Դու ինտենսիվ էիր:

Աչանի Սամոն Բիաու. Իմ ինտենսիվությունը առաջացել է անօգնականության զգացումից: Ես չէի կարող չմտածել, թե արդյոք կարող եմ ավելին, քան այն, ինչ անում էի ներկայումս: Երբ ես վերադարձա դպրոց ամառային արձակուրդից հետո, ես ցնցված էի, երբ իմացա, որ իմ ամենամեծ մրցակիցը տեղափոխվել է Բենինի ֆրանսիական դպրոց, որը կհեշտացներ նրա համար հետագայում ֆրանսիական համալսարան անցնելը: Ինձ թվում էր, որ նա փախել է:

Ես կիսվում եմ այս պատմությամբ՝ ընդգծելու իմ ցանկությունը՝ շրջապատված լինել գերազանց մարդկանցով, նույնիսկ եթե դրանք նույն առարկաները չեն, որոնցում ես լավ էի սովորել: Կցանկանայի, որ ավելի վաղ տարիքում հայտնվեի նման մարդկանց հետ: Հետ նայելով, ես տեսնում եմ, որ գյուղական վայրերում անցկացրած իմ որոշ տարիներ պոտենցիալ վատնված են, քանի որ ես շրջապատված էի միայն միջին դասընկերներով և չէի ծանոթանում բարձրակարգ ուսանողների հետ:

Պարզապես պատկերացրեք, եթե ես երիտասարդ տարիքում հնարավորություն ունենայի շփվել Բիլ Գեյթսի համարժեք մեկի հետ:

Olumide Ogunsanwo. Տարբերությունն այժմ ինտերնետն է: Մարդիկ ակնթարթորեն ծանոթանում են, նույնիսկ եթե դուք լավագույնն եք աշխարհում: Մենք մեծացել ենք նախքան համակարգիչները և ինտերնետը իսկապես մի բան էին: Եթե հիմա կարդում եք սա, ձեզ համար ավելի հեշտ է:

Աչանի Սամոն Բիաու. Ես սովորեցի արժեքավոր դաս, որը ուղեկցվեց որոշակի ցավով: Ես ափսոսում եմ, որ ընկերոջս հետ չեմ հանդիպել ավելի վաղ, հնարավոր է նույնիսկ հյուսիսում գտնվելու ժամանակ: Եթե ես ավելի շուտ հանդիպեի նրան, գուցե ավելի վաղ կզարգացնեի իմ հետաքրքրությունը ֆրանսերենի և աշխարհագրության նկատմամբ:

Ես հիմա հասկանում եմ, որ երբ ես տիրապետում եմ որոշակի ոլորտում, հեշտ է աչքաթող անել աճն ու զարգացումը, որը դեռ առջևում է: Հետևաբար, ես գիտակցաբար ջանք եմ գործադրել նոր փորձառություններ փնտրելու և իմ բացահայտումն ընդլայնելու համար: Ես հաճախ եմ ճանապարհորդում, ձեռք եմ բերում նոր ընկերներ և ակտիվորեն ձգտում եմ հասկանալ տարբեր ոլորտների վերջին գաղափարներն ու միտումները:

Կհանդիպենք հաջորդ գլխում:

2C. Ինքնավստահության և ինքնապահովման սկզբունքներ

Օլումիդ Օգունսանվո. Գրքի յուրաքանչյուր գլխում մենք սկսում ենք խոսել մեր կյանքի պատմությունների մասին, այնուհետև մենք խոսում ենք ֆինանսական անկախության հատուկ սկզբունքների մասին, որոնք, մեր կարծիքով, առավել համապատասխան են պատմություններին։ Այս գլխում մենք խոսելու ենք ինքնավստահության և ինքնապահովման սկզբունքների մասին։ Սկսենք ինքնավստահությունից։

Ինքնավստահությունը մարդու հավատն է նպատակներին հասնելու և խոչընդոտները հաղթահարելու իր կարողության նկատմամբ։ Ֆինանսական անկախությունը ձեզանից պահանջում է քայլեր ձեռնարկել, և այդ գործողությունները հիմնված են ձեր մտածելակերպի վրա։ Հետևաբար, ինքնավստահությունը, որը ներառում է սեփական անձի ընկալումը, ինքնարժեքը և տեղեկատվության մշակման ձևը, ֆինանսական անկախության հասնելու առաջին քայլերից մեկն է։

Աչանի Սամոն Բիաու. Եթե դու ուղևոր ես, որն անցնում է կյանքի միջով և անում է այն, ինչ անում են մյուսները, գուցե դժվար լինի հասնել ֆինանսական անկախության։ Այն գործողություններ է ձեռնարկում։ Գործողություններ անելու համար դուք պետք է կարողանաք հավատալ դրան, քանի որ հասարակությունն ասում է, որ դուք կարող եք թոշակի անցնել միայն 70 տարեկանում։ Դուք կարող եք սկսել մտածել, որ ֆինանսապես անկախ դառնալը պահանջում է բացառիկ ջանք կամ հմտություններ, որոնք դուք չունեք: Դուք պետք է հաղթահարեք դա և հավատաք, որ ունեք ֆինանսական անկախության հասնելու կարողություն, և դա այն է, ինչ իսկապես ցանկանում եք:

Olumide Ogunsanwo: Ինքնավստահության ուժը գալիս է ոչ թե ֆինանսական անկախությունից, այլ կյանքում ինչ-որ իմաստալից բան անելուց:

Ինքնակենսագրությունների մեծ մասում շրջադարձային է այն, երբ մարդը գիտակցում է, որ իրականում կարող է փոփոխություններ կատարել աշխարհում: Նրանք իրականում կարող են ինչ-որ կարևոր բան անել: Մարդիկ գերագույն ընդունակ էակներ են, բայց միայն այն դեպքում, եթե նրանք հավատում են, որ ունեն ուժ: Եթե չես հավատում, որ ուժ ունես, ոչինչ չես անի:

Օրինակ, մարդիկ, ովքեր հավատում են, որ կարող են նախագահ դառնալ, ավելի հավանական է, որ քայլեր կձեռնարկեն այդ նպատակին հասնելու համար, քան նրանք, ովքեր չեն կարողանում հասկանալ այդ հնարավորությունը: Թեև այս գլուխը կենտրոնանում է մանկության փորձառությունների վրա, դրա դասերը վերաբերում են բոլոր տարիքներին:

Պետք չէ մնալ նույն ուղու վրա, որը ձեզ հասցրել է կյանքի այս կետին: Կարող են լինել կյանքից ձեր ուզածը ստանալու այլ եղանակներ՝ առանց ձեր ընթացիկ պլանը շարունակելու: Սովորելը ձեր մտածելակերպը փոխելն է և մտածելու տարբեր ձևերի ենթարկվելը:

Եթե դուք կարդում եք այս գիրքը, հավանաբար ապրում եք Եվրոպայում կամ Ամերիկայում կամ զարգացող աշխարհի ավելի հարուստ մասում: Սա հավանաբար նշանակում է, որ դուք ունեք մի քանի առավելություններ, որոնք աշխարհի մյուսները չեն էլ կարող պատկերացնել (մաքուր միտք, առողջ մարմին և ցանկացած պահի ինտերնետի միջոցով ձեր ուզած տեղեկատվության հասանելիությունը)։ Ձեզ համար մեկնարկային կետը ձեր մտածելակերպը փոխելն է՝ հավատալու, որ ձեր կյանքում ամեն ինչ հնարավոր է։ Այս հեռանկարը կբարձրացնի ձեր իրազեկությունը՝ գտնելու և օգտագործելու այն ռեսուրսները, որոնք միշտ հասանելի են եղել ձեզ համար։

Աչանի Սամոն Բիաու. Դուք պետք է կարողանաք թափ ստեղծել։ Ի՞նչ է դա նշանակում ինքնավստահության առումով։ Նախ, դուք պետք է բնակեցնեք ձեր միջավայրը իրերով և մարդկանցով, որոնք ստիպում են ձեզ հավատալ, որ դուք կարող եք դա անել, և հեռացնել այն բաներն ու մարդկանց, որոնք ստիպում են ձեզ հակառակը հավատալ։

Olumide Ogunsanwo: Նույնիսկ եթե նրանք ձեր ընտանիքն ու ընկերներն են։ Որոշ մարդկանց բացասական պատկերացում ունենալու պատճառն այն է, որ նրանց բացասական բաներ են ասել իրենց զուգընկերը, ամուսինը, կինը, ընկերուհին, քույրը, հայրը, մայրը, ուսուցիչը, ղեկավարը և այլն։ Դուք պետք է առանձնանաք ձեզ այս մարդկանցից և հասնեք մի տեղ, որտեղ կարծում եք, որ արժանի եք։

Հակառակ դեպքում այս բացասական ազդեցությունները ձեզ հետ կքաշեն: Որքան մեծանում ես, այնքան ավելի հեշտ է։ Տարեց մարդիկ կարծես հաշտ են իրենց հետ և ավելի քիչ կարևորում են իրենց մասին այլ մարդկանց ընկալումները, քանի որ նրանք գիտելիք են ստացել, որ ինքնագնահատականը գալիս է ներսից, և որ այլ մարդիկ այնքան էլ մտահոգված չեն իրենցով, որքան կարող էին մտածել։ Եթե դուք ավելի երիտասարդ եք, կարող եք նաև սկսել դա զարգացնել և հասկանալ, որ ուրիշները շատ ավելի շատ են հոգում իրենց մասին և ժամանակ չեն ծախսում ձեր մասին մտածելու վրա։ Հետեւաբար, ոչ ոք չի կարող սահմանել, թե ով եք դուք: Դուք եք սահմանում ձեր արժեքը կյանքում:

Աչանի Սամոն Բիաու. Ինքներդ ձեզ հավատալու համար պետք է ձեր միտքը մարզել, որպեսզի վստահի ձեր ունակություններին: Արդյունավետ մեթոդներից մեկը փոքր քայլերն է ձեր նպատակներին հասնելու համար, ինչը ժամանակի ընթացքում զարգացնում է իրագործման զգացումը: Ինչպես վաղ տարիքից հոբբիներով, սպորտով կամ գիտակրթական հմտություններով աչքի ընկնող երեխաները ավելի ուժեղ հավատ ունեն իրենց կարողությունների նկատմամբ, դուք կարող եք հետևողական պրակտիկայի միջոցով ինքներդ ձեզ հավատալու սովորություն զարգացնել: Օրինակ, երեխաները, ովքեր կանոնավոր կերպով թենիս են խաղում, իրենց հմտությունները կատարելագործում են կանոնավոր պրակտիկայի միջոցով՝ հանգեցնելով ավելի մեծ վստահության իրենց կարողությունների նկատմամբ՝ գերազանցելու ոչ միայն թենիսում, այլև այլ մարզաձևերում:

Ակտիվորեն հեռացրեք մարդկանց, ովքեր ստիպում են ձեզ հավատալ, որ դուք չեք կարող ինչ-որ բան անել և ավելացրեք դրական ազդեցություններ, որոնք ստիպում են ձեզ զգալ, որ կարող եք հասնել ձեր նպատակներին կյանքում:

Olumide Ogunsanwo: Այս գիրքը դուր կգա մարդկանց, ովքեր թերի են, կողմնակի մարդիկ, փոքրամասնություններ և ներգաղթյալներ: Իհարկե, գիրքը բոլորի համար է, քանի որ ֆինանսական անկախության սկզբունքները համընդհանուր են:

Եթե դուք նույնանում եք որպես թերի, օտար, փոքրամասնություն կամ ներգաղթյալ, ապա կարևոր է գիտակցել, որ նոր իրավիճակները կարող են ստուգել ձեր ինքնավստահությունը և ինքնավստահությունը: Նախապես պատրաստվելով, դուք կարող եք մնալ տոկում և կենտրոնացած, երբ նավարկեք անծանոթ տարածքում: Օրինակ, եթե դուք ուգանդացի ներգաղթյալ եք, որը տեղափոխվում է Հարավային Դակոտա, դուք կմտնեք մի նոր միջավայր, որտեղ մարդկանց 90%+ կարող է ձեզ նման չլինել կամ չվարվել: Դուք պետք է կրկնապատկեք ինքներդ ձեզ կարեկցանքի և հոգատարության ձեր պրակտիկան, որպեսզի պահպանեք ձեր ինքնավստահությունն ու ինքնադրսևորումը այս նոր միջավայրի մարտահրավերներին նավարկելու ընթացքում:

Աչանի Սամոն Բիաու. Ես ուզում եմ ընդգծել ինքնության հետ կապված մի կետ: Ներգաղթյալ ընտանիքները հաճախ բախվում են երեխաների դաստիարակության խնդրին, ովքեր իրենց մշակութային արմատներից կտրված են զգում և պայքարում են ինքնության ճգնաժամի դեմ:

Սրա լուծման արդյունավետ միջոցներից մեկը երեխաներին խրախուսելն է ամբողջությամբ ընդունել իրենց մշակութային ժառանգությունը, օրինակ՝ խոսելով իրենց մայրենի լեզվով կամ այցելելով իրենց հայրենիքը: Սա օգնում է երեխաներին ավելի հարմարավետ զգալ իրենց հետ և կարող է հանգեցնել ինքնության և ինքնավստահության ավելի ուժեղ զգացողության: Այս մոտեցմամբ երեխաները կարող են լիովին ընդունել իրենց արմատները և ասել, օրինակ, որ իրենք նիգերիական ծագում ունեցող ամերիկացիներ են: Նրանք լիովին ընդունում են այդ ինքնությունը՝ չամաչելով դրանից:

Որպես այլընտրանք, որոշ ներգաղթյալ ընտանիքներ կարող են ընտրել ամբողջությամբ ընդունել այն երկրի ինքնությունը, որտեղ նրանք տեղափոխվել են, օրինակ՝ խրախուսելով իրենց երեխաներին ընդունել իրենց ամերիկյան ինքնությունը: Կարևոր է լիովին հավատարիմ մնալ մեկ մոտեցմանը, այլ ոչ թե կիսատ-պռատ մոտեցում ցուցաբերել, ինչը կարող է հանգեցնել շփոթության և պարզության պակասի սեփական անձի զգացողության մեջ։

Olumide Ogunsanwo. Ինքնավստահությունը ձևավորվում է ինչպես ներքին, այնպես էլ արտաքին գործոններով, ներառյալ ձեր միջավայրը։ Թեև դուք ավելի շատ վերահսկում եք ձեր միջավայրը, երբ մեծանում եք, երեխաները մեծապես կախված են իրենց ծնողներից և ուսուցիչներից՝ իրենց շրջապատը ձևավորելու համար։ Հետևաբար, ծնողների և ուսուցիչների համար շատ կարևոր է խրախուսել երեխաներին ունենալ դրական պատկերացում, ինքնարժեք և ինքնավստահություն։ Առանց ինքնավստահության ուժեղ զգացողության, երեխաները կարող են զգալի հոգեբանական խոչընդոտների հանդիպել իրենց պատկերացումները բարելավելու և բացասական օրինաչափությունները կոտրելու համար ավելի ուշ կյանքում, երբ նրանք ի վերջո մեկնում են անձնական զարգացման և ֆինանսական անկախության ճանապարհորդությունը։

Գրքի որոշ առաջարկներ, որոնք կօգնեն զարգացնել ինքնավստահության պրակտիկան և ապրելակերպը.

Նախ՝ « Մարդու իմաստի որոնումը [1]» Վիկտոր Ֆրանկլի կողմից: Պատմություն Հոլոքոստը վերապրածի մասին, ով, չնայած նացիստական համակենտրոնացման ճամբարում անհավատալի մարտահրավերներին դիմակայելուն, դեռևս հավատում էր իր նպատակին գտնելու իր կարողություններին։

Բրայան Թրեյսիի « Առավելագույն ձեռքբերումը »: [2]Չնայած զգալի դժվարություններին, ներառյալ

1. https://www.amazon.com/Mans-Search-Meaning-Viktor-Frankl-ebook/dp/B009U9S6FI

2. https://www.amazon.com/Maximum-Achievement-Strategies-Skills-Succeed-ebook/dp/B004PYDB1C

օրավարձ աշխատելը, դպրոցը թողնելը և ընտանիքի աջակցության բացակայությունը, Բրայանը ի վերջո զարգացրեց ինքնավստահության ուժեղ զգացում։ Այս հավատն իր հանդեպ օգնեց նրան սկսել իր անձնական զարգացումը և ստեղծել իր համար լիարժեք կյանք։

Այս երկու գրքերը կարող են օգնել մարդկանց բարելավել իրենց ինքնավստահությունը և հասկանալ իրենց անսահման հնարավորությունները։ Իրական փոփոխությունը սկսվում է ձեր մտածելակերպի, փիլիսոփայության, վերաբերմունքի և ներքին երկխոսության վրա աշխատելով։ Միայն դրանից հետո կարող եք քայլեր ձեռնարկել անձնական զարգացման և ֆինանսական անկախության համար։

Այժմ, երբ մենք ավարտեցինք ինքնավստահությունը, կանցնե՞նք արդյոք ինքնապահովման համապատասխան հայեցակարգին։

Աչանի Սամոն Բիաու. Այո ։ Ինքնապահովումը սեփական ջանքերի և կարողությունների վրա հույս դնելն է։ Պատկերացրեք երկու երեխաների, որոնց խնդրում են բարձր դիրքի դարակից բաժակ վերցնել։ Երեխաներից մեկը կարող է ինչ-որ բան փնտրել, որի վրա բարձրանա այն ստանալու համար, մյուս երեխան կարող է զանգահարել ծնողին և խնդրել, որ իրեն բարձրացնեն։ Առաջին երեխան անկախ է։ Երկրորդը դեռ մտածում է աջակցության համակարգի մասին։

Olumide Ogunsanwo. Խնդիրների լուծմանը մոտենալու մասին մտածելու երկու եղանակ կա։ Դուք կարող եք կամ (1) մտածել ստեղծագործորեն այն մասին, թե ինչպես կարող եք ինքնուրույն լուծել խնդիրը, կամ (2) մտածել, թե ով կարող է օգնել ձեզ լուծել խնդիրը։

Ինքնապահովված չլինելու խնդիրն այն է, որ այլ մարդկանց վրա հույս դնելը ներկայացնում է լուծման ամբողջական տարածքի միայն ենթաբազմությունը։ Մարդիկ, իհարկե, ընդհանուր տեսակ են, ուստի բնական է գտնել մարդկանց, ովքեր կօգնեն ձեզ լուծումներ ստեղծելու հարցում: Այնուամենայնիվ, եթե դուք լռելյայն գիտակցում եք, թե ինչպես կարող են այլ մարդիկ օգնել ձեզ, ապա, հավանաբար, իրականում չեք մտածում ձեր ողջ ներուժի մասին: Երբեմն միայն դուք կարող եք լուծել խնդիրը:

Աչանի Սամոն Բիաու. Եթե դուք պետք է ընտրեք լիակատար անկախության ծայրահեղության և ուրիշներից լիակատար կախվածության միջև, ավելի լավ է սկսել անկախության ծայրահեղությունից: Եթե ամբողջ կյանքդ ծախսես՝ խնդրելով մարդկանց անել քո փոխարեն, դու երբեք չես սովորի, թե ինչպես անել: Եվ երբ այդ մարդիկ գնան, դու կխեղդվես:

Ինքնապահովումից սկսելն օգնում է ձեզ հասկանալ խնդրի էությունը: Ինքներդ խնդիրները լուծելու փորձը ձեզ ավելի լավ է դարձնում գնահատելու ուրիշի աշխատանքի որակը, ում հետ կարող եք գործընկերություն անել:

Ինքնապահովումը նույնպես կարևոր է ֆինանսական անկախության հասնելու համար: Այն սերմանում է հետաքրքրասիրության զգացում, որը մղում է ձեզ սովորելու, թե ինչպես լուծել խնդիրները, և արդյունքում առաջացած ձեռքբերումների զգացումը կարող է խորապես պարգևատրել: Երբ դուք ինքնուրույն եք կատարում առաջադրանքը, դուք հպարտանում եք ինքներդ ձեզնով, և այս դրական արձագանքը ձեզ խրախուսում է նոր մարտահրավերներ ընդունել:

Ինքնապահովումը առաքինի շրջան է, որը կարող է հանգեցնել ավելի մեծ անկախության, հաջողության և անձնական բավարարվածության:

Օլումիդ Օգունսանվո. Ես և Սամոնը քննարկել ենք վաղ պատասխանատվության սկզբունքը ներառել այս գլխի գաղափարները մտահղացման ժամանակ: Այս գաղափարը ոգեշնչվել է Սամոնի մանկության փորձառություններից, որտեղ նրան հնարավորություն են տվել փորձել տարբեր բաներ և պատասխանատվություն ստանձնել փոքր տարիքից: Վաղ պատասխանատվությունը և անկախությունը սերտորեն կապված են:

Որպես ծնող՝ արժե մտածել, թե ինչպես են այս երկու հասկացությունները միասին աշխատում: Ձեր երեխային որոշակի պատասխանատվություն տալը և նրան իր կարողությունների եզրին մղելը կարող է օգտակար լինել նրա զարգացման համար: Տեսնելով, որ դուք վստահում եք նրանց առաջադրանքները, նրանք ավելի անկախ կդառնան, ինչը արժեքավոր հատկանիշ է մեծահասակների համար:

Ինքնապահովման հակառակն է՝ վստահել բոլորին, որոնք կօգնեն ձեզ լուծել ձեր կյանքի խնդիրները: Այնուամենայնիվ, ֆինանսական անկախությունը ձեզանից պահանջում է որոշումներ կայացնել և ձեռնարկել գործողություններ, որոնք կփոխեն ձեր ընթացիկ հետագիծը և ձեզ ավելի լավ անձնական ֆինանսական ուղու վրա կդնեն: Ինչպե՞ս կարող եք հույս դնել ուրիշների վրա, երբ դուք պատասխանատու եք գործողությունների համար: Դուք չեք կարող, այնպես որ սովորեք ապավինել ինքներդ ձեզ:

Օրինակ, ենթադրենք, որ դուք պետք է նվազեցնեք ձեր բնակարանային ծախսերը, քանի որ դա կօգնի ձեզ դառնալ ֆինանսապես անկախ որոշակի տարիքում: Ավելի լավ է նախ մարդկանց հարցնել, թե ինչպես են նրանք կրճատել իրենց բնակարանային ծախսերը: Ինչպե՞ս կարող է նրանց պատասխանը վերաբերվել ձեզ, երբ միայն դուք գիտեք բնակարանային իրավիճակի տեսակը, որը համապատասխանում է ձեր յուրահատուկ ճաշակներին, նախասիրություններին և ցանկություններին: Անշուշտ, ավելի լավ է սկսել ներսից, նախքան դրսից օգնություն փնտրելը:

Աչանի Սամոն Բիաու. Ի՞նչ կարող են մարդիկ անել

ինքնապահովումը զարգացնելու համար: Մի գնեք ձեր երեխաներին միայն տեսախաղեր կամ խաղեր, որոնք նմանակում են փողի կառավարումը, խրախուսեք նրանց զբաղվել իրական փողերով:

Պետք չէ բիզնես վարել՝ նրանց Ֆինանսական պատասխանատվություն սովորեցնելու համար. տնային տնտեսության բյուջեի կառավարումը սկսելու իդեալի միջոց է: Օրինակ, դուք կարող եք նրանց բյուջե տրամադրել տնային տնտեսության ծախսերի համար և խնդրել նրանց օգնել կառավարել և հաստատել ծախսերը: Սա նրանց սեփականության զգացում կհաղորդի և արժեքավոր հմտություններ կսովորեցնի: Բացի այդ, դուք կարող եք նրանց տալ մթերային գնումներ կատարած անդորրագրերը, որպեսզի նրանք կարողանան զբաղվել մտավոր թվաբանությամբ և հասկանալ իրերի արժեքը և ինչպես է դա ազդում ընտանիքի բյուջեի վրա: Տրամադրելով այս տեսակի իրական կյանքում սովորելու հնարավորություններ՝ դուք կարող եք օգնել ձեր երեխաներին զարգացնել ինքնավստահություն և դառնալ ավելի պատասխանատու մեծահասակներ:

Olumide Ogunsanwo. Բացատրեք, թե ինչպես են աշխատում հարկերը: Եթե նրանք հարցնեն, թե ինչու եք վճարել $42, երբ ձեր գնած բոլոր ապրանքների գումարը $40 էր, ասեք նրանց, քանի որ $2-ը գնում է կառավարությանը վաճառքի հարկի համար:

Աչանի Սամոն Բիաու. Ճիշտ է, երեխաներին խնդիրներ լուծելու հմտություններ զարգացնելու համար օգնելու միջոցներից մեկն այն է, որ նրանք լուծեն ծախսերը կառավարելու հետ կապված պարզ խնդիրները: Օրինակ, կարող եք նրանց տալ այնպիսի հարցեր, ինչպիսիք են «Ի՞նչն է մեզ անհրաժեշտ նվազեցնել կամ ավելացնել մեր ծախսերը օպտիմալացնելու համար»: Սա կարող է օգնել նրանց զարգացնել քննադատական մտածողության հմտություններ և պատասխանատվության զգացում: Երբ ծնողներն ասում են, որ երեխաները շատ փոքր են որոշ բաներ անելու համար, դա հաճախ այն պատճառով է, որ ծնողները չգիտեն, թե ինչպես դա անել ճիշտ: Որոշ ծնողներ ասում են «թող երեխաները երեխաներ լինեն»: Պետք է զգույշ լինել, որպեսզի չխառնվենք իրար: Ես ձեզ չեմ ասում, որ ձեր երեխաներին գրանցեք երեխաների աշխատանքի համար:

Olumide Ogunsanwo. Կամ ուղարկեք նրանց ռազմական դպրոց [Ծիծաղ]

Աչանի Սամոն Բիաու. Դուք չպետք է դանդաղեցնեք ձեր երեխայի աճը: Ես հավատում եմ, որ եթե ձեր երեխան չի տնօրինում ձեր ֆինանսները տանը, նա հավանաբար արդեն հետ է մնում կյանքից: Ես անում էի հորս բիզնեսի հաշվառումը, երբ 7 տարեկան էի: Դուք կարող եք ձեր երեխային ստիպել ձեր ընտանիքի հաշվառումը կատարել մինչև 10 տարեկանը, և ես բավականին վստահ եմ, որ տնային տնտեսությունների հաշվառումն ավելի քիչ բարդ է, քան բիզնեսի հաշվառումը:

Olumide Ogunsanwo: Սա այնքան սերտորեն կապված է ինքնավստահության հետ: Եթե որպես մեծահասակ, որպես ծնող, դուք ունեք բարձր ինքնագնահատական և վստահում եք ինքներդ ձեզ, ապա ավելի հավանական է, որ ձեր երեխային պատասխանատվություն կկրեք: Եթե կասկածում եք ինքներդ ձեզ, ցածր ինքնագնահատական ունեք, հնարավոր է, որ պատրաստ չլինեք պատասխանատվություն տալ ձեր երեխային: Ահա թե ինչու մենք համատեղեցինք այս բոլոր հասկացությունները միասին՝ ինքնավստահություն, ինքնապահովում և վաղ մանկության պատասխանատվություն:

Տարիքի հետ դուք պետք է պատասխանատվություն կրեք ձեր կյանքի համար: Ինձ տարօրինակ է թվում, որ որոշ մարդիկ, ովքեր այլևս երեխաներ չեն և կարող են լինել 20 կամ 30 տարեկան, դեռ խոսում են այն մասին, թե ինչ են արել իրենց ծնողներն իրենց հետ, երբ նրանք երեխա էին։ Ցավում եմ, որ ասում եմ սա, բայց երբ 18-ն անց ես, պետք է պատասխանատվություն կրես քո կյանքի համար։

Ես խրախուսում եմ մարդկանց հասկանալ, ընդունել, սովորել և առաջ շարժվել այն ամենից, ինչ պատահել է իրենց մանկության տարիներին։ Պատասխանատու լինելու և ձեր կյանքը ղեկավարելու մի մասն այն է, որ թողեք անցյալը, ներեք այն մարդկանց, ովքեր վիրավորել են ձեզ և չեն արդարացրել ձեր սպասելիքները։

Ես գիտեմ, որ դա հեշտ է ասել, և ես չգիտեմ բոլորի կոնկրետ իրավիճակը։ Ես դա հասկանում եմ։ Համոզված եմ, որ բոլորն էլ անցնում են իրերի միջով, բայց որպես չափահաս, ավելի լավ է, որ դուք սովորեք այն, ինչ ձեզ հարկավոր է անցյալից և առաջ շարժվեք։ Ներիր բոլորին, ով հիասթափեցրել է քեզ, և առաջ գնա և պատասխանատվություն ստանձնիր քո կյանքի համար։ Մի արդարացումներ մի արա։ Հավատացեք ինքներդ ձեզ, վստահեք ինքներդ ձեզ և անհամբեր սպասեք կյանքից այն ամենին, ինչ ցանկանում եք ստանալ։

Թույլ մի տվեք, որ ձեր երեկվա մարդիկ ազդեն ձեր այսօրվա վրա։ Թույլ մի տվեք, որ ձեր անցյալի ուրվականները հետապնդեն ձեր ներկա իրականությունը։ Դեռ ամբողջ կյանքդ առջևում է, որպեսզի վայելես այնպես, ինչպես ցանկանում ես։ Նրանց հանդեպ ունեցած ոխը շղթաներ են, որոնք անուղղակիորեն պահում ես քո դեմ։ Դժվար է հավատալ ինքներդ ձեզ կամ ունենալ բարձր ինքնագնահատական, եթե դեռևս կապված եք ձեր մանկության ոխերի հետ։ Ինքնաներողամտությունը ճանապարհորդություն է, որը մենք բոլորս կարող ենք սկսել՝ ազատվելով անցյալի ճիրաններից և զորացնելով ինքներս մեզ ստեղծելու այն ապագան, որը ցանկանում ենք:

Աչանի Սամոն Բիաու. Ես պատրաստվում եմ մեկնաբանություններ անել, որոնք հակասական են հնչում, բայց դրանք չպետք է լինեն: Եթե դուք օգտագործում եք ձեր հարստությունը ձեր երեխային անկախությունից զերծ պահելու համար, դուք նրան արջի ծառայություն եք մատուցում: Օրինակ, եթե դուք թռչում եք բիզնես դասով և ձեր երեխայի հետ եք, ապա նրան դրեք էկոնոմ դասում մնացած աշխարհի հետ: Բիզնես դասում նստած երեխան բիզնես չունի: Ժամանակաշրջան.

Երկրորդ, եթե ձեր երեխայի հետ ձեր փորձառությունը ներառում է անընդհատ շքեղ ռեստորաններ հաճախելը, փորձեք նրան տանել նաև պարզ ռեստորաններ, որպեսզի նրանք կարողանան տարբեր տեսակետներ ունենալ:

Olumide Ogunsanwo: Ինչպես McDonald's-ը [Ծիծաղ]

Աչանի Սամոն Բիաու. Եթե ձեր երեխան ձեզանից գումար է խնդրում շքեղ բան գնելու համար, տվեք նրան գումարի մեկ երրորդը: Խնդրեք նրանց գտնել երրորդը ստանալու միջոց, վերադառնաք, և միգուցե դուք նրանց տաս մնացած երրորդը: Ձեր երեխային դրեք ինքնապահովման ուղու վրա:

Եվ ինչպես Olumide-ն ավելի վաղ ասաց, որոշ մարդիկ ավելի մեծ են, ամուսնացած են և այլն, բայց նրանք դեռ խոսում են այն մասին, թե ինչ են արել իրենց ծնողները իրենց համար որպես երեխա: Դուք ոչ միայն հավանաբար կփչացնեք ձեր հարաբերությունները, այլեւ չեք մեծանա: Գտեք ուղիներ՝ ինքնուրույն լուծելու իրերը: Դուք չեք մեծացել այնքան ժամանակ, քանի դեռ չեք գտել ինքներդ ձեզ լուծելու ուղիներ, անկախ նրանից, թե ինչ են արել ձեր ծնողները, ընկերները կամ ընտանիքը:

Բացի այդ, երբ դուք 18 տարեկան եք և պատրաստվում եք գնալ քոլեջ, մի գնացեք ձեր ընտանիքի մոտ գտնվող քոլեջ: Գնա հեռու այնտեղ, որտեղ ծնողներդ չեն կարող հեշտությամբ հասնել քեզ: Սկսեք մի կողմ դնել ձեր ծնողների փողերը և աշխատել դրանք ավելացնելու ուղղությամբ:

Մի խնդրեք ձեր ծնողներին ձեզ իրեր տալ, նրանցից վարկ խնդրեք: Ինքներդ ձեզ դրեք այնպիսի դիրքում, որտեղ պետք է լիարժեք պատասխանատվություն ստանձնեք այն բաների համար, որոնք շարժում են ձեր կյանքը:

Olumide Ogunsanwo. Կա սերտորեն կապված հայեցակարգ ֆիքսված ընդդեմ աճի մտածելակերպի: Ֆիքսված մտածելակերպը նշանակում է, որ ես այս աշխարհ եմ գալիս մի շարք հմտություններով, կարողություններով, գիտելիքներով, ինտելեկտով, և դրանք ամրագրված են իմ ողջ կյանքի ընթացքում:

Աճման մտածելակերպը հակառակն է: Ես այս աշխարհ եմ գալիս մի շարք հմտություններով, գիտելիքներով, ինտելեկտով, կարողություններով, և կարող եմ ժամանակի ընթացքում աճել և զարգացնել դրանք: Ես ցնցված էի, որ որևէ մեկը կհավատա ֆիքսված մտածելակերպին, քանի որ մենք հստակ սովորում և աճում ենք անընդհատ: Դուք անընդհատ աճում եք, կատարելագործվում, սովորում և փորձում եք նոր բաներ, և մարդկանց համար կարևոր է, որ դա հնարավորինս շուտ մտցնեն իրենց մտածելակերպը:

Դուք կարող եք սովորել այն ամենը, ինչ ցանկանում եք: Հենց հիմա, ես 38 տարեկան եմ, կարող եմ որոշել տիեզերագնաց լինել, դասերի գնալ, դիպլոմ ստանալ և դառնալ տիեզերագնաց: Ինչպե՞ս կարող է որևէ մեկը հավատալ, որ դա ձեզ համար հնարավոր չէ, եթե այլ մարդիկ դա անում են: Իհարկե, դուք կարող եք դա անել: Դուք անսահմանափակ ներուժ ունեցող մարդ եք, և կարող եք անել այն, ինչ ցանկանում եք:

Դուք կարող եք հավատալ, որ այլ մարդիկ ավելի լավն են, ավելի խելացի, ավելի գրավիչ, քան դուք, և, հետևաբար, ավելին են արժանի կյանքին, քան դուք: Դե, ես այստեղ եմ ձեզ ասելու, որ դա ճիշտ չէ: Դուք ստեղծել եք թերարժեքության բարդույթ, որից կարող եք ազատվել: Այն փաստը, որ դուք նույնիսկ հավատում եք դրան, վերադառնում է ինքնավստահության: Ահա թե ինչու է այս գլուխը այդքան կարևոր:

Ձեր ինքնագնահատականի մակարդակը ստիպում է ձեզ հավատալ, որ դուք ավելի վատն եք, քան մյուս մարդիկ: Դու չես. Մարդը գերագույն հզոր է: Եթե դուք ժամանակ տրամադրեք նոր հմտություններ սովորելու, տեղեկատվություն ստանալու, մարդկանց հետ ծանոթանալու համար, կարող եք սովորել և անել ամեն ինչ: Աճման մտածելակերպը չափազանց կարևոր է, և ձեզ համար կարևոր է զարգացնել դա որքան հնարավոր է շուտ, քանի որ այն հիմնվում է իր վրա: Այդպես սկսվեց այս գիրքը: 2020 թվականին ես հավատում էի, որ կարող եմ փոքրաքաթ անել, և հանդիպեցի Bankole-ին, և մենք սկսեցինք Afrobility-ը: Եվ փոդքասթի շնորհիվ ես և Սամոն ստեղծեցինք այս FIREDOM գիրքը:

Աչանի Սամոն Բիաու. Մինչ ձեր երեխաները բավականաչափ խելացի կլինեն ապստամբելու համար, հարցազրույց անցկացրեք նրանց ընկերներից և հետ պահեք նրանց, ովքեր չեն անցնում հարցազրույցը, չտեսնեն ձեր երեխաներին: Ես ձեզ կտամ հարցազրույցի հարցի օրինակ, հարցրեք ձեր երեխայի ապագա ընկերոջը, թե որքան լավ են նրանք մաթեմատիկայից: Եթե նրանք պատասխանում են, որ իրենք պարզապես լավ չեն մաթեմատիկայից, անմիջապես արգելեք ձեր երեխային տեսնել այդ ընկերներին:

Մեկ այլ կարևոր կետ, որը պետք է հաշվի առնել, այն է, որ թանկարժեք դպրոցները պարտադիր չէ, որ համընկնեն լավ դպրոցների հետ։ Երբ խոսքը վերաբերում է ձեր երեխաներին դպրոց ուղարկելուն, երկու հիմնական պատճառ կա՝ սոցիալականացման և սովորելու համար։ Որպես ծնող, դուք պետք է ուշադիր մտածեք, թե ինչի եք ակնկալում հասնել սոցիալականացման միջոցով։ Եթե կա դպրոց, որտեղ աշակերտների մեծամասնությունը դրական է տրամադրված «Ես կարող եմ ամեն ինչ անել», ապա լավ գաղափար կլինի ձեր երեխային գրանցել այդ դպրոց։ Դա պայմանավորված է նրանով, որ երեխաները, լինելով շատ տպավորիչ, հակված են որդեգրել իրենց շրջապատի մտածելակերպն ու վարքը։

Ֆրանսիայում կրկնուսույց լինելու ընթացքում ես նկատեցի, որ բազմաթիվ երեխաներ «Մաթեմատիկան դժվար է» մտածելակերպից տեղափոխվում են հեղինակավոր նախապատրաստական դպրոցներ ընդունվելու։ Ես կարողացա օգնել նրանց վիճարկել այն բացասական պատմությունը, որին նրանք ենթարկվել էին և փոխել իրենց տեսակետը, ի վերջո հանգեցնելով նրանց հաջողությանը։

Olumide Ogunsanwo. «Ես X-ում լավ չեմ» հայտարարությունը կառուցողական չէ, քանի որ այն ներկայացնում է ինքնասահմանափակող համոզմունք։ Օրինակ, ես երբեք չեմ ասի, որ լավ չեմ ինչ-որ բանում, օրինակ՝ ճաշ պատրաստելով, որովհետև գիտեմ, որ այն ամենը, ինչ պետք է անեմ, որպեսզի ավելի լավ ընթանամ խոհարարության մեջ, դա ինտերնետում մտնելն է, որոշ բաղադրատոմսեր ներբեռնելը և պրակտիկան, կրկնելն ու լավանալը։ Ասել, որ ես լավ չեմ X-ում, դա ինքնասահմանափակող համոզմունք է, քանի որ ձեր ինքնավստահությունն ու ինքնարժեքը այնտեղ չեն, որտեղ պետք է լինեն։ Ընդունեք, որ եթե մեկ այլ մարդ կարող է ինչ-որ բան անել, դուք նույնպես կարող եք դա անել։ Նրանք ժամանակ են հատկացրել այն սովորելու համար։ Դա նշանակում է, որ դուք նույնպես կարող եք սովորել այն։

Եզրափակելով, ինքնապահովումը խթանելու համար շատ կարևոր է հրաժարվել ինքնասահմանափակող համոզմունքներից և ընդունել աճի մտածելակերպ։ Եթե դուք փնտրում եք որոշ ռեսուրսներ այս գործընթացին օգնելու համար, ահա մի քանի առաջարկվող գրքեր ինքնապահովման վերաբերյալ.

Առաջին գիրքը Ջին Սիմոնսի « Me, Inc »-ն է։ [3]Դա զարմանալի է! Այն պատմում է մի ներգաղթյալի մասին, ով տեղափոխվել է Ամերիկա, հարմարվել ամերիկյան համակարգին, սովորել անգլերեն խոսել և դարձել աշխարհի պատմության մեջ ամենամեծ ռոք խմբերից մեկի՝ Kiss-ի մենակատարը։ Զարմանալի! Ես սիրում եմ այս գիրքը։ Երբևէ գրված ամենաթերագնահատված գրքերից մեկը։

Այն Ռենդի երկու գիրք՝ « Աղբյուրը [4]» և « Ատլասը ուսերը թոթվեց [5]»։ Այն Ռենդը անհավանական գրող է, քանի որ նրա գրքերը վերաբերում են հասկանալու մարդկանց ներուժը՝ մեծ բաներ անելու, եթե նրանք հավատում են իրենց՝ անկախ արտաքին հանգամանքներից։

Վերջապես, « Երեքշաբթի Մորիի հետ [6]» Միթչ Ալբոմի կողմից։ Գիրքը խորանում է կյանքի խորը ասպեկտների մեջ՝ սովորեցնելով մեզ կարեկցանքի, սիրո և ընդունման արժեքի մասին։ Ամենաազդեցիկ դասերից մեկը, որ ես վերցրել եմ դրանից, այն է, որ ընդունելով մեր մահկանացու կյանքը և ընդունելով, որ մահը սպասում է մեզ բոլորիս, մենք ձեռք ենք բերում յուրատեսակ հեռանկար՝ կիրառելու ինքնավստահություն, ինքնասիրություն և

3. https://www.amazon.com/Me-Inc-Build-Unleash-Business-ebook/dp/B00I2PG3TW

4. https://www.amazon.com/Fountainhead-Ayn-Rand-ebook/dp/B002OSXDAU

5. https://www.amazon.com/Atlas-Shrugged-Ayn-Rand-ebook/dp/B003V8B5XO

6. https://www.amazon.com/Tuesdays-Morrie-Greatest-Lesson-Anniversary/dp/076790592X

ինքնասիրություն։ Այն ծառայում է որպես հզոր հիշեցում, որ կյանքը փխրուն է և սահմանափակ՝ հորդորելով մեզ ապրել իսկականությամբ, բարությամբ և երախտագիտությամբ։

Հիանալի՛ Դրանով մենք կփակենք այս գլուխը և կտեսնենք ձեզ բոլորիդ հաջորդ գլխում։

3. Համալսարանական պատմություններ և անկախ մտածողության և հետաքրքրասիրության սկզբունքներ

Օլումիդ Օգունսանվո. Այս գլուխը Սամոնի և ես նոր երկրներ տեղափոխվելու և երիտասարդ տարիքում համալսարան սկսելու մասին է: Դա տեղին է ցանկացած արտաքինի կամ թերի մարդու համար, ով նոր է շրջապատում: Ես անհամբեր սպասում եմ զրույցին, տեղեկանալով Սամոնի եվրոպական համալսարանական արկածների մասին և վերհիշելու իմ ամերիկյան համալսարանական արկածները:

Աչանի Սամոն Բիաու. Ես նաև անհամբեր սպասում եմ այն սկզբունքների ուսումնասիրությանը, որոնք ամենաարդիականն էին այդ համալսարանական տարիներին.

Հետաքրքրասիրություն, որը ներառում է ձեր բոլոր զգայարանները բաց պահելը, ամեն ինչ ընդունելը և մտածել այն բաների մասին, որոնք կարող են ճիշտ չլինել ձեր առջև

Անկախ մտածողություն, որը պահանջում է սեփական դատողություններ անել, երբ դուք ընդունում եք աշխարհում՝ FOMO-ի (Բաց թողնելու վախ) մշտապես առկա վտանգի պատճառով:

Olumide Ogunsanwo. Հետաքրքրասեր եղեք և ինքներդ մտածեք, ի՞նչը կարող է ավելի կարևոր լինել, քան այդ երկու բաները:

Աչանի Սամոն Բիաու. Ես ոգևորված եմ քննարկելու, թե ինչպես մենք կարողացանք բացահայտել մեզ նոր միջավայրերում և վերապահել մեր կյանքի միակ ինքնիշխան որոշում կայացնողը լինելու իրավունքը։

3Ա. Օլումիդի համալսարանի պատմությունը

Աչանի Սամոն Բիաու. Որտե՞ղ և ե՞րբ սկսվեց և ավարտվեց ձեր համալսարանական փորձը։

Օլումիդ Օգունսանվո. Իմ քոլեջի փորձը սկսվեց, երբ ես 16 տարեկան էի (2001 թվականին) և ավարտվեց, երբ ես 21 տարեկան էի (2006 թվականին)։

Աչանի Սամոն Բիաու. Ձեր փորձը նույն երկրում էր։

Olumide Ogunsanwo. Ես հաճախել եմ երկու տարբեր համալսարաններ։ Իմ առաջնային համալսարանական փորձը եղել է Ամերիկայում՝ 17-ից 21 տարեկանում։ Այնուամենայնիվ, մինչ այդ, ես նաև հաճախել եմ Նիգերիայի համալսարան կարճ ժամանակահատվածով՝ 16-ից 17 տարեկան։ Այս քննարկման ընթացքում ես կխոսեմ երկուսի մասին։ այս փորձառությունները։

Ես սկսեցի Լագոսի համալսարանում (UNILAG) Նիգերիայում 2001 թվականին։ Սկսելու համար ես սկսեցի իմ համալսարանական ճանապարհորդությունը Լագոսի համալսարանում (UNILAG) Նիգերիայում 2001 թվականին։ Իմ այնտեղ գտնվելու ընթացքում ես պետք է սովորեի, թե ինչպես նավարկել փորձը։ . Ես ամեն օր գնում էի դպրոց, քանի որ վերջերս սովորել էի մեքենա վարել համալսարան սկսելուց մի քանի ամիս առաջ։ Այս նորահայտ անկախությունը իմ ընտանիքից ազատագրող էր, և դա ինձ ստիպում էր զգալ, որ ավելի շատ վերահսկողություն և իշխանություն ունեմ իմ կյանքի վրա։ Ես հիմա ավելի անկախ էի իմ ընտանիքից։

Մեկ տարի անց՝ 17 տարեկանում, տեղափոխվեցի Ամերիկայի Իլինոյսի տեխնոլոգիական ինստիտուտ (IIT)՝ շարունակելու համալսարանական ուսումս: Ես մասնագիտացել եմ Քիմիական ճարտարագիտության մեջ, քանի որ սիրում էի մաթեմատիկա, ֆիզիկա և քիմիա: Հիշում եմ, երբ առաջին անգամ վայրէջք կատարեցի Չիկագոյում, միջավայրը Լագոսի համեմատ ավելի գեղեցիկ և մաքուր էր թվում: Դա նաև իմ առաջին փորձն էր լվացքի մեքենայի, քիմմաքրման, վաճառող մեքենայի և ռեստորանից սնունդ պատվիրելու հետ:

Հիմա եկեք կենտրոնանանք իմ փորձառության ֆինանսական կողմի վրա: Դա ինձ համար հնարավորություն էր տնօրինելու իմ բյուջեն: Ծնողներս ինձ մի գումար տրամադրեցին և ասացին, որ հասկանամ, թե ինչպես դա տնօրինեմ Ամերիկայում:

Աչանի Սամոն Բիաու. Արդյո՞ք սովորական է նիգերիացի ծնողների համար դա անել:

Olumide Ogunsanwo. Ես չգիտեմ, թե ինչ են անում մյուս ծնողները: 17-ամյա պատանու համար դա ուժ էր տալիս, ես զգում էի, որ սահմանափակ գումար ունեի, որը պետք է տևի: Ծնողներս հասկացրեցին, որ չգիտեն, թե ինչ կլինի, եթե փողս վերջանա: Եթե ինձ նախապես տրվեր ընտրությունը, ես հավանաբար կխնդրեի ավելի շատ վերահսկողություն: Սակայն, հետ նայելով, հասկացա, որ ավելի շատ պատասխանատվություն ունենալը ինձ համար դրական փորձ էր:

Աչանի Սամոն Բիաու .

Olumide Ogunsanwo. Դա զվարճալի էր: Հիշում եմ, երբ առաջին անգամ ուտելիք պատվիրեցի: Kung Pao հավն իմ սիրելին էր: Ես ինձ ավելի շատ էի ղեկավարում իմ կյանքը:

Աչանի Սամոն Բիաու. Հետաքրքիր է: Ինչպե՞ս դա ազդեց ֆինանսական անկախության մասին ձեր մտածելակերպի վրա:

Օլումիդ Օգունսանվո. Ես չէի մտածել այդ մասին: Ես երբեք չէի լսել ֆինանսական անկախության հայեցակարգի մասին: Դա պարզապես իմ փողը կառավարելու մասին էր, որպեսզի այն երկար տևի: Ես էի, որ պարզում էի իմ սեփական խայտառակությունը: Օրինակ, ես կարող էի բաց թողնել դասերը և ծախողել: Ամերիկյան համալսարաններում ոչ ոքի չի հետաքրքրում, թե ինչ եք անում ձեր ժամանակի հետ, ուստի համակարգը ստեղծված է այնպես, որ դուք ավելի շատ ինքնավարություն ունենաք: Իրավիճակը պարզ էր՝ ես ներգաղթյալ էի՝ Չիկագոյում ապրող նիգերիացի: Ես պետք է պատրաստեի այն և աշխատեի: Եվ ես ստացա. ես վաստակեցի իմ դասարանում ամենաբարձր GPA-ն և վայելեցի ճանապարհորդությունը: Դա բավականին լավ ստացվեց, և ես վայելեցի իմ քոլեջի փորձը:

Ես նաև ինքս ինձ սովորեցրել եմ անձնական ֆինանսական որոշ հիմնական հմտություններ՝ հիմնականում կենտրոնանալով ծախսերի կրճատման վրա, այլ ոչ թե եկամուտս ավելացնելու վրա: Այնուամենայնիվ, քոլեջի իմ փորձից ամենակարևորը սովորելն էր, թե ինչպես կառավարել ինքս ինձ:

Աչանի Սամոն Բիաու. Երբ անհատները տեղափոխվում են Ամերիկա այն երկրներից, որոնք ավելի քիչ կենտրոնացած են սպառողականության վրա, նրանք կարող են զգալ հուզմունքի հանկարծակի աճ և ավելի շատ ծախսելու ցանկություն: Չափից դուրս ծախսելու գայթակղություն զգացե՞լ եք: Եթե այո, ապա ինչպե՞ս վարվեցիք դրա հետ: Մյուս կողմից, եթե չես զգացել գայթակղությունը, ի՞նչն է խանգարել քեզ ենթարկվել դրան:

Օլումիդ Օգունսանվո. Իմ ուղեղը միացված է փող ունենալ: Ես կնախընտրեի փող ունենալ, քան ծախսել: Օրինակ, իմ առաջին կիսամյակներից մեկում ես հաշվում էի, և ինձ անհրաժեշտ էր դասագիրքը:

Դասագիրքը արժեցել է 175 դոլար: Սա ինձ համար իմաստ չուներ, ուստի ես սովորեցի գնել օգտագործված դասագրքեր: Ես հայտնաբերեցի, որ կարող եմ ձեռք բերել օգտագործված դասագիրք $100-ով դպրոցական պորտալի միջոցով կամ $80-ով ուղղակիորեն այլ ուսանողներից, ովքեր նախկինում անցել էին հաշվարկի դասընթացը:

Ինձ դուր է գալիս արդյունավետությունը: Գուցե դա հոգեբանական կապի խնդիր է կամ այն պատճառով, որ ես զարգացող երկրից եմ: Ես չգիտեմ ստույգ պատճառը: Պարզապես ինձ համար ավելի խելամիտ էր գումար խնայել և պահել ինձ համար, քան ծախսել այն իրերի վրա:

Աչանի Սամոն Բիաու. Կա մի պահ: Իմ ուղեղը միացված էր փող ունենալու, ոչ թե ծախսելու համար:

Olumide Ogunsanwo. Այո, հոգեբանորեն ավելի լավ էի զգում իմ բանկում գումար կուտակելը, քան ծախսելը:

Աչանի Սամոն Բիաու. Կա՞ն այլ փորձառություններ, որոնք դուք ունեցել եք որպես ուսանող, որոնք կապված են եղել ֆինանսական անկախության հետ:

Օլումիդ Օգունսանվո. Համալսարանում ես երկու նպատակ ունեի. ստանալ բոլոր A-ները և չխափանվել: Ես կենտրոնացած էի համալսարանում գումարս տնօրինելու վրա: Ես երբեք մոտ չեմ եղել փողի վերջանալուն և երբեք չեմ անհանգստացել վարկային քարտ ստանալու համար:

Ես համեմատաբար հեշտ էի գումար խնայել որպես ուսանող, քանի որ իմ ծախսերը նվազագույն էին: Համալսարանում ապրելը ցածր էր, և ես մեքենա չպահանջեցի, քանի որ Չիկագոյի գնացքների համակարգը լավ էր աշխատում: Ես սովորեցի, թե որտեղից պետք է գնեմ գեղեցիկ, հարմարեցված հագուստ ողջամիտ գնով, և ես չէի մտածում թանկ ապրանքանիշեր գնելու մասին:

Աչանի Սամոն Բիաու. Կա՞ որևէ այլ բան, որով կցանկանայիք կիսվել, որը առնչվում է դեպի ֆինանսական անկախություն տանող ձեր ճանապարհորդությանը:

Olumide Ogunsanwo. Այո, ես ուզում եմ պատմել այն պատմությունը, թե ինչպես ես դադարեցի ալկոհոլ օգտագործել, որպեսզի ցույց տամ իմ մտածելակերպը և որոշումներ կայացնելը: Պատմությունն ունի անկախ մտածողության տարրեր, որոնք չափազանց կարևոր են ֆինանսական անկախության համար:

Երբ ես սովորում էի IIT-ում, ես ալկոհոլ էի խմում, ինչպես բոլորը, մինչև որ մի կոնկրետ դեպք ստիպեց ինձ հասկանալ, որ շատ չէի մտածել դրա մասին: Լոնդոնում քույրերիս այցելելիս մենք գնացինք երեկույթի, որտեղ բոլորս խմեցինք: Այնուամենայնիվ, ես հանկարծ գլխապտույտ զգացի և գնացի լոգարան և մտածեցի. «Ի՞նչ եմ անում ես այստեղ, ի՞նչ է կատարվում, ես ինձ մի քիչ տարօրինակ եմ զգում: Ես նույնիսկ այդքան էլ չեմ վայելում այս երեկույթը»:

Երբ վերադարձա Չիկագո, սկսեցի խորհել, թե ինչու առաջին հերթին խմեցի և ինչ բերեց դա իմ կյանքին: Ես հասկացա, որ կուրորեն հետևում էի նորմերին՝ առանց հաշվի առնելու խմելու դրական և բացասական կողմերը: Մի քանի րոպե մտածելուց հետո ես գիտակցաբար որոշում կայացրի դադարեցնել խմելը 17 կամ 18 տարեկանում: Զարմանալի է, թե ինչ կարող ես փոխել, երբ նստես և իսկապես քննադատաբար մտածես իրերի մասին:

Սա առաջինն է մի շարք որոշումներից, որոնք ինձ տարբերեցին իմ հասակակիցներից, քանի որ մինչ այդ ես այդքան էլ չէի տարբերվում Ամերիկա տեղափոխված մյուս նիգերիացիներից: Դա, հավանաբար, կմնա որպես իմ կյանքում երբևէ կայացրած լավագույն որոշումներից մեկը: Երիտասարդ տարիքում կանգ առնելով՝ ես խուսափեցի բազմաթիվ թակարդներից, որոնք կարող էին առաջանալ խմելու հետևանքով և կարողացա իրավիճակներին ավելի ռացիոնալ և տրամաբանորեն մոտենալ։

Սա պատմություն է, թե ինչպես ես դադարեցի խմել։

Աչանի Սամոն Բիաու. Սա հետաքրքրաշարժ է։ Դուք նշեցիք, որ դա ձեզ տարբերում էր մյուսներից։ Տարբեր լինելը կարող է խթան հանդիսանալ, քանի որ դուք համապատասխանություն չեք փնտրում։ Կարո՞ղ եք խոսել այն մասին, թե ինչ զգացողություն էր տարբերվել։

Olumide Ogunsanwo. Այո, ես կարող եմ խոսել այդ մասին՝ պատմելով մեկ այլ առնչվող պատմություն։ 12-ից 14 տարեկանում ես վնասվածք ստացա, որը մի քանի ամիս ճակատիս մեծ ուռեցրեց։ Ես ամաչում էի փոքր ժամանակ, քանի որ մարդիկ անմիջապես նկատեցին դա։ Այնուամենայնիվ, այս փորձառությունն ինձ սովորեցրեց ավելի քիչ հոգ տանել այն մասին, թե ինչ են մտածում իմ մասին ուրիշները և հարմարավետ լինել սոցիալական խմբերից առանձնանալու համար։ Ես երբեք կարիք չեմ զգացել համապատասխանելու խմբային ակնկալիքներին, ինչը շարունակվեց նույնիսկ IIT-ում համալսարան սկսելուց հետո։

Հիշում եմ, երբ լսում էի, որ ինչ-որ մեկը ասում էր «Օլումիդը միայնակ է» և դա որպես հաճոյախոսություն ընդունեցի, թեև դա արհամարհական էր։ Ես մեծ ակնկալիքներով որևէ սոցիալական խմբի մաս չէի, և մանկությանս վնասվածքս ինձ սովորեցրել էր մենակ մնալ և մտածել ինքս ինձ համար։ Ես չունեի կանխորոշված պատկերացում այն մասին, թե ինչ պետք է անեմ կամ ինչ չպետք է անեմ։

Ես ծանրաբեռնված չէի այն բանով, թե ինչ են մտածում ուրիշները խմելու դադարեցման իմ որոշման մասին։ Այժմ իմ երեսունականների վերջում ես նկատել եմ միտում դեպի ալկոհոլի բացակայություն/ցածր, և մարդիկ ինձ հարցնում էին, թե ինչու չեմ խմում: Հետաքրքիր է, որ նրանք հաճախ ենթադրում են, որ դա պայմանավորված է կրոնական նկատառումներով, կարծես խմբային համապատասխանության արդյունք է: Երբ ես բացատրում եմ, որ ինքս եմ որոշում կայացրել 17 տարեկանում՝ օգուտներն ու ծախսերը վերլուծելուց հետո, նրանք դժվարությամբ են ընդունում այն:

Երբեմն պետք է այլ կերպ մտածել՝ կյանքում այլ արդյունք ստանալու համար: Եթե հետևեք ստատուս քվոյին, կհայտնվեք ստատուս քվոյի կյանքում:

Աչանի Սամոն Բիաու. Շնորհակալություն այդ պատմությունը կիսելու համար: Ֆինանսական անկախության հասնելու համար անհրաժեշտ է անել ամեն ինչ այլ կերպ, քան աշխարհի մեծամասնությունը, որը ֆինանսապես անկախ չէ: Տարբերվելու հետ կապված հարմարավետության ձևավորումը կարևոր գործոն է ձեզ FI տանող ճանապարհին հասնելու և պահելու համար:

Olumide Ogunsanwo. Աճելու համար դուք հաճախ պետք է ռիսկի դիմեք: Ջեֆ Բեզոսը դրա համար ունի շրջանակ՝ միակողմանի դռներ (անշրջելի որոշումներ) ընդդեմ երկկողմանի դռների (շրջելի որոշումներ):

Կարևոր է ուշադիր գնահատել որոշումը՝ որոշելու, թե արդյոք այն շրջելի է, թե անշրջելի: Սա կօգնի ձեզ որոշել, թե որքան արագ պետք է շարունակել: Որոշ որոշումներ անշրջելի միակողմանի դռներ են, որոնք հնարավոր չէ հեշտությամբ փոխել, օրինակ՝ եթե որոշել ես երեխաներ ունենալ, դա հավերժ է, և դու պետք է դրանով ապրես: Դանդաղ և զգույշ շարժվեք միակողմանի դռներով:

Այնուամենայնիվ, որոշումների մեծ մասը շրջելի են: Բացասական ռիսկերը հասկանալուց և քանակական գնահատելուց հետո ես խրախուսում եմ մարդկանց լինել համարձակ և «պարզապես դա անել» այս որոշումներով: Դուք կարող եք ավելի հարմարավետ լինել այս որոշումներով արագ շարժվելով՝ կրկնվող փորձարկումներով, ձախողումներով և չհոգալով, թե ինչ են մտածում ուրիշները: Անհրաժեշտության դեպքում, դուք կարող եք հետագայում չեղարկել այս որոշումները:

Բացի այդ, ես ունեմ մեկ այլ համալսարանական պատմություն.

Աչանի Սամոն Բիաու. Եվս մեկ: Հիանալի է, եկեք լսենք:

Olumide Ogunsanwo: Երկրորդ որոշումը վերաբերում էր կրոնին. Ես քրիստոնյա մեծացել եմ որպես երեխա Նիգերիայում:

Աչանի Սամոն Բիաու. Կարո՞ղ եք մանրամասնել այդ մասին: Նիգերիայի կրոնական լանդշաֆտը կարող է լինել բարդ և նրբերանգ, և ոչ բոլորն են կարող ծանոթ լինել դրա դինամիկային:

Olumide Ogunsanwo. Այո, թույլ տվեք ձեզ պատմական տեղեկություններ տալ Նիգերիայում կրոնի մասին: Նիգերիայում կրոնական ժողովրդագրությունը բավականին հավասարակշռված է, բնակչության մոտ 40-50%-ը ճանաչվում է որպես մահմեդական, իսկ 40-50%-ը՝ քրիստոնյա: Այնուամենայնիվ, կրոնական պատկանելության բաշխվածությունը միատեսակ չէ և տարբերվում է ըստ աշխարհագրության: Օրինակ, եթե դուք ապրում եք Նիգերիայի հյուսիսում, ապա ավելի հավանական է, որ մուսուլման եք (օրինակ՝ Կադունան 90%-ից ավելի մահմեդական է); ընդհակառակը, եթե դուք ապրում եք հարավում, ապա ավելի հավանական է, որ քրիստոնյա եք (օրինակ, Լագոսի որոշ հատվածներ մեծամասնությունը քրիստոնյա են): Բացի այդ, նիգերիացիների մի փոքր տոկոսը դավանում է աֆրիկյան ավանդական կրոններ:

Ինչ վերաբերում է կրոնի հետ կապված իմ անձնական փորձին, ես մեծացել եմ որպես քրիստոնյա, թեև ոչ բարեպաշտ: Մայրս կրոնասեր էր և ինձ ու քույրերիս ու քույրերին միգուցե երկու շաբաթը մեկ տանում էր եկեղեցի, մինչդեռ հայրս կրոնասեր էր, բայց չէր հետաքրքրվում կամ ներգրավված չէր եկեղեցում։

Աչանի Սամոն Բիաու. Միջին նիգերիացի քրիստոնյա՞ն ձեզ նման է, թե՞ ավելի բարեպաշտ։

Olumide Ogunsanwo. Տիպիկ նիգերիացիները բարեպաշտ են, այսինքն՝ նրանք գնում են եկեղեցի գրեթե ամեն շաբաթ, շաբաթը մի քանի անգամ մասնակցում են Աստվածաշնչի ուսումնասիրությանը և հաճախ ծառայում են եկեղեցական դերերում, ինչպիսիք են ուղեկցորդները։ Բացի այդ, նրանց կրոնական համոզմունքների քննարկումը նրանց ինքնության կարևոր մասն է։ Երբ ես մեծանում էի Նիգերիայում, կրոնը իմ կյանքի մեծ մասը չէր, ուստի ես ուրիշների հետ չէի խոսում այդ մասին։

Ես չեմ հիշում, թե ինչն էր դա հուշում, բայց ես սկսեցի ուսումնասիրել և սովորել այն ամենը, ինչ կարող էի կրոնի մասին համալսարանում։ Ես սկսեցի շատ հետազոտություններ անել։ Ես էի, YouTube-ը, Վիքիպեդիան, Reddit-ը և Համաշխարհային ցանցը, և մենք ճամփորդության մեջ էինք՝ գտնելու ճշմարտությունը։

Ի վերջո, ես հասկացա, որ կրոնն ամեն ինչ հորինված է. դա մարդկային հայտնագործություն էր, որը ստեղծվել էր բացատրելու բաներ, որոնք մարդկությունը չէր հասկանում և վերահսկելու մարդկանց վարքը։ Դեռ հին ժամանակներում մարդիկ գիտականորեն չեն ընկալել բնական երևույթները, ինչպիսիք են անձրևը, կրակը և արևը։ Այս բաները բացատրելու համար մենք ստեղծեցինք անձրևի, կրակի և արևի աստվածներ։ Ենթադրվում էր, որ այս աստվածները վերահսկում են այս բնական տարրերը և կարող են հանգստանալ աղոթքի և զոհաբերության միջոցով։ Երբ մարդիկ շարունակում էին պատասխաններ փնտրել աշխարհի առեղծվածների վերաբերյալ, կրոնը զարգացավ՝ բացատրություններ տալու և ապահովության զգացում ապահովելու համար։ Ժամանակի ընթացքում կրոնական հաստատությունները ձեռք բերեցին իշխանություն և ազդեցություն՝ վերահսկելով մարդկանց համոզմունքներն ու վարքագիծը։ Սա թույլ տվեց նրանց պահպանել իրենց հեղինակության մի մասը և ձևավորել հասարակություններ՝ ըստ իրենց արժեքների և շահերի։

Ես շատ արագ դարձա ոչ կրոնական (aka աթեիստ), երբ 19 կամ 20 տարեկան էի։ Այս որոշումը նման էր ալկոհոլ չխմելու իմ որոշմանը, և դա ինձ էլ ավելի տարբերեց իմ ընտանիքից և ընկերներից։ Հետաքրքիր էր, որ մարդիկ այդքան բացասական արձագանք ունեին դրան: Իմ ոչ կրոնական դառնալու արձագանքը նույնիսկ ավելի բացասական էր, քան ալկոհոլը, հավանաբար այն պատճառով, որ ալկոհոլը մարդկանց ինքնության մաս չէ։ Այս արձագանքները վերահաստատեցին, որ մեծ քաջություն է պետք ամբոխից առանձնանալու և տարբերվելու համար:

Անհավանական էր բացահայտել, թե որքան բմբուլով լի էր կրոնը և ինչպես է այն հիմնականում կազմված։ Դա կյանքի այն պահերից էր, որտեղ ես շատ բան սովորեցի։

Ես կարդում եմ ամեն ինչ՝ Աստվածաշնչի պատմություն, Ղուրան, քրիստոնեություն, ամեն ինչ նորից ու նորից՝ վավերագրական ֆիլմերից մինչև հոդվածներ, բլոգեր և գրքեր։ Ամենահետաքրքիր բաներից մեկը, որ ես հայտնաբերեցի, այն էր, որ շարունակական քննարկումներ էին ընթանում՝ համաձայնեցնելու, թե ինչ պետք է լինի Աստվածաշնչում։ Աստվածաշունչն իրականում փոխվել է ժամանակի ընթացքում, և գլուխներ են ավելացվել ու հեռացվել՝ հասնելու այն, ինչ ունենք այսօր։ Կային շարունակական քննարկումներ այն մասերի մասին, որոնք իմաստ չունեին կամ չափազանց խենթ էին պահելու համար։ Ես երբեք չեմ իմացել դա, քանի որ ոչ ոք երբեք չի նշել այն եկեղեցում։ Ես կարծում էի, որ Աստվածաշունչը միշտ եղել է այնպես, ինչպես հիմա է։

Հետաքրքիր էր ուսումնասիրել և տալ այնպիսի հարցեր, ինչպիսիք են՝ «Արդյո՞ք սա ճիշտ է։ Ինչու դա ճիշտ չէ։ Որտեղի՞ց է սա եկել։ Ի՞նչ խթաններ ունեն այս մարդիկ։ Ինչո՞ւ այսքան երկար տևեց։

Ամփոփելով, այդ երկու որոշումների հիմքում ընկած որոշումների շրջանակը՝ առանց ալկոհոլի 17/18 և աթեիզմ 19/20-ին, ձևավորեց իմ մնացած կյանքը։ Այսօր ես դեռ ալկոհոլ չեմ խմում և դեռ աթեիստ եմ։

Դուք պետք է պատրաստ լինեք անել այնպիսի բաներ, որոնք շատ տարբեր են այն ամենից, ինչ անում են շատերը։ Դա, կարծես, ֆինանսապես անկախ լինելու հիմնական հատկանիշն է։

Աչանի Սամոն Բիաու. Սա այնքան հետաքրքրաշարժ է։ Կարո՞ղ ենք մի փոքր ավելի շատ խոսել այս մասին։ Երկու փոխկապակցված միտք ունեմ. Նախ, ինչպե՞ս է ձեր ոչ կոնֆորմիզմն ազդել ընտանիքի և ընկերների հետ ձեր անձնական հարաբերությունների վրա։

Երկրորդ, ես կարող եմ պատկերացնել, որ ընթերցողի համար, ով խիստ նույնանում է իր կրոնի հետ, նա կարող է հետաձգվել քո ասածից։ Կարո՞ղ է որևէ մեկը, ով կրոնական է, դառնալ ֆինանսապես անկախ։ Ինչ-որ մեկը կարող է խլել, որ նրանք պետք է հրաժարվեն իրենց կրոնից, որպեսզի հետամուտ լինեն ֆինանսական անկախությանը, ինչպես դուք արեցիք։

Olumide Ogunsanwo. Հիանալի հարցեր։ Առաջին հարցը հետևյալն էր. Ինչպե՞ս է իմ անհամապատասխանությունն ազդել ուրիշների հետ իմ հարաբերությունների վրա։

Իրականում, դա չի ազդել իմ հարաբերությունների

99%-ի վրա: Չնայած մարդկանց մեծամասնությունը դեռևս կրոնական է, նրանք իրականում ինտուիտիվ գիտեն, որ դա իրական չէ, նույնիսկ եթե նրանք դա չեն ասում: Հազվադեպ է պատահում, որ մարդիկ ցանկանան ներգրավվել կրոնի մասին ռացիոնալ, տրամաբանական քննարկման մեջ, քանի որ կրոնը հիմնականում զգացմունքային և ընդհանուր փորձառություն է, որը հիմնավորված չէ փաստերով:

Գիտությունը փորձերի, սովորելու և էմպիրիկ ապացույցների վրա հիմնված ճշմարտությունը բացահայտելու համակարգված գործընթաց է: Մյուս կողմից, կրոնն ավելի շատ մտահոգված է զգացմունքներով և սուբյեկտիվությամբ, և այն հակված է կենտրոնանալու անփոփոխ գաղափարների և լճացման վրա: Ի տարբերություն գիտության, որը բաց է նոր ապացույցների հիման վրա հարմարվելու և փոփոխվելու համար, կրոնը հաճախ հիմնվում է ավանդույթների և հաստատված համոզմունքների վրա, որոնք կարող են փոփոխության ենթակա չլինել:

Քննարկումների կամ վեճերի մեջ ներգրավվել կրոնական մարդկանց հետ, ընդհանուր առմամբ, խորհուրդ չի տրվում: Դա պայմանավորված է նրանով, որ նրանց կրոնական համոզմունքները հաճախ սերտորեն կապված են համայնքի և դաստիարակության զգացողության հետ: Հազիվ թե նրանց հակառակը համոզելու փորձը հանգեցնի արդյունավետ զրույցի, քանի որ նրանց համոզմունքները հաճախ խորապես արմատավորված են: Արդյունավետ չէ վիճել, որ նրանց ծնողները կամ ժողովը սխալ են, քանի որ դա կարող է ծառայել միայն հարաբերություններում լարվածություն և թշնամություն ստեղծելու համար: Եթե ես երբևէ հայտնվեմ այնպիսի իրավիճակում, երբ ինչ-որ մեկը ցանկանում է կոնկրետ վիճաբանություն ունենալ դրա վերաբերյալ, ես սովորաբար փոխում եմ թեման:

Հետևաբար, դա չի ազդել իմ հարաբերություններից շատերի վրա, քանի որ իմ անձի տեսակը վիճելի չէ։ Այսպես ասվեց, որ իմ կրոնական նվիրվածության բացակայությունը կարող է ազդել իմ որոշ ռոմանտիկ հարաբերությունների վրա, որտեղ զուգընկերը կարող է նախընտրել մեկին, ով ավելի բարեպաշտ էր։ Այնուամենայնիվ, ես երբեք չեմ ավարտվել նման մեկի հետ։

Անցնելով երկրորդ հարցին, որն էր. Կարո՞ղ են մարդիկ լինել կրոնական և ֆինանսապես անկախ։

Եթե կարդում եք սա և հետաձգվում եք, նախ մի՛ հետաձգեք։ Ես սովորել եմ, որ երբ լսում ես բաներ, որոնք չեն համապատասխանում քո աշխարհայացքին, բարկանալու կամ վրդովվելու ժամանակը չէ։ Փոխարենը, դա առիթ է մտածելու և հասկանալու, թե ինչու կարող եք որոշակի կերպ արձագանքել։

Եթե դուք հավատարիմ մուսուլման կամ քրիստոնյա եք, մի վիրավորվեք։ Մի դիտեք սա որպես հարձակում կրոնի վրա։ Հաշվի առեք, որ այլ մարդիկ տարբեր ընտրություններ են կատարել, քան դուք, և ինչ կարող եք սովորել նրանց ընտրությունից։ Սովորելը չի նշանակում, որ դուք պետք է փոխվեք։

Ավելի հեշտ է լավ ժամանակ անցկացնել Երկիր մոլորակի վրա, եթե ընդունում ես քեզնից տարբերվող մարդկանց։ Հակառակ դեպքում, հավանաբար, կկսեք վիճել և լարել ձեր հարաբերությունները։ Այս գիրքը կարդալիս կարող ես հասկանալ, որ ես տարբերվում եմ քեզնից։ Դա լիովին նորմալ է։ Ես կյանքի տարբեր ընտրություններ եմ կատարել, բայց դրանք չպետք է ազդեն քեզ վրա։ Պետք չէ նեղանալ, պետք չէ գիրքը վերադարձնել [Ժպտա]։

Մենք բոլորս տարբեր ենք, և օգտակար է ընդունելություն կիրառելը։ Կրոնական գրքերի մեծ մասը քարոզում է ընդունելություն։ Իմ տեսակետները հարձակում չեն ձեր վրա։ Ես բացատրում եմ իմ կատարած ընտրությունները, և նորմալ է, եթե դուք տարբեր ընտրություններ եք կատարել։ Մեզ՝ որպես մարդկության համար ավելի կարևոր է հասկանալ և ընդունել միմյանց, քան կռվել միմյանց հետ։

Աչանի Սամոն Բիաու. Խոսվում է որպես քարոզիչ, ոչ կրոնական մարդու համար։ Ուրիշների հանդեպ հանդուրժողականությունը կարևոր է, քանի որ աշխարհն ավելի բազմազան է դառնում։ Ես նախկինում մեղավոր եմ եղել մարդկանց կարծիքները չընդունելու կամ մերժելու մեջ, հատկապես այն մարդկանց, ովքեր Ֆորմալ կրթություն չեն ստացել։ Ժամանակի ընթացքում ես փոխել եմ իմ տեսակետը, որպեսզի նրանցով հետաքրքրվեմ, փորձեմ հասկանալ, թե ինչպես են նրանք մտածում, այլ ոչ թե դատել՝ հիմնվելով իմ մտածածի վրա։ Դրա միջոցով ես կարող եմ ավելի լավ պատկերացում կազմել մարդու վիճակի մասին և տեսնել իմ կույր կետերը՝ ի վերջո սովորելով ուրիշներից։

Olumide Ogunsanwo: Ավելի հավանական է, որ աճը առաջանա կյանքին մոտենալու նոր, անսպասելի ձևեր սովորելուց, քան ամեն ինչ անելն այնպես, ինչպես միշտ արել եք։ Երբ լսում եք իմ պատմությունը քրիստոնյա մեծանալու և աթեիստ դառնալու մասին, ինքնաբերաբար մի արձագանքեք՝ ասելով, որ աթեիստները չար են, իսկ քրիստոնյաները՝ բարի։ Փոխարենը, մտածեք, թե ինչ կարող եք սովորել այս պատմությունից։ Նույնիսկ երկու քրիստոնյաները կարող են տարբեր լինել։ Կարևորը հանդուրժողականությունն է, ընդունումը և պարզելը, թե ինչ կարող եք սովորել միմյանց որոշումների կայացման գործընթացից։ Հավանաբար սա է պատճառը, որ դուք գնել եք այս գիրքը։ Դուք կամ հետաքրքրված եք Ֆինանսական անկախությամբ, անձնական Ֆինանսներով կամ աֆրիկացի ներգաղթյալների պատմություններով։

Մեր կյանքը կարող է տարբերվել ձերից, բայց այն փաստը, որ դուք գնել եք այս գիրքը, նշանակում է, որ դուք որոշակի հետաքրքրվածություն ունեք, թե ինչպես ենք մենք որոշումներ կայացրել՝ հասնելու այնտեղ, որտեղ գտնվում ենք։ Օգտագործեք այն որպես հետաքրքրասեր լինելու և սովորելու հնարավորություն։

Աչանի Սամոն Բիաու. Կարևոր է անկախ որոշումների կայացման և այդ որոշումների նկատմամբ սեփականության իրավունքի օրինաչափությունը։ Դուք չեք կարող ակնկալել, որ որոշումներ կկայացնեք և դրանց համար լիարժեք պատասխանատվություն չեք վերցնում։ Օրինակ, եթե դուք ցանկանում եք վազել մարաթոն, ձեր պարտականությունն է դառնում պարզել, թե ինչ կարող է սխալ լինել, և արդյոք ձեզ հարմար է այդ ռիսկերը։ Երբեմն մարդիկ զգում են, որ ցանկանում են որոշում կայացնել կամ ինչ-որ բան փոխել իրենց կյանքում։ Այնուամենայնիվ, նրանք լիովին չեն ընկալում, որ իրենք պետք է պատասխանատվություն ստանձնեն այդ որոշման համար, ուստի, երբ երկրպագուին հարված է հասցվում, նրանք անմիջապես սկսում են փնտրել ուրիշներին՝ իրենց հետ պատասխանատվությունը կիսելու համար։

Olumide Ogunsanwo: Ամբողջական սեփականությունն ու պատասխանատվությունը հանգեցրին այս գրքի ստեղծմանը։ Մենք կարող էինք աշխատել հրատարակիչների, խմբագիրների և շատ այլ մարդկանց հետ, բայց ես և Սամոնը որոշեցինք առավելագույն պատասխանատվություն և պատասխանատվություն վերցնել գիրքը հանձնելու համար։ Իրականում, եթե Սամոնին այդքան չհավանեի, այս գիրքը ինքնուրույն կստեղծեի։ Այդպես ուրիշ ոչ ոք չէր լինի մեղավոր, ոչ մի միջնորդ, միայն ես։ Ես ցանկանում եմ, որ իմ պարգևները համարժեք լինեն իմ ջանքերին և տեսնեն ուղիղ գծային ճանապարհ իմ ներդրած ջանքերի և արդյունքի միջև: Ես ավարտեմ իմ համալսարանական պատմությունը մի քանի կետով.

Եթե ունեք քոլեջի տարիքի երեխաներ, զորացրե՛ք նրանց սովորել իրենց բյուջեն և վարկային քարտերը կառավարելու հիմունքները: Ես ավելի վաղ խոսել եմ փողի կառավարման մասին, բայց վարկի կառավարումը նույնպես կարևոր է: Հետագայում, ավելի լավ կլիներ, որ ես ավելի վաղ բացեի վարկային քարտ, որպեսզի ստեղծեի իմ վարկային հաշիվը և հասկանայի, թե ինչպես կառավարել փոքր քանակությամբ վարկ: Ես կարող էի դա սովորել քարտերը ամբողջությամբ վճարելիս, միավորներ վաստակելիս և ավելի բարձր վարկային միավոր ունենալով:

Եթե քոլեջի ուսանող եք, ձգտեք սովորել և աճել ձեր հիմնական դասերից դուրս: Երբ ես ուսանող էի, իմ մտքի 99%-ը կենտրոնացած էր ակադեմիկոսների վրա: Ավարտելուց հետո հասկացա, որ երևի ավելի լավ է մի քիչ ակադեմիկիզմով զբաղվել, մի քիչ սպորտով, մի քիչ սոցիալական միախառնվելով և մի քիչ անձնական զարգացմամբ: Ավելի լավ է ավելի հավասարակշռված լինեք, նույնիսկ եթե ձեր գիտնականներն ավելի վատն են:

Հետաքրքրությունների ավելի լայն տեսականի կյանքն ավելի զվարճալի է դարձնում, և դա վերաբերում է ոչ միայն ուսանողներին և երիտասարդներին, այլև մեծահասակների մեծամասնությանը:

Աչանի Սամոն Բիաու. Հիանալի: Շնորհակալություն կիսվելու համար.

3B: Սամոնի համալսարանի պատմությունը

Olumide Ogunsanwo. Եկեք գնանք։ Սամոն, ֆինանսական անկախության ի՞նչ դասեր ես քաղել համալսարանից։

Աչանի Սամոն Բիաու. Համալսարանում սովորելու ընթացքում ես երկու արժեքավոր դաս սովորեցի՝ եկամուտների և ծախսերի օպտիմալացում։ Այս հայեցակարգերը կենտրոնական են ֆինանսական անկախության հասնելու համար, և մենք դրանց ավելի խորը կներկայացնենք գրքում ավելի ուշ։

Եկամուտների առումով ինձ ներկայացվեց դպրոցից դուրս աշխատելու գաղափարը՝ գումար վաստակելու համար։ Օպտիմալացման մեթոդների կիրառմամբ՝ ես կարողացա բացահայտել աշխատանքի լավագույն հնարավորությունները, որոնք ինձ թույլ կտան առավելագույնի հասցնել իմ եկամուտը։

Ծախսերի մասով ես հասկացա բյուջեի օպտիմալացման վերաբերյալ և բացահայտեցի խնայողաբար ապրելու հնարավոր օգուտները՝ չզոհաբերելով իմ կյանքի որակը։ Այս փորձառությունները ինձ սովորեցրել են, թե ինչպես արդյունավետ կառավարել իմ ծախսերը և առավելագույնս օգտագործել իմ ռեսուրսները։

Olumide Ogunsanwo: Օպտիմալացումը մի բան է, որը ուրախություն է պատճառում որոշ մարդկանց, ներառյալ ինձ։ Գնումը կամ որոշումն օպտիմալացնելու ուղիներ գտնելու միտքը, օրինակ՝ «Կարո՞ղ եմ համեմատելի արտադրանք ձեռք բերել ավելի ցածր գնով։ Որն է որակի փոխզիջումը։ Ինչի՞ն եմ ես զոհաբերում՝ ընտրելով էժան տարբերակը։ Արդյո՞ք իմ ժամանակը խելամտորեն է ծախսվում: նույնիսկ մտածել այս մասին»: ժպիտ է բերում դեմքիս:

Թեև գրքի այս կողմը չի կարող գրավել բոլորին, այն հուզում է Սամոնին և ինձ: Եթե դուք նույնպես կարողանաք զարգացնել այս ոգևորությունը, այն կարող է լծակներ տրամադրել, երբ դուք շարժվում եք դեպի ֆինանսական անկախություն ձեռք բերելու համար:

Աչանի Սամոն Բիաու. Իմ համալսարանական տարիները ամրապնդեցին որոշ հատկանիշներ, որոնք ես սովորեցի մեծանալու ընթացքում, ինչպես օրինակ՝ անկախ մտածող լինելու և ամբոխին կուրորեն չհետևելու կարևորությունը: Բացի այդ, ես սովորեցի «մարդասպանի մտածելակերպ» ունենալու արժեքը՝ նպատակներիս հասնելու համար ամեն ինչ անելու մղում: Հետևյալ պատմություններում ես կկիսվեմ, թե ինչպես եմ ամրապնդել իմ անկախ մտածողությունը, զարգացրել մարդասպանի մտածելակերպը, օպտիմալացրել եկամուտը և օպտիմալացրել ծախսերը:

Անդրադառնանք անկախ մտածողությանը: Երբ ես սկսեցի համալսարանը, ինձ խորհուրդ տվեցին կենտրոնանալ բացառապես ակադեմիկոսների վրա: Մինչ ես սկզբում համաձայնեցի, շուտով հասկացա, որ դպրոցն ինձ համար համեմատաբար հեշտ էր, և ես կարող էի լավ հանդես գալ նվազագույն ջանքերով: Ավանդական ճանապարհով կուրորեն գնալու փոխարեն ես կասկածի տակ էի դնում, թե էլ ինչ կարող եմ անել: Ուսանողների մեծամասնությունը հակված է աշխատանք փնտրելու, որը պահանջում է նվազագույն ֆիզիկական ջանք, բայց ես ինձ չսահմանափակվեցի այդ տարբերակներով: Օրինակ, ես հայտնաբերեցի անասունների բեռնման աշխատանք ֆերմաներում, որը ներառում էր հավերի, հնդկահավերի և սագերի բեռնումը սպանդանոցներ մեկնող բեռնատարների վրա։ Չնայած տարօրինակ ժամերին (սովորաբար կեսգիշերից մինչև առավոտյան ժամը 4:00-ն ընկած ժամանակահատվածում), այս աշխատանքը երկու անգամ ավելի է վարձատրվում, քան սովորական ուսանողական աշխատատեղերը։

Օլումիդ Օգունսաանվո. Ինչպե՞ս եք դուք լսել այս աշխատանքի մասին առաջին հերթին։

Աչանի Սամոն Բիաու. Անասնաբուծության բեռնիչի աշխատանք գտնելու իմ հաջողությունը մասամբ պայմանավորված էր իմ միջավայրը սկանավորելու և հասկանալու իմ ունակությամբ, բայց ես նաև դրա մի մասը վերագրում եմ բախտին։ Ես պատահաբար հարցրի ընկերոջս, ով ուսանողական աշխատանք ուներ, արդյոք նա գիտի որևէ այլ հնարավորությունների մասին, որոնք նույնպես լավ կամ ավելի լավ վարձատրվում են, և նա նշեց մի աշխատանք, որը վճարում էր $15-ից $20 ժամում և գտնվում էր դպրոցական ժամերից դուրս։ Այս առաջարկը առաջացրեց իմ հետաքրքրասիրությունը, և ես սկսեցի ակտիվորեն փնտրել այլ հնարավոր հնարավորություններ։

Անասունների բեռնման աշխատանքը պահանջում էր, որ մենք հեռանայինք երեկոյան ժամը 23-ի սահմաններում և մեկ ժամից ավելի քշեինք դեպի մի ֆերմա, որը գտնվում էր Բրետանիում, Ֆրանսիայի արևմտյան մի փոքրիկ գյուղում։ Ֆերմայում աշխատելն ինձ հնարավորություն տվեց դիտարկել և հասկանալ Ֆրանսիայի գյուղական բնակիչների ապրելակերպը, որը որոշ առումներով նման էր այն ամենին, ինչ ես տեսել էի Բենինի ֆերմայում մեծանալիս։

Օլումիդ Օգունսաանվո: Վայ։

Աչանի Սամոն Բիաու. Ես երեք ժամով հնդկահավեր կամ հավեր էի բեռնում բեռնատարների վրա, նախքան Բրեստ վերադառնալը՝ Ֆրանսիայի հյուսիս-արևմտյան քաղաք։ Զարմանալիորեն, ես կարողացա ավելի շատ վաստակել այս աշխատանքից, քան իմ կրթաթոշակի գումարը և այն միջոցները, որոնք ծնողներս ուղարկեցին ինձ բակալավրիատս ավարտելիս։ Այս փորձը ինձ սովորեցրեց եկամուտների օպտիմալացման կարևորությունը։

Olumide Ogunsanwo. Ես իսկապես գնահատում եմ ձեր պատմությունը, քանի որ այն ընդգծում է կարևոր դասը։ Իմ բակալավրիատի պատմության մեջ ես ասացի, որ կցանկանայի ուսումնասիրել ակադեմիական գիտությունների շրջանակը և դիտարկել այլ հնարավորություններ։ Սա արժեքավոր դաս է յուրաքանչյուրի համար, անկախ նրանից՝ նրանք 27 տարեկան են աշխատանքի մեջ, թե 38-ամյա ձեռնարկատեր։ Կարևոր է ձեր առջև եղած հնարավորություններից այն կողմ նայել և նոր ուղիներ բացահայտել։ Անձնական աճի ընդհանուր սկզբունքն է՝ պարբերաբար գտնել և ներգրավել փորձառություններ և հնարավորություններ, որոնք ձեզ վախեցնում են։ Բազմիցս ձեզ դուրս մղելով ձեր հարմարավետության գոտուց՝ դուք կարող եք մարտահրավեր նետել ինքներդ ձեզ և նպաստել անձնական զարգացմանը։ Դա կարող է լինել ամեն ինչ՝ հրապարակային ելույթից մինչև skydiving, քանի դեռ այն ձգում է ձեր սահմանները և հուշում է անձնական աճի մասին։

Հարկ է նշել, որ այս հնարավորությունները պարտադիր չէ, որ փոխարինեն ձեր կարիերային, ոչ էլ պետք է անմիջապես եկամուտ ստեղծեն։ Օրինակ, միջին վիճակագրական ամերիկացին օրական մոտ երեք ժամ է ծախսում հեռուստացույց դիտելու վրա։ Եթե այդքան ժամանակ ունես Սեյնֆելդի և «Գահերի խաղի» համար, կարող ես օգտագործել այն նոր հնարավորություններ բացահայտելու և ինքդ քեզ զարգացնելու համար։

Ի վերջո, այս գլուխը վերաբերում է ինքնուրույն

մտածելու և անձնական զարգացման մեջ ներդնելու կարողության զարգացմանը՝ անկախ տարիքից կամ կյանքի փուլից։

Աչանի Սամոն Բիաու. Ձեր մեկնաբանությունն ինձ տանում է դեպի ծախսերի օպտիմալացման թեմա։ Թեև ծախսերը ներդրումների վերածելու հայեցակարգին միայն հասուն տարիքում էի իմացել, բայց համալսարանական տարիներին անգիտակցաբար այն կիրառել էի։ Օրինակ, ես ընտրեցի ստուդիո բնակարան, որը համապատասխանում էր նվազագույն չափի պահանջին, ինչը շատ մատչելի դարձրեց։ Ես ստիպված էի ամսական վճարել ընդամենը 200-ից 250 եվրո։

Օլումիդ Օգունսանվո։ Վայ։

Աչանի Սամոն Բիաու. Բացի այդ, կառավարությունը ուսանողներին վերադարձրեց 150 եվրո՝ բնակարանի ծախսերը փոխհատուցելու համար։ Հիմնականում վարձս ինձ համար գրեթե ոչինչ չի արժեցել։

Օլումիդ Օգունսանվո. Ցավոք, իմ դեպքում ես համալսարանում սովորելու ընթացքում երեք տարի ապրել եմ համալսարանում։ Միայն երրորդ կուրսում ես սկսեցի խոսել ուրիշների հետ և հայտնաբերեցի, որ համալսարանից դուրս ապրելը շատ ավելի ծախսարդյունավետ կլիներ։ Ես երբեք չէի մտածել ընդամենը մի քանի թաղամաս այն կողմ ապրելու հնարավորության մասին, որը կարող էր փրկել ինձ հազարավոր դոլարներ։ Ես երբեք այն կողմ չեմ նայել։

Աչանի Սամոն Բիաու. Ես լիովին համաձայն եմ այն կետի հետ, որը դուք նշեցիք այն կողմ նայելու կարևորության մասին։ Իմ ընկերներից ոմանք, ինչպես նաև Բենինից որոշ ուսանողներ, կարողացան բնակարաններ ապահովել համալսարանում, շնորհիվ դասախոսների հետ իրենց ծնողների կապերի։ Աջակցության այս համակարգը գործում էր

Ֆրանսիայում: Այնուամենայնիվ, այդ աջակցության համակարգը չունենալը թույլ տվեց ինձ ուսումնասիրել այլ տարբերակներ և խոսել մարդկանց հետ, ինչը, ի վերջո, հանգեցրեց ինձ ավելի լավ հնարավորություններ գտնելու:

Իմ ստուդիայի բնակարանը գտնելուց հետո հաջորդ որոշումը, որ պետք է կայացնեի, այն էր, թե ինչ գնել դրա համար: Նախ, ես որոշեցի չգնել զվարճանքի որևէ ձև, քանի որ զգում էի, որ Ֆրանսիայում գտնվելու իմ հիմնական նպատակը ուսմանս վրա կենտրոնանալն է:

Olumide Ogunsanwo. Ձեր ժամանցը ձեր դասագրքերն էին [Ծիծաղ]:

Աչանի Սամոն Բիաու. Այո՛: [Ծիծաղ] Վեց ամիս անց ես որոշում կայացրեցի գնել հեռուստացույց: Այնուամենայնիվ, այն գնելու իմ պատճառը ֆրանսիական նորություններ կամ լրատվամիջոցներ դիտելը չէր: Փոխարենը, ես ուզում էի անգլերեն սովորել, քանի որ լսել էի, որ կարող եմ ավելի շատ գումար աշխատել Մեծ Բրիտանիայում աշխատելով: Այդ ընթացքում կատարածս յուրաքանչյուր ծախս ներդրում էր իմ ապագայի համար:

Իմ կատարած ծախսերից մեկը ավտոբուսի անցաթուղթ գնելն էր, որն ինձ թույլ տվեց գիշերը ճանապարհորդել իմ բեռնափոխադրման աշխատանքի համար: Ես աշխատում էի շաբաթական երեք օր՝ ժամը 23:00-ից մինչև առավոտյան 4-5-ը և հաճախում էի դասերի ավելի ուշ առավոտյան: Տրանսպորտում այս ներդրումը ինձ հնարավորություն տվեց արդյունավետ կերպով հավասարակշռել աշխատանքս և ուսումս:

Olumide Ogunsanwo: Անհավանական է: Ինչո՞ւ կարողացար այդպես մտածել: Ի՞նչ խորհուրդ ունեք այլ մարդկանց այս մտածելակերպը որդեգրելու համար:

Աչանի Սամոն Բիաու. Ես սկսել եմ անկախ մտածողի մտածելակերպով: Ես չսկսեցի նախապես մտածելով «ինչպես պետք է լինեն գործերը»: Փոխարենը, ես մի կետ դրեցի՝ մարդկանց ամեն ինչի մասին հարցնելու և հնարավորինս շատ տեղեկություններ հավաքելու համար:

Ավելին, ես շատ մոտիվացված էի և ջանք գործադրում էի առավելագույնի հասցնելու իմ ճանապարհին հայտնված յուրաքանչյուր հնարավորություն: Ինչպես նշվեց ավելի վաղ, ես մեծացել էի ցածր եկամուտ ունեցող երեխաների հետ խաղալով, ուստի ոչ մի արգելք չունեի ֆերմայում աշխատելու կամ որևէ ստոր աշխատանքում:

Ես հասկացա, որ ինտելեկտուալ զբաղմունքը պարտադիր չէ, որ փող աշխատելու լավագույն միջոցը լինի: Ինձ հետաքրքրում էր, թե ինչ դասեր կարող էի քաղել ոչ ինտելեկտուալ ջանքերից: Իմ անաասունների բեռնման աշխատանքի միջոցով ես շփվեցի մի անձնակազմի հետ, որն աշխատում էր ֆերմայում: Շատերը 30-ից 50 տարեկան էին, որոնց ընտանիքները պետք է աջակցեին: Թեև ես կարող էի տեսնել այդ տարիքում որոշակի գումար վաստակելու սահմանափակումները, ես գտա նրանց պատմությունները աներևակայելի խորաթափանց:

Ինչպես դուք, ես առաջնահերթություն եմ տալիս գումար վաստակել և խուսափել իմպուլսիվ ծախսերից: Երբ ես ունեի իմ առաջին 1000 դոլարը բանկում, ես հիացած էի և հաճույքով դիտում էի դրա աճը: Ես չէի կարող հավատալ դրան: Ես սիրում էի դիտել, թե ինչպես է աճում, և ինձ համար որոշ չափով խաղ դարձավ՝ տեսնելը, թե որքան կարող եմ խնայել: Երբ ես ավարտեցի, ես հավանաբար ավելի շատ խնայողություններ ունեի, քան իմ հասակակիցներից շատերը:

Olumide Ogunsanwo. Ես չեմ զարմանում: Դուք գնում եք ֆինանսական անկախության ճանապարհին, եթե դա ձեզ ավելի ուրախացնում է տեսնել ձեր բանկային հաշվի արժեքի աճը, քան արժեզրկվող ակտիվներ գնելը, ինչպիսիք են հագուստը և հեռուստացույցը:

Ֆինանսական անկախության հասնելու համար անհրաժեշտ է մտածելակերպի փոփոխություն: Պետք է հավատաք, որ ֆինանսական անկախության հասնելը ձեզ համար հնարավոր է:

Եկեք անկեղծ լինենք. Ֆինանսապես անկախ լինելու համար ձեզ անհրաժեշտ բոլոր տեղեկությունները արդեն հասանելի են ինտերնետում և գրքերում, բայց դուք չեք գործի դրա վրա, մինչև չհավատաք, որ դա հասանելի է և բավականաչափ ուժեղ «ինչու» չունենաք:

Կիսվելով մեր անձնական պատմություններով՝ մենք հուսով ենք ցույց տալ այն հոգեբանական ճշգրտումները, որոնք մենք արել ենք ավելի վաղ կյանքում, որոնք մեզ կանգնեցրին ֆինանսական անկախության ուղու վրա: Մենք չենք ակնկալում, որ դուք կրկնօրինակեք մեր փորձը, այլ ավելի շուտ, կհասկանաք ձեր մտածելակերպը փոխելու կարևորությունը ձեր ֆինանսական նպատակներին հասնելու համար:

Աչանի Սամոն Բիաու. Ես լավագույնը պահեցի վերջում: Ես կցանկանայի կիսվել իմ բակալավրիատի տարիների ամենաազդեցիկ փորձով: Դրան մասնակցում էր Ֆրանսիայի նույն համալսարանի մի չինացի ուսանող, ով մեզնից շատ մեծ էր և խոսում էր սահմանափակ ֆրանսերեն: Ես վստահ չէի, որ նա ընդունված է լեզվի ծրագրով, թե արդեն սովորում է ֆրանսերենով: Որպես համալսարան նորեկ՝ ես ավելի հեշտ էի կապվել այլ միջազգային ուսանողների հետ: Մի օր չինացի ուսանողն ինձ հրավիրեց իր հանրակացարան և ինձ համար ճաշ պատրաստեց, և մենք ընկերացանք: Իմ երկրորդ կամ երրորդ այցելության ժամանակ ես նրան հարցեր էի տալիս, որպեսզի ավելի լավ ճանաչեմ, և նկատեցի, որ նա իր հասակակիցներից ավելի մեծ է երևում։

Առաջին դասը վերաբերում էր աշխատանքի մեջ ինտենսիվության գեղեցկությանը։ Նա կիսվեց իր պատմությամբ, թե ինչպես է խնայել Ֆրանսիա գալու համար, որը մնայուն տպավորություն թողեց ինձ վրա։ Նա ինձ ցույց տվեց իր անկողինը, բարձրացրեց ներքնակը և հանեց 25000 դոլար կանխիկ գումար, որն ամբողջությամբ դոլարով էր, չնայած Ֆրանսիայի արժույթը եվրոն էր։ Նա գրեթե մեկ տասնամյակ աշխատել էր գործարանում՝ գումար վաստակելու համար, և այս զրույցն ինձ սովորեցրեց քրտնաջան աշխատանքի և ջանքերի ինտենսիվության կարևորությունը։

Երկրորդ դասը առատաձեռնության մասին էր: Մի օր իմ չինացի ընկերը հարցրեց, թե ինչպես ես, և ես նշեցի, որ շուտով սպասում էի կրթաթոշակի գումարը, բայց մինչ այդ ես կարող էի ծնողներիցս ֆինանսական օգնություն խնդրել։ Սա նախքան ես սկսել էի թռչնամսի բեռնման իմ կես դրույքով աշխատանքը։ Առանց վարանելու, նա ինձ առաջարկեց 1000 դոլար իր պահոցից և ասաց. Ես սկզբում ապշած էի, հրաժարվում էի, բայց նա պնդեց, թե՝ ո՞նց ես ապրելու, վերցրու: Նա ինչ-որ կերպ հասկացել էր, որ ես նեղության մեջ եմ, թեև ես չէի, և նրա առատաձեռնությունը մնայուն ազդեցություն թողեց ինձ վրա։

Ամփոփելով՝ այս չինացի ուսանողի հետ իմ հանդիպումը սովորեցրեց ինձ քրտնաջան աշխատանքի, ինտենսիվության և առատաձեռնության արժեքը։ Ինձ համար անհնար է պատկերացնել, որ մեկը, ով տասնամյակ տքնաջան աշխատել է 25000 եվրո վաստակելու համար, հազարը նվիրի նրան, ում հետ ընդամենը երկու անգամ է հանդիպել։

Olumide Ogunsanwo. Յնցող!

Աչանի Սամոն Բիաու. Դրա մեջ այնքան խորը բան

կար, որը ոգեշնչեց շատ մարդասիրություն և առատաձեռնություն, որը ես զարգացրի ավելի ուշ։ Այդ փորձն ինձ համար հզոր էր։

Չինացի ընկերոջս հետ հանդիպումը մեծ ազդեցություն ունեցավ ինձ վրա, և ես հասկացա, թե որքան բախտավոր էի, որ ստիպված չէի խնայել տասը տարի՝ քոլեջ հաճախելու համար։ Դա ինձ ստիպեց գնահատել իմ ունեցած հնարավորությունները և ոգեշնչեց ինձ առավելագույնս օգտագործելու դրանք։ Նրա քրտնաջան աշխատանքի, վճռականության և առատաձեռնության պատմությունը մնայուն տպավորություն թողեց ինձ վրա և դրդեց ինձ ավելի շատ մղել ինքս իմ նպատակներին հասնելու համար։

Olumide Ogunsanwo: Անհավանական։ Յուրաքանչյուր ոք ունի իր պայքարն ու մարտահրավերները։ Երբ ես նման պատմություններ եմ լսում, ինձ խոնարհ եմ զգում: Մենք լիմոնադ պատրաստեցինք մեր ունեցած կիտրոններից, բայց սկզբում ունեինք լավ կիտրոններ։ Անկախ նրանից, թե ինչ միջով եք անցնում, ձեր վիճակը բարելավելու տարբեր եղանակներ կան։ Քանի դեռ հավատում եք, որ կարող եք փոփոխություն կատարել և կարող եք տարբեր բաներ փորձել, երբեք չպետք է հանձնվեք։

Կցանկանայի՞ք ավելացնել այլ մտքեր, նախքան այս գլուխը փակելը։

Աչանի Սամոն Բիաու. Ես մեկ այլ պատմություն ունեմ՝ ընդգծելու ծախսերը ներդրումների վերածելու կարևորությունը, այլ ոչ թե ակնթարթային բավարարման։ Արևմտյան Ֆրանսիայի համալսարանիցս Փարիզի ինժեներական դպրոց տեղափոխվելուց հետո ես նույն մտածելակերպով վայրէջք կատարեցի. ի՞նչ կարող եմ անել այստեղ գումար աշխատելու համար։ Ես ունեի կրթաթոշակ և հորս ֆինանսական աջակցությունը, բայց դրա մեծ մասը չեմ ծախսել։ Կարծում էի, որ Փարիզում ավագ դպրոցի աշակերտների կրկնուսուցումը կարող է եկամտաբեր բան լինել ինձ նման համալսարանականի համար, ուստի սկսեցի դա անել՝ քայլելով դեպի իմ ուսանողների տուն։

Երբ շարունակեցի կրկնուսուցումը, ես հասկացա, որ ավելի շատ ուսանողների հասնելու համար մեքենա վարելը կարող է բազմապատկել իմ եկամտի հոսքը, ուստի որոշեցի մեքենա գնել։ Մեքենա գնել եմ ոչ թե զվարճանալու, այլ եկամուտս ավելացնելու համար: Ես մեծապես օպտիմիզացրել էի իմ դասավանդման օրացույցը և դասավանդում էի իրար հետ իմ դասերից հետո։ Մեքենան օգտակար էր նաև ընկերներիս քշելու համար, երբ ուզում էինք քաղաքում խնջույքի գնալ։

Այնուամենայնիվ, ես նույնպես պետք է որոշում կայացնեի դասընկերներիս հետ խնջույքի կամ կրկնուսուցման և գումար աշխատելու միջև: Չորեքշաբթի ցերեկը դասընկերներս գարեջուր էին խմում և միասին ժամանում: Չնայած ես ամենաերիտասարդ ուսանողներից մեկն էի, ես սկսեցի ինձ չափահաս զգալ և հասկացա, որ խելամիտ չէ ժամանակս վատնել, երբ կարող էի աշխատել և գումար աշխատել։ Իմ վերջին տարվա վերջում ես խնայել էի մոտ $10,000:

Olumide Ogunsanwo. Իմ պատմության հակադրությունը պարզ է։ Ես այնքան կենտրոնացած էի ակադեմիկոսների վրա, որ ստացա միայն իմ առաջին աշխատանքը՝ որպես ուսանողի դաստիարակ, բարձր գնահատականներիս պատճառով։ Ես շատ ավելի հանգիստ էի և ավելի քիչ ագրեսիվ էի հնարավորություններ փնտրելիս։ Միայն ավելի ուշ էր, երբ ընկերս նշեց, որ շաբաթ օրերին աշխատել եմ որպես կամերդիներ, ես հասկացա, որ կարող եմ ավելի շատ գումար վաստակել։

Ծրջանակից դուրս մտածելը վերաբերում է շատ ավելին, քան պարզապես ակադեմիական հնարավորությունները։ Դա արժեքավոր հմտություն է անձնական աճի և զարգացման համար։ Ներդրումներ կատարելով ձեր ապագայի մեջ, այլ ոչ թե ակնթարթային հաճույք փնտրելով, դուք կարող եք հիմք ստեղծել երկարաժամկետ հաջողության համար։

3C: Անկախ մտածողության և հետաքրքրասիրության սկզբունքներ

Olumide Ogunsanwo. Գրքի յուրաքանչյուր գլխում մենք կիսվում ենք մեր կյանքի պատմություններով և այնուհետև կենտրոնանում ֆինանսական անկախության հատուկ սկզբունքների վրա, որոնք առնչվում են այդ պատմություններին։ Այս գլուխը անկախ մտածողության և հետաքրքրասիրության սկզբունքների մասին է։

Ինքնապահովվելուց հետո անկախ մտածողությունն ու հետաքրքրասիրությունը վճռորոշ են ֆինանսական անկախության հասնելու համար։ Խոչընդոտները հաղթահարելու և ձեր նպատակներին հասնելու համար դուք պետք է լինեք հետաքրքրասեր և ստեղծագործ, ինչպես նաև պետք է մտածեք ինքնուրույն և խուսափեք ուրիշների ազդեցության տակ ընկնելուց կամ FOMO-ին (Fear Of Missing Out) ենթարկվելուց։

Լավ է տարբերվել և գնալ մի ճանապարհով, որը մարդկանց մեծամասնությանը հավանություն չի տալիս, քանի դեռ կարծում ես, որ դա իմաստ ունի քեզ համար։ Անկախ մտածողությունը կարևոր է, քանի որ միայն դուք եք իսկապես հասկանում ձեր ներքին արժեքներն ու ցանկությունները։ Եթե թույլ եք տալիս, որ ձեզ կլանեն ուրիշների կարծիքները, վտանգում եք կորցնել այն, ինչ իրականում ցանկանում եք և ինչի կարիք ունեք։ FOMO-ն կարող է ձեզ տանել այնպիսի ճանապարհով, որը չի համապատասխանում ձեր նպատակներին կամ արժեքներին։ Օրինակ, ձեր ընկերն ասում է, որ տուն է գնում, և դուք ենթադրում եք, որ ժամանակն է, որ դուք տուն գնեք, քանի որ ձեր կյանքի այն փուլում եք, որտեղ ձեզ հարկավոր է: Դուք ստեղծել եք ձեր նպատակները, և կարևոր է քննադատորեն մտածել դրանց հասնելու գործողությունների մասին: Մարդկանց մեծ մասը չգիտի ձեր նպատակները և ունեն իրենց տարբեր նպատակները, ուստի նրանց գործողությունները հիմնականում կապ չունեն ձեր կյանքի հետ:

Անկախ մտածողությամբ զբաղվելու համար դուք պետք է հարմար լինեք նորմայից շեղվելու և պոտենցիալ ոչ սիրված ու հակակրանք դառնալու հետ: Սա կարող է նշանակել գնալ մի ճանապարհ, որն ավելի քիչ է անցել, բայց, ի վերջո, դա կլինի այն ճանապարհը, որը կհամապատասխանի ձեր արժեքներին:

Ի վերջո, դա ձեր կյանքն է, և դուք եք, ով ստիպված է լինելու զբաղվել ձեր արարքների հետևանքով: Մարդիկ, ովքեր ձեզ խորհուրդներ են տվել կամ ազդել ձեր ընտրությունների վրա, չեն լինի, որպեսզի օգնեն ձեզ հաղթահարելու հետևանքները, երբ ամեն ինչ սխալ է ընթանում:

Մտածեք հետևյալի մասին. Եթե ինչ-որ մեկը ձեզ խորհուրդ տա չորս երեխա ունենալ, արդյոք նրանք կխնամե՞ն ձեր փոխարեն: Ո՛չ: Ինչքան ուզում ես երեխա ունեցիր: Եթե ինչ-որ մեկն առաջարկի, որ դուք պետք է գնեք երեք սենյականոց տուն, նրանք կվճարե՞ն հիփոթեքը կամ վարձավճարը: Իհարկե ոչ! Ստացեք այնքան ննջասենյակ ունեցող տուն, որքան ցանկանում եք, կամ որոշեք ընդհանրապես չգնել: Դուք, այնուամենայնիվ, պետք է գործ ունենաք հետևանքների հետ, ուստի ինչու՞ ինքնուրույն որոշումներ չընդունել, որոնք համապատասխանում են ձեր ներքին ցանկություններին, ցանկություններին և նպատակներին:

Աչանի Սամոն Բիաու. Ես կցանկանայի բերել

պոտենցիալ հակասական օրինակ և քննարկել կրոնը: Կան կրոնի բազմաթիվ մեկնաբանություններ, որոնցից ոմանք պնդում են, որ մարդը չունի ազատություն, քանի որ ամեն ինչ վերահսկվում է Աստծո կողմից: Թեև յուրաքանչյուր ոք իրավունք ունի ընտրելու իր հավատքի համակարգը, ոմանք առաջնահերթություն են տալիս հստակ տրամաբանությանը, իսկ մյուսները՝ հավատքին: Ինչ էլ որ ընտրեք, կարևոր է գիտակցել, որ ձեր հավատացածի հակառակը կարող է վավեր լինել: Այս իրազեկումը կօգնի ձեզ բաց լինել անսպասելի արդյունքների հնարավորության նկատմամբ:

Այնուամենայնիվ, եթե դուք ամուր պահում եք այն գաղափարը, որ կարող է լինել միայն մեկ հնարավոր արդյունք, ապա դուք դժվարության մեջ եք: Այսինքն՝ դու խեղճացած ես:

Օլումիդ Օգունսանվո. Հարի Բրաունի « Ինչպես գտա ազատությունը անազատ աշխարհում » [1]գիրքը լավագույն գրքերից է, որ երբևէ կարդացել եմ ազատության մասին: Այն ուսումնասիրում է տարբեր թակարդներ, որոնք խանգարում են մեզ ազատ լինել, այդ թվում՝ որոշակիության թակարդը: Այս ծուղակը տեղի է ունենում, երբ մենք հավատում ենք որոշակի արդյունքին 100% վստահությամբ և չենք կարողանում ընդունել որոշումների կայացմանը բնորոշ ռիսկերն ու անորոշությունները:

Որոշ մտածողության, օրինակ՝ կրոնի հետ կապված հիմնարար խնդիրն այն է, որ այն ստիպում է մարդկանց մտածել բացարձակ վստահությամբ: Հավանական մտածողությունը, մյուս կողմից, հավանականությունների և ռիսկերի գործոնները, ինչպես երևում է ավտովթարի <1% հավանականության օրինակում՝ ալկոհոլ չխմելու և անվտանգ արագությամբ վարելու պատճառով: Որոշման բացարձակ որոշակիությանը հավատալը

1. https://www.amazon.com/How-Found-Freedom-Unfree-World/dp/0965603679

որոշակիության թակարդն ընկնելու նշան է։ Կյանքում գրեթե ոչինչ հստակ չէ, մենք պարզապես կարծում ենք, որ դա այդպես է։

Անկախ մտածելը չի նշանակում, որ դուք հավատում եք, որ միշտ ճիշտ եք։ Դա նշանակում է ընկալունակ լինել ուրիշների տեսակետները հասկանալու համար՝ միաժամանակ պատասխանատվություն վերցնելով սեփական արարքների համար։ Խոսքը վերաբերում է ձեր որոշումների համար պատասխանատվություն ստանձնելու համար հարմարավետ և բավական խիզախ լինելուն, նույնիսկ եթե արդյունքները օպտիմալից պակաս են։

Աչանի Սամոն Բիաու. Անկախ մտածողությունը ներառում է ոչ միայն ինքնուրույն մտածելու ազատություն, այլ նաև գիտակցում, որ մարդը կարող է սխալվել և պատասխանատվություն սեփական որոշումների արդյունքների համար»։

Մինչ 35 տարեկան դառնալը, ես վճարում էի միայն 5-6 տարվա վարձավճար, որը ներառում էր երկու տարի բիզնես դպրոցում և երեք տարի բակալավրի և ասպիրանտուրայում։ Այս ընթացքում իմ նպատակն էր նվազագույնի հասցնել ծախսերս։

Շաբաթվա ընթացքում իմ աշխատանքային կացությունից վաստակած միավորներն օգտագործել եմ հանգստյան օրերը հյուրանոցներում անցկացնելու համար։ Մայրս ինձ հորդորեց տուն գնել։ Ընկերներս պնդում էին, որ ես կյանքից հետ եմ մնացել, քանի որ հիփոթեք չունեմ։ Եթե ես հետևեի նրանց խորհրդին, մտածում եմ, թե որտեղ կլինեի այսօր, քանի որ նրանցից շատերը դեռևս պայքարում են ֆինանսական անկախության հասնելու համար։

Իմ անկախ մտածողությունը ինձ հնարավորություն տվեց հասկանալու, որ թվում էր, թե բոլորը վազում են դեպի նպատակ, որը չի համապատասխանում իմ նպատակին։ Նույնիսկ եթե մենք նույն ուղու վրա էինք, ոմանք վազում էին կարճ սպրինտներով, իսկ մյուսները վազում էին մարաթոններով։ Անհեթեթ է հուսահատություն զգալ, երբ կարճ տարածություն վազող մեկը անցնում է քո կողքով, մինչ դու վազում ես մարաթոն։ Սա արտացոլումն է, թե ինչպես է FOMO-ն գործում իրական կյանքում։ Չափազանց կարևոր է ճանաչել մրցավազքը, որին մասնակցում եք և հավատարիմ մնալ դրա սկզբունքներին։ Դուք միշտ կարող եք սովորել ուրիշներից, բայց խելամիտ չէ կուրորեն ընդօրինակել նրանց գործողությունները»։

Օլումիդ Օգունսանվո. Ահա թե ինչու եմ ես այդքան սիրում Ռեյ Դալիոն։ Նա խոսում է հավատալու կշռման մասին։

Եթե ատամի հետ կապված խնդիր ունեմ, ես լսելու եմ ատամնաբույժին, բայց չեմ լսելու սննդաբանին։ Ընդհակառակը, եթե սննդակարգիս հետ կապված խնդիր ունեմ, ես պատրաստվում եմ լսել ոչ թե ատամնաբույժի, այլ սննդաբանի։

Բոլորը ցանկանում են ձեզ խորհուրդներ տալ, բայց ոչ բոլորը գիտեն, թե ինչի մասին են խոսում։ Եթե ես անձնական ֆինանսների վերաբերյալ խորհուրդներ եմ փնտրում, կլսեմ Սամոնին, քանի որ նա ֆինանսապես անկախ է դարձել 30 տարեկանում։ Ես չէի լսի 82-ամյա մի երիտասարդի, ով դեռ աշխատում է և ֆինանսապես լավ չի լինում։

Ահա թե ինչու մենք քննարկում ենք անկախ մտածողությունը ինքնավստահությունից և ինքնապահովումից հետո։ Անկախ մտածելու համար դուք շատ ավելի հարմարավետ եք դառնում, երբ հավատում եք ինքներդ ձեզ, վստահում եք ինքներդ ձեզ և հույսը դնում եք ձեր վրա՝ գործելու համար։

Աչանի Սամոն Բիաու. Շատ կարևոր է զարգացնել կարողությունը՝ բացահայտելու այն դեպքերը, երբ բացակայում է անկախ մտածողությունը։ Դա անելու համար պետք է ինքդ քեզ հարց տալ. «Արդյո՞ք ես պետք է վստահեմ կոնկրետ տեսանկյունից»։ Օրինակ, CNN-ը պարբերաբար ներկայացնում է Աֆրիկայի փորձագետներ, ովքեր վստահորեն խոսում են մայրցամաքի իրադարձությունների մասին։ Չնայած նրանց լայնածավալ ընթերցանությանը, ես միայն վստահելի կհամարեի նրանց կարծիքը, եթե նրանք անմիջական փորձ ունենային ապրելու և ամբողջությամբ ընկղմվելու աֆրիկյան մշակույթի մեջ։

Olumide Ogunsanwo: Թույլ տվեք մի քիչ ժամանակ հատկացնել բացասականներին։ Անկախ մտածելու բացասական կողմեր կան, ես գիտեմ, որովհետև կանոնավոր կերպով բախվում եմ դրանց հետ։ Շատերը կզգան անհարմար կամ նույնիսկ դուր չեն գա ձեր արարքներին։ Օրինակ՝ կարող են ասել՝ «մեկ սենյականոց բնակարանում ես ապրում, արի, ինչո՞ւ տուն չես գնում»։ կամ «Դուք իսկապե՞ս ֆինանսապես անկախ եք, եկեք, իհարկե, դուք ֆինանսապես անկախ չեք։ Եթե X դոլար վճարող աշխատանք ստանաք, չէի՞ք ընդունի»։ Դուք պետք է կոշտ մաշկ զարգացնեք, որպեսզի հասկանաք, որ մարդիկ իրենց անապահովությունն ու ինքնավստահության բացակայությունը նախագծում են ձեր վրա։

Անկախ մտածողության վատ կողմն այն է, որ դուք պետք է լավ լինեք տարբերվելու, քննադատվելու և դատվելու հետ, բայց դա արժե, քանի որ գոնե հավատում եք, որ ապրում եք ձեր սեփական պայմաններով։ Եթե մարդիկ չեն հարցնում, թե ինչու եք անում բաներ, որոնք «նորմալ» չեն և չեն խնդրում ձեզ ավելի «ավանդական» լինել, համապատասխանել, անել ամեն ինչ այնպես, ինչպես միշտ արել են, ապա միգուցե դուք իրականում անկախ մտածող չէ և պարզապես ամբոխի մի մասն է։

Աչանի Սամոն Բիաու. Ես գիտեմ, որ անկախ մտածողությունը կարող է հոգնեցուցիչ լինել։ Մենք հասկանում ենք, որ երբեմն չես ուզում քեզ անհանգստացնել:

Olumide Ogunsanwo. Անկախ մտածողությունը պետք է առաջնահերթ լինի մեծ, կարևոր կյանքի որոշումների համար: Կարիք չկա ժամերով ուսումնասիրել աննշան որոշումները, օրինակ՝ ինչ գույնի տաբատ հագնել: Նման որոշումների համար լռելյայն տարբերակները կարող են բավարար լինել: Բայց կարևոր որոշումների համար անհրաժեշտ է մտածել սեփական անձի մասին և կուրորեն չհետևել ամբոխին: Լռելյայն ընտրանքներ ընտրելիս պետք է անկեղծ լինել իր հետ:

Կյանքի կարևոր որոշումներ կայացնելը պահանջում է հաշվի առնել ձեր անձնական արժեքները, կարիքները և նախասիրությունները:

Աչանի Սամոն Բիաու. Մի հասարակությունում, որն առաջնահերթություն է տալիս սպառմանը, անկախ մտածողությունը դառնում է ավելի կարևոր: Լուսաբանելու համար նկատի առեք այս օրինակը.

Ես և իմ գործընկերը գնեցինք Կալիֆորնիայի թագավորական մահճակալ մեր բնակարանի համար: Ցավոք, ներկայումս մենք օգտագործում ենք մահճակալի մոտ մեկ երրորդը: Այն անհարկի բացեր է ստեղծել և դժվարացնում է միմյանց մոտ լինելը: Ինչու՞ մենք դրա վրա գումար վատնեցինք: Ես կարող եմ պատկերացնել, որ զույգերը, ովքեր քնում են մեկ մահճակալի վրա, հավանաբար ավելի երկար են տևում և ավելի լավ համատեղելիություն ունեն, քանի որ նրանք ստիպված են վեճերը հարթել քնելուց առաջ, քանի որ գնալու այլ տեղ չկա:

Olumide Ogunsanwo: [Ծիծաղ]

Աչանի Սամոն Բիաու. Եթե զույգը Կալիֆորնիայի թագավորական չափսի մահճակալ ունի, այն կարող է նույնքան լավ լինել, որքան առանձին ննջասենյակներում քնելը: Մեր իրավիճակում, նույնիսկ երբ ես ձեռքերս երկարում եմ, ես ֆիզիկապես չեմ կարող դիպչել զուգընկերոջս, և դա այն պատճառով չէ, որ ես ցածրահասակ եմ: Նա կարող էր նույնիսկ գիշերն ընկնել մահճակալից, և ես դա չէի հասկանա մինչև հաջորդ առավոտ:

Օլումիդ Օգունսանվո. [Հիստերիկ ծիծաղ]

Աչանի Սամոն Բիաու. Նմանապես, ինչո՞ւ է բարեկարգ ճանապարհներով վարող անհատը նախընտրում գնել մեծ ամենագնաց: Եթե նպատակը նրանց կարգավիճակի կամ հարստության ցուցադրումն է, ապա նման փոխադրամիջոց ունենալը կարող է նշանակալի գործոն լինել:

Olumide Ogunsanwo. Պարծենալու իրավունքները և պարծենալու ռազմավարությունները դուրս են այս գրքի շրջանակներից:

Աչանի Սամոն Բիաու. Ես հանդիպեցի մի հիմնադիրի, ով ընկերություններ է վաճառել հարյուրավոր միլիոն դոլարներով, և մենք միասին խմեցինք: Նա վարում էր շատ փոքր մինի Շևրոլե, մինչդեռ ես շքեղ մեքենա էի վարում, թեև մեքենաներն առանձնապես չեն հետաքրքրվում: Այնուամենայնիվ, տեսնելով նրա մեքենան, հասկացա, որ գնելուց առաջ բավականաչափ երկար և լավ չէի մտածել: Ես ինձ մի փոքր հիմար էի զգում, քանի որ հարյուր միլիոնավոր դոլարներ չունեմ, և ես կարող էի ծախսել իմ փողերը այն բաների վրա, որոնք ավելի շատ եմ գնահատում: Այսուհետ, եթե երկրորդ մահճակալ գնեմ, Կալիֆորնիայի թագավոր չեմ գնի, իսկ եթե այլ մեքենա գնեմ, միայն ճաշակ զարգացնելու դեպքում շքեղ մեքենա կգնեմ:

Olumide Ogunsanwo: Լավ: Այդ կապակցությամբ, եկեք անցնենք հետաքրքրասիրության հարակից սկզբունքին:

Աչանի Սամոն Բիաու. Եկեք սկսենք սահմանելով հետաքրքրասիրությունը որպես ոգևորված ցանկություն՝ սովորելու բաներ, որոնք անմիջապես վերաբերում են ձեր ընթացիկ գործունեությանը: Սա պատկերացնելու համար պատկերացրեք քաղցած երեխային, ով անտեսում է իր դիմացի կերակուրը և փոխարենը կենտրոնանում է հատակի դեղին կետի վրա: Թեև սա կարող է ձեզ զարմացնել կամ նույնիսկ վրդովեցնել, դա պարզապես երեխայի բուռն հետաքրքրասիրության արդյունք է, որը կարող է նույնիսկ անտեսել նրանց կենսաբանական կարիքները: Սա ցույց է տալիս հետաքրքրասիրության ուժը:

Այժմ մտածեք մեծահասակի մասին, ով ավելի լավ կարիերայի ցանկություն է հայտնում և փնտրում է ձեր խորհուրդը: Եթե դուք նրանց հարցնեք այն քայլերի մասին, որոնք նրանք ձեռնարկել են մինչ այժմ, և ինչ տեսակի աշխատանքներ են նրանք հետաքրքրված, և նրանք վստահ չեն, ապա նրանք կարող են բավականաչափ հետաքրքրասեր չլինել: Սա խոսում է այն մասին, որ նոր աշխատանք գտնելը նրանց համար չի կարող առաջնահերթություն լինել: Եթե ինչ-որ մեկն իսկապես մոտիվացված է աշխատանք գտնելու համար, նա հետևողական քայլեր կձեռնարկի և հետազոտություն կանցկացնի՝ տեղեկատվություն հավաքելու համար:

Երբ դուք հետաքրքրասեր եք, դուք անում եք այդ առաջին քայլը և ուսումնասիրում եք ձեր շուրջը գտնվող ամեն ինչ՝ հավաքելով տեղեկատվություն, որը կարող եք կատարելագործել և կառուցել: Կա էներգիա, որը ձեզ մղում է շարունակել առաջ գնալ և նայել այն կողմ, ինչ անմիջապես տեսանելի է: Սա այն է, ինչը տարբերում է հետաքրքրասեր մարդկանց նրանցից, ովքեր այդպիսին չեն:

Մտածեք այս իրավիճակի մասին և հաշվի առեք անտարբերության մակարդակը ձեր շրջապատի հեշտությամբ հասանելի բաների նկատմամբ: Ինչու է դա տեղի ունենում: Եթե կարողանաք բացահայտել ձեր հետաքրքրասիրության բացակայության պատճառները, կարող եք գտնել այդ բացերը վերացնելու ուղիները:

Օլումիդ Օգունսանվո. Ներգաղթյալներն ու արտագաղթյալները բախտավոր են, քանի որ նրանք բավականաչափ հետաքրքրասիրություն ունեն նոր երկիր տեղափոխվելու համար, որտեղ նրանք հանդիպում են հասարակությանը, որը տարբերվում է նրանից, ինչին նրանք սովոր են: Այս նորույթը նրանց համար հեշտացնում է հետաքրքրասիրության պահպանումը: Կարևոր է ճանաչել ձեր անցյալի և պատմության առավելությունները: Ի հակադրություն, Միսիսիպիից մի անհատ, ով հաճախում է Միսիսիպիի համալսարան, կարող է ունենալ հետաքրքրասիրության ավելի ցածր մակարդակ՝ իր ողջ կյանքը նույն նահանգում ապրելու և առօրյա առօրյային սովոր լինելու պատճառով:

Մինչ դուք կարդում եք այս գլուխը, դուք կարող եք ընկալել հետաքրքրասիրության առավելությունները որպես ակնհայտ, բայց մենք ուզում ենք պարզաբանել, որ մենք պարզապես չենք ասում ակնհայտը: Փոխարենը, մենք հարցնում ենք, թե ինչպես կարող եք զարգացնել և զարգացնել հետաքրքրասիրությունը ձեր կյանքում կրկնվող հիմունքներով՝ օգնելու ձեզ հասնել ֆինանսական անկախության:

Աչանի Սամոն Բիաու. Եկեք քննարկենք, թե ինչպես բորբոքել հետաքրքրասիրությունը երեխաների մոտ: Լավ նորությունն այն է, որ երեխաները բնականաբար հետաքրքրասեր են, քանի որ նրանց համար ամեն ինչ նոր է, երբ նրանք ծնվում են: Որպես ծնող՝ շատ կարևոր է չխանգարել նրանց բնական հետաքրքրասիրությանը, փոխարենը խթանել այն: Խրախուսեք ձեր երեխայի հետաքրքրասիրությունը՝ թույլ տալով նրան ուսումնասիրել և մասնակցել նրանց հետ:

Ես այն ծայրահեղականներից եմ, ովքեր ասում են,

որ թող փորձեն ինչ-որ բաներ, նույնիսկ «վատ» բաներ, քանի դեռ իրենք իրենց լրջորեն չեն վնասում: Օրինակ, եթե նրանք խաղում են սուր ինչ-որ բանի հետ, թող խաղան այնքան ժամանակ, քանի դեռ իրենք իրենց շատ լուրջ վնաս չեն հասցնի, ինչպես աչքերը կտրելը: Եթե նրանք իսկապես վիրավորվեն, դա նրանց համար կարող է սովորել:

Olumide Ogunsanwo. Ձեր հետաքրքրասիրությունը մեծացնելու համար մտածեք ձեր մանկության փորձառությունների մասին հետաքրքրասիրությամբ: Եթե դրական փորձառություններ եք ունեցել, մտածեք, թե ինչպես կարող եք պահպանել և խթանել այդ հետաքրքրասիրությունը: Եվ հակառակը, եթե ձեր փորձառությունները չեն նպաստում հետաքրքրասիրությանը, դուք պետք է ավելի խորանաք հասկանալու ձեր հետաքրքրասիրության պակասի հիմնական պատճառը:

Անհատներին պակասում է հետաքրքրասիրությունը, քանի որ նրանք չեն գտել այնպիսի բաներ, որոնք առաջացնում են իրենց հուզմունքը: Հուզմունքն ու հետաքրքրասիրությունը փոխկապակցված են, և մեկը սովորաբար հանգեցնում է մյուսին:

Ստեղծեք ձեր կյանքի տեսլականը, որը կհուզի ձեզ, քանի որ դա կխթանի ձեր հետաքրքրասիրությունը և կխրախուսի ձեզ փնտրել անհրաժեշտ քայլեր ձեր նպատակներին հասնելու համար: Ինձ դուր է գալիս Թոնի Ռոբինսի մեջբերումը, որն ասում է. «Երբ ունես բավականաչափ հզոր ինչու, թե ինչպես է դառնում շատ պարզ»:

Երբ դուք ունեք հստակ նպատակ («ինչու») և հստակ սահմանված տեսլականը, դուք, բնականաբար, ավելի խանդավառ և հետաքրքրասեր կդառնաք նոր գաղափարներ և փորձառություններ ուսումնասիրելու հարցում:

Աչանի Սամոն Բիսու. Համաձայն եմ։ Թեև մենք կարող ենք չկարողանալ բուժել հետաքրքրասիրության պակասը, մենք կարող ենք առաջարկություններ առաջարկել՝ հիմնված մեր փորձառության վրա։ Անձամբ ես, երբ զգում եմ, որ իմ հետաքրքրասիրությունը նվազում է, ես գտնում եմ, որ իմ քաղաքում ճանապարհորդելը կամ նոր վայրերը ուսումնասիրելը օգնում է նորից բորբոքել այն։ Օրինակ, ձեր հարևանության բոլոր ռեստորանները բացահայտելու նպատակ դնելը կարող է ավելի խթանիչ լինել, քան հարմարավետության համար նույն ծանոթ վայրերը բազմիցս այցելելը։ Ոմանք կարող են զարմանալ, թե ինչու պետք է փոխեն բաներ, որոնք չեն կոտրվել։ Որովհետև եթե չփոխես իրերը, ուրեմն ԴՈՒ կկոտրվես։

Օլումիդ Օգունսանվո. Վայ, դա ծանր է։

Աչանի Սամոն Բիսու. Միևնույն ռեստորան հաճախակի գնալը, քանի որ ծանոթ է թվում, կարող է հանգեցնել բաց թողնված հնարավորությունների։ Դուք կարող եք ափսոսալ, երբ գիտակցեք, որ հարևան ռեստորանը վաճառում է նույն ճաշատեսակի բարելավված տարբերակը զգալիորեն ցածր գնով, ինչը ձեզ հիմարություն կպատճառի, որ ավելի շուտ չեք ուսումնասիրել այլ տարբերակներ։

Հաջորդը ճամփորդությունն է. ես հաճույք եմ ստանում ճանապարհորդելուց, քանի որ դա ստիպում է քեզ հետաքրքրասեր լինել։ Օրինակ, եթե դուք Ամերիկայից եք և այցելում եք Եվրոպա, կարող եք հետաքրքրասեր դառնալ եվրոյի և փոխարժեքի վերաբերյալ, և դա կարող է ձեզ ստիպել պարզել, թե ինչու են փոխարժեքները տատանվում։ Ճանապարհորդությունն ունի ձեր մեջ հետաքրքրասիրություն բորբոքելու յուրահատուկ ունակություն։ Այնուամենայնիվ, եթե դուք դեռ պայքարում եք բնականորեն հետաքրքրասեր լինելու համար, կարող եք զարգացնել «ինչու» հարցնելու մտավոր սովորությունը, երբ ինչ-որ անսպասելի բանի եք հանդիպում: Այս հետաքրքրասիրությունը կապված է ինքնապահովման գաղափարի հետ: Օրինակ՝ «ինչո՞ւ են մարդիկ փող օգտագործում» հարցադրումը: կխրախուսի ձեզ շարունակել ուսումնասիրել և ընդլայնել ձեր հետաքրքրասիրությունը:

Հետաքրքրասիրության մակարդակը բարձրացնելու ևս մեկ առաջարկ՝ տեսակ «ճգնաժամ» ստեղծելն է: Թեև սա կարող է թվալ տարօրինակ մոտեցում, այն կարող է արդյունավետ լինել: Օրինակ, դուք կարող եք միտումնավոր կերպով սխալ տեղադրել ձեր բանալիները, ինչը կստիպի ձեզ ավելի ուշադիր ուշադրություն դարձնել ձեր շրջապատին: Բացի այդ, փորձեք զրույց սկսել այն մարդկանց հետ, ում ձեզ գրավիչ եք համարում և դիտեք, թե ինչպես է արձագանքում ձեր սրտի զարկերը:

Հետաքրքրվելով ուրիշների մասին՝ դուք կարող եք բացել բազմաթիվ պատկերացումներ: Օրինակ, եթե մեկը, ում հետ դուք հետաքրքրված եք, կարծես անհետաքրքիր է, դուք կարող եք հակված լինել դա անձամբ ընդունելու: Այնուամենայնիվ, փորձելով ավելի լավ հասկանալ նրանց, դուք կարող եք պարզել, որ նրանց պահվածքը ձեզ հետ կապ չունի, այլ ավելի շուտ մի բան, որը տեղի է ունենում իրենց կյանքում:

Olumide Ogunsanwo. Հետաքրքրասիրությունը արժեքավոր է ինչպես ֆինանսական անկախության ձեռքբերումից առաջ, այնպես էլ դրա ընթացքում և հետո:

Նախքան ֆինանսապես անկախ դառնալը, հետաքրքրասիրությունն այն կայծն է, որը կարող է բորբոքել հուզմունքը և դրդել ձեզ ճամփորդություն սկսել դեպի ավելի լավ ֆինանսական ապագա:

FI ճանապարհորդության ընթացքում հետաքրքրասիրությունը ծառայում է որպես մոտիվացիայի աղբյուր՝ օգնելով ձեզ մնալ ուղու վրա, նույնիսկ երբ բախվում եք խոչընդոտների կամ ձեր ընթացքը կարգավորելու անհրաժեշտության դեպքում։

Ֆինանսական անկախության հասնելուց հետո հետաքրքրասիրության օգուտները շարունակում են ի հայտ գալ։ Եթե ճանապարհին ուսումնասիրեք տարբեր հետաքրքրություններ և զբաղմունքներ, ինչպիսիք են բոուլինգը, սալսա պարելը կամ ճանապարհորդելը, ավելի հեշտ կլինի անցնել այս հետապնդումներին այն ազատությամբ և ժամանակով, որը կունենաք ֆինանսական անկախությունից հետո։

Եթե դուք մեկն եք, ով կասկածում է, թե ինչու ֆինանսական անկախության մասին գիրքը ներառում է հետաքրքրասիրության բաժին, և պարզապես ցանկանում եք «շատ փող» աշխատել։ Այս գիրքն այն մասին է, որ օգնում է ձեզ ապրել ձեր ուզած կյանքը ձեր սեփական պայմաններով, և դա պարտադիր չէ, որ նշանակի մեծ գումար վաստակել։

Ինչևէ, ես լավ նորություն ունեմ ձեզ համար, հետաքրքրասիրությունն օգնում է ձեզ ավելի շատ գումար վաստակել, քանի որ այն օգնում է ոչ միայն ձեր անձնական կյանքում, այլ նաև ձեր բիզնեսում և կարիերայում։ Օրինակ, եթե դուք լինեիք երկու աշխատող ունեցող մենեջեր, ո՞ւմ կառաջարկեիք՝ նրան, ով պարզապես կատարում է հանձնարարված խնդիրները, թե նա, ով հարցեր է տալիս և փորձում է հասկանալ առաջադրանքների հիմքում ընկած պատճառաբանությունը։

«Բարձր արդյունավետ մարդկանց յոթ սովորությունները» գրքում առաջին սովորությունը նշվում է որպես նախաձեռնող լինելը։ Նախաձեռնող վերաբերմունքը, անկախ մտածողության հմտությունները և հետաքրքրասեր մտածելակերպը մտածելակերպի փոխկապակցված բաղադրիչներն են, որոնք ձեզ մղում են դեպի ձեր նպատակները։

Ո՞վ է հաջողության հասնելու ավելի հավանականությունը։ Ինչ-որ մեկը, ով հետաքրքրասեր է, անկախ և նախաձեռնող, կամ մեկը, ով հանգստացած է, հետևում է ամբոխին և կորչում երամի մեջ՝ անելով այն, ինչ իրենց ընկերները, ընտանիքը և հասարակությունն են ասում։ Դա շատ ակնհայտ է, ես ստիպված չեմ պատասխանել։

Աչանի Սամոն Բիաու. Հետաքրքրասիրության բացակայությունը կկորցնի ձեզ ֆինանսական անկախության ճանապարհին։ Նույնիսկ եթե ինչ-որ կերպ հաջողվի հասնել այնտեղ առանց հետաքրքրության, դուք կարող եք դառնալ ընկճված թոշակառու։ Ինչպես նշեց Օլումիդը, հետաքրքրասիրությունը կարող է օգնել ձեզ այս ճանապարհորդության մեջ։ Դուք, ամենայն հավանականությամբ, կստանաք առաջխաղացում, եթե ձեզ դիտարկեն որպես խնդիր լուծող։ Խնդիրները գոյություն ունեն, քանի որ լուծումներն ակնհայտ չեն, ուստի դուք պետք է բաց լինեք խնդիրների լուծման ստեղծագործական ուղիներ փնտրելու համար։

Օլումիդ Օգունսանվո. Մտածեք կրեատիվ կերպով, ինչն ավելի հավանական է, որ տեղի ունենա, եթե դուք հետաքրքրասեր եք։

Աչանի Սամոն Բիաու. Պասիվ մնալը ռիսկային է, քանի որ ուրիշները հետաքրքրասեր են և զարգացնում են իրենք իրենց, այնպես որ դուք ի վերջո հետ կմնաք։

Olumide Ogunsanwo. Ես կփակեմ խոսելով որոշ գրքերի մասին, որոնք օգնում են զարգացնել անկախ մտածողության և հետաքրքրասիրության սկզբունքները։

Գրքի առաջին առաջարկությունը Իչիրո Կիշիմիի և Ֆումիտակե Կոգայի « Քաջությունը, որին չսիրես » գիրքն է։ [2]Գիրքը գրված է երկու ճապոնացի

2. http://www.amazon.com/The-Courage-to-Be-Disliked-audiobook/dp/B07BRPW98K

հեղինակների պատմողական ոճով և պատմում է այն մասին, թե ինչպես կարող եք վերահսկել ձեր կյանքը և ինչպես կարող են ուրիշների կարծիքները ազդել ձեր երջանկության վրա:

Երկրորդ, ես խորհուրդ եմ տալիս Նասիմ Թալեբի « Հակափխրուն »-ը: [3]Այս հայտնի գիրքը ներկայացնում է հակափխրունության գաղափարը, որտեղ ինչ-որ բացասական բան իրականում կարող է դրական ազդեցություն ունենալ ձեզ վրա: Ամուր համակարգը կարող է դիմանալ արտաքին սթրեսին, սակայն հակափխրուն համակարգը բարելավվում է, երբ սթրես է ապրում: Անկախ մտածողությունը, հետաքրքրասիրությունը և հակափխրուն համակարգերի մտածողությունը գնում են ձեռք ձեռքի տված: Հակափխրուն համակարգի նախագծումը պահանջում է մտածողության այլ մակարդակ: Նասիմը հակամշակութային մտածող է, ինչը նույնպես օգտակար է ընթերցողների համար:

Աչանի Սամոն Բիաու. Ես կցանկանայի խորհուրդ տալ Ադամ Գրանտի գիրքը, որը կոչվում է « Նորից մտածիր [4]»: Պատկերացրեք, որ ձեր միտքը նման է գազի, որը սեղմվում է խողովակի մեջ, և նա գալիս և ընդլայնում է ձեր միտքը: Այն օգնում է քանդել այն բաները, որոնք մենք ընդունում ենք որպես կանոն: Դա ձեզ ցույց է տալիս, որ մեզ շրջապատող իրերն անպայմանորեն այնպիսին չեն, ինչպիսին մենք կարծում ենք:

Olumide Ogunsanwo: Հիասքանչ: Շնորհակալություն կարդալու համար: Կհանդիպենք հաջորդ գլխում:

---

3. https://www.amazon.com/Antifragile-Things-That-Disorder-Incerto/dp/0812979680

4. http://www.amazon.com/Think-Again-Power-Knowing-What/dp/1984878107

4. Վաղ կարիերայի պատմություններ և փառասիրության և քաջության սկզբունքներ

Օլումիդ Օգունսանվո. Ես ուրախ եմ խորամուխ լինել կորպորատիվ Ամերիկայում և Եվրոպայում մեր առաջին պաշտոնական աշխատանքի պատմությունների մեջ։ Մեր սկզբնական աշխատատեղերը, աշխատավարձերը և ղեկավարները նշանակալի ազդեցություն ունեն այն բանի վրա, թե ինչպես ենք մենք և շատ ուրիշներ մտածում փողը կառավարելու մասին։

Խոսելու ենք նաև փառասիրության և խիզախության սկզբունքների մասին։ Հավակնոտ եղեք նպատակներ դնելու համար և համարձակ եղեք դրանց ուղղությամբ շարժվելու համար, նույնիսկ անհաջողությունների կամ վախի դեպքում։

Դուք կբախվեք բազմաթիվ մարտահրավերների և խոչընդոտների։ Փառասիրությունն ու քաջությունը ձեզ կառաջնորդեն դեպի ֆինանսական անկախություն և կյանքն ապրելու ձեր սեփական պայմաններով ապրելու կարողությունը։

Աչանի Սամոն Բիաու. Մենք կկիսվենք, թե ինչպես ենք զարգացրել մեր հավակնությունները և քաջություն ենք գտել դրանք հետապնդելու համար։ Մենք անհամբերությամբ կպատմենք ձեզ, թե ինչպես են այս սկզբունքներն ազդել մեր վաղ կարիերայի վրա և օգնել մեզ հասնել ֆինանսական անկախության։ Եկեք սկսենք!

4Ա. Օլումիդի վաղ կարիերայի պատմությունը

Աչանի Սամոն Բիաու. Ո՞րն էր ձեր առաջին աշխատանքը և ինչպե՞ս ստացաք այն։ Բացի այդ, ֆինանսական անկախության մասին մտքեր ունեի՞ք, երբ համալսարանից աշխատանքի անցաք։

Օլումիդ Օգունսանվո. Ես համալսարանում սովորել եմ Քիմիական ճարտարագիտություն, մտածում էի նաև տնտեսագիտության ոլորտում կրկնակի կրթություն ստանալու մասին, բայց վերջապես որոշեցի դեմ լինել։ Բակալավրիատի ավարտին դասերը մի քիչ ձանձրալի թվաց, բայց ես հուսով էի, որ աշխատանքս ավելի հետաքրքիր կլինի։ Ավարտեցի 2006 թվականին 21 տարեկանում բարձր GPA-ով, բայց ինձ համար մի փոքր դժվար էր աշխատանք գտնելը, քանի որ պրակտիկա չէի անցել: Դա պայմանավորված էր նրանով, որ ամերիկյան ուսանողական աշխատանքային վիզան նախագծված էր այնպես, որ միջազգային ուսանողները կարողանան պրակտիկա անցնել իրենց ուսանողական վիզաներով, բայց շատ ընկերություններ ցանկանում էին պրակտիկա տալ միայն ուսանողներին, ովքեր հետագայում լրիվ դրույքով աշխատանք կստանան, ինչը դժվարացնում է ինձ նման ուսանողների համար։ Արդյունքում ամառվա ընթացքում ստիպված էի այլ աշխատանք գտնել:

Ես աշխատել եմ որպես դաստիարակ, ինչը զվարճալի էր և հեշտ։ Ես նաև աշխատանքի էի կանչում շրջանավարտներին դպրոցի համար նվիրատվություններ խնդրելու (մուրալու) համար։

Դժվար էր: Ստացանք մի քանի ստոր և կոշտ պատասխաններ: "Ինձ մենակ թող!" «Երբեք ինձ մի զանգեք այս համարով»: «Ո՞վ է սա դժոխք»: «Ինչպե՞ս ստացաք իմ համարը»: Այս փորձառությունները զվարճալի չէին և կապ չունեին իմ Քիմիական ճարտարագիտության աստիճանի հետ, բայց ես պետք է անեի այն ամենը, ինչ պետք է անեի գումար վաստակելու համար: Զանգահարելու աշխատանքը ժամանակի մեծ մասը ծծում էր, բայց դա ինձ շատ հարմարավետ դարձրեց հեռախոսով վաճառելու և վաճառելու համար:

Երբ ավարտական ավարտը մոտեցավ 2006 թվականի ամռանը, ես սկսեցի դիմել լրիվ դրույքով աշխատանքի համար և հարցազրույց վերցրեցի Honeywell UOP-ում: Հարցազրույցները լավ անցան, և նրանք ինձ առաջարկեցին իմ առաջին աշխատանքը որպես պրոցեսների դիզայնի ինժեներ: Ես սկսեցի 2006 թվականի սեպտեմբերին Ինդիանայի նավթավերամշակման գործարանում, որը բավական մոտ էր Չիկագոյին, որ ամեն օր կարող էի հասնել աշխատանքի՝ մի քանի ավտոբուս նստելով: Իմ աշխատավարձը 56000 դոլար էր, և ես ոգևորված էի սկսելու համար: Ես օգտագործում էի ծրագրակազմ՝ նախագծելու տարբեր տեսակի նավթավերամշակման սարքավորումներ, ինչպիսիք են ջերմափոխանակիչները, պոմպերը և այլն: Ես նաև պետք է գնայի դաշտ՝ աջակցելու իմ նախագծած սարքավորումների տեղադրմանը:

Աչանի Սամոն Բյաու. Դա Չիկագոյում էր:

Olumide Ogunsanwo. Այս աշխատանքը Ինդիանայի նավթավերամշակման գործարանում էր, բայց այն բավական մոտ էր Չիկագոյին, որ ես կարող էի ամեն օր աշխատանքի հասնել՝ մի քանի ավտոբուս նստելով: Ես չէի ուզում ռիսկի դիմել մեքենա գնելու համար, քանի որ ժամանակավոր ներգաղթի աշխատանքային վիզա էի ստանում: Դա իմ առաջին աշխատանքի պատմությունն է և այն, թե ինչպես եմ այն ստացել:

Աչանի Սամոն Բիաու. Վա՜յ, Ամերիկա ներգաղթյալ ուսանողների մարտահրավերներն ակնհայտ են դպրոցից աշխատանքի անցնելիս: Ընկերությունները նախընտրում են պրակտիկա տալ ուսանողներին, ովքեր հետագայում կարող են հեշտությամբ աշխատանքի ընդունվել լրիվ դրույքով, առանց աշխատանքի թույլտվության կարիքի, ինչպես դա բոլոր ներգաղթյալների դեպքում է:

Olumide Ogunsanwo: Ճիշտ է: Թեև կառավարությունը թույլ է տալիս ընկերություններին պրակտիկա տալ: Այնքան տխուր էր: Չնայած իմ բաժնում ամենաբարձր GPA-ին, ես ստիպված էի բավարարվել այլ աշխատանքներով, որոնք կապված չէին իմ աստիճանի հետ: Մի փոքր տարօրինակ էր, բայց դու հաղթահարում ես այդ բաները: Դա հենց այնպես է ստեղծվում ներգաղթը:

Աչանի Սամոն Բիաու. Եթե դուք ամերիկացի լինեիք, երբեք չէիք մտածի վիզայի սահմանափակումների մասին: Հիշում եմ, երբ իմ Ֆրանսիացի ընկերներից ոմանք զարմացան, որ միջազգային ուսանողներին աշխատանքի թույլտվություն է պետք: "Ինչ է դա?" կհարցնեին տարակուսած. [Ծիծաղ]:

Olumide Ogunsanwo: [Ծիծաղ]

Աչանի Սամոն Բիաու. Երբ խոսքը վերաբերում է լրիվ դրույքով աշխատանքին, ունեի՞ք աշխատանք փնտրելու ռազմավարություն: Դուք ընդունե՞լ եք առաջին առաջարկը, քանի որ դժվար էր աշխատանք գտնելը, թե՞ ավելի նպատակաուղղված էիք սպասել ճիշտ աշխատանքին:

Օլումիդ Օգունսանվո. Ինձ փող էր պետք: Ես ավարտեցի ամռանը և աշխատանքի կարիք ունեի: Միայն իմ կարիերայի ավելի ուշ էր, որ ես ավելի շատ ինքնավարություն և լծակներ ունեի մի քանի աշխատանքից ընտրելու համար։ Կարևոր է հասկանալ գործատուի և աշխատողի միջև ուժերի հավասարակշռությունը։ Եթե դուք դա չեք հասկանում, ապա հավանական է, որ ձեր գործատուն ամբողջ իշխանությունն ունի ձեր վրա։

Հիշեցնենք. Իմ վաղ կարիերան տևեց 21-ից 25 տարեկանը (ես ավարտեցի համալսարանը 2006-ին, երբ 21 տարեկան էի, իսկ բիզնես դպրոց գնացի 2010-ին, երբ 25 տարեկան էի)։ Իմ վաղ կարիերայի ամփոփումը հիմնականում սրտի ցավ և ցավ է։ Ինչպես նշեցի, ես սկսեցի իմ կարիերան որպես գործընթացների նախագծման ինժեներ Honeywell UOP-ում, որն այդ ժամանակ գտնվում էր Honeywell-ի կողմից ձեռքբերման փուլում։ Ցավոք, միավորված ընկերությունը՝ Honeywell UOP-ը, չկարողացավ ներկայացնել իմ մշտական աշխատանքային վիզայի դիմումը, և ես երեք ամսվա ընթացքում ազատվեցի իմ առաջին աշխատանքից։ Դա շատ ցավալի փորձ էր։

Աչանի Սամոն Բիաու. Վաու ։

Օլումիդ Օգունսանվո. Այս միջադեպը տեղի է ունեցել 2007թ. հունվարին, 2006թ. սեպտեմբերին աշխատանքս սկսելուց անմիջապես հետո։ Ես ամոթի և ամոթի խոր զգացում զգացի։ Լինելով իմ բակալավրիատի դասընթացի բոլոր աստղերի ուսանող՝ իմ ծրագրում ամենաբարձր GPA-ներից մեկով, ես ապշած էի իրադարձությունների այս շրջադարձից։ Մտքերն այն մասին, թե ինչ կլիներ, եթե ես ստիպված լինեի լքել երկիրը (իմ ժամանակավոր վիզայի 90-օրյա գործազրկության սահմանաչափի պատճառով) սկսեցին տանջել իմ միտքը։

Ինձ համար աներևակայելի դժվար ժամանակ էր։ Ես հայտնվեցի, որ մենակ լաց էի լինում իմ սենյակում՝ չգիտեմ, թե ինչ քայլեր պետք է ձեռնարկեմ հաջորդիվ։ Ես ինձ հարմար չէի զգում որևէ մեկի հետ քննարկելու համար, հատկապես որ ընկերներիցս շատերն ինձ շնորհավորել էին ընդամենը մի քանի ամիս առաջ: Ես պարույրով գնացի մի մութ տեղ, որտեղ սկսեցի հասկանալ իշխանության դինամիկան: Ես հասկացա, որ կյանքը նման է շախմատի տախտակի, և ես պետք է գտնեի այնպիսի ռազմավարություն, որն ինձ ավելի շատ ազատություն կտար, այլ ոչ թե պարզապես գրավատուն:

Սա, անկասկած, իմ կյանքի ամենացածր կետերից մեկն էր: 21 տարեկանում ես դեռ փորձում էի ամեն ինչ պարզել, և հիշում եմ, որ օրեր շարունակ արցունքներ էի թափում:

Աչանի Սամոն Բիաու. Վաու : Ինչպե՞ս կարողացաք գլուխ հանել ստեղծված իրավիճակից, և ինչպե՞ս այն փոխեց ձեզ:

Օլումիդ Օգունսանվո. Բարեբախտաբար, մինչև աշխատանքից ազատվելու դեպքը, ես որևէ խոշոր գնումներ չէի արել, ինչպիսին է մեքենան կամ տունը: Ես շարունակեցի ապրել համեստ կենսակերպով, որը նման էր իմ համալսարանական օրերին՝ կիսելով բնակարանը սենյակակիցների հետ: Բարեբախտաբար, սա նշանակում էր, որ իմ ապրելու ծախսերը ցածր մնացին: Փոխադրման համար ես հիմնականում հույսը դնում էի գնացքների և ավտոբուսների վրա՝ երբեմն շրջելով իմ գործընկերների հետ:

Իմ ուղեկցորդներից մեկը պարսիկ կին էր, ով նույնպես հաճախել էր IIT և ստացել մագիստրոսի կոչում քիմիական ճարտարագիտության ոլորտում, մինչդեռ ես միայն բակալավրի կոչում էի ավարտել: Զարմանալիորեն, չնայած նույն աշխատանքային պարտականություններին, նա տարեկան ընդամենը 1000 դոլարով ավելի էր վաստակում ինձանից՝ 57000 դոլար աշխատավարձով: Սա ինձ հանգեցրեց երկու դիտարկումների.

Նախ, ակնհայտ դարձավ, որ ընկերությունները բարձր չեն գնահատում մագիստրոսի կոչումները բակալավրիատի համեմատ: Չնայած նրան, որ լրացուցիչ կրթությունը արժեցել է իր կյանքի երկու տարին և $40,000, աշխատավարձի բարձրացումը նվազագույն է եղել: Նա հաճախ էր դժգոհում, որ քիչ գումար է մնացել իր մեքենայի և հիփոթեքի համար վճարելուց հետո: Սա ցնցեց ինձ, քանի որ ես հակառակ փորձ ունեի և կարողացա խնայել իմ եկամտի զգալի մասը:

Երկրորդ, ես հասկացա, որ մեր ծախսերի ընտրությունը կարող է մեծապես ազդել մեր կյանքի հետագծի վրա: Թեև մեր աշխատավարձերը նման էին, բայց մենք շատ տարբեր արդյունքներ ունեցանք: Ես վճարում էի ամսական 300-350 դոլար չնչին վարձավճար՝ կիսելով նկուղային բնակարանը իմ ընկեր Նեխելի հետ, մինչդեռ իմ պարսիկ ընկերն ուներ հիփոթեք, որը հավանաբար շատ ավելի բարձր էր, քան իմ վարձակալությունը: Մինչ ես 75 դոլար ամսական կտրոն էի օգտագործում հասարակական տրանսպորտի համար, նա իր մեքենայի ծախսերն էր անում՝ ներառյալ ապահովագրությունը, գազը և վերանորոգումը:

Պատկերացրեք, եթե ես այդ ընթացքում տուն և մեքենա գնեի: Ես թակարդում կհայտնվեի: Ի՞նչ կանեի ես 30 տարվա հիփոթեքով: Ինչպե՞ս կվարվեի մեքենայի հետ: Վաճառել այն զգալի վնասով. Իրավիճակը սարսափելի կլիներ՝ ստիպելով ինձ վաճառել ակտիվները և, հնարավոր է, նույնիսկ լքել երկիրը:

Այդ հիշողությունները դեռ վառ են իմ մտքում: Փորձը կարծրացրեց ինձ և ստիպեց ինձ ավելի քիչ վստահությամբ նայել կորպորացիաներին: Ես գիտեի, որ չեմ կարող հույս դնել կորպորացիաների վրա, քանի որ նրանք չեն հետաքրքրվել իմ մասին: Դա առաջացրեց իմ հետաքրքրությունը անձնական ֆինանսների, ֆինանսական անկախության և վաղաժամ թոշակի նկատմամբ։ Դա նշանավորեց իմ ճանապարհորդության սկիզբը դեպի ֆինանսական անկախություն։

Աչանի Սամոն Բիաու. Ձեր պատմած պատմությունը աներևակայելի հուզիչ է։ Այն պետք է որ չափազանց տրավմատիկ և դժվար լիներ հաղթահարելը։

Olumide Ogunsanwo. Շատերը ծանոթ են PTSD-ին, որը նշանակում է հետտրավմատիկ սթրեսային խանգարում։ Դա հոգեկան առողջության վիճակ է, որն ազդում է այն անհատների վրա, ովքեր անցել են տրավմատիկ փորձառություններ, ինչպես վետերանները, պատճառելով նրանց վերապրել տրավման և բացասաբար ազդել նրանց առօրյա կյանքի վրա, ներառյալ հարաբերություններն ու աշխատանքը։

Մյուս կողմից, կա վնասվածքի ավելի քիչ հայտնի արձագանք, որը կոչվում է PTG կամ հետտրավմատիկ աճ։ Այն վերաբերում է անձնական աճի, զարգացման և փոփոխության գործընթացին, որը կարող է տեղի ունենալ վնասվածք ստանալուց հետո։ Շատ առումներով ես զգում եմ, որ դա PTG պահ էր իմ կյանքում։

Մինչև վերջերս ես չէի կարող պատմել պատմությունն առանց լաց լինելու, քանի որ այն վառ հիշողություններ էր բերում իմ զգացածի մասին։ Այնուամենայնիվ, ինչ-որ մեկը մի անգամ ինձ ասաց, որ որքան շատ ես բացում քո ցավալի փորձառությունները, այնքան ավելի հեշտ է դառնում։ Ես կարող եմ հաստատել, որ դա ճիշտ է։

Աչանի Սամոն Բիաու. Դուք նշեցիք, որ դուք և ձեր ընկեր Նեխեյը ապրում էիք նկուղում, որպեսզի վարձավճարը ցածր լինի։ Ես կցանկանայի օգտագործել այդ օրինակը՝ վաղաժամ ընդգծելու խնայողության կարևորությունը։ Երբ մարդիկ սկսում են առաջին անգամ աշխատավարձ ստանալ, սովորական է նրանց համար մեծ ծախսեր անելու ցանկություն՝ հաշվի առնելով իրենց նոր տնօրինվող եկամուտը։ Այնուամենայնիվ, ֆինանսական անկախության հասնելը սովորաբար ներառում է ձեր ծախսերի մասին ի սկզբանե ուշադիր լինելը։ Որքան շատ եք ծախսում, այնքան ավելի քիչ հնարավորություն ունեք ներդրումներ կատարելու և ժամանակի ընթացքում բարդացնելու համար։ Փոխարենը դարձրեք ձեր ծախսերը ներդրումների, ինչպիսիք են սովորելու հնարավորությունները կամ նոր աշխատանքի հեռանկարների համար ցանցի ստեղծումը։

Ձեր եկամուտների աճի հետ ձեր ծախսերի ավտոմատ ավելացումը կարող է հակաարդյունավետ լինել, հատկապես, եթե ձեր ավելացված ծախսերը չեն համապատասխանում ձեր արժեքներին։

Olumide Ogunsanwo. Կան մի քանի ռազմավարություններ ֆինանսական անկախության հասնելու համար։

Մեկ ռազմավարությունը ներառում է կենտրոնանալ ձեր եկամուտը առավելագույնի հասցնելու վրա, իսկ մյուսը կենտրոնանում է ձեր ծախսերը նվազագույնի հասցնելու վրա։ Տարբեր անհատներ, բնականաբար, ավելի շատ թեքվում են դեպի այս կամ այն կողմը՝ ազդվելով նրանց անհատականության, ազդեցության, հնարավորությունների, գտնվելու վայրի, հմտությունների, ծագման կամ կրթության վրա։

Այնուամենայնիվ, ձեռնտու է միաժամանակ երկու ռազմավարությունների հետամուտ լինելը։ Անհատները պետք է ձգտեն առավելագույնի հասցնել իրենց եկամուտը՝ շարունակաբար զարգացնելով իրենց, ձեռք բերելով նոր գիտելիքներ և հմտություններ։ Միևնույն ժամանակ, նրանք պետք է նվազագույնի հասցնեն ծախսերը՝ գիտակցաբար ծախսելով՝

հիմնվելով իրենց արժեքների վրա, առաջնահերթություն տալով նրանց ուրախություն պատճառող ոլորտներին և նվազեցնելով կամ վերացնելով ավելորդ ծախսերը: Հիմնական բանը եկամուտը առավելագույնի հասցնելու և ծախսերը նվազագույնի հասցնելու միջև հավասարակշռություն գտնելն է՝ միտումնավոր ընդգծելով մեկ ասպեկտ՝ հիմնված ձեր կոնկրետ կյանքի փուլի, հանգամանքների և հնարավորությունների վրա: Հենց դրանում է նրբությունը: Դա է նրբերանգը:

Օրինակ, եթե դուք 21 տարեկան եք, ով նոր է աշխատանք սկսել նոր քաղաքում, ի սկզբանե ավելի կարևոր կլինի կենտրոնանալ ծախսերը նվազագույնի հասցնելու վրա: Դուք պետք է պարզեք բնակարանն ու տրանսպորտը ձեր նոր վայրում: Այնուամենայնիվ, երբ դուք օպտիմալացրել եք հիմնական ծախսերի ոլորտները, ավելի ձեռնտու կլինի ձեր ուշադրությունը տեղափոխել ձեր եկամուտը առավելագույնի հասցնելու ուղղությամբ: Սա կարող է ներառել աշխատանքի առաջխաղացումների ուսումնասիրություն, կողմնակի հուզումներ, ձեռնարկատիրական փորձեր կամ ստեղծագործական նախագծեր: Չարժե կրկնապատկել ձեր ծախսերը՝ պայմանավորված սահմանային եկամտաբերության նվազմամբ, երբ եկամուտների մասում ավելի մեծ հնարավորություններ կան:

Մեկ այլ օրինակ, եթե դուք 38 տարեկան եք, ով արդեն խնայողություն է անում և հավատարիմ է մնում բյուջեին, և ունեք չորս երեխա (երկու փոքր երեխա, երկու ավագ դպրոցի դեռահաս և մեկ քոլեջի ուսանող): Ծախսերի օպտիմիզացումը կարող է մի փոքր ավելի դժվար լինել այս իրավիճակում, և կարող է ժամանակն է փնտրել լրացուցիչ եկամտի հնարավորություններ:

Ֆինանսական անկախության համայնքը հաճախ շեշտում է ծախսերի նվազագույնի հասցնելը, մինչդեռ ձեռնարկատերերը հակված են կենտրոնանալ եկամուտների առավելագույնի բարձրացման վրա: Իմ խորհուրդն է՝ հետամուտ լինել երկու ռազմավարություններին, բայց գիտակցաբար ընտրություն կատարել՝ առաջնահերթություն տալով մեկին՝ ելնելով ձեր կոնկրետ հանգամանքներից:

Աչանի Սամոն Բիաու. Այս զրույցը լցված է մեջբերվող պահերով: Անցնելով ձեր կարիերայի հաջորդ փուլին. Դուք նշեցիք, որ աշխատանք եք ստանում ավարտելուց մի քանի ամիս հետո, բայց, ցավոք, ձեզ կրճատեցին: Ինչ եղավ հետո?

Օլումիդ Օգունսանվո. Ես անմիջապես սկսեցի պլան կազմել: Իմ առաջնային մտահոգությունն այն էր, որ ես պետք է հեռանայի Ամերիկայից 90 օրվա ընթացքում, ուստի ես որոշում կայացրեցի շարունակել մագիստրատուրան: Սա ինձ և մեկ ուսանողական վիզա կտա ծրագրի տևողության համար, որը երկու տարի էր: Ես մոտեցա Քիմիական ճարտարագիտության բաժնի դեկանին և բացատրեցի իրավիճակը Honeywell UOP-ում: Ես ցանկություն հայտնեցի հնարավորինս շուտ սկսել մագիստրոսական ծրագիրը և խնդրեցի կրթաթոշակ տրամադրել ծրագրի ծախսերը հոգալու համար: Ամբողջ լոգիստիկան մշակելուց հետո 75% կրթաթոշակով ընդունվեցի Քիմիական ճարտարագիտության մագիստրատուրա: Սովորելու ընթացքում վերսկսեցի աշխատանքի դիմելը և ի վերջո ապահովեցի մեկ այլ աշխատանք, որն արեցի գիշերային պարապմունքների ժամանակ:

Աչանի Սամոն Բիաու. Ինչպե՞ս կարողացաք ապահովել այդքան նշանակալի կրթաթոշակ: Դուք ջանասիրաբար բանակցե՞լ եք:

Օլումիդ Օգունսանվո . Ես արդեն ունեի նույն բակալավրիատի աստիճանը քիմիական ճարտարագիտության ոլորտում:

Աչանի Սամոն Բիաու. Հատկապես որ դուք տեղյակ էիք ձեր պարսիկ գործընկերոջ կողմից մագիստրոսի կոչման նվազման մասին:

Olumide Ogunsanwo: Բացարձակապես: Չնայած իր մագիստրոսի կոչմանը, նրա աշխատավարձը տարեկան ընդամենը 1000 դոլարով ավելի էր, քան իմը, երբ ես այդ ժամանակ նոր բակալավրի կոչում ունեի: Ինչո՞ւ պետք է վճարեի 40,000 դոլար մագիստրոսի կոչման համար: Այնուամենայնիվ, որոշումն ինձ համար ավելի իրագործելի դարձրեց այն փաստը, որ նոր պաշտոնում առաջարկվում էր ուսման վարձի փոխհատուցում մոտավորապես 50%-ի չափով: Սա նշանակում էր, որ իմ ծրագրի ծախսերի մեծ մասը կհոգա: Բացի այդ, ինձ անհրաժեշտ էր, որ նոր ընկերությունը դիմի իմ աշխատանքային վիզայի համար, քանի որ ես չէի ցանկանում նորից անցնել ներգաղթի գործընթաց: Ես հաստատեցի կադրերի և իրավաբանական թիմի հետ, որ նրանք կքննարկեն վիզայի դիմումը:

Ամբողջ օր աշխատելը, իսկ հետո գիշերը ժամերով դասերին մասնակցելը դժվար էր: Օրերս խելագար էին: Ես կաշխատեի ինըից հինգը, որին հաջորդում էր ուղիղ դասի ռեժիմը վեցից ութ կամ ինը: Դա իմ կյանքն էր հաջորդ երկու տարիների ընթացքում:

Աչանի Սամոն Բիաու. Վաու : Արդյո՞ք Ձեզ թույլ են տվել դասերի գնալ գիշերը որպես միջազգային ուսանող:

Olumide Ogunsanwo. Այո, որպես միջազգային ուսանող, ես ճկունություն ունեի դասերին մասնակցելու ցանկացած պահի, ներառյալ գիշերային դասերը: Ինձ նաև թույլատրվեց աշխատել ուսանողական աշխատանքային վիզայի վրա:

Աչանի Սամոն Բիաու. Արդյո՞ք նոր աշխատանքը եկել է ավելի բարձր աշխատավարձով:

Olumide Ogunsanwo. Այո, իմ նոր աշխատավարձը

կազմում էր $58,000/տարի, մի փոքր ավելի բարձր, քան իմ առաջին աշխատանքը։ Այս աշխատանքով որոշեցի մեքենա գնել։ Դա օգտագործված BMW 3 սերիա էր, որի արժեքը 17000 դոլար էր։ Ես ինձ ավելի ապահով էի զգում այս աշխատանքում, քանի որ նրանք համաձայնել էին իմ աշխատանքային վիզայի համար դիմել։ Ես սիրում էի մեքենան, այն ուներ սև արտաքին և ինտերիեր, և ես նույնիսկ անհատականացված ափսեներ ունեի, որոնց վրա գրված էր «OLUMIDE»։ Ես շատ զվարճացա մեքենայի հետ։

Աչանի Սամոն Բիաու. Հետաքրքիր է։

Օլումիդ Օգունսանվո. Թեև ես լավ հիշողություններ ունեմ մեքենայի մասին, բայց հետ նայելով, դա հավանաբար այն քիչ սխալներից մեկն էր, որ թույլ տվեցի իմ ֆինանսական ճանապարհորդության ընթացքում։ Պարտադիր չէ, որ դա պայմանավորված է մեքենայի գնման որոշմամբ, այլ այն պատճառով, որ ես բավարար ժամանակ չեմ ծախսել տրանսպորտային տարբեր տարբերակների և դրանց հետ կապված սեփականության ընդհանուր արժեքը (TCO) ուսումնասիրելու համար։

Երկրորդ աշխատանքում ես շատ դրական փորձառություններ ունեցա, բայց պատմությունը նորից վատ ընթացք ստացավ։ ԱՄՆ աշխատանքային H1-B վիզան գործում է վիճակախաղի համակարգով, և, ցավոք, ես չընտրվեցի իմ դիմումի առաջին երկու անգամ։ Դա անմիջապես չազդեց ինձ վրա, քանի որ ես դեռ ունեի իմ ուսանողական աշխատանքային վիզա։ Այնուամենայնիվ, մինչև 2008-2009 թվականները հասան, նավթի գինը ընկավ ֆինանսական ճգնաժամի և դրան հաջորդած պահանջարկի անկման պատճառով։ Արդյունքում, 2009 թվականին՝ 24-րդ տարեդարձիցս, երկրորդ աշխատանքից ազատվեցի։

Աչանի Սամոն Բիաու. Վաու ։ Կրկին!

Օլումիդ Օգունսանվո. Դա բոլորովին անակնկալ

չէր, քանի որ իմ թիմի մեծ մասը բաց էր թողնվել 6 ամսվա ընթացքում: Բայց ես դեռ մի քիչ տխրեցի: Աշխատանքը կորցնելը միշտ վաովում է: Այդ իսկ պատճառով ես ասացի, որ իմ վաղ կարիերայի պատմությունը սրտաճմլիկ պատմություն էր։ 23 տարեկանում, մոտ 24 տարեկան դառնալու, ինձ բաց թողեցին առաջին երկու աշխատանքից, որ երբևէ ունեցել եմ։

Նավթի և գազի արդյունաբերությունը գործում է ցիկլերով, և երբ նավթի գինը նվազում է, ընկերությունները ձգտում են նվազեցնել իրենց ծախսերը։ Ես հուսահատված էի, քանի որ դեռ հիշում էի, թե ինչ է տեղի ունեցել իմ առաջին աշխատանքի ժամանակ մի քանի տարի առաջ։

Այնուամենայնիվ, ի տարբերություն 2006 թվականի առաջին աշխատանքի կորստի, ես այս անգամ մտավոր և ֆինանսական առումով շատ ավելի լավ վիճակում էի։ Երկու տարվա ընթացքում ես կարողացա ընդհանուր առմամբ խնայել շուրջ 40,000-50,000 ԱՄՆ դոլար (իմ համախառն աշխատավարձի խնայողության դրույքաչափի 50%-ը), ուստի ֆինանսապես հարմարավետ էի։

Ես դեռ ապրում էի Նեխելի հետ նույն նկուղային բնակարանում: Վարձս էականորեն չի բարձրացել: Վճարել եմ $300-$350/ամսական վարձավճար 21-25 տարեկանից:

Քանի որ ես արդյունավետորեն կառավարել էի իմ ծախսերը, ես կարող էի պլանավորել և որոշումներ կայացնել հարաբերական ուժից։ Ես զարգացրել էի կոշտ մտածելակերպ և պատրաստ էի քայլեր ձեռնարկել։ Բարեբախտաբար, ես ստիպված չէի լքել երկիրը, քանի որ դեռ ունեի ուսանողական վիզա իմ մագիստրատուրայի համար։ Ես իմ սրտում գիտեի, որ Քիմիական ճարտարագիտությունն ինձ համար չէ, այդ իսկ պատճառով մտածում էի համալսարանում տնտեսագիտության երկակի կոչում ստանալու մասին, և ինչու էի ոգևորության պակաս իմ առաջին երկու աշխատանքների համար։

Ավելի շատ աշխատատեղերի դիմելու և վիճակախաղի անկանխատեսելի համակարգով զբաղվելու փոխարեն, ես ասացի, որ պտտեմ այն և որոշեցի գնալ բիզնես դպրոց և վերափոխել իմ կյանքը։ Ես լիովին վստահ չէի, թե ինչ եմ ուզում անել բիզնես դպրոցից հետո, բայց գիտեի, որ դա կներառի ֆինանսների, տեխնոլոգիաների և բիզնեսի համադրություն։ Ես սկսեցի դիմել բիզնես դպրոցներ 2009 թվականին, և ես ավելի մանրամասն կանդրադառնամ դրան հաջորդ գլխում։

Աչանի Սամոն Բիաու. Վաու ։ Այս պատմությունը շատ ցավալի է։ Դու վերջերս շրջանավարտ էիր, քո վաղ 20-ականներին, և դեռ այդքան բան արդեն զգացել էիր։

Օլումիդ Օգունսանվո. Ես ոչ ոք չունեի, ով ինձ խնամեր։ Ծնողներս այնտեղ չէին։ Ես երկրում ներգաղթյալ էի, ով 23 տարեկանում երկու անգամ կորցրեց աշխատանքը։

Աչանի Սամոն Բիաու. Զարգացող երկրներում ապրող մարդիկ կարող են հերքել ձեր պատմությունը՝ ասելով, որ Ամերիկայում ապրելն արդեն իսկ ավելի լավ կյանք է տալիս, բայց յուրաքանչյուրն ունի իր խնդիրները՝ անկախ նրանից, թե որքան լավ է նրանց կյանքը։

Եվրոպան և ԱՄՆ-ը շատ տարբեր են. Դժվար է պատկերացնել Ֆրանսիայում մի սցենար, որտեղ ինչ-որ մեկին կարող են երկու անգամ բաց թողնել իրենց կարիերայի այսքան վաղ փուլում, երկու պատճառով.

1. Բավականին դժվար է բաց թողնել, քանի դեռ ընկերությունը սնանկացման եզրին չէ։ Ընկերությունները սովորաբար չեն կրճատում շահութաբերությունը պահպանելու համար։

2. Եթե աշխատանքից ազատվել եք, սովորաբար ավելի քան 90 օր ունեք նոր աշխատանք գտնելու

համար։ Չեմ կարող հիշել ճշգրիտ տևողությունը, բայց դա ավելի մեծահոգի է։

Olumide Ogunsanwo. Oh, նույնիսկ ներգաղթյալների համար։

Աչանի Սամոն Բիաու. Այո, դա ավելի մեծահոգի է։ Ֆրանսիայում միակ խոչընդոտը սովորաբար աշխատանք գտնելն է։ Չկա վիճակախաղի համակարգ, և եթե ունես աշխատանք քո ուսման մակարդակի հետ, ապա ստանում ես աշխատանքի թույլտվություն։

Դուք նշեցիք, որ սկսել եք մտածել բիզնես դպրոցների դիմումների մասին, երբ 23/24 տարեկան էիք։ Ի հակադրություն, ես բիզնես դպրոց չդիմեցի մինչև 29 տարեկան։ Ֆրանսիայում շատերը չեն գնահատում MBA աստիճանը։ Կա նաև գերակշռող համոզմունք, որ դուք պետք է ունենաք զգալի աշխատանքային փորձ և, որպես կանոն, լինեք ավելի մոտ 30 տարեկան՝ դիմելու համար։ Ժամկետներն ու հեռանկարները տարբեր են, իսկ Եվրոպայում ամեն ինչ ավելի հետաձգվում է։ Օրինակ, Գերմանիայում շատ համալսարանականներ չեն էլ ավարտում իրենց ուսումը և սկսում են աշխատել քսան տարեկանում։ Կորպորատիվ կյանքը Եվրոպայում ավելի կայուն է, մինչդեռ Ամերիկայում այն կարող է ավելի անկայուն լինել։

Թույլ տվեք ամփոփել այն հիմնական զգացմունքները, որոնք արձագանքեցին ինձ հետ, երբ լսեցի ձեր պատմությունը. Երկրորդ՝ ձեր կյանքը այլ կերպ տնօրինելու վճռականությունը՝ հետապնդելով երիտասարդացում կամ նորացում բիզնես դպրոցի միջոցով։

Ուրիշ ի՞նչ պետք է իմանան մարդիկ ձեր մասին այդ առաջին տարիներին, ինչը կարևոր է ֆինանսական անկախության համար։

Olumide Ogunsanwo: Իմ պատմության հիմքում ընկած թեման այն է, որ ես նվիրված մարդ եմ։ Այսպիսով, երբ ես որոշում կայացրեցի գնալ բիզնես դպրոց, ես գնացի all-in: Դա դարձավ իմ գլխավոր առաջնահերթությունը, գրեթե լրիվ դրույքով աշխատանքի նման։ Ես շուտ էի արթնանում, լոգանք էի ընդունում և գնում էի դպրոց՝ սովորելու։ Ես կմնայի համալսարանում, քանի որ դեռ մագիստրանտ էի, իսկ դասերս երեկոյան էին: Ես իմ GMAT գրքերը բերում էի դասարան և սովորում էի, մինչև դասերս սկսվեին գիշերը։ Երբ նպատակ ունես, կարևոր է մինչև վերջ գնալ այն իրագործելու համար։

Ես այն մարդկանց տեսակն եմ, ով կարող է ամբողջությամբ նվիրել և նվիրել իմ ամբողջ ժամանակն ու էներգիան որևէ գործի վրա։ Երբ ես նպատակ դրեցի GMAT-ում 700-ից ավելի գնահատական ձեռք բերել, ինձ համար պարզ էր, որ ես պետք է սովորեի գրեթե ամեն օր։ Միակ պատճառը, որ հասկացա, որ դա անտիպ է համարվում, այն էր, երբ մարդիկ զարմանում էին, թե որքան հեռու եմ ես պատրաստ գնալ, երբ կիսում էի իմ մոտեցումը։

Օրինակ, մեզանից կպահանջվի մոտ 3-5 ամիս այս գիրքը վերջնական տեսքի բերելու և թողարկելու համար, քանի որ մենք նվիրված և կրքոտ ենք գործընթացին։ Երբեմն ավելի լավ է հաստատել ձեր սեփական համոզմունքները՝ հիմնվելով ձեզ համար կարևորի վրա, նախքան արտաքին վավերացում փնտրելը։ Եթե դուք առաջին հերթին ապավինեք արտաքին ազդեցություններին, դրանք կարող են ձեզ ստիպել կասկածի տակ առնել ձեր ներքին մոտիվացիան։

Զարգացրե՛ք ձեր ներքին համոզմունքը՝ չկախված լինելով ուրիշների վավերացումից։

Աչանի Սամոն Բիաու. Դուք ինձ հիշեցնում եք մի կետ, որը մենք քննարկել ենք ներածության մեջ այն մասին, թե ինչ չենք ուզում, որ մարդիկ խլեն այս գրքից։ Աշխարհը ստեղծել է կաղապարներ և գրքույկներ, որոնց համար մարդիկ կարող են հետևել։ Դժվար է պատկերացնել, թե այդ գրքույկներին ուղղակի հետևելը որքան կարող է հանգեցնել ֆինանսական անկախության: Ձեր պատմության մեջ դուք չեք փնտրել ուրիշների կարծիքը GMAT-ին պատրաստվելու լավագույն ինտենսիվության վերաբերյալ: Դուք գիտեիք դրա կարևորությունը ձեզ համար, ուստի որոշեցիք կիրառել առավելագույն ինտենսիվություն:

Olumide Ogunsanwo: Ճիշտ է, հետևեք ձեր բնական ռիթմին մինչև այն կետը, որտեղ դուք էներգիա եք զգում: **Կյանքի համար գոյություն չունի բիծ խաղագիրք, կանոնագիրք, ուղեցույց կամ կաղապար: Մնում է միայն լինել ինքդ և քեզ ամեն օր ավելի լավը դարձնել: Մնացած ամեն ինչ հիմարություն է**: Դուք չեք ցանկանում 70 տարեկան լինել՝ շատ ափսոսանքով: Հիմա ժամանակն է, որ բաներ տեղի ունենան:

Ես չգիտեմ հակափաստը, թե ինչ կլիներ առանց աշխատանքիս կորստի: Ես կասկածում եմ, որ ես կշարունակեի այդ հետագիծը՝ դառնալու ինժեներական տնօրեն՝ 17 տարվա գործընթացի նախագծման փորձով: Որքա՞ն առօրյա կլիներ այդ կյանքը:

Ամեն ինչ լավ ստացվեց, քանի որ ստիպված էի ռիսկի դիմել՝ գոյատևելու համար: Հնարավոր է, որ ոչ բոլորն ունենան նույն ազդեցությունները, որոնք ինձ դրդեցին ռիսկի դիմել, բայց նրանք կարող են իրենց ստիպել ընդունել ռիսկերը:

Աչանի Սամոն Բիաու. Որոշ մարդիկ կարող են չհասկանալ, թե ինչ նկատի ունեք ռիսկի դիմելով: Ի՞նչ է նշանակում Գանայի հարուստ ընտանիքի 18-ամյա երիտասարդի համար ռիսկի դիմել: Կամ ամերիկացին, ով արդեն ունի գեղեցիկ, պարզ, առանց սթրեսի կյանք, ռիսկի դիմի: Ի՞նչ է նշանակում ռիսկի դիմել այն մարդկանց համար, ովքեր արդեն հարմարավետ են:

Olumide Ogunsanwo. Ես կփորձեմ բացատրել: Նախ,

անհատները պետք է մտածեն իրենց կյանքի մասին և մշակեն ծրագիր, թե ինչ են ուզում հասնել։ Այս ծրագիրը կարող է ներառել նպատակներ՝ կապված հարաբերությունների, առողջության, ձեռներեցության, կարիերայի, ֆինանսների, փորձի կամ ցանկացած այլ ասպեկտի վրա, որի վրա նրանք ցանկանում են կենտրոնանալ։

Հավանական է, որ կան մի քանի ուղիներ, որոնցով կարող եք անցնել այդ նպատակներից յուրաքանչյուրին հասնելու համար։ Օրինակ, կարող եք լինել չորս կամ հինգ ուղիներ, որոնցով դուք կարող եք բարելավել ձեր հարաբերությունները։ Այս բազմաթիվ ուղիները բոլորն ունեն իրենց հետ կապված ռիսկերի տարբեր մակարդակներ։

Նպատակների յուրաքանչյուր կատեգորիայում, հավանաբար, կան դրանց հասնելու բազմաթիվ ուղիներ։ Օրինակ, հարաբերությունները բարելավելու համար կարող են լինել չորս կամ հինգ տարբեր ուղիներ, որոնցից յուրաքանչյուրը ունի հարակից ռիսկերի տարբեր մակարդակներ։ Շատ մարդիկ հաճախ ընտրում են պահպանողական մոտեցում՝ հետևելով հաստատված ճանապարհին, որը սովորաբար ամենաքիչ ռիսկային տարբերակն է (ամբոխին հետևելը)։ Իմ նախկին նպատակն էր խրախուսել մարդկանց մտածել ավելի հաշվարկված ռիսկերի դիմելու մասին, հատկապես, երբ նրանք մանրակրկիտ գնահատել և հասկացել են հնարավոր բացասական կողմերը։ Ի՞նչ կա կորցնելու։ Շատ անհատներ, հատկապես նրանք, ովքեր Եվրոպայում կամ Ամերիկայում են, կարող են իրենց թույլ տալ ավելի շատ ռիսկի դիմել՝ իրենց հասանելիք անվտանգության ցանցերի և հենակետերի շնորհիվ։

Ձեր նշած օրինակներում, որտեղ ինչ-որ մեկը ֆինանսապես լավ վիճակում է, դա առաջին հերթին վերաբերում է նրա ֆինանսական հեռանկարին։

Կյանքը ներառում է ավելին, քան պարզապես ֆինանսներ։ Չնայած այս գիրքը կարող է թվալ, որ կենտրոնացած է ֆինանսական անկախության վրա, այն իրականում ձեր ուզած կյանքով ստեղծելու և ապրելու մասին է։ Ձեր ուզած կյանքով ապրելը ավելին է, քան ֆինանսները։ Այդ մարդը կարող է դեռևս ունենալ հարաբերությունների հետ կապված նպատակներ, ինչպիսիք են ռոմանտիկ զուգընկեր գտնելը կամ առողջական նպատակներ, ի թիվս այլոց։ Այսպիսով, նրանք դեռ կարող են գծել ընթացքը և գտնել ավելի շատ ռիսկի դիմելու ուղիներ, քանի որ նրանք լուծել են միայն կյանքի ֆինանսական կողմը։

Աչանի Սամոն Բիաու. Երբ ինչ-որ բան բավականաչափ դժվար չէ, ես այլ նպատակներ եմ փնտրում։ Եթե դուք չեք զգում, որ բավականաչափ ռիսկի եք դիմում, կարող եք ավելի ագրեսիվ նպատակներ դնել այն ամենի համար, ինչ արդեն անում եք։

Ամեն անգամ, երբ ինչ-որ բան բավականաչափ դժվար չի թվում, ես նոր նպատակներ եմ փնտրում։ Եթե դուք զգում եք, որ բավականաչափ ռիսկի չեք դիմում, կարող եք ավելի հավակնոտ նպատակներ դնել ձեր ընթացիկ հետապնդումների շրջանակներում։ Օրինակ, երբ ես աշխատում էի Գերմանիայում, հնարավորություն ունեցա մեկնել տարբեր երկրներ, այդ թվում՝ ԱՄՆ։ Որոշ ժամանակ ԱՄՆ-ում անցկացնելուց հետո ես ցանկություն զգացի իմ աշխատանքից դուրս ինչ-որ նոր բանի։ Այդ ժամանակ ես որոշեցի գնել համակարգիչներ Դուբայից և վաճառել դրանք Բենինում։ Դա կապ չուներ իմ աշխատանքի հետ, քանի որ ես արդեն այնտեղ գումար էի վաստակում, բայց ես դա տեսնում էի որպես նոր մարտահրավեր։

Olumide Ogunsanwo. Բացարձակապես, և ահա կյանքի որոշ ոլորտներ, որտեղ դուք կարող եք ավելի շատ ռիսկի դիմել՝ հարաբերություններ, առողջություն, անձնական զարգացում/աճ/կրթություն, ձեռներեցություն, անձնական ֆինանսներ, ֆիզիկական միջավայր և փորձառություններ։

Ամփոփելով ասեմ, որ իմ կարիերայի առաջին տարիները նշանավորվեցին սրտացավով և ցավով։ Մինչև 23 տարեկան մի քանի աշխատատեղեր կորցնելը ակնհայտ դարձրեց, որ ես պետք է նոր ուղի գծեմ իմ կյանքում։ Այդ իսկ պատճառով ես որոշեցի վերականգնել իմ կյանքը և դիմել բիզնես դպրոց։

4B. Սամոնի վաղ կարիերայի պատմությունը

Օլումիդ Օգունսանվո. Սամոն, ի՞նչ եղավ համալսարանն ավարտելուց հետո։

Աչանի Սամոն Բիաու. Համալսարանն ավարտելուց հետո սկսեցի դիմել տարբեր աշխատանքների համար, և հատկապես հետաքրքրված էի Մեծ Բրիտանիայում աշխատանք գտնելով։ Ես լսել էի Ֆրանսիայից մարդկանց պատմություններ, ովքեր «փախել» են Մեծ Բրիտանիա՝ ավելի լավ կյանքի համար։ Թվում էր, թե այնտեղ այլ իրականություն էր, որտեղ բոլորը խոսում էին անգլերեն և յուրօրինակ կերպով վարում բիզնեսը։ Ես վերբեռնեցի իմ ռեզյումեն monster.com-ի նման կայքերում, ինչպես նաև դիմեցի Ֆրանսիայի ընկերություններին։

Olumide Ogunsanwo. Ձեր ուշադրությունը հիմնականում կենտրոնացած էր Ֆրանսիայից դուրս միջազգային հնարավորություններ գտնելու վրա, մասնավորապես՝ Մեծ Բրիտանիայում։

Աչանի Սամոն Բիաու. Այո, ամենից առաջ ես ուզում էի աշխատել այնպիսի միջավայրում, որտեղ կարող էի օգտագործել անգլերենը։ Թվում էր, թե Միացյալ Թագավորությունը բնական ընտրություն է, բայց ես նաև դիտարկում էի այլ տարբերակներ, ինչպիսիք են Սկանդինավիան, Շվեյցարիան կամ Գերմանիան, որտեղ ի վերջո հայտնվեցի։

Olumide Ogunsanwo. Որքանո՞վ էիք տիրապետում անգլերենին այդ ժամանակ։ Ձեր անգլերենն այժմ առասպելական է։

Աչանի Սամոն Բիաու. Այն ժամանակ իմ անգլերենի իմտությունները միջին մակարդակի վրա էին։

Ի դեպ, ես վստահ չեմ, որ ես կիսվել եմ ձեզ հետ պատմությունով, թե ինչպես եմ սովորել անգլերեն։ Ես իսկապես տարված էի դրանով։ Ես չէի հետևում դպրոցում դասավանդվող ուսումնական պլանին։ Երբ ես տասը տարեկան էի, ես մեծ ցանկություն ունեի հասկանալու և խոսելու ամերիկյան անգլերեն։ Ես գնեցի ձայներիզներ և նույնիսկ այցելեցի Կոտոնուի Ամերիկյան մշակութային կենտրոնը, որպեսզի խորասուզվեմ լեզվի մեջ։

Վերադառնալով աշխատանքի որոնմանը, ես զգացի, որ իմ «ֆրանկոֆոնությունը» սահմանափակում է իմ գլոբալ ազդեցությունը։ Երբ ուզում էի լուրեր կարդալ, դրանք միշտ ֆրանսերեն էին։ Պատկերացրեք, որ ձեր ողջ աշխարհայացքը սահմանափակված է մի լեզվով, որը անգլերենը չէ։

Olumide Ogunsanwo. Կա հստակ տարբերություն Ֆրանկոֆոն Աֆրիկայի և Անգլոֆոն Աֆրիկայի միջև։ Մեծանալով Նիգերիայում՝ անգլերենը ազգային լեզուն էր, ինչը նշանակում էր, որ Նիգերիայից դուրս ապագայի մասին մտածելիս Միացյալ Թագավորությունը կամ Ամերիկան հաճախ առաջնային տարբերակներն էին, իսկ Կանադան նույնպես հնարավորություն էր։ Լեզուն էական ազդեցություն ունի մարդու ապագա հնարավորությունների և կյանքի վրա։

Եթե դուք ծնող եք, ով կարդում է այս գիրքը և հետաքրքրված եք ձեր և/կամ ձեր երեխաների ֆինանսական անկախությամբ, ապա ուշադրավ կլինի նրանց տրամադրել բազմաթիվ լեզուների պարգև։ Օրինակ՝ քույրս, լինելով նիգերիացի, փոքր տարիքում երեխաներին ընդունեց Ֆրանսիական դպրոց: Նրանք մանկուց վարժ տիրապետում են ֆրանսերենին, ինչը նրանց համար բացում է բազմաթիվ հնարավորություններ:

Նիգերիան շրջապատված է ֆրանսախոս երկրներով, ուստի մենք ստիպված էինք հաճախել ֆրանսերենի շատ դասեր, թեև ես այն ժամանակ լուրջ չէի ընդունում ուսուցիչների և ուսումնական պլանի անբավարարության պատճառով։ Այնուամենայնիվ, եթե ունեք միջոցներ, ձեռնտու կլինի ձեր երեխաներին տալ բազմաթիվ լեզուների վաղաժամ շնորհը։ Ի՞նչ կարծիքներ ունեք այս մասին։

Աչանի Սամոն Բիաու. Ես ավելի ծայրահեղ տեսակետ ունեմ։ Ես կարծում եմ, որ յուրաքանչյուր ոք, ով կարող է, պետք է շուտ դառնա ֆինանսապես անկախ՝ հնարավորություն տալով նրանց երեխաների կրթությունը վերաբերվել, եթե նրանք ընտրում են երեխաներ ունենալ, որպես աշխատանք։ Եթե ես երեխաներ ունենամ, ես կձգտեմ, որ նրանք առնվազն քառալեզու լինեն մինչև 10 տարեկանը։ Դա ենթադրում է միտումնավոր ապրել այնպիսի երկրներում, որտեղ նրանք ոչ միայն սովորում են լեզուն դպրոցում, այլև խորասուզվում են մշակույթի մեջ։ Լեզուն առանձին հասկացություն չէ. այն խորապես միահյուսված է մշակույթի հետ։ Օրինակ, պատկերացրեք նորվեգացուն, ով սովորում և խոսում է յորուբա Նորվեգիայում։ Նրանք հաճախ կարող են խոսել այնպիսի բաների մասին, ինչպիսիք են «Այսօր եղանակը հիանալի է, և ես բավականին երջանիկ եմ»։ Դրանում վատ բան չկա, բայց նիգերիացիները սովորաբար չեն քննարկում եղանակը սովորական զրույցներում։ Մշակույթի մեջ ընկղմվելով՝ ձեռք է բերվում լեզվի ներքին և գրեթե էական ըմբռնում, այլ ոչ թե զուտ թարգմանություն։

Olumide Ogunsanwo. Ես լիովին համաձայն եմ։ Կյանքը նախատեսված է փորձառությունների համար, և կարելի է իսկապես գնահատել այդ փորձառությունները, երբ նրանք կարող են կապվել մարդկանց հետ իրենց տեղական լեզվով: Դա այնքան պարզ է, որքան դա: Էլ չեմ խոսում մասնագիտական ու ֆինանսական առավելությունների մասին, որոնք երկրորդական նկատառումներ են:

Աչանի Սամոն Բիաու. Լավ, եկեք վերադառնանք պատմությանը, թե ինչպես ես պատահաբար գտա այդ աշխատանքը: Այն ժամանակ իմ աշխատանքի ընտրությունը հիմնականում պայմանավորված չէր ֆինանսական նկատառումներով, և ես առանձնապես ուշադրություն չէի դարձնում աշխատավարձերին: Ինձ համար կարևոր էր լինել հիանալի աշխատանքային միջավայրում և ունենալ ինչ-որ իմաստալից անելիք: Թեև աշխատավարձը հաշվի է առնվում, ես տեղյակ չէի, որ դերերի միջև կարող են զգալի տարբերություններ լինել աշխատավարձերի մեջ: Ես բեռնեցի իմ CV-ն Monster-ում և գրեցի ուղեկցող նամակ անգլերենով: Ի վերջո, ես արդեն ստացել էի ֆրանսիական Accenture-ի առաջարկը, որը տարեկան վճարում էր մոտ 32,000 եվրո:

Անսպասելիորեն ինձ զանգահարեցին գերմանական Deutsche Telekom Consulting-ից: Ֆրանսիական ընկերությունները սովորաբար չեն վճարում թեկնածուներին կամ չեն հոգում Ֆրանսիայում հարցազրույցների համար ճանապարհածախսը: Այնուամենայնիվ, Deutsche Telekom Consulting-ը ինձ Փարիզից Բոն թռավ հարցազրույցի համար՝ առանց տոմսի արժեքի մտահոգության:

Առաջին անգամ էի այցելում Գերմանիա, և ես ոգևորված էի այդ հնարավորությամբ: Ֆրանսիայում իմ նախորդ հարցազրույցների ժամանակ ինձ պարզապես սպասում էին, որ կներկայանամ՝ առանց ճամփորդական ծախսերի մասին քննարկումների, և, իհարկե, ինձ ճաշ չեն առաջարկել: Հիշում եմ, որ Ֆրանսիայում հարցազրույցներից մեկի համար սննդի վաուչեր ստացա:

Հարցազրույցի ընթացքում մենք ի վերջո սկսեցինք քննարկել աշխատավարձը, և նրանք հարցրին իմ ակնկալիքների մասին։ Համարձակ զգալով, ես 38,000 եվրո խնդրեցի, ինչը 25%-ով ավելի էր Accenture-ի առաջարկից։ Ես կարծում էի, որ հարուստ կլինեմ, եթե նրանք համաձայնվեն դրան: Ի զարմանս ինձ, կադրերի աշխատակիցը պատասխանեց՝ գրեթե ներողություն խնդրելով.

Olumide Ogunsanwo: [Ծիծաղ]

Աչանի Սամոն Բիաու. Ես մի վայրկյան քարացա։ Սա մոտավորապես 50%-ով ավելի բարձր էր, քան իմ առաջարկը Ֆրանսիայում։ Բազմաթիվ հարցեր հեղեղեցին միտքս: «45000 եվրո՞: «Ինչո՞ւ է այդքան բարձր»: «Ինչպե՞ս է դա հնարավոր, երբ սահմանից այն կողմ հավասարապես զարգացած Ֆրանսիայում 32,000 եվրոն արդեն համարվում էր մեծ աշխատավարձ»։ «Ինչո՞ւ ես չգիտեի այս մասին»: «Որքա՞ն հարուստ եմ դառնալու»: «Կա՞ որսորդություն»:

Անմիջապես ես լցվեցի հետաքրքրությամբ և ափսոսանքով, որ ավելի վաղ հնարավորություններ չէի ուսումնասիրել Ֆրանսիայից դուրս։ Ես որոշել էի նույն սխալը չանել, եթե որոշեի տեղափոխվել Գերմանիա: Ես որոշեցի հնարավորություններ փնտրել իմ հարմարավետության գոտուց դուրս գտնվող այլ աշխարհագրական վայրերում։

Ես ոգևորված էի հարստանալու հեռանկարով։ Ֆրանսիայում իմ ֆրանսիացի և ֆրանկոֆոն աֆրիկացի ընկերները կա՛մ նախանձում էին, կա՛մ անտեղյակ, երբ հարցնում էին, թե ինչու եմ ես նախընտրում տեղափոխվել Գերմանիա։ Նրանք նաև հարցրեցին, թե արդյոք ես մտածել եմ նման երկիր տեղափոխվելու հետևանքների մասին։

Թեև ես մանրակրկիտ չէի պլանավորում, բայց ես մտածեցի, որ եթե այլ ներգաղթյալներ կարող են բարգավաճել այնտեղ, ապա ես նույնպես կարող եմ դա հասկանալ։ Ինձ հետաքրքիր էր իմանալ այլ վայրերի մասին։ Իմ հարցազրույցի ժամանակ ես չտեսա սվաստիկա կրող որևէ մեկին կամ որևէ արտասովոր բանի չեմ հանդիպել։

Olumide Ogunsanwo. [Ծիծաղ] Տարօրինակ դաջվածքներ չկան։

Աչանի Սամոն Բիաու. Ես հավատում էի, որ Գերմանիայում լավ կլինեմ։ Ես տեսա և մի քանի սևամորթ մարդկանց և հանդիպեցի մեծ թվով թուրք բնակչության։ Հետաքրքրվելով Գերմանիայում կյանքի մասին՝ ես հարցրի շուրջս. Ոմանք այն նկարագրեցին որպես մեծ, խաղաղ և արդար։ Մյուսները նշեցին ռասիզմը և առաջխաղացման մարտահրավերները՝ որպես սևամորթ անձնավորություն կառավարման մեջ։ Ես եզրակացրի, որ Գերմանիան, ինչպես Ֆրանսիան և այլ արևմտյան երկրներ, ուներ և՛ պարկեշտ մարդիկ, և՛ ռասիզմի դեպքեր։ Նման դինամիկա, հավանաբար, գոյություն ուներ Նիգերիայում տարբեր էթնիկ խմբերի միջև։

Olumide Ogunsanwo. Մեր բակալավրիատի տարիների մեր նախորդ գլխում երևում էր, որ մենք միտումնավոր էինք և հնարավորությունների ավելի լայն հեռանկար ունեինք։ Ինչո՞ւ նույն մտածելակերպով չես մոտեցել ձեր աշխատանքի որոնմանը։ Թվում է, թե ձեր աշխատանք փնտրելը ավելի քիչ միտումնավոր էր։

Աչանի Սամոն Բիաու. Ես ուրախ եմ, որ դուք տվեցիք այդ հարցը։ Բակալավրիատում ուսանողական աշխատանք փնտրելիս ես իսկապես միտումնավոր և արկածախնդիր էի։ Այնուամենայնիվ, երբ խոսքը վերաբերում էր ավարտելուց հետո աշխատանք փնտրելուն, մինչդեռ ես մտածում էի Մեծ Բրիտանիայի և Գերմանիայի մասին, ես դեռ դիմում էի այդ երկրներում հեռահաղորդակցության ոլորտում կանոնավոր պաշտոնների համար։ Ֆրանսիայում ես դիմեցի ծանոթ ընկերությունների, ինչպիսիք են

Accenture-ը և Alcatel-ը:

Ես ընդգրկեցի Մեծ Բրիտանիան և Գերմանիան իմ աշխատանքի որոնման մեջ, քանի որ ցանկանում էի օգտագործել իմ անգլերենի հմտությունները: Այնուամենայնիվ, ես միայն աղոտ կերպով հաշվի էի առել ֆինանսական օգուտները, քանի որ այն ժամանակ լիովին չէի հասկանում թվերը: Ավելի ուշ ես ավելի խորը հասկացա ֆինանսական անկախության մասին: Այն, ինչ ինձ օգնեց այդ ճանապարհորդության ժամանակ, հետաքրքրասիրության և մրցունակության համադրություն էր: Թեև ես միշտ չէի պատկերացնում, թե ինչ եմ ուզում, ես բաց էի նոր բաներ փորձելու համար: Այս հետաքրքրասիրությունն ինձ դրեց անսպասելի հնարավորություններ բացահայտելու դիրքում:

Եթե դուք ձեզ դուրս չմնաք ձեր հարմարավետության գոտուց և մնաք հետաքրքրասեր, ապա երբեք չեք իմանա առկա հնարավորությունների մասին: Ես միշտ հավատում էի, որ կարող եմ զբաղվել կարիերայի ցանկացած տարբերակով, որը ցանկանում եմ: Ի վերջո, նրանք, ովքեր արդեն դա անում են, ունե՞ն ինչ-որ հատուկ առավելություն:

Olumide Ogunsanwo: Այո : Դուք մտածեցիք. «Ինչու ես նույնպես չեմ կարող դա անել»:

Աչանի Սամոն Բիաու. Փաստորեն, ինչո՞ւ չանել դա և անել ավելի լավ:

Վերադառնալով Գերմանիայում իմ փորձին, ես միացա Deutsche Telekom Consulting-ին 2006 թվականին 24 տարեկանում, և ես ոգևորված էի իմ 45,000 եվրո աշխատավարձով: Այնուամենայնիվ, ճանապարհին հանդիպեցի մի քանի անակնկալների. Նախ՝ Գերմանիայում Ֆրանսիայի համեմատ ավելի բարձր հարկման շոկը: Զարմանալիորեն, ես ի վերջո վաստակեցի գրեթե նույն մաքուր եկամուտը կամ գուցե մի փոքր ավելին: Երկրորդ, իմ նոր աշխատանքից ընդամենը երկու-երեք ամիս անց, ինձ առաջարկվեց Հարավային Աֆրիկայում եռամյա միջազգային ծրագրի համար: Առաջադրանքն ընդունելը կհանգեցներ աշխատավարձի բարձրացման, և ես ակնկալում էի համեստ բարձրացում Գերմանիայում իմ սկզբնական զուտ աշխատավարձից՝ մոտ 2000 եվրո/ամսական (24000 եվրո/տարեկան) մինչև մոտ 2500 եվրո/ամսական (30000 եվրո/տարեկան):

Olumide Ogunsanwo. Դա այնքան ցածր մաքուր աշխատավարձ է: €24,000 զուտ €45,000 համախառն աշխատավարձից: Գժվելու բան է.

Աչանի Սամոն Բիաու. Ես վճարել եմ զգալի գումար որպես հարկեր, ներառյալ սովորական եկամտահարկը, արևմտյան Գերմանիայում արևելքի վերակառուցմանն աջակցելու համար համերաշխության հարկը և կամընտիր եկեղեցու հարկը: Որպես ոչ գործող քրիստոնյա՝ ես ընտրեցի հրաժարվել եկեղեցու հարկից:

Olumide Ogunsanwo. Զուտ ռացիոնալ տեսանկյունից ավելի լավ է հայտարարեք, որ դուք եկեղեցու հետ կապված չեք և ձեր ընտրած տոկոսով ներդնեք, այլ ոչ թե կառավարությունը որոշի գումարը ձեզ համար: Խենթություն է թվում, որ նրանք այդպես կանեին:

Աչանի Սամոն Բիաու. 2006թ. հոկտեմբերին Deutsche Telekom Consulting-ին միանալուց երեք ամիս անց, ես սկսեցի միջազգային հանձնարարություն Ամանորի շուրջ, և իմ մաքուր աշխատավարձը գրեթե եռապատկվեց՝ հասնելով ամսական 7000 եվրոյի: Մինչև 2007 թվականի վերջը ես կուտակել էի ավելի քան 100,000 եվրո իմ աշխատավարձից և բոնուսից: Ընկերությունը տրամադրեց կացարաններ հյուրանոցներում, ծածկեց մեքենաների վարձույթը հաճախորդների այցելությունների համար և թույլ տվեց մեզ ծախսել տաքսիի ծախսերը: Ես կարողացա զգալի գումար խնայել:

Olumide Ogunsanwo. Որքա՞ն ժամանակ եք մնացել հյուրանոցներում: Դուք ի վերջո տեղափոխվեցիք կորպորատիվ բնակարան:

Աչանի Սամոն Բիաու. Ես մնացի Հարավային Աֆրիկայի հյուրանոցներում, իսկ հետո նաև Դուբայում: Դուբայում մենք նպաստ ունեինք, որով կարող էինք տեղ վարձել: Գործընկերներիցս և ես վարձեցինք 3 սենյականոց մի վայր, որը գտնվում է ետևում գտնվող տպավորիչ թաղամասում, որը կոչվում է Palm Jumeirah Island:

Ինձ համար ամեն ինչ իմաստ չուներ: Ընդամենը մի քանի ամիս առաջ ես ուսանող էի Ֆրանսիայում՝ զարգացած երկրում: Հետո տեղափոխվեցի Գերմանիա և հասկացա, որ Ֆրանսիան ավելի փոքր տնտեսություն ունի, ինչի մասին ես նույնիսկ տեղյակ չէի, քանի որ ֆրանկոֆոն աշխարհում Գերմանիան հազվադեպ է քննարկվում: Դա ինձ համար չի հաշվարկվել: Գերմանիայում ես սկսեցի ծառայողական մեքենայով՝ Mercedes C դասի, վառելիքի ծախսերը ամբողջությամբ ծածկված: Ես ճանապարհորդում էի Հարավային Աֆրիկա և Դուբայ՝ աշխատելով ավելի շատ գումար, քան մարդիկ սովորաբար վաստակում են Ֆրանսիայում կամ Գերմանիայում իրենց կարիերայի 20 տարիների ընթացքում: Ինչու՞ էր այս ամենը պատահում ինձ հետ: Ես աներևակայելի երջանիկ էի, բայց հետաքրքրվում էի, թե ինչպես է այն ծավալվել:

Olumide Ogunsanwo. Աշխատավարձի 3X բարձրացումը պայմանավորված էր միջազգային դժվարությունների նպաստով:

Աչանի Սամոն Բիաու. Այո, կային տարբեր նպաստներ, այդ թվում՝ ծանրության նպաստ: Բացի այդ, որպես Գերմանիայից դուրս աշխատող մեկ տարվա ընթացքում ավելի քան վեց ամիս, ես որոշակի հարկային խնայողություններ ունեի, քանի որ

Գերմանիայում լրիվ հարկման ենթակա չէի։

Deutsche Telekom-ում իմ առաջին տարվա ընթացքում ես շատ էի ճանապարհորդում, հանդիպեցի շատ նոր մարդկանց և բարելավեցի իմ անգլերենի հմտությունները։ Ես ընտելացել էի շքեղ հյուրանոցներում մնալուն 23 տարեկանում։ Միայն 2022 թվականի սեպտեմբեր ամսին ես կահույք գնեցի՝ հեռանալով համալսարանական անպիտան կահույքից, որ օգտագործում էի մինչ այդ։

Olumide Ogunsanwo. Նրանց համար, ովքեր կարդում են ձեր պատմությունը և կարծում են, որ դա պարզապես հաջողություն է, ի՞նչ սկզբունքներ կարող են նրանք խլել դրանից։

Աչանի Սամոն Բիաու. Կարևորը սեփական ճանապարհորդությունը չհամեմատել ուրիշի հետ և չփորձել նրանց ձեռքբերումները համարել հաջողություն։ Յուրաքանչյուրի ուղին յուրահատուկ է, և որոշ մարդիկ կարող են իրենց ֆինանսական անկախության ճանապարհորդությունը սկսել ավելի ուշ կյանքում։ Մյուսները կարող են ֆինանսապես անկախ ծնվել, քանի որ նրանց ծնողները միլիարդատերեր են եղել։

Օլումիդ Օգունսանվո. [Հիստերիկ ծիծաղ]

Աչանի Սամոն Բիաու. Հիմնական սկզբունքները, որոնց վրա պետք է կենտրոնանալ, հետաքրքրասիրությունն ու փառասիրությունն են։ Դիտեք ձեր շուրջը կատարվող իրադարձությունները և դրդեք ինքներդ ձեզ բացահայտել նոր հնարավորություններ։

Պետք չէ գնալ նույն ճանապարհով, ինչ մյուսները։ Մնացեք հետաքրքրասեր և մրցունակ՝ միշտ ձգտելով գերազանցել ինքներդ ձեզ։ Հեշտ է գոհանալ ներկա իրավիճակից և միջավայրից, բայց ես խրախուսում եմ ընթերցողներին չսահմանափակել այն, ինչ կարող են հասնել։ Դա իմ պատմությունից գլխավոր հանգրվանն է։

Olumide Ogunsanwo. Ծայրահեղ մարդիկ ծայրահեղ արդյունքներ են ստանում։ Միգուցե ես ինձ ծայրահեղական չնկարագրեմ, բայց կա մի հրաշալի բան, երբ ագրեսիվ կերպով փորձում ես դրական փոփոխություն մտցնել քո կյանքում։ Եթե դուք արդեն գոհ եք ձեր գտնվելու վայրից, կարող եք քայլեր չձեռնարկել։ Բայց ինչպես Սամոնի պատմությունն է ցույց տալիս, նրա հետաքրքրասիրությունն ու մղումը ստիպեցին նրան առավելագույնս օգտագործել իրեն հասանելիք հնարավորությունները։ Դափնիների վրա հանգստանալը դժվար թե հանգեցնի ֆինանսական անկախության։

Մեկ սկզբունք, որը ես վերցրել եմ ձեր պատմությունից, ակտիվորեն հնարավորություններ փնտրելն է, հետաքրքրասեր լինելը և հաշվարկված ռիսկի դիմելու պատրաստակամությունը։

Եթե դուք կովկասցի ֆրանսիացի երեխա լինեք, ով մեծացել է Փարիզում, շրջապատված ֆրանսիացի ընկերներով և կրթություն է ստացել բացառապես Ֆրանսիայում, կարող եք անհանգստանալ Սաուդյան Արաբիա կամ ԱՄԷ տեղափոխվելուց։ Անվտանգությունն ու ռիսկերը կլինեն հիմնական մտահոգությունները։ Ընդհակառակը, ներգաղթյալ լինելը լծակների եզակի առավելություններ է տալիս։ Մեկ այլ վայրից տեղափոխվելով՝ դուք սովոր եք անծանոթ մշակույթներին և հարմարավետ եք նոր բաներ փորձելով։ Օրինակ, Սամոնը ներգաղթյալ էր, ով արդեն զգացել էր գյուղական ֆերմերային կյանքն ու քաղաքային կյանքը Բենինում՝ նախքան Ֆրանսիա տեղափոխվելը։ Այս նախապատմությունը նրա համար հեշտացրեց միջազգային նախագծերի ընդունումը Հարավային Աֆրիկայում կամ ԱՄԷ-ում, քանի որ նա ավելի ճկուն էր և ավելի քիչ վախենում նոր միջավայրեր ուսումնասիրելուց։

Այն ամենը, ինչի միջով անցել ես քո կյանքում, քեզ դարձրել է այնպիսին, ինչպիսին կաս։ Ընդունեք ձեր անցյալը և օգտագործեք այն ավելի լավ ապագա ստեղծելու համար։ Ձեր պատմությունը ձեր անձնական առավելությունն է։ Դա ձեր եզակիության գերուժն է մի աշխարհում, որը նպաստում է անփույթ միատեսակությանը։

Եթե դու մեծացել ես այնպիսի միջավայրում, որտեղ պետք է ամեն օր մի քանի ժամ քայլել դեպի դպրոց, դա կարող ես ընկալել որպես թերություն։ Այնուամենայնիվ, ավելի լավ հեռանկար կլիներ դիտարկել զբոսանքի զարմանալի առողջական օգուտները, ներդաշնակության լրացուցիչ ժամանակը և մարդկանց հետ հանդիպելու և երկրի տարբեր մասերը ուսումնասիրելու հնարավորությունը։ Չկա օբյեկտիվ իրականություն, կա միայն կյանքի մեր սուբյեկտիվ շարունակական մեկնաբանությունը։ Ուրեմն ինչու՞ չընդունել դրական տեսակետ ձեր կյանքի պատմության վերաբերյալ՝ ինքներդ ձեզ հզորացնելու համար։ Սա ավելի ձեռնտու կլինի, քան բողոքելը և ուրիշներին մեղադրելը ձեր հանգամանքների համար։

Աչանի Սամոն Բիաու. Համաձայն եմ։ Բացի այդ, փողն ինքնին այդ ժամանակ ինձ համար այդքան կարևոր չէր։ Շատ կարևոր է հիշել, որ եթե ձեր միակ ուշադրությունը փողն է կամ նյութական ունեցվածքը, դուք երբեք ձեզ բավարարված չեք զգա և բաց կթողնեք վայելել այն իրական արժեքը, որը կարող է տալ փողը։

Olumide Ogunsanwo. Ես դրան ավելի համ կավելացնեմ։ Պատկերացրեք մեկին, ով հմուտ է անձնական ֆինանսների մեջ։ Նույնիսկ եթե նրանք սկսեն իրենց քսան տարեկանից, դեռ կարող է տևել 10-15 տարի ֆինանսական անկախության հասնելու համար։ Միջին մարդու համար դա կարող է տևել 30-50 տարի։ Այդ տարիներին կարևոր է կյանքում ուրախություն և բավարարվածություն գտնել և վարդերի հոտը բուրել:

Հետևաբար, կարևոր չէ, որ դուք լավ եք անձնական ֆինանսների մեջ, թե սովորական Ջո, որը փորձում է պարզել հիմունքները, ձեր կյանքից տարիներ կպահանջվեն ֆինանսապես անկախ դառնալու համար: Եթե դուք չափից դուրս կենտրոնանաք ֆինանսների վրա, կարող եք բաց թողնել ձեր կյանքի տասնամյակները՝ սպասելով ֆինանսական ազատությանը: Գումարը չպետք է լինի վերջնական նպատակը: Վայելեք ՃԱՆԱՊԱՐՀՈՒԹՅՈՒՆԸ ֆինանսական անկախության ճանապարհին, քանի որ ճանապարհորդությունը ձեր կյանքն է:

Աչանի Սամոն Բիաու. Ես դրա զոհն եմ եղել շատ առումներով: Մարդիկ ենթադրում են, որ իրենց կյանքը վայելելը նշանակում է շատ գումար վատնել կամ ծախսել: Դա չէ. Գոհունակություն գտնելու և հիշարժան փորձառություններ ստեղծելու բազմաթիվ եղանակներ կան ձեր հնարավորությունների սահմաններում և առանց ձեր ապագան վտանգելու:

Olumide Ogunsanwo. Կա՞ որևէ այլ պատմություն, որը դուք կցանկանայիք կիսվել, որն ազդել է ձեր անձնական ֆինանսների, ֆինանսական անկախության, հեռանկարի կամ տեսլականի վրա:

Աչանի Սամոն Բիաու. Բացարձակապես : Ես ունեմ մի պատմություն իմ ամենավաղ ձեռնարկատիրական ձեռնարկություններից մեկից, որը ես կցանկանայի կիսվել: Այս փորձը օգնեց ինձ հասկանալ բազմաթիվ եկամուտների հոսքեր ունենալու առավելությունները:

Ինչպես հիշում եք, հայրս զբաղվում էր բազմաթիվ բիզնեսներով, ուստի ես միշտ բնական էի համարում ուսումնասիրել տարբեր նախագծեր և ձեռնարկումներ: 2007 թվականին՝ իմ կարիերայից ընդամենը մի քանի ամիս անց, իմ մաքուր աշխատավարձը եռապատկվեց՝ Գերմանիայում 2,500 եվրոյից մինչև 7,000 եվրոյից մինչև 9,000 եվրո ամսական՝ որպես գաղթական Հարավային Աֆրիկայում, Դուբայում, Մալայզիայում և այլ վայրերում: Բացի այդ, ես ունեի նվազագույն բնակարանային ծախսեր, քանի որ իմ ընկերությունը տրամադրում էր կացարան և ծածկում էր էլեկտրաէներգիայի և ջրի վարձերը: Դա ինձ թույլ տվեց խնայել իմ եկամտի մի զգալի մասը, գրեթե յոթ անգամ ավելի, քան ես կարող էի Գերմանիայում՝ հաշվի առնելով իմ արտագաղթի պայմանագրի հետ կապված նվազագույն ծախսերը:

Olumide Ogunsanwo. Անհավանական է:

Աչանի Սամոն Բիաու. Ես 27 տարեկան էի և երեք տարի աշխատում էի DT-ում, երբ սկսեցի ձանձրանալ: Ես մտածեցի ընդլայնել միկրո ձեռներեցության ձեռնարկությունը, որը ես հետապնդել էի որպես ուսանող Ֆրանսիայում դպրոցական արձակուրդների ժամանակ: Այն ժամանակ ես Ֆրանսիայից համակարգիչներ էի բերում Բենին և ընկերոջս օգնությամբ վաճառում: Ես ԱՄԷ-ում էի և ունեի ավելի շատ հասանելի կապիտալ, ուստի մտածեցի, որ կարող եմ դա վերածել ավելի մեծ բիզնեսի: Ֆրանսիայից նոութբուքեր գնելու փոխարեն մենք որոշեցինք դրանք գնել ԱՄԷ-ից, որտեղ դրանք ավելի մատչելի էին:

Այնուամենայնիվ, մենք բախվեցինք որոշ մարտահրավերների: ԱՄԷ-ում ստեղնաշարերը QWERTY էին, իսկ ֆրանսալեզուները՝ AZERTY: Բացի այդ, ԱՄԷ-ի էլեկտրական մալուխները տարբերվում էին Բենինի և Ֆրանսիայի մալուխներից: Մենք պետք է լուծումներ գտնեինք այս հարցերին, նախքան նոթբուքները ԱՄԷ-ից Բենին վաճառքի տեղափոխելը:

Մենք ի վերջո պարզեցինք նոթբուքերի և լիցքավորման մալուխների գնման միավորի տնտեսագիտությունը, բայց մնացին ստեղնաշարի դասավորության խնդիրը: Հետո ընկերս առաջարկեց ֆրանսերեն տառերը նկարել ԱՄԷ ստեղնաշարերի վրա

Բենինում:

Օլումիդ Օգունսանվո. [Ժպտա] Դու կատակո՞ւմ ես ինձ: Դա 100% խելագար է հնչում:

Աչանի Սամոն Բիաու. Ի վերջո, մենք որոշեցինք գնել կպչուն պիտակներ և տեղադրել դրանք QWERTY ստեղնաշարերի վրա՝ որպես ավելի գործնական լուծում: Մենք ձեռնամուխ եղանք և սկսեցինք բիզնես՝ ընդգրկելով 20,000 եվրոյով ընկերություն (յուրաքանչյուրը 10,000 եվրո): Իմ դերը ԱՄՆ-ից դյուրակիր համակարգիչներ գնելն ու Բենին մեկնելն էր՝ դրանք վաճառելու համար: Ժամանակի նկատմամբ զգայուն պատվերների համար մենք նավակով բեռնափոխադրում էինք նոութբուքերը: Թռիչքի ծախսերը օպտիմալացնելու համար ես կթռչեի Նայրոբիով Kenya Airways-ով:

Օլումիդ Օգունսանվո. Օ՜, աստված իմ: Ինչպե՞ս վարվեցիք այդքան շատ նոութբուքերով ճանապարհորդելու հետ: Դուք ստուգե՞լ եք դրանք: Վախենո՞ւմ էիք, որ դրանք կկործանվեն:

Աչանի Սամոն Բիաու. Սկզբում ես համակարգիչների մեծ մասը կրում էի ձեռքի ուղեբեռով և ստուգում էի մալուխները: Երբ բիզնեսը մեծացավ, ես սկսեցի ստուգել որոշ դյուրակիր համակարգիչներ, դրանք հագուստով լցնելով, որպեսզի պաշտպանվեմ վնասներից: Մենք ուշադիր հետևում էինք գներին տարբեր վայրերում և առաքում էինք Ֆրանսիայից կամ Դուբայից՝ կախված լավագույն գներից: Ի վերջո, մենք նույնիսկ սկսեցինք գնել Չինաստանից: Բիզնեսը բարգավաճեց՝ առաջացնելով ավելի քան 200,000 դոլար տարեկան վաճառք և ընդամենը մի քանի տարվա ընթացքում գրանցելով եկամտաբերության գրեթե տասնապատիկ աճ:

Ես սովորեցի, որ նույնիսկ եթե հաջողակ ես գումար վաստակել մեկ պորտալով, պետք չէ դրանով կանգ առնել: Դուք կարող եք շարունակել սովորել և բացահայտել նոր հնարավորություններ։

Ես հարմար դիրքում էի, և դա անպայման չէի անում փողի համար։ Ես գտա արբիտրաժ և գնացի դրա հետևից։ Ես դա արեցի ոչ միայն մեկ համակարգչով, այլ ավելի մեծ մասշտաբով՝ հարյուրավոր համակարգիչներով։

Այնուամենայնիվ, բիզնեսը ի վերջո բախվեց մարտահրավերների։ Մենք ազնիվ լինելու «սխալ» թույլ տվեցինք՝ հարկեր ներկայացնելով և սոցիալական ապահովություն վճարելով Բենինի մեր աշխատակիցների համար։ Մի օր հարկային մարմինները եկան և բացահայտեցին, որ այդ տարածքում գործող ձեռնարկությունների մեծ մասը հայտարարագրել է իրենց իրական վաճառքի 10%-ը։ Նրանք հրապարակեցին հարկային օրինագիծ, որը ներառում էր նախորդ տարիների վերանայումները։ Մենք ցնցված էինք, բայց մեզ անզոր էինք զգում։ Չկարողանալով պայքարել համակարգի դեմ՝ մենք որոշեցինք լուծարել գույքագրումը և դադարեցնել բիզնեսը։

Այնուամենայնիվ, այս փորձն ինձ բացահայտեց ձեռներեցության աշխարհը։ Մենք ստիպված էինք աշխատողներ վարձել, կառավարել գույքագրումը և օպտիմալացնել բիզնեսի ծախսերը։ Դա արժեքավոր ուսուցման փորձ էր, որը տեղի ունեցավ նախքան ես նույնիսկ բիզնես դպրոց հաճախելը։

Աչանի Սամոն Բիաու. Պատմության բարոյականությունը նոր հնարավորություններ փնտրելն է, երբ դուք անհանգիստ եք զգում, և ձեր ուսուցման կորը հարթվել է։ Մի եղեք չափազանց հարմարավետ և ինքնագոհ. միշտ ձգտեք նոր բան ավելացնել։ Աշխարհը լի է անսահման հնարավորություններով և հնարավորություններով։ Ներքին ուրախություն և բավարարվածություն կա, որը գալիս է նոր բաներ սովորելուց և նոր հմտություններ զարգացնելուց, նույնիսկ եթե դրանք անմիջապես չեն հանգեցնում ֆինանսական շահի։

Olumide Ogunsanwo: Գեղեցիկ։ Շնորհակալություն ձեր պատմությունը կիսելու համար։

4C: Փառասիրության և քաջության սկզբունքները

Olumide Ogunsanwo. Այժմ, երբ մենք կիսվեցինք մեր անձնական պատմություններով, եկեք տեղափոխենք մեր ուշադրությունը և խորամուխ լինենք կոնկրետ սկզբունքների մեջ, որոնք կարող են արագացնել ճանապարհորդությունը դեպի ֆինանսական անկախություն: Այս գլխում մենք կուսումնասիրենք փառասիրության և քաջության սկզբունքները՝ բաժանված երեք բաժինների: Նախ, մենք կսահմանենք այս սկզբունքները: Երկրորդ, մենք կքննարկենք, թե ինչպես նրանք կարող են նպաստել ֆինանսական անկախության ձեռքբերմանը: Եվ վերջապես, մենք կտրամադրենք գրքերի առաջարկություններ այս սկզբունքների հետագա ուսումնասիրության համար:

Սկսենք փառասիրությունից, որը վճռականություն և տքնաջան աշխատանք պահանջող մի բան իրականացնելու մեծ ցանկություն է: Ինչպե՞ս է հավակնոտությունը կապված այն սկզբունքների հետ, որոնք մենք նախկինում քննարկել ենք, և ինչպե՞ս կարող է այն աջակցել ֆինանսական անկախության ձգտմանը:

Նախ, մենք խոսեցինք ինքնավստահության և ինքնապահովման մասին: Դուք զարգացնում եք մտածելակերպ, որը վերացնում է ինքնասահմանափակող համոզմունքները և հավատ է զարգացնում որևէ բանի հասնելու ձեր ունակության նկատմամբ: Դուք նաև պատասխանատվություն եք կրում ձեր կյանքի համար: Հաջորդը, ձեր հետաքրքրասիրությունը ձեզ ստիպում է ուսումնասիրել նոր հնարավորություններ և մտածել ինքնուրույն՝ զերծ բաց թողնելու վախից (FOMO): Դուք հուզվում և հետաքրքրվում եք, թե ինչ կարող է դառնալ կյանքը:

Հաջորդը, դուք զարգացնում եք ձեր ուզած կյանք ստեղծելու վառ ցանկությունը, որը ներառում է ֆինանսապես անկախ լինելը: Այդ վառ ցանկությունը փառասիրությունն է: Այն բնականաբար զարգանում է ինքնավստահությունից, ինքնավստահությունից, հետաքրքրասիրությունից և անկախ մտածողությունից: Փառասիրությունը հատկապես կարևոր է դառնում թերիների, օտարների, արտագաղթողների, քոչվորների, փոքրամասնությունների և ներգաղթյալների համար: Որպես կողմնակի մարդ, ձեր նոր միջավայրը հասկանալը և հնարավորությունները ճանաչելը կենսական նշանակություն ունի: Հավակնոտ լինելը թույլ է տալիս պատկերացնել և ձգտել նոր կյանք:

Աչանի Սամոն Բիաու. Ես լիովին համաձայն եմ: Սկզբում ֆինանսական անկախության համար անհրաժեշտ գումարը կարող է վախեցնել: Օրինակ, եթե դուք ամսական վաստակում եք $12,000 և կարծում եք, որ ձեզ անհրաժեշտ է մեկ միլիոն դոլար ֆինանսական անկախության հասնելու համար, բնական է մտածել, որ դա անհնար է և հանձնվել առանց նույնիսկ փորձելու:

Փառասիրությունը հոգեվիճակ է, որը ձեզ հնարավորություն է տալիս հավատալ ձեր ունակությանը ձգտելու նպատակներ դնելու և հասնելու համար: Փառասիրությունը սերտորեն կապված է անկախ մտածողության հետ և ամրապնդվում է նպատակների սահմանմամբ: Ձեր կյանքի տեսլականը ստեղծելու համար, որը ներառում է ձեր երազանքներն ու ցանկությունները, դուք պետք է կարողանաք մտածել ուրիշներից տարբերվող:

Այնուամենայնիվ, առանց նպատակների, միայն

փառասիրությունն անուղղորդ է և տանում է դեպի չկենտրոնացված ջանքեր։ Նմանապես, առանց հավակնությունների, դուք, ամենայն հավանականությամբ, փոքր նպատակներ կդնեք, որոնք տանում են դեպի չիրացված ներուժ։

Olumide Ogunsanwo: Լավ արտահայտված։ Փառասիրությունը հանդես է գալիս որպես կամուրջ վերջին գլխից անկախ մտածողության և նպատակների սահմանման միջև, որը մենք կքննարկենք հաջորդ գլխում։ Ռոբերտ Կիյոսակին խորհուրդ է տալիս [1]անհատներին մարտահրավեր նետել իրենց՝ փոխելով իրենց մտածելակերպը «Ես չեմ կարող ինձ թույլ տալ» այն «Ինչպե՞ս կարող եմ ինձ թույլ տալ»։ Այս մոտեցումը կարող է լայնորեն կիրառվել հնարավորությունների և մարտահրավերների նկատմամբ՝ ձեռնպահ մնալով «ես չեմ կարող դա անել» կամ «հնարավոր չէ» ասելուց։ Փոխարենը, հավակնոտ անհատները հավատում են իրենց կարողություններին և ակտիվորեն քայլեր են ձեռնարկում, որպեսզի ամեն ինչ տեղի ունենա։

Գնելով այս գիրքը՝ դուք արդեն ցույց եք տվել ձեր հետաքրքրությունը ֆինանսական անկախության հասնելու հարցում։ Այնուամենայնիվ, դա ինքնուրույն չի առաջանա։ Գործեք այսօր, ոչ վաղը, ոչ շուտ և հաստատ ոչ «ապագայում»։ Այսօր քայլեր ձեռնարկեք՝ հաջողության հասնելու ուղու վրա դնելու համար։

Աչանի Սամոն Բիաու. Եթե ցանկանում եք զարգացնել փառասիրությունը, ահա մի քանի գրքերի առաջարկներ։ Սկսելու համար, Ջիմ Ռոնի « Փառասիրության ուժը » հիանալի ռեսուրս է։ [2]Այս գիրքը խորամուխ է լինում ձեր մեջ արթնացնելու հզոր ուժը, որպեսզի դառնաք ավելի հավակնոտ։

1. https://www.goodreads.com/quotes/645564-i-can-t-afford-it-shut-down-your-brain-it-didn-t
2. https://www.amazon.com/Power-Ambition-Awakening-Powerful-Within-ebook/dp/B09FNP7GCX

Օլումիդ Օգունսանվո. [Ծիծաղ] Գիտե՞ս ինչն է անհավանական, Սամոն։ Ես պատրաստվում էի խորհուրդ տալ ճիշտ նույն գիրքը։ Դա անհավանական է, քանի որ մինչ այժմ մենք համաձայնության չենք եկել կամ առաջարկություններ չենք քննարկել։

Աչանի Սամոն Բիաու. Այո, իսկապես։ Դա անսովոր խորաթափանց գիրք է։ Իր ստեղծագործության մեջ հեղինակը վերասահմանում է փառասիրությունը որպես հոգեվիճակ, այլ ոչ թե զուտ գործողություն։ Նա պնդում է, որ իսկական փառասիրությունը անցողիկ ցանկություն չէ, այլ կարգապահ, եռանդուն և գրեթե մոլուցքային տենչանք։ Կարևոր է որդեգրել այնպիսի մտածելակերպ, որտեղ դուք անընդհատ մտածում եք ձեր հաջորդ նշանակալի նվաճումների մասին, այլ ոչ թե բավարարվում ձեր ներկայիս հանգամանքներով։ Եթե հաջողությամբ վազում եք մարաթոն, մի կանգնեք դրանով. նպատակ դնել եռամարտի։

Օլումիդ Օգունսանվո. Փառասիրության սկզբունքի գեղեցկությունն այն է, որ թեև մենք հաճախ այն քննարկում ենք ֆինանսական անկախության համատեքստում, այն ունի լայն կիրառություն անձնական զարգացման մեջ։ Փառասիրությունը կարող է ձեզ ուժ տալ բիզնես սկսելու, գործընկեր գտնելու կամ ձեր մտքում դրված ցանկացած նպատակի հասնելու համար։ Մտածելակերպը, հմտությունները և հնարամտությունը, որոնք մշակվում են ֆինանսական անկախության ձգտման համար, անընդհատ տարածվում են կյանքի այլ կարևոր ոլորտներում, ինչպիսիք են հարաբերությունները, առողջությունը, ձեռներեցությունը և այլն։

Աչանի Սամոն Բիաու. Ինչպես ասում են, դու այն ընկերությունն ես, որը պահում ես։ Շրջապատել ձեզ հավակնություն չունեցող անհատներով կարող է պոտենցիալ խանգարել ձեր սեփական մղմանը, նույնիսկ եթե դուք, բնականաբար, հաջողության հասնելու մեծ ցանկություն ունեք։ Եթե դուք ներկայումս մտածում եք լուրջ փոփոխության մասին, ապա կարող է օգտակար լինել ավելի շատ ժամանակ անցկացնել ընկերների հետ, ովքեր հասել են հավակնոտ նպատակների կամ ակտիվորեն հետապնդում են դրանք։ Համախոհ և մոտիվացված անհատների ընկերակցությամբ լինելը կարող է ոգեշնչել ձեզ, արժեքավոր պատկերացումներ տալ և աջակցել, երբ դուք ձգտում եք հասնել ձեր սեփական հավակնություններին։

Olumide Ogunsanwo. Գուշակեք, թե ով է տարածել սովորական ասացվածքը. «Դուք միջինն եք այն հինգ մարդկանցից, որոնց հետ ամենաշատ ժամանակն եք անցկացնում»։

Աչանի Սամոն Բիաու. Ո՞վ։

Օլումիդ Օգունսանվո. [Ծիծաղ] Ջիմ Ռոն։ Ինձ էլ դա զարմացրեց։ Այո, նույն Ջիմ Ռոնը, ով հեղինակել է ձեր առաջարկած գիրքը։ Ձեր սոցիալական շրջանակը և ձեր հավակնությունների մակարդակը փոխկապակցված են։

Սկզբունքների մեծ մասը փոխկապակցված են։ Օրինակ, մենք մի քանի գլուխ առաջ քննարկեցինք ինքնավստահությունը։ Եթե դուք ունեք բարձր ինքնավստահություն, ապա ավելի հավանական է համարձակ քայլերի դիմել։ Այժմ մենք ուսումնասիրում ենք հավակնությունները։ Հավակնոտ լինելը հաճախ քաջություն է պահանջում։ Այս հասկացությունները գրքում կարող են ներկայացվել առանձին, բայց դրանք արհեստական տարբերակումներ են։ Մեր նպատակն է ոգեշնչել ձեզ՝ զարգացնելու և դաստիարակելու այս հատկությունները և հավատալու ձեր կարողությանը ձեր կյանքում ինչ-որ ուշագրավ բանի հասնելու համար։

Աչանի Սամոն Բիաու. Բացարձակապես ։ Չափազանց կարևոր է տարբերակել սնամեջ փառասիրությունը և վճռական փառասիրությունը, քանի որ վերջինս ուղեկցվում է այլ կենսական հատկություններով, ինչպիսին է մահապատիժը: Նախանձով առաջնորդվող փառասիրությունը կարող է չհամընկնել ձեր իրական նպատակների հետ:

Սկսելիս կարևոր է ընտրել մի բան, որը ձեզ իսկապես հետաքրքրում է, քանի որ նույնիսկ եթե դուք հիանում եք ուրիշի հաջողություններով և ձգտում եք կրկնել այն, ավելի քիչ հավանական է, որ անհրաժեշտ ջանք ներդնեք, եթե դրա հանդեպ իսկական կիրք չունեք: . Այլ կերպ ասած, եթե ձեր հավակնություններին բացակայում է իսկական կիրքը, դուք կարող եք պայքարել ողջ գործընթացի ընթացքում պահպանել մոտիվացիան և նվիրվածությունը:

Olumide Ogunsanwo: Փառասիրության մասին այս գլուխը հետևում է անկախ մտածողության գլուխը մի պատճառով: Անդրադառնալով նախորդ գլխին և ընդունելով անկախ մտածողությունը՝ դուք ավելի հավանական է, որ հավակնոտ լինեք այն բաների նկատմամբ, որոնք իսկապես արձագանքում են ձեզ՝ որպես անհատի: Ինքներդ ձեզ հավատարիմ մնալը սովորաբար այն միջոցն է, որն ավելի լավ կաշխատի ձեզ համար:

Աչանի Սամոն Բիաու. Եթե դուք մեծ կիրք ունեք մի բանի նկատմամբ, որը կարևոր է ձեզ համար, ապա հավանական է, որ հաջողության կհասնեք և կհասնեք այն նպատակներին, որոնց նպատակ եք դրել: Ընդհակառակը, եթե դուք հետապնդում եք ձեր ամբիցիաները միայն այն պատճառով, որ նախանձում եք ուրիշներին կամ ցանկանում եք ճանաչել ուրիշների կողմից, կարող եք հասնել ձեր ցանկալի դիրքին, բայց կարող եք չզգալ իսկապես կատարված:

Olumide Ogunsanwo. Բացարձակապես, ձեր հավակնոտ նպատակները պետք է բխեն ներսից և ունենան անձնական նշանակություն ձեզ համար: Այժմ ես ուզում եմ մի քանի առաջարկություններ անել: Ես ի սկզբանե պատրաստվում էի առաջարկել «Փառասիրության ուժը», բայց քանի որ դուք արդեն նշեցիք, ես դա բաց կթողնեմ։ Փոխարենը, ես խորհուրդ եմ տալիս « Տիտանների գործիքները [3]», Թիմ Ֆերիսի կողմից։ Գրքում ներկայացված են տարբեր ոլորտների համաշխարհային մակարդակի կատարողներ։ Իրենց պատմությունների միջոցով ընթերցողները կարող են արժեքավոր պատկերացումներ ձեռք բերել՝ ոչ թե պարզապես կրկնօրինակելով նրանց գործողությունները, այլ սովորելով դրանցից։ Դուք կարող եք սկսել հասկանալ, որ եթե ուրիշները մեծ հաջողությունների են հասել, ապա դուք նույնպես կարող եք ձեր առջեւ հավակնոտ նպատակներ դնել։ Ինչու՞ բավարարվել մի կյանքով, որը չես ուզում ապրել, երբ ուրիշներն ապրում են իրենց երազանքների կյանքով։

Դրանով ավարտվում է փառասիրության սկզբունքը։ Հաջորդիվ կխոսե՞նք համարձակության մասին։

Աչանի Սամոն Բիաու. Այո , եկեք անցնենք քաջությանը՝ իմ ամենասիրելի թեմաներից մեկին։ Քաջությունը առանձնացնում է երկչոտ հավին համարձակ առյուծից կյանքի շատ առումներով։ Դա դարեր շարունակ գնահատվել է որպես առաքինություն մարդկանց կողմից և իրավացիորեն։ Քաջությունը մտավոր ուժն է, որը մղում է մեզ սպասելիքներից դուրս, անկախ նրանից, թե դա ենթադրում է ինչ-որ նոր բան սկսելը, թե համառորեն հաղթահարելու դժվարությունները, որոնց կարող ենք հանդիպել։ Այն մեզ ուժ է տալիս դիմակայելու խոչընդոտներին, վտանգներին և դժվարություններին դեմ առ դեմ՝ հնարավորություն տալով մեզ հաղթահարել դրանք անսասան ճկունությամբ, նույնիսկ դժվարությունների դեպքում։

3. https://www.amazon.com/Tools-Titans-Billionaires-World-Class-Performers/dp/1328683788

Olumide Ogunsanwo. Հզոր։ Քաջությունը վճռորոշ դեր է խաղում դեպի ֆինանսական անկախություն տանող ճանապարհորդությունը, որը լի է վերելքներով և վայրէջքներով, շրջանցումներով և անհաջողություններով։ Առանց քաջության հեշտ է հուսահատվել և հանձնվել։ Այնուամենայնիվ, քաջության դեպքում դուք կարող եք հաղթահարել այս մարտահրավերները, մնալ մոտիվացված և շարունակել առաջընթացը դեպի ձեր նպատակները։ Քաջությունը որոշիչ գործոն է, որը բաժանում է նրանց, ովքեր հասնում են ֆինանսական անկախության, նրանցից, ովքեր երբեք չեն փորձում կամ չեն թողնում այդ հետապնդումը ճանապարհին։ Դա ինձ հիշեցնում է Nike-ի հիմնադիր Ֆիլ Նայթի մեջբերումը. «Վախկոտները երբեք չսկսեցին, իսկ թույլերը մահացան ճանապարհին։ Դա թողնում է մեզ»։

Մեր նպատակն է, որ դուք բացահայտեք ձեզ համար իմաստալից կյանք և պատրաստ լինեք գնալ ճանապարհորդության, քանի որ կարծում եք, որ դա արժե։ Քաջությունն այն է, ինչը քեզ մղում է տոկունության այդ ճանապարհին։

Աչանի Սամոն Բիաու. Մենք բոլորս էլ վախ ենք զգում, բայց քաջությունը այդ զգացմունքներն ընդունելու, հասկանալու, թե որքան խորն են դրանք ազդում մեզ վրա և չնայած դրանց շարունակելու կարողությունն է։

Օլումիդ Օգունսանվո. Վախը կարևոր գործեր անելու գրեթե անխուսափելի մասն է։ Ընդունեք վախը, խոցելիությունը, անորոշությունը և շարունակեք առաջ գնալ՝ անկախ նրանից։

Աչանի Սամոն Բիաու. Կարևոր է գիտակցել, որ հիզախ մարդը նա չէ, ով չի տեսնում վտանգը, այլ նա, ով տեսնում է այն և ընդունում է այն վախը, որը կարող է բերել։ Այնուամենայնիվ, նրանք ունեն ներքին ուժ, որը նրանց ուժ է տալիս դիմակայելու մարտահրավերին, չնայած իրենց վախին։ Համարձակ լինելու համար պարտադիր չէ արտասովոր անհատ լինել. դուք պարզապես պետք է սովորեք կառավարել ձեր էմոցիաները և գիտակցել մարտահրավերներին դիմակայելու հետ կապված ռիսկերը։ Հիշեք, որ միակ իրական ձախողումն ամենևին էլ չփորձելն է, և ձեր վախերին դիմակայելով և քայլեր ձեռնարկելով՝ դուք կարող եք ինքներդ ձեզ զարմացնել այն ամենով, ինչին ընդունակ եք հասնել։ Ես ընդունում եմ այս մարտահրավերը։ Ես կարող եմ պարտվել, բայց, այնուամենայնիվ, կշարունակեմ և կհաղթահարեմ դրան։

Թույլ տվեք կիսվել մի անեկդոտով՝ պարզաբանելու համար. Մի հրամանատար և իր զինվորները պատրաստվում էին գրավել կղզի։ Նրանք նստեցին իրենց նավակները և հասան ափ, բայց զինվորները լցված էին և՛ հուզմունքով, և՛ անորոշությամբ։ Այնուհետև հրամանատարը զորքերին առաջնորդեց դեպի ներս և թողեց նրանց այնտեղ՝ իրենց դիրքերը պահելու համար։ Նա ափ վերադարձավ ամենահամարձակ զինվորների հետ և այրեց նրանց նավակները՝ վերացնելով նահանջի ցանկացած հնարավորություն։ Սա բոլոր զինվորներին ստիպեց անսասան վճռականությամբ կռվել։ Հրամանատարը հասկանում էր, որ իր զինվորների քաջությունը կմեծանա, եթե նրանք իմանային, որ այլ ելք չունեն, քան կռվել։

Օլումիդ Օգունսանվո. Մենք հետ չենք գնալու։ Մենք առաջ ենք գնում, թե մեռնում ենք։ Զվարճալի.

Աչանի Սամոն Բիաու. Երբ զորքերը ականատես եղան իրենց այրվող նավակներին, զինվորները հոգեկան կերպարանափոխություն ապրեցին։ Նրանք դեռ վախենում էին, բայց հստակությունից բխող վճռականություն ունեին։ Պայքարել կամ մեռնել. Համարձակությունը պարտադիր չէ, որ նշանակում է վախի բացակայություն, այլ ավելի շուտ ինքն իրեն համոզելու, որ դա ճիշտ ճանապարհն է և վճռականությամբ առաջ գնալու կարողություն:

Olumide Ogunsanwo. Սամոն, հիմա կատարյալ ժամանակն է ներկայացնելու MJ DeMarco-ի « Unscripted [4]» գրքից մի հայեցակարգ, որը կոչվում է FTE (Fuck This Event): Դա տեղի է ունենում, երբ անհատը հասնում է մի կետի, երբ հասկանում է, որ հասել է հատակին և պետք է շտապ փոխի իր կյանքը և հետապնդի այլ ուղղություն:

Մինչև 24 տարեկանը ես կորցրի մի քանի աշխատանք: Ես անմիջապես հասկացա, որ ընկերություններն իմ ամենալավ շահերը սրտում չէին: Ես գիտեի, որ պետք է այլ բան անեմ իմ կյանքում: Մարդկանց մեծամասնությունը պետք է ինքն իրեն հարցնի այս հարցն է. Ցանկանու՞մ եք սպասել ձեր FTE-ին: Ցանկանու՞մ եք սպասել, որ ձեր ընկերությունը ձեզ բաց թողնի: Պե՞տք է սպասել, մինչև հասնեք հատակին, թե՞ <u>ՀԻՄԱ կարող եք նախաձեռնող քայլեր ձեռնարկել</u> ձեր նպատակներին հասնելու համար՝ առանց տրավմատիկ FTE իրադարձության:

FTE-ները անխուսափելիորեն տեղի են ունենում: Ընկերությունը, որտեղ դուք աշխատում եք, ձեր ընտանիքը չէ, անկախ նրանից, թե ինչ են ձեզ ասում: Նրանք սրտում չեն ձեր լավագույն շահերը: Նրանք ձեզ կխեղդեն ցանկացած հնարավորություն, որ ստանան: Նրանք պարզապես օգտագործում են ձեզ ձեր աշխատանքի համար:

Աչանի Սամոն Բիաու. Չնայած ընկերությունները երբեմն պնդում են, որ ընկերությունում բոլորը ընդհանուր առաքելության մեջ են, կարևոր է հիշել, որ յուրաքանչյուր անհատ ունի իր անձնական առաքելությունը և, ի վերջո, պատասխանատու է իր կարիերայի և բարեկեցության համար: Թեև

4. https://www.amazon.com/UNSCRIPTED-Life-Liberty-Pursuit-Entrepreneurship/dp/0984358161

գործընկերները կարող են ընկերներ դառնալ ընդհանուր հանգամանքների շնորհիվ, յուրաքանչյուրը պետք է գնա իր ճանապարհը, երբ հանգամանքները փոխվեն։

Olumide Ogunsanwo. Քաջությունը անհրաժեշտ է ձեր նպատակներին հասնելու ճանապարհորդություն սկսելու համար։ Այնուամենայնիվ, եթե դա ձեզ պակասում է, FTE-ն ի վերջո կստիպի ձեզ ինչ-որ բան անել, այնուամենայնիվ։ Եկեք քննարկենք նաև հաշվարկված ռիսկի ընդունման կարևորությունը։ Համարձակությունն ու հարմարավետության գոտում մնալն անհամատեղելի են։ Ստատուս քվոյին հետևելը չի հանգեցնի ֆինանսական անկախության, և ձեր հարմարավետության գոտին, հավանաբար, ձեզ կպահի ստատուս քվոյի մեջ։ Համարձակությունը հակաթույնն է։

Աչանի Սամոն Բիաու. Ձեր խոսքերն ինձ հիշեցնում են մի ֆրանսիական բանաստեղծություն, որն ասում **է** . Երբ դուք գտնվում եք ձեր հարմարավետության գոտում, դուք ըստ էության հաղթում եք մի խաղում, որտեղ մարտահրավեր չկա։

Olumide Ogunsanwo. Դա նման է ասացվածքին. « Խաղալ հիմար խաղեր և շահել հիմար մրցանակներ։ Ձեր հարմարավետության գոտում մնալը ինչ-որ չափով նման է հիմար խաղ խաղալուն ։ Դուք հարմարավետորեն հետևում եք ձեր անվտանգ առօրյային և կանխորոշված ճանապարհին և համոզում եք ինքներդ ձեզ, որ տարեկան 3% բարձրացումն ընդունելի է, և որ ձեր կյանքն ընդհանուր առմամբ «լավ է»։ Բայց ինչո՞ւ բավարարվել լավ կյանքով, երբ կարող ես զարմանալի կյանքով ապրել։

Նույնիսկ եթե դուք նախատեսում եք հասնել ֆինանսական անկախության մինչև 40 տարեկանը և ի վերջո հասնեք այն մինչև 48 տարեկանը, դա դեռ ավելի լավ է, քան ստատուս քվոն։ Ստատուս քվոն կարող է ձեզ պահել մինչև 75 տարեկանը: Խոսքը միայն թվերի մասին չէ. դա քեզ մղելու մասին է, որ ոգևորվես ապագայով և բավականաչափ խիզախ ու հավակնոտ լինես այդ ապագան ստեղծելու համար:

Հաշվարկված ռիսկերի ընդունումը կարևոր է ֆինանսական անկախության համար: Սամոնն ավելի վաղ նշել էր վախի դերը: Դուք կարող եք վախենալ նոր հնարավորություններ բացահայտելուց և ձեզ դրսևորել այնտեղ, բայց նույնիսկ ձեր աշխատանքը ռիսկեր է պարունակում: Ճշգրիտ գնահատե՞լ եք այդ ռիսկերը: Ի՞նչ է տեղի ունենում, երբ ձեր ընկերությունը որոշում է, որ այլևս չի պահանջում ձեր ծառայությունները: Զուտ ռացիոնալ տեսանկյունից իմաստ ունի պաշտպանել ձեր ռիսկերը և մնալ զգոն: Պատշաճ գնահատելով ձեր ներկայիս իրավիճակի հետ կապված ռիսկերը, դուք կարող եք խրախուսվել ավելի հաշվարկված ռիսկերի դիմել:

Աչանի Սամոն Բիաու. Իսկապես իմաստուն խոսքեր: Ինչպե՞ս է քաջությունն աջակցում ֆինանսական անկախության ճանապարհին: Համարեք խիզախությունը որպես վառելիք, որը ձեզ մղում է դեպի ֆինանսական անկախության սանդուղքը և ստիպում է ձեզ բարձրանալ:

Olumide Ogunsanwo. Մի սպասեք FTE-ին կամ արտաքին հանգամանքներին, որոնք կստիպեն ձեզ համարձակ լինել: Իսկ եթե դուք չունեք FTE-ի շքեղությունը մինչև կյանքի վերջ: Դուք կարող եք հայտնվել վաթսուն տարեկանում՝ հասկանալով, որ պետք է լրջորեն վերաբերվեք ձեր անձնական ֆինանսներին, և որ թոշակի անցնելն ընդամենը տասը տարի է մնացել: Այդ պահին դուք կարող եք զղջալ, որ ավելի վաղ քայլեր չեք ձեռնարկել: Սկսեք հիմա! Նույնիսկ եթե դուք մի փոքր մեծ եք, երբեք ուշ չէ սկսել: Դու ոչ մեկի հետ մրցավազքի մեջ չես:

Ավելի հեշտ է համարձակ լինել, երբ հասկանում ես

ռիսկերի մեծ մասը։ Համարձակ մարդը նա չէ, ով կուրորեն գնում է մարտի. դա մեկն է, ով ուշադիր գնահատում է ռիսկերը և դեռ ընտրում է առաջ շարժվել, քանի որ կարծում է, որ օգուտները գերազանցում են ծախսերը։ Բայց որոշելու համար, թե արդյոք օգուտները գերազանցում են ծախսերը, դուք պետք է բացեք ձեր աչքերը, պատկերացնեք և ըմբռնեք ձեր իրավիճակի փոխզիջումները։

Աչանի Սամոն Բիաու. Օլումիդը բարձրացրեց այն հարցը, թե ինչպես ստեղծել այս FTE իրադարձությունը ձեր կյանքում։ Եթե ցանկանում եք զարգացնել ձեր երեխաների մեջ քաջություն, ինքնավստահություն և ինքնավստահություն, ապա ձեռնտու է նրանց հնարավորություն տալ ժամանակ անցկացնել ձեզանից հեռու և հեռու իրենց կյանքի հարմարավետությունից։ Հիշու՞մ եք վառվող նավի մասին պատմող անեկդոտը, որը ես նշեցի ավելի վաղ։ Պատկերացրեք, որ ձեր երեխային ինչ-որ տեղ իջեցնեք՝ առանց ձեզ օգնության կանչելու։ Նրանք պետք է ինքնուրույն հասկանան, թե ինչպես գոյատևել։

Ոմանք կարող են սա սարսափելի գաղափար համարել, քանի որ երեխան կարող է ցմահ տրավմայի ենթարկվել։ Բայց ահա բանը. պաշտպանելով նրանց իրական աշխարհից՝ դուք իրականում նրանց պատճառում եք իրենց կյանքի ամենամեծ տրավման։ Դուք զրկում եք նրանց աշխարհը զգալու այնպիսին, ինչպիսին այն իրականում կա՝ ստեղծելով կեղծ դրական փորձ։ Թույլ տալով երեխաներին զգալ անկախության որոշակի մակարդակ և դիմակայել մարտահրավերներին, դուք կարող եք նրանց աճի արժեքավոր հնարավորություններ տալ։

Olumide Ogunsanwo. Այո, ամեն ինչ վերադառնում է ռիսկի գնահատմանը։ Նրանց բավարար անկախություն, ինքնաբավություն և ինքնավստահություն չտալու ռիսկը թերագնահատելը ավելի մեծ ռիսկ է պարունակում: Չհամալրելով դրանք այդ գործիքներով, դուք կարող եք դրանք չկարգավորել ապագա հաջողության համար: Դա ցավալի է:

Աչանի Սամոն Բիաու. Հաշվի առեք սա. երբ չափից դուրս պաշտպանում եք ձեր երեխաներին և թույլ չեք տալիս նրանց դժվարություններ հանդիպել, իրականում նրանց պատրաստում եք երկարաժամկետ ձախողման: Կարևոր է թույլ տալ նրանց դիմակայել մարտահրավերներին և ինքնուրույն պարզել ամեն ինչ:

Օրինակ, պատկերացրեք մի սցենար, երբ ձեր երեխաները մտնում են աշխատանքի շուկա, բայց պայքարում են աշխատանք ապահովելու համար: Եթե դուք որոշում եք նրանց համար աշխատանք ստեղծել ձեր սեփական ընկերությունում, ապա ակամայից խոչընդոտում եք նրանց երկարաժամկետ հաջողությանը: Դրանով դուք խոչընդոտում եք էական հմտություններ զարգացնելու և ինքնաբավության համար անհրաժեշտ արժեքավոր փորձ ձեռք բերելու նրանց կարողությանը: Ավելին, ի՞նչ է տեղի ունենում, երբ դուք այլևս ներկա չեք նրանց փրկելու համար: Կարևոր է թույլ տալ նրանց դիմակայել մարտահրավերներին և զարգացնել անկախությունը, նույնիսկ եթե դա ենթադրում է ժամանակավոր անհաջողություններ: Նույնիսկ եթե նրանք ժառանգեն ձեր հարստությունը, նրանք ավելի հավանական է, որ այն վատնեն, քանի որ չեն սովորել անկախ լինել:

Որպես չափահաս, քաջություն նշանակում է կարողանալ խոսել ձեր ղեկավարի հետ և պաշտպանել ինքներդ ձեզ: Օրինակ, դուք կարող եք վստահորեն ասել. «Հեյ, ես հասել եմ այս բաներին, և ես հավատում եմ, որ արժանի եմ առաջխաղացման»: Կարող եք նաև ակնարկել, որ եթե ամեն ինչ չստացվի, դուք կբացահայտեք այլ հնարավորություններ: Քաջություն ունենալը պաշտպանել ինքներդ ձեզ և ուսումնասիրել աշխատանքի հնարավորությունները ձեր ներկայիս պաշտոնից դուրս, հատկապես, եթե կարծում եք, որ ձեզ քիչ են վարձատրում, թերագնահատում կամ թերօգտագործում եք։

Օլումիդ Օգունսանվո. Կամ գուցե երեքն էլ միանգամից զգալ։ [Ծիծաղ]

Աչանի Սամոն Բիաու. Աշխատանքային հարցազրույցի ժամանակ դուք կարող եք հանդիպել հարցազրույց վարողի, որը փորձում է էմոցիոնալ ճնշում գործադրել ձեզ վրա։ Քաջություն ունեցեք մարտահրավեր նետելու նրանց համոզմունքներին և պաշտպանեք ինքներդ ձեզ։ Մի վախեցեք ասել. «Կներեք, բայց այն, ինչ ես տեսնում եմ այստեղ մաթեմատիկորեն, թվում է, որ ես ճիշտ եմ։ Կարո՞ղ եք բացատրել ձեր համոզմունքի հիմքում ընկած պատճառաբանությունը»։

Olumide Ogunsanwo. Փոքր, ամենօրյա գործողությունների միջոցով փառասիրություն զարգացնելով, դուք ուժեղացնում եք ավելի մեծ նպատակներ իրականացնելու ձեր ունակությունը, ինչպիսին է ֆինանսական անկախությունը։

Աչանի Սամոն Բիաու. Ես կցանկանայի խորհուրդ տալ Սթիվ Մագնուսի « Դժվար բաներ անել » գիրքը։ [5]Այն ուսումնասիրում է վախի հաղթահարումը և ընդգծում է սպորտում և այլ ոլորտներում կոշտության արժեքը՝ որպես մարտահրավերներին դիմակայելու միջոց։ Մագնուսը՝ գիտնական և բարձրակարգ մարզիկների մարզիչ, ընդգծում է մտքի և մարմնի հետ աշխատելու կարևորությունը՝ առավելագույն արդյունավետության հասնելու համար։ Magnus-ն առաջարկում է կենտրոնանալ ներքին ուժի կառուցման վրա մի քանի սյուների միջոցով, այդ թվում՝

- Ընդունելով իրականությունը՝ ընդունելով

5. https://www.amazon.com/Hard-Things-Resilience-Surprising-Toughness/dp/006309861X

իրավիճակն այնպիսին, ինչպիսին կա և գցելով ցանկացած ֆասադ:

- Լսեք ձեր մարմնին և գիտակցեք, թե ինչպես է այն արձագանքում սթրեսին և մարտահրավերներին:

- Արձագանքեք ձեր մարմնին, այլ ոչ թե իմպուլսիվորեն արձագանքեք վախին և թռիչքային իրավիճակներին:

- Խոհուն գործողություններ ձեռնարկելու և ճկունություն և կոշտություն զարգացնելու համար տարածք ստեղծելը:

Olumide Ogunsanwo. Արձագանքը ավտոմատ է, բայց արձագանքը դիտավորյալ է: Դա ֆինանսական անկախության միկրոտիեզերք է. ավտոմատ ստատուս-քվո կյանք ընդդեմ միտումնավոր կյանքի:

Աչանի Սամոն Բիաու. Սթիվ Մագնուսի վերջին սյունը գերազանցում է անհարմարությունը: Լրատվամիջոցները և գովազդը հաճախ նպաստում են հարմարավետության և շքեղությանը՝ որպես վերջնական նպատակ, սակայն այս մտածելակերպը կարող է խանգարել անձնական աճին: Օրինակ, երբ երեխան ձախողում է մաթեմատիկայից, ծնողները պետք է խուսափեն նրան ասելուց, որ նա դեռ հիանալի է:

Olumide Ogunsanwo. [Ծիծաղ] Կամ երբեմն ծնողները մեղադրում են ուսուցչին:

Աչանի Սամոն Բիաու. Անհանգստությունը գերազանցելը էական է, քանի որ առանց դրա դուք կյանքում իմաստալից որևէ բանի չեք հասնի: Երբեմն մենք չենք հասցնի մեզ կատարել առաջադրանքը, բայց մենք պետք է քաջություն ունենանք առաջ մղելու:

Olumide Ogunsanwo. Ես ունեմ երկու գրքի առաջարկ։ Առաջինը Nike-ի հիմնադիր Ֆիլ Նայթի « Shoe Dog »-ն [6]է ։ Այս գիրքը ներկայացնում է գրավիչ պատմություն այն մասին, թե ինչպես է նա սկսել Nike-ը և ինչ խոչընդոտներ է ունեցել, ներառյալ ֆինանսական դժվարությունները, իրավական վեճերը և կատաղի մրցակցությունը։ Մենք բոլորս կարող ենք սովորել այն քաջությունից և հաստատակամությունից, որը նա դրսևորեց Nike-ի ճանապարհորդության ընթացքում։ Ձեռնարկատիրությունը ֆինանսական անկախության լավագույն ուղիներից մեկն է, և այս գիրքը առաջարկում է բիզնես կառուցելու հումք, առանց դիմահարդարման տեսակետ։

Երկրորդ խորհուրդը Ջիմ Ռոնի « Օրը, որը շրջում է ձեր կյանքը »։ [7]Գիրքը ներկայացնում է անհատների օրինակներ, ովքեր հասել են իրենց կյանքի բեկումնային պահի, երբ գիտակցում են փոփոխությունների անհրաժեշտությունը։ Նրանք հասել են հատակին և գիտակցում են, որ պետք է այլ կերպ մոտենան առաջ շարժվելով։ Ես բախվեցի դրան, երբ 21 և 23 տարեկան էի, երբ կորցրի երկու աշխատանքը, և այս գիրքը առաջարկում է մարդկանց տարբեր օրինակներ, որոնք բախվում են նմանատիպ FTE-ների և ճգնաժամային պահերի։

Այս գիրքը գրելիս մեր նպատակն է ոգեշնչել ձեզ մտածել ձեր ներկա իրավիճակից դուրս և քայլեր ձեռնարկել դեպի այն կյանքը, որն իսկապես ցանկանում եք։ Մենք ուզում ենք մարտահրավեր նետել ձեզ՝ հարցնելու ինքներդ ձեզ. «Արդյո՞ք սա իսկապես այն կյանքն է, որը ես ուզում եմ ապրել»։ և փոփոխություն կատարեք։ Մենք հասկանում ենք, որ երբեմն ցավալի իրադարձություն է անհրաժեշտ նման մտածելակերպ առաջացնելու համար, բայց մենք

6. https://www.amazon.com/Shoe-Dog-Phil-Knight-audiobook/dp/B01CRJA470

7. https://www.amazon.com/That-Turns-Your-Life-Around/dp/B01M7VOBM8

հուսով ենք, որ մեր գիրքը կարող է ծառայել որպես ձեր կյանքում դրական փոփոխությունների կատալիզատոր։ Շարժվեք ինքնաբավությունից դուրս և դեպի կյանք, որն իսկապես հուզում է ձեզ։ Դրանով մենք կարող ենք փակել այս գլուխը, կհանդիպենք հաջորդում։

5. Բիզնես դպրոցի պատմություններ և նպատակների սահմանման և անձնական զարգացման սկզբունքներ

Օլումիդ Օգունսանվո. Ես լավ հիշողություններ ունեմ բիզնես դպրոցում սովորելու մասին, և ես ոգևորված եմ կիսվել պատմություններով և քննարկել, թե մարդկային կապիտալի ընդլայնումը ինչպես կարող է ճանապարհ հարթել դեպի ֆինանսական անկախություն։

Աչանի Սամոն Բիաու. Այս գլխում մենք կուսումնասիրենք մեր բիզնեսի դպրոցի տարիների մեր փորձը, որը ծառայեց որպես զգալի անձնական աճի կատալիզատոր և գծեց մեր կյանքի նոր ընթացքը։

Olumide Ogunsanwo. Բացի այդ, մենք կքննարկենք նպատակների սահմանման և անձնական զարգացման սկզբունքները։ Հավակնոտ նպատակներ դնելը և ինքդ քեզ զարգացնել այդ նպատակներին հասնելու համար։ Հիանալի. Գնացինք!

5A. Olumide's Business School-ի պատմությունը

Աչանի Սամոն Բիառ. Օլումիդ, նախորդ գլխում մենք քննարկեցինք ձեր վաղ կարիերան, ներառյալ աշխատատեղերի դժբախտ կորուստները և ձեր կյանքը վերականգնելու ձեր որոշումը՝ շարունակելով բիզնես դպրոցը։ Կարո՞ղ եք կիսվել, թե ինչպես է ծավալվել այդ ճանապարհորդությունը։

Olumide Ogunsanwo: Բացարձակապես։ Բիզնես դպրոցը շարունակելու իմ մոտիվացիան արմատավորված էր իմ կյանքի վրա ավելի շատ վերահսկողություն ունենալու և ինձ ավելի բարձր պոտենցիալ հետագծի վրա դնելու ցանկության մեջ։ Թույլ տվեք նկարել, որպեսզի բացատրեմ, թե ինչ զգացի այդ ընթացքում։ Պատկերացրեք ձեզ 10 հոգով մեքենայում, որոնցից յուրաքանչյուրը ձեզ տարբեր ուղղություններ և կարծիքներ է տալիս։ Ոմանք թեթև շեղում են ուշադրությունը, իսկ մյուսները խանգարում են ձեր տեսադաշտին և նույնիսկ հրում ու ոտքով հարվածում ձեզ։ Դժվար է դառնում նավարկելու և ձեր կյանքը կառավարելը, երբ կան շատ արտաքին ազդեցություններ։ Այս անհատները ներկայացնում են տարբեր ճնշումներ ձեր կյանքում, ինչպիսիք են ղեկավարները, գործընկերները կամ որևէ մեկը, ով ազդեցություն է գործում։ Թեև դուք կարող եք լինել վարորդը, մեքենան նախատեսված էր առավելագույնը հինգ անձի համար, իսկ սպորտային մեքենայի դեպքում՝ նույնիսկ երկուսի համար։ Այս անալոգիայի դեպքում վերջնական նպատակը մեքենան հանգիստ վարելն է, երկու ձեռքերը ղեկին դրած և ավելի քիչ շեղումներ, ինչը թույլ է տալիս վերականգնել ձեր կյանքի վերահսկողությունը։

Ես փնտրում էի ավելի շատ գործակալություն և հավատում էի, որ բիզնես դպրոցը կապահովի վերականգնում, ինչը թույլ կտա ինձ սովորել նոր բաներ, կապվել մարդկանց հետ և ապահովել ավելի լավ վարձատրվող աշխատանք։ Ահա թե ինչպես է ծավալվել իմ բիզնես դպրոցական ճանապարհորդությունը.

Համատեքստ. 2009 թվականն էր, իսկ ես 24 տարեկան էի։ Ես հայտնվեցի դժվարին իրավիճակում իմ նախկին աշխատանքում տեղի ունեցած դժբախտ դեպքերի պատճառով, ինչպես նշեցի նախորդ գլխում։ Ես գիշերը շարունակեցի մագիստրատուրան շարունակել՝ որպես Ամերիկայում մնալու միջոց։

Դպրոցների ընտրություն. ապրելով Նիգերիայում մինչև 17 տարեկան, իսկ հետո Ամերիկայում՝ ես ուզում էի ապրել մի ուրիշ բան՝ ապրելով Եվրոպայում։ Մինչ ես նախկինում մի քանի անգամ այցելել էի Եվրոպա, ես երբեք այնտեղ չէի ապրել։ Եվրոպական բիզնես դպրոց հաճախելու հնարավորությունը հետաքրքիր էր թվում, և ես նաև սենտիմենտալ կապ ունեի Օքսֆորդի հետ, քանի որ հայրս յոթանասունականներին սովորել էր համալսարան։ Ես հիմնականում կենտրոնացել եմ բարձր վարկանիշ ունեցող եվրոպական դպրոցների վրա, ինչպիսիք են LBS-ը, Օքսֆորդը, Քեմբրիջը և INSEAD-ը, մի քանի ամերիկյան դպրոցներով որպես պահեստային։

Գործողություններ. Ես ընկղմվեցի GMAT-ի նախապատրաստման մեջ՝ ստանալով բոլոր անհրաժեշտ գրքերն ու դասընթացները։ Իմ օրերը դարձան կառուցվածքային՝ սկսած արթնանալուց, ցնցուղ ընդունելուց և ամբողջ օրը GMAT-ին պատրաստվելու համար IIT գնալուց, որին հաջորդում էին գիշերային դասերը։ Գուցե միապաղաղ ու ճանճրալի թվա, բայց ես հաճույք ստացա այդ գործընթացից, քանի որ գիտեի, որ փոխում եմ իմ կյանքը: Ես լավ հանդես եկա GMAT-ում և ավարտեցի MBA-ի դիմումի բոլոր մյուս ասպեկտները, ներառյալ հանձնարարական նամակները և էսսեները:

Արդյունք. Ես լավ հիշում եմ, որ 2009թ. դեկտեմբերի 11-ին Օքսֆորդից նամակ ստացա՝ «Oxford MBA Program 2010/11» երկիմաստ թեմայի տողով: Երբ ես բացեցի նամակը, տեսա ընդունելության առաջարկը: Ես պատված էի զգացմունքներով և քիչ էր մնում ուրախությունից արտասվեի: Ես պարեցի իմ սենյակում (քանի որ պարն իմ հետաքրքրություններից մեկն է, ինչպես նշվեց նախորդ գլխում): Դա փառահեղ և կյանք փոխող պահ էր: Ես գիտեի, որ իմ կյանքը երբեք նույնը չի լինի:

Բիզնես դպրոցում դիմելու իմ ճամփորդությունը հիմնականում անհատական աշխատանք էր: Ես ծնողներիս չեմ տեղեկացրել դիմելու իմ ծրագրերի մասին, ոչ էլ մասնակցել եմ խմբակային ուսումնասիրություններին կամ կիսվել իմ դիմումի շարադրություններով որևէ մեկի հետ հետադարձ կապի համար: Ես նաև խորհուրդ չեմ տվել, թե որ բիզնես դպրոցներին դիմեմ: Իհարկե, դա ամբողջովին մենակ չէր, ինձ պետք էին հանձնարարական նամակներ իմ նախկին գործընկերներից և իմ դասախոսներից (բղավել բոլոր նրանց, ովքեր գրել էին իմ բիզնես դպրոցի հանձնարարական նամակները): Այսօր ոչ մեկին խորհուրդ չեմ տա այս մոտեցումը: Ես դա արեցի, քանի որ չգիտեի որևէ մեկին, ով անցել էր այդ գործընթացով կամ ուներ MBA այն ժամանակ, քանի որ իմ հասակակիցներից շատերը 20 տարեկան էին և սկսեցին իրենց կարիերան:

Տարիներ անց մտածելով այս փորձառության մասին՝ ես մտածեցի՝ արդյոք եվրոպական դպրոցների իմ ընտրությունը պայմանավորված էր Եվրոպայում ապրելու իմ ցանկությամբ, թե՞ ամերիկյան համակարգից իմ դժգոհությամբ։ Ես դեռ վիրավորված էի իմ աշխատանքի կորստի հետ կապված իրադարձություններից և զգում էի, որ ամերիկյան համակարգը հուսախաբ է արել ինձ։ Հետևաբար, Եվրոպա տեղափոխվելու իմ որոշումը կարող է մասամբ փախչել Ամերիկայից, այլ ոչ թե հատուկ գրավչություն դեպի Եվրոպա։

Աչանի Սամոն Բիասու. Այստեղ հավաքելու շատ բան կա։ Եկեք վերանայենք բիզնես դպրոցը շարունակելու ձեր որոշումը։ Դուք նշեցիք, որ հուսահատվել եք ամերիկյան համակարգի կողմից, Եվրոպայում ապրելու ցանկությունը և ձեր հոր՝ Օքսֆորդի համալսարանի հետ հուզական կապը։ Այնուամենայնիվ, դուք հստակորեն չեք նշել ֆինանսական անկախությունը որպես շարժիչ գործոն։ Կարո՞ղ եք մանրամասնել այդ ընթացքում ֆինանսական անկախության մասին ձեր մտքերը։

Օլումիդ Օգունսանվո. Ես իմ մանկությունից հետաքրքրված եմ անձնական ֆինանսներով։ Սա շարունակվեց այն բանից հետո, երբ ես ստացա իմ առաջին աշխատանքը, որտեղ ես սկսեցի մշակել աղյուսակներ՝ իմ խնայողությունները կանխատեսելու համար և 2006-ից 2010 թվականներին խորացա անձնական ֆինանսների բլոգներում։ Ես կարդացի բազմաթիվ բլոգեր, ինչպիսիք են Դանդաղ հարստանալը (JD Roth), Early Retirement Extreme (Jacob Lund [1]Fisker) [2]և Իմ փողի բլոգը (Ջոնաթան Պինգ) [3]: Ես կարդում եմ նաև այլ կայքեր, որոնք այժմ ոչ ակտիվ են, ինչպիսիք են thesimpledollar.com, allfinancialmatters.com, netbanker.com, bargaineering.com և այլն։ FIRE (Financial Independence and Retire Early) շարժումն այն ժամանակ համեմատաբար փոքր

1. http://getrichslowly.org
2. http://earlyretirementextreme.com
3. https://www.mymoneyblog.com/

էր, և տերմինն ինքնին լայնորեն ճանաչված չէր։ Հետևաբար, ես այս բլոգներն ավելի շատ դիտեցի որպես անձնական ֆինանսական ռեսուրսներ, այլ ոչ թե բացահայտորեն կապված ՀՐԴԵՀԻ հետ կապված աղբյուրների։

Աչանի Սամոն Բիաու. Ի՞նչը ձեզ գրավեց դեպի այդ անձնական ֆինանսների բլոգները տվյալ պահին։

Olumide Ogunsanwo. Ինձ դուր էր գալիս անձնական ֆինանսների մասին կարդալը և բիզնեսի դպրոցից առաջ փողի հետ ավելի արդյունավետ լինելու ուղիներ գտնելը։ Երբ ես սկսեցի բիզնես դպրոցում դիմելու գործընթացը, իմ առաջնային նպատակները փոխվեցին՝ ավելի շատ կենտրոնանալով ամենաբարձր եկամուտով հնարավոր լավագույն աշխատանք ստանալու վրա։ Ֆինանսական անկախությունը բացահայտորեն իմ մտքում չէր. Ես ավելի շատ մտահոգված էի իմ վաստակելու ներուժը առավելագույնի հասցնելով։

Աչանի Սամոն Բիաու. Այսպիսով, մեր լսարանի համար պարզաբանելու համար, որ երբ դուք կորցրեցիք աշխատանքը և սկսեցիք դիմել բիզնես դպրոց՝ արդեն մեկ այլ մագիստրոսական ծրագիր սովորելով, ձեր հիմնական շարժառիթը վերահսկողությունը վերականգնելն ու ձեր կյանքը վերափոխելն էր։ Թեև դուք հետաքրքրված էիք անձնական ֆինանսներով, ֆինանսական անկախության ձեռքբերումը ձեզ համար հատուկ նպատակ չէր բիզնես դպրոց ընդունվելիս։

Olumide Ogunsanwo. Դա ճիշտ է։ Ֆինանսական անկախությունը մի բան չէր, որ ես ակտիվորեն հետամուտ էի կամ նույնիսկ լիովին հասկանում էի այն ժամանակ։ Եթե դուք ինձ հարցնեիք այդ մասին 2009 թվականին, ես չէի հասկանա այդ հայեցակարգը։ Թեև ես գիտեի, թե ինչ է նշանակում հարստանալ, ֆինանսական անկախության գաղափարն այն ժամանակ լայնորեն չէր քննարկվում կամ տարածված չէր։

Աչանի Սամոն Բիաու. Ինչպիսի՞ն էր ձեր բիզնեսի դպրոցի փորձը։

Olumide Ogunsanwo. Դա հիանալի էր։ Բիզնես դպրոցում սովորելու ընթացքում ես ֆինանսական անկախության երկու դաս սովորեցի։

Նախ, ձեր մարդկային կապիտալի ավելացումը կարևոր է ձեր վաստակելու ներուժը խթանելու համար։ Պարտադիր չէ, որ դուք հաճախեք բիզնես դպրոց կամ մագիստրոսի կոչում ստանաք, բայց կարևոր է կենտրոնանալ անձնական զարգացման վրա և ընդլայնել ձեր գիտելիքները՝ ձեր եկամուտը բարձրացնելու համար։

Երկրորդ դասը նոր մարդկանց հետ բացահայտելու և ձեր հորիզոններն ընդլայնելու նոր հեռանկարների կարևորությունն է։ Այս երկու դասերը փոխկապակցված են, քանի որ ձեր աշխարհայացքի ընդլայնումը մեծացնում է ձեր անձնական աճի կարողությունը, որն իր հերթին մեծացնում է ձեր եկամտի ներուժը։ Թեև ձեր մարդկային կապիտալի ավելացումը կարող է իրականացվել տարբեր միջոցներով (օրինակ՝ կարող եք օգտագործել YouTube-ը, Coursera-ն և այլն), մարդկանց հետ հանդիպելը և նոր փորձառություններ ունենալը ձեր աշխարհայացքը և եկամտի հնարավորություններն ընդլայնելու արդյունավետ միջոց է։ Սրանք երկու հիմնական դասերն են այն մարդկանց համար, ովքեր հետաքրքրված են այս պատմությունից ֆինանսական անկախությամբ։ Սրանք երկու հիմնական միջոցներն են նրանց համար, ովքեր հետաքրքրված են իմ պատմությունից ֆինանսական անկախությամբ։ Նույնիսկ եթե դուք չեք հաճախում բիզնես դպրոց, այս սկզբունքները կարող են կիրառվել տարբեր ձևերով։

Աչանի Սամոն Բիաու. Լավ ասացիք ։

Olumide Ogunsanwo. Այժմ, եկեք սուզվենք Օքսֆորդում և MIT-ում իմ փորձառությունների մասին որոշակի մանրամասների մեջ:

Ի տարբերություն ասպիրանտների մեծամասնության, ովքեր զգալի տարբերություն ունեն իրենց բակալավրիատի և ասպիրանտուրայի միջև, ես սկսեցի Օքսֆորդում, երբ ընդամենը 25 տարեկան էի, բակալավրիատս ավարտելուց ընդամենը չորս տարի անց: Դա գրեթե զգացվում էր որպես իմ բակալավրիատի փորձի ընդլայնում, քանի որ ես այնքան երիտասարդ էի:

Օքսֆորդում ես գիտակցաբար որոշում կայացրի չկրկնել այն սխալները, որոնք թույլ էի տվել բակալավրիատի ժամանակ, որտեղ ես կենտրոնացած էի բացառապես ակադեմիականների վրա: Փոխարենը, ես նպատակ էի դրել լինել ավելի կլորացված և լիարժեք օգտվել բիզնես դպրոցի առաջարկած բոլոր հնարավորություններից: Հետևաբար, ակտիվորեն մասնակցել եմ ուսանողական տարբեր կառավարությունների, ակումբների և խմբերի:

Ես ընտրվեցի որպես MBA դասի ներկայացուցիչ C բաժնի համար, որը մեր MBA ծրագրի երեք բաժիններից մեկն էր, որը բաղկացած էր 80-ական ուսանողից: Բացի այդ, ես ծառայել եմ որպես Աֆրիկայի խմբի համանախագահ և մարքեթինգի/արտաքին հարաբերությունների փոխնախագահ: Համեմատած իմ բակալավրիատում IIT-ում, ես մեծապես ներգրավված էի բազմաթիվ գործունեության մեջ և միշտ զբաղված: Ես երեխայի պես էի քաղցրավենիքի խանութում, դա զարմանալի փորձ էր, և ինձ դուր եկավ:

Ելնելով ինժեներական ծագումից՝ ես սահմանափակ ծանոթություն ունեի բիզնես հասկացություններին, ինչպիսիք են ֆինանսները, տնտեսագիտությունը և մարքեթինգը: Ես որոշել էի առավելագույնս օգտագործել Օքսֆորդում անցկացրածս ժամանակը, այնքանով, որ օրվա ընթացքում մի քանի անգամ կմասնակցեի նույն դասերին (քանի որ դասախոսությունները տարբեր ժամանակներում դասավանդվում էին առանձին MBA-ի մյուս երկու բաժիններից)։ Ես սա տեսա որպես հնարավորինս շատ գիտելիքներ կլանելու հնարավորություն։ Մի պահ մակրոէկոնոմիկայի իմ պրոֆեսորը նույնիսկ հարցրեց, թե ինչու եմ նույն դասը մի քանի անգամ հաճախում։ Ես բացատրեցի, որ ուզում եմ օգտվել ժամանակացույցի տարբերություններից և կլանել առկա գիտելիքների յուրաքանչյուր մասնիկը։ Ավելին, ես նկատեցի, որ Executive MBA (EMBA) ուսանողները հնարավորություն ունեին ամառվա ընթացքում ավելի շատ դասեր վերցնելու, ուստի ես ստուգեցի մի քանի EMBA դասեր։ Օքսֆորդում սովորելը, աճելը և մարդկանց հետ կապ հաստատելը ինձ համար ոգևորիչ փորձ էր։

Անհամար հաճելի հիշողություններ ունեմ այնտեղ անցկացրած ժամանակի մասին։ Արագ օրինակներից մեկն այն է, երբ ես հասկացա, որ Օքսֆորդի բիզնես դպրոցների տարբեր ծրագրերը՝ MBA, MFE (ֆինանսների մագիստրոս), EMBA և գործադիր կրթություն, ինչ-որ չափով մեկուսացված էին միմյանցից։ Ես նախաձեռնեցի կազմակերպել միջոցառում, որտեղ այս բոլոր ծրագրերի ուսանողները կարող էին հավաքվել։ Դա բարի երեկո էր, և մենք հիանալի ժամանակ անցկացրինք։

Ես պարզապես Օքսֆորդի ուսանող չէի. Ես խորապես արմատացած էի MBA-ի էկոհամակարգում՝ ակտիվորեն մասնակցելով և կապվելով փոխակերպող փորձառությունների միջով անցնող մարդկանց բազմազան ցանցի հետ։

Օքսֆորդի ուսանողներն ապրում են քոլեջներում՝ անկախ իրենց ծրագրից։ Քանի որ ես վաղ դիմեցի MBA ծրագրին, ես ունեի քոլեջի ընտրության բազմաթիվ տարբերակներ։ Իմ հիմնական նպատակը մատչելի ընտրություն գտնելն էր, ուստի ես առանձնապես ուշադրություն չէի դարձնում այլ գործոններին։ Ի վերջո, ես ընտրեցի Worcester College-ը, քանի որ այն ուներ հատուկ տեսակի սենյակ, որը հարմար էր բյուջեի համար։ Դա մի փոքրիկ ձեղնահարկ էր տան վերնամասում, որտեղ ես կարող էի գրեթե դիպչել երկու կողմերին, երբ ձգվում էի։ Պահարան չկար, ուստի ես Արգոսից կանգուն պահարան գնեցի մինչ դպրոցը սկսելը։ Չնայած փոքր տարածքին, Վուսթերը պարզվեց, որ անհավանական քոլեջ է գեղեցիկ լճով և բաղերով։ Սուրբ Ծննդյան ընդմիջման ժամանակ ես նույնիսկ կազմակերպեցի շրջագայություններ Վուսթերում MBA իմ ընկերների համար։ Ես բացարձակապես սիրում էի Worcester-ը։

Աչանի Սամոն Բիաու. Փաթեթը բացելու շատ բան կա։ Ինչպե՞ս և երբ MIT-ը հայտնվեց նկարում։

Օլումիդ Օգունսանվո. Մինչ ես սովորում էի Օքսֆորդում, իմ նախնական պլանն էր ավարտել և անմիջապես աշխատանք սկսել։ Այնուամենայնիվ, 2010 թվականի չորրորդ եռամսյակում ես զրույց ունեցա Մայքլ Սունի հետ, ում հետ ծանոթացել էի ուսանողական կառավարության խորհրդի միջոցով։ Նա ինձ պատմեց MIT MSMS (MS in Management Studies) մեկամյա ծրագրի մասին, որը կարող է շարունակվել Օքսֆորդում մեր ծրագիրը ավարտելուց հետո։ Շատ դեպքերում, ոչ ԱՄՆ MBA ծրագրերը տևում են մեկ տարի, մինչդեռ ամերիկյան բիզնես դպրոցները սովորաբար ունեն երկամյա ծրագրեր։ Միջազգային MBA ուսանողներին սպասարկելու համար MIT-ը նախագծել է այս ծրագիրը, որպեսզի նրանց առաջարկի լրացուցիչ տարի բիզնես կրթություն MIT-ում։ Գաղափարն ինձ հետաքրքրեց, բայց ես լիովին համոզված չէի, քանի որ մտածում էի, որ կավարտեմ Օքսֆորդը և աշխատանք կգտնեմ Եվրոպայում։

Չնայած իմ կասկածներին, այնուամենայնիվ, որոշեցի դիմել, քանի որ կորցնելու շատ բան չունեի, իսկ հետո միշտ կարող էի որոշում կայացնել: Բացի այդ, ես դեռ աշխատանքի առաջարկ չէի ստացել, քանի որ ընդամենը երեք ամիս է, ինչ Օքսֆորդում էի (2010թ. սեպտեմբերին միացա Օքսֆորդին և 2010թ. դեկտեմբերին դիմեցի MIT):

Աչանի Սամոն Բիաու. Բիզնես դպրոց հաճախելու ձեր հիմնական դրդապատճառը աշխատանք գտնելն էր, որը կփոխեր ձեր կյանքի հետագիծը և ձեզ ավելի շատ վերահսկողություն կտար: Ինչպե՞ս է MIT-ը տեղավորվել դրանում, հատկապես հաշվի առնելով ձեր հիասթափությունը ամերիկյան կրթական համակարգից:

Olumide Ogunsanwo. Դա լավ հարց է: Մի քանի գործոն դեր խաղացին MIT հաճախելու իմ որոշման մեջ:

Նախ, որպես նախկին ինժեներ, ես բնականաբար տարված էի MIT-ով, բայց ես չէի ուզում շատ ոգևորվել դրանով: Դիմեցի ու որոշեցի գնահատել իրավիճակը միայն առաջարկ ստանալու դեպքում: Ես կարծում եմ, որ ավելի լավ է մտավոր էներգիա ծախսել՝ գնահատելու այն տարբերակները, որոնք իրականում ունես, այլ ոչ թե ենթադրություններ անելով կամ ցանկանալով տարբերակներ, որոնք կարող են իրականանալ:

Երկրորդ, MIT գնալը ծառայեց որպես ցանկապատ իմ աշխատանք փնտրելու համար: Մեկամյա MBA ծրագրերի ուսանողները, ինչպես օրինակ Օքսֆորդը, երբեմն բախվում են աշխատանք գտնելու դժվարություններին, քանի որ նրանք ունեն ժամանակի կեսը՝ համեմատած ամերիկյան երկամյա ծրագրերի հետ: Ավելին, MBA աստիճանները Միացյալ Նահանգներից դուրս այնքան էլ բարձր չեն գնահատվում, և մեկ տարվա MBA ուսանողները սովորաբար ամառային պրակտիկա անցնելու հնարավորություն չունեն: Օքսֆորդից հետո MIT հաճախելով՝ ես կարող էի մեղմել այս խնդիրները, թեև դա կնշանակեր գործազուրկ մնալ ևս մեկ տարի։

Երրորդը, ես ստացել եմ MIT-ի կրթաթոշակ, որը զգալի տարբերություն դրեց։ Առանց այդ ֆինանսական աջակցության, ես վստահ չեմ, որ ես կընդունեի առաջարկը։ Ես ոգևորված էի նոր երկրում ընկերների ևս մեկ ցանց ստեղծելու և երկու զարմանալի համալսարանների մաս կազմելու հնարավորությամբ։

Այսօր, 2023 թվականին, տասներկու տարի անց, երբևէ կայացրածս լավագույն որոշումներից մեկն էր MIT հաճախելը։ Ես հանդիպեցի շատ հրաշալի մարդկանց և ստեղծեցի երկրորդ շրջանավարտների բիզնես ցանցը։ Օքսֆորդում մենք ունեինք համաշխարհային ուսանողական համայնք, որտեղ մարդկանց ավելի քան 90%-ը միջազգային ոչ Մեծ Բրիտանիայի ուսանողներ էին։ Ի հակադրություն, MIT-ում այն ավելի շատ կենտրոնացած էր ամերիկյան կողմում, որտեղ բիզնես դպրոցի ուսանողների 40%-ից պակասը միջազգային ոչ ԱՄՆ-ի քաղաքացիներ էին։ Oxford Saïd Business School-ը (SBS) լիովին ինտեգրված էր Օքսֆորդին և մեկ մեքենայի մաս էր կազմում, մինչդեռ MIT Sloan-ը հստակորեն առանձին էր և հիմնականում անկախ MIT-ից։ Օքսֆորդն ընդգծում էր ակադեմիական մաքրությունը, մինչդեռ MIT-ն ավելի ամբողջական մոտեցում էր ցուցաբերում կրթությանը։ Օրինակ, Օքսֆորդում դասերի մասնակցությունը չի ազդել իմ ընդհանուր գնահատականների վրա, բայց MIT Sloan-ի շատ դասերի ժամանակ այն կազմել է իմ գնահատականների զգալի մասը (30-50%)։ MIT-ում ծախսերն ավելի բարձր էին, ներառյալ ուսման վարձը, գրքերը և իմ բնակարանային վարձը MIT Tang Hall-ում ($800)՝ համեմատած Օքսֆորդի Worcester քոլեջի հետ (£275 կամ $440)։

Ես ինձ արտոնյալ եմ զգում, որ հաճախել եմ ինչպես Օքսֆորդ, այնպես էլ MIT, դրանք անհավատալի փորձառություններ էին։ Ես ասում էի, որ իմ Օքսֆորդում անցկացրած ժամանակը իմ կյանքի լավագույն տարին էր, հիմա ասում եմ, որ ամեն տարի, որում ապրում եմ, իմ կյանքի լավագույն տարին է։

Ցավոք, ամերիկյան բիզնես դպրոցների հետ կապված ծախսերը վերջին ժամանակներում կտրուկ աճել են՝ տատանվելով 150,000-ից մինչև 250,000 դոլար երկամյա ծրագրերի համար։ Այս ծանր գինը, հավանաբար, արդարացված չէ մարդկանց մեծամասնության համար։ Ես գնացի բիզնես դպրոց, քանի որ դա կփոխեր իմ կյանքը, բայց հիմա կարծում եմ, որ դա մի փոքր խաբեություն է և չարժե այն մարդկանց մեծամասնության համար։ Մարդկանց մեծամասնությանը խորհուրդ չեմ տա գնալ բիզնես դպրոց, քանի դեռ նրանք չունեն հստակ պատճառ, և ներդրումների վերադարձը իմաստ չունի։

Աչանի Սամոն Բիաու. Հետաքրքիր է։ Երբ ես հաճախում էի բիզնես դպրոց, ես նույնպես ցանկանում էի առավելագույնս օգտագործել փորձը։ Ես որոշեցի շարունակել մագիստրատուրա կրթության ոլորտում, քանի որ արդեն վճարում էի MBA-ի համար, և հավելյալ ծախսեր չկային։ Վերադառնալով ձեր պատմությանը, դուք նշեցիք, որ ցանկանում եք «փոխել ձեր կյանքը»։ Կարո՞ղ եք ավելին պատմել ձեր մտածելակերպի մասին Օքսֆորդում և MIT-ում աշխատելու ընթացքում։

Օլումիդ Օգունսանվո. Երբ ես սկսեցի բիզնես դպրոցը, ես ունեի երկու հիմնական նպատակ՝ ստանալ հնարավոր լավագույն աշխատանք և սովորել որքան կարող էի իմ դասերից։ Ցանց կառուցելը և մարդկանց հետ հանդիպելը սկզբում նույնիսկ իմ ռադարի վրա չէր։

Իրականում, եթե ես ընտրեի ուշ գիշերային բար գնալու կամ Օքսֆորդում առաջիկա թեստերի համար սովորելու միջև, ես կընտրեի սովորել ժամանակի 80%-ում։ Հետ նայելով՝ հասկանում եմ, որ գուցե լավագույն մոտեցումը չէր, բայց ի վերջո լավ ստացվեց։

Պատճառն այն էր, որ ես հանդիպեցի այդքան զարմանալի մարդկանց այն պատճառով, որ ես սկսեցի լինել շատ սոցիալական և մասնակցել Օքսֆորդում երեկույթներին և միջոցառումներին (մինչև ի վերջո նահանջեցի՝ ավելի շատ սովորելու համար): Բացի այդ, ուսանողական կառավարման մեջ իմ ակտիվ ներգրավվածությունը լավ միջոց էր շփվելու և ավելի շատ մարդկանց հետ հանդիպելու համար:

MIT-ը տարբերվում էր Օքսֆորդից, քանի որ ես ընտրեցի ավելի քիչ ներգրավված լինել խմբերում, քանի որ ես արդեն արել էի այդ ամենն Օքսֆորդում: MIT-ում ես ավելի շատ կենտրոնացած էի աշխատանք գտնելու վրա և ներգրավվում էի միայն այն խմբերում, որոնք ինձ համար կարևոր էին, օրինակ՝ օգնելով կազմակերպել MIT Sloan 2012 Africa Conference-ը:

Աչանի Սամոն Բիաու. Ի՞նչը դրդեց ձեր մեծ ցանկությունը ցանց ստեղծել: Արդյո՞ք դա միտումնավոր ռազմավարություն էր:

Olumide Ogunsanwo. Ցանցային ծրագիր չկար: Ես պարզապես ուզում էի լինել իմ շուրջ կատարվող ամեն ինչի մի մասը: Այդ իսկ պատճառով ես միացա Օքսֆորդի բազմաթիվ խմբերի և ներգրավվեցի տարբեր գործունեության մեջ: Գրեթե խենթություն էր: Ես դա չարեցի «ցանցի» համար, ես դա արեցի, քանի որ ցանկանում էի լիարժեք փորձ ունենալ և առավելագույնս օգտագործել իմ ժամանակը այնպիսի հատուկ վայրում, ինչպիսին Օքսֆորդն է: Սա ինձ հիշեցնում է մի պատմություն այն մասին, թե որքան կարևոր է հավատարիմ մնալ ինքն իրեն:

Ես ստիպված էի թեզ գրել MIT-ում, քանի որ իմ ծրագիրը մագիստրոսի կոչում էր: Իմ սկզբնական ռազմավարությունն էր ընտրել թեմա, որը կօգնի ինձ աշխատանք գտնել: Կարծում էի, որ կենտրոնանալը նավթի և գազի ոլորտի վրա՝ հաշվի առնելով իմ փորձը՝ որպես նավթավերամշակման գործարանում քիմիական ինժեներ, կլինի էներգետիկ ոլորտում աշխատանք գտնելու «ավելի հեշտ» ճանապարհը։ Ես սկսեցի իմ թեզը գրել այս թեմայով, սակայն թեզը ձանձրացրեց ինձ, և ես շաբաթներ շարունակ նայեցի էկրանին։ Ի վերջո, ես ասացի. և որոշեցի փոխել ընթացքը և գրել մի բանի մասին, որն իսկապես հետաքրքրում էր ինձ՝ սմարթֆոնների օպերացիոն համակարգեր։ Տարբերությունն ակնթարթորեն ու պարզ էր, և թեզիս վրա անցկացրած յուրաքանչյուր պահը դարձավ ուրախալի։ Ես խանդավառությամբ ուսումնասիրեցի նոր ոլորտներ և ավելին իմացա շարժական էկոհամակարգի մասին։ Դուք կարող եք իրականում կարդալ իմ թեզը այստեղ [4], եթե ձեզ հետաքրքրում է։

Ես չպետք է վատնեի իմ ժամանակը էներգետիկ ոլորտի վերաբերյալ թեզ գրելով։ Թեզը, ամենայն հավանականությամբ, ամեն դեպքում խայտառակ կլիներ։ Ես խորապես գիտեի, որ ինձ դուր չի գալիս նավթագազային ոլորտը։ Ես սիրում եմ տեխնոլոգիան և սմարթֆոնները, բայց փորձում էի օպտիմալացնել աշխատանքին։

Ես հիմա կիսվում եմ այս պատմությամբ՝ ընդգծելու ձեր յուրահատուկ, տարօրինակ, գունեղ եսը ընդունելու առավելությունները և դիմադրելու պահանջին համապատասխանելու հիմնական հասարակության անլուր, բեժ, միջին միջին նորմերին։ Ավելի վաղ գրքում ես ասել էի. **Եղիր ինքդ և ամեն օր ավելի լավը դարձրու քեզ** ։ Այժմ ես ուզում եմ ընդլայնել այդ հայտարարությունը՝ ներառելով այն սկզբունքները, որոնք մենք դիտարկել ենք. **Հավատացեք ինքներդ ձեզ, եղեք ձեր իսկական եսը, դրեք արժեքների վրա հիմնված հավակնոտ նպատակներ և ամեն օր զարգացրեք ինքներդ ձեզ ձեր նպատակներին հասնելու համար։**

4. https://dspace.mit.edu/handle/1721.1/72854?show=full

Դուք պետք է ձեռնարկեք գործողություններ, որոնք համահունչ են ձեր յուրահատուկ արժեքներին, նպատակներին և շահերին: Կյանքը շատ կարճ է դրանից չվայելելու համար:

Աչանի Սամոն Բիաու. Ես իսկապես գնահատում եմ այն նրբերանգը, որը դուք նշեցիք վերջում: Որոշ ընթերցողներ կարող են պատռված զգալ իրենց լինելու և նոր փորձառությունների համար բաց լինելու միջև: Ձեր պարզաբանումը արժեքավոր է, քանի որ դուք խորհուրդ չեք տալիս բաց չլինել նոր բաների համար, այլ ավելի շուտ շեշտում եք այն բաների կարևորությունը, որոնք ձեզ ուրախություն են պատճառում: Այստեղ դուք կարող եք իսկապես բարգավաճել և հասնել առավելագույն կատարողականության և արդյունքների:

Olumide Ogunsanwo. Բացարձակապես, սա է այս գրքի էությունը: Մենք նախկինում նշել ենք, որ FIREDOM-ը ոչ միայն ֆինանսների, այլ այն կյանքով ապրելն է, որը դուք իսկապես ցանկանում եք: Իսկ ինչպե՞ս կարող ես ապրել այդ կյանքով, եթե չես կարողանում անել այն, ինչ ուզում ես: Ահա թե ինչու է ֆինանսական անկախությունն այդքան արժեքավոր: Երբ հասնում ես մի կետի, որտեղ բավականաչափ գումար ունես կյանքիդ մնացած մասը տևելու համար, ավելի շատ հնարավորություններ ունես անելու այն, ինչ ուզում ես: Առանց ֆինանսական անկախության, դուք կծախսեք ձեր մտավոր էներգիան և ժամանակը՝ փորձելով գումար աշխատել և անել այն, ինչ ձեզ ասում են ուրիշները:

FI-ի վերաբերյալ ամենակարևոր դասը իմ կյանքի այս գլխից այն է, որ ավելացնեք ձեր մարդկային կապիտալը, որպեսզի ավելին հասկանաք, թե ինչպես է աշխատում աշխարհը և մեծացնել ձեր եկամուտների ներուժը: Բացահայտեք ձեզ նոր մարդկանց և գաղափարների առաջ: Եղեք արկածախնդիր և դուրս եկեք ձեր հարմարավետության գոտուց՝ նոր բաներ փորձելու համար։ Ես հեշտությամբ կարող էի ընտրել մնալ Չիկագոյում և հաճախել բիզնես դպրոց Չիկագոյի համալսարանի Բոթում կամ Հյուսիսարևմտյան Քելլոգում։ Բայց որտեղ է զվարճությունն ու արկածը դրանում։ Շատ ավելի հետաքրքիր էր գնալ Օքսֆորդ, կրել իմ subfusc-ը (Օքսֆորդի քննության կոստյում) և գրել իմ թեստերը Քննական դպրոցների գեղեցիկ շենքում։

Ես կարող էի աշխատանք ընդունել Լոնդոնում, բայց շատ ավելի հուզիչ էր միանալ MIT-ին և ապրել բոլորովին նոր միջավայր։ Ես դեռ չէի ավարտել Օքսֆորդը, երբ սկսեցի MIT-ում։ Ես թռավ MIT՝ ավարտելու համար, վերադարձա Օքսֆորդ՝ ավարտելու, այնուհետև վերադարձա MIT՝ դասերը սկսելու համար։ Փառահեղ էր։ Ես չբավարարվեցի առօրյային, ես ընտրեցի արկածը։

Ես պետք է արկածախնդիր լինեի և փորձեի տարբեր բաներ՝ կյանքս շրջելու համար։ Այնուամենայնիվ, դուք չպետք է զգաք ձեր ամբողջ կյանքը փոխելու անհրաժեշտությունը արկածախնդրության համար։ Նույնիսկ եթե դուք արդեն ունեք կայուն աշխատանք կամ հաջողակ բիզնես, դուք դեռ կարող եք զարգացնել ինքներդ ձեզ և ընտրել արկածներ՝ ձեր հարմարավետության գոտուց դուրս հնարավորություններ ուսումնասիրելով։

Աչանի Սամոն Բիաու. Շնորհակալություն նման հետաքրքրաշարժ պատմությունով կիսվելու համար։ Ո՛չ դու, ո՛չ ես չհետապնդեցինք MBA-ներ՝ նպատակ ունենալով հասնել ֆինանսական անկախության։ Մենք ներքին մղում ունեինք գերազանցելու, անձնապես աճելու և նոր հնարավորություններ ուսումնասիրելու։ Դուք ցանկանում էիք փոխել ձեր կյանքի ընթացքը։ Չիկագոյում հետ մնալու և շարունակաբար աշխատանքի դիմելու փոխարեն՝ հուսալով, որ ամեն ինչ կբարելավվի, դուք համարձակ որոշում կայացրիք դուրս գալ ձեր հարմարավետության գոտուց և բավականին դրամատիկ բան անել։

Olumide Ogunsanwo. ԱՄՆ-ից հեռանալը զգալի ռիսկ էր պարունակում, քանի որ ես չունեի գրին քարտ կամ ԱՄՆ անձնագիր։ Բայց ես պատրաստ էի գնալ այդ ռիսկին, քանի որ ուզում էի փոխել իմ կյանքը։ Երբեմն պետք է պատրաստ լինել ռիսկի դիմելու։

Աչանի Սամոն Բիաու. Թվում է, թե վճռականությունը ընդհանուր թեմա է ձեր պատմության ընթացքում։ Դուք ունեիք այդ շարժառիթն ու կրակը, և երբեք չհանձնվեցիք։ Նույնիսկ այն ժամանակ, երբ աշխատանքի հեռանկարները չէին ստացվում, դուք մտաք Օքսֆորդ և որոշեցիք դուրս գալ միայն գիտնականների վրա կենտրոնանալու սահմաններից։ Որոշ մարդիկ կարող են փոխվելու ցանկություն ունենալ, բայց նրանք պատրաստ չեն անհրաժեշտ ջանքեր գործադրել։ Ուրիշի ստուգաթերթին հետևելը կարող է չհամընկնել ձեր սեփական նպատակների հետ, և նույնիսկ եթե դա համապատասխանում է, այն իրականացնելու համար անհրաժեշտ է այդ անձնական էներգիան։

Օլումիդ Օգունսանվո. Այդ սկզբնական կայծն ու մոտիվացիան շատ կարևոր են ձեզ առաջ մղելու համար։ Հիշում եմ, երբ ինձ հարցրեցին, թե ինչու էի այդքան վճռական տարիներ առաջ։ Ես ապշած էի, քանի որ կարծում էի, որ դա այն էր, ինչ բոլորն էին ցանկանում։ Ես ուզում եմ անհավանական բաներ անել։ Ես ուզում եմ փոփոխություն մտցնել։ Ես ուզում եմ ապրել այնպիսի կյանքով, որով հպարտանամ, որտեղ հավատարիմ եմ ինքս ինձ։

Սամոն, դու միանգամայն իրավացի ես։ Կարևոր է ունենալ այդ ներքին կրակը, ինքդ քեզ բարելավելու և կյանքիդ հետ ինչ-որ իմաստալից բան անելու մոտիվացիան։ Գտեք ձեր մեջ այդ կայծը և օգտագործեք այն՝ ձեզ դեպի ձեր նպատակներն ու կրքերը մղելու համար։ Մի համակերպվեք չկատարվող կյանքի հետ. պատկերացրեք այն կյանքը, որը ցանկանում եք և արեք այն, ինչ անհրաժեշտ է այն ստեղծելու համար։ Կհանդիպենք հաջորդ գլխում։

5B: Սամոնի բիզնես դպրոցի պատմությունը

Olumide Ogunsanwo. Սամոն, ես ոգևորված եմ խոսելու քո բիզնես դպրոցական ճանապարհորդության մասին: Սկսենք սկզբից: Ի՞նչը ստիպեց Ձեզ ի սկզբանե որոշել շարունակել բիզնես դպրոցը:

Աչանի Սամոն Բիաու. Ես առաջին անգամ սկսեցի մտածել բիզնեսի դպրոցի մասին, երբ աշխատում էի Գերմանիայում Deutsche Telekom Consulting-ում և ճանապարհորդում էի տարբեր երկրներ խորհրդատվական նախագծերի համար: Ես հասկացա, որ այն տեխնիկական աշխատանքը, որը ես անում էի, այնքան էլ գնահատված չէր, որքան ես ակնկալում էի: Իմ դերը վերաբերում էր բիզնես գործերի կառուցմանը և նոր հեռահաղորդակցության օպերատորների համար ռադիոցանցերի նախագծմանը, այն ժամանակ, երբ երկրները նոր բջջային օպերատորներ էին ավելացնում:

Թեև իմ տեխնիկական աշխատանքը բարդ էր, բայց ես հասկացա, որ ներկա չեմ եղել այն սենյակներում, որտեղ կարևոր որոշումներ են կայացվել: Այդ արտոնությունն ունեին հենց «մենեջմենթի խորհրդատուները», մինչդեռ իմ գործը նրանց աջակցելն էր: Ես ուզում էի նստել սեղանի շուրջ, որտեղ որոշումներ էին կայացվում:

Օլումիդ Օգունսանվո. հասկացա: Դուք տեխնիկական թիմի մի մասն էիք, բայց զգացիք, որ բիզնես թիմն ավելի հետաքրքիր աշխատանք կատարեց:

Աչանի Սամոն Բիաու. Ճիշտ է: Հարավային

Աֆրիկայում, Լիբիան և ԱՄԷ-ում իմ նախագծերի ընթացքում ես նկատեցի երկու դինամիկա, որոնք ազդեցին MBA-ի ուսման իմ որոշման վրա։ Նախ, Deutsche Telekom թիմերում կային «Տեխնիկական խորհրդատուներ» և «Առևտրային խորհրդատուներ»։ Ես պատկանում էի «Տեխնիկական խորհրդատուներ» խմբին, որը պատասխանատու էր ծրագրային վերլուծությունների և ֆինանսական կանխատեսումների վրա աշխատող «Առևտրային խորհրդատուներին» տվյալների տրամադրման համար։ «Առևտրային խորհրդատուները» հաճախ շփվում էին հաճախորդի կողմից ղեկավարների հետ, որոնք մեկ կամ երկու մակարդակով ցածր էին գործադիր տնօրենից։

Երկրորդ, մենք հաճախ հանդիպեցինք «մենեջմենթի խորհրդատուների» այնպիսի ընկերություններից, ինչպիսիք են BCG-ն և McKinsey-ն, ովքեր երբեմն աշխատում էին նույն հաճախորդների համար։ BCG-ի և McKinsey-ի կառավարման այս խորհրդատուները հիմնականում կաշխատեն մեր հաճախորդ ընկերության գործադիր տնօրենի հետ և կվերանայեն մեր Deutsche Telekom «Առևտրային խորհրդատուների» կողմից ներկայացված աշխատանքը՝ առաջարկելով խորհուրդներ հիմնական որոշումների վերաբերյալ։

Ինչ-որ կերպ ես ինձ կրկնակի հեռացված էի զգում որոշումների կայացման գործընթացից և մտածում էի իմ աշխատանքի իրական ազդեցության մասին ավելի մեծ պատկերի վրա։ Բիզնես տերմինաբանությունը, որն օգտագործվում էր BCG/McKinsey թիմերի կամ նույնիսկ մեր Deutsche Telekom «Առևտրային խորհրդատուների» կողմից, ինձ անծանոթ էր։ Ես չէի կարող չզգալ, որ իմ ներդրումն իսկապես արժեքավոր չէ։

Սա ինձ ստիպեց հարցնել, թե արդյոք ինձ

անհրաժեշտ է լրացուցիչ ուսուցում կարիերայում առաջխաղացման համար: Ես մտածում էի, թե արդյոք պետք է ավելի շատ գիտելիքներ ձեռք բերեմ բիզնեսի և ֆինանսների հայեցակարգերի մասին: Պարզապես գրքեր կարդա՞մ: 2010 թվականին ես բացահայտեցի MBA-ի հայեցակարգը և դրա ներուժը՝ բարձրացնելու իմ հմտությունները և բացելու նոր մասնագիտական հնարավորություններ: Մի քանի ամիս անց ես լրջորեն մտածեցի ծրագրին դիմելու մասին: Ես հավատում էի, որ իմ տեխնիկական փորձառությունը լրացնելով բիզնեսի ամուր ըմբռնմամբ, ինձ հնարավորություն կտա ավելի լավ աջակցել հաճախորդներին և ավելի էական ազդեցություն ունենալ:

Olumide Ogunsanwo. Սամոն, եկեք արագ շեղվենք ձեր պատմությունից և խոսենք անձնական զարգացման մասին: Բիզնես դպրոցը մեզ համար արժեքավոր էր, բայց մարդկանց մեծամասնության համար դա կարող է ճիշտ ուղի չլինել: Որոշ մարդիկ կարող են ընտրել այլընտրանքային ուղիներ անձնական աճի համար:

Մենք մի դարաշրջանում ենք, որտեղ մարդիկ կարող են սովորել այնպիսի հարթակներից, ինչպիսիք են YouTube-ը, Udemy-ն, edX-ը, Coursera-ն, Tik Tok-ը և շատ այլ MOOC-ներ (զանգվածային բաց առցանց դասընթացներ) և կայքերից: Ինչպե՞ս պետք է երիտասարդը որոշի անվճար դասընթացներ անցնելու, առցանց դասընթացների համար վճարելու կամ իրենց հմտություններն ու գիտելիքները բարձրացնելու համար պաշտոնական աստիճանի ծրագրում գրանցվելու միջև: Ուսուցման այսքան տարբեր տարբերակների առկայության դեպքում ինչպե՞ս նրանք կարող են փոխզիջում կատարել և որոշել լավագույնը իրենց կարիքների համար:

Աչանի Սամոն Բիաու. Իմ խորհուրդը երիտասարդին կլինի սկսել նպատակ դնելուց, այնուհետև բացահայտել այդ նպատակին հասնելու համար անհրաժեշտ հմտություններն ու ցանցերը: Հիմա եկեք խոսենք ձեր հարցի մասին: Իմ դեպքում ես ցանկանում էի ազդեցություն ունենալ և խորհրդատվական ծառայություններ մատուցել հաճախորդներին, ուստի հասկացա, որ կառավարման խորհրդատվությունն ակնհայտ ճանապարհն էր: Ես իմացա, որ կառավարման խորհրդատվական ընկերությունների մեծ մասը պահանջում է MBA: Այս մտքի գործընթացը պետք է տարբերվի յուրաքանչյուրի համար՝ կախված իր հանգամանքներից: Օրինակ, եթե ինչ-որ մեկն արդեն ունի Օքսֆորդի բակալավրի կոչում, նա կարող է օգտագործել իր շրջանավարտների ցանցը՝ աշխատանք գտնելու համար՝ առանց MBA-ի հետամուտ լինելու և փոխարենը հմտություններ ձեռք բերել Udemy-ի նման հարթակների միջոցով:

Հմտությունների զարգացումը շարունակական պրակտիկա է, ոչ միայն գիտելիքի մեկանգամյա ձեռքբերում: Հմտությունները զարգացնելու և ինքներդ կատարելագործելու տարբեր եղանակներ կան.

Նախ, ձեռք բերեք գործնական փորձ՝ աշխատելով մի ընկերությունում, որը մասնագիտացած է այն ոլորտում, որտեղ դուք ցանկանում եք գերազանցել: Եթե ցանկանում եք տիրապետել հաշվեկշիռներին, աշխատեք մի ընկերությունում, որը զբաղվում է հաշվեկշիռներով:

Երկրորդ, մտածեք գրանցվելու այնպիսի աստիճանի ծրագրում, ինչպիսին է MBA-ն կամ կոհորտային դասընթացը, որտեղ դուք կարող եք շփվել ուսուցիչների և հասակակիցների հետ և սովորել նրանց փորձից:

Վերջապես, դուք կարող եք ընտրել ինքնուրույն տեմպերով, ոչ ինտերակտիվ դասընթացներ կամ օգտագործել այլ մատչելի ուսումնական ռեսուրսներ:

Olumide Ogunsanwo. Անձնական զարգացումը

յուրաքանչյուր անհատի համար յուրահատուկ ճանապարհորդություն է, և կարևոր է որոշել, թե ուսուցման և ինքնակատարելագործման որ ձևն է լավագույնս համապատասխանում ձեր կոնկրետ հանգամանքներին: Հիշեք, որ դուք պատասխանատու եք ձեր զարգացման համար, ոչ թե ձեր ընկերությունը, ոչ ձեր ղեկավարը և հաստատ ոչ ձեր ուսուցիչները կամ հրահանգիչները: Ձեր ընկերությունը հոգ չի տանում ձեր մասին, և ինչպիսի ուսումնական նյութ էլ նրանք տրամադրեն, կօգնի ձեզ դառնալ ավելի լավ աշխատող, այլ ոչ թե օգնել ձեզ հասնել ձեր կյանքի նպատակներին և ապրել ազատ կյանքով:

Այսպիսով, դուք պետք է հավակնոտ նպատակներ դնեք (գայլիք գլուխը, 5C, կտրամադրի ավելի համապարփակ տեղեկատվություն այն մասին, թե ինչպես արդյունավետորեն նպատակներ դնել) և ստեղծեք անհատական զարգացման ծրագիր այդ նպատակներին հասնելու համար: Այս ծրագիրը կներառի ամենօրյա գործողություններ՝ ձևավորելով ինքնակատարելագործման սովորություն: Բարեբախտաբար, դուք ստիպված չեք լինի ընտրություն կատարել ուսուցման տարբեր տարբերակների միջև, քանի որ դրանք միմյանց բացառող չեն: Դուք կարող եք ժամանակ հատկացնել մի քանի տարբերակների միաժամանակ, օրինակ՝ դիտելով YouTube-ի տեսանյութեր edX-ի դասընթացների ընթացքում կամ մագիստրոսական ծրագրին հետևելիս և ձեր ուսումը լրացնելով Coursera-ով:

Լավ նորությունն այն է, որ ուսուցման շատ տարբերակներ դառնում են ավելի մատչելի, և իրականում շատ դասընթացներ անվճար են: Այնուամենայնիվ, MBA-ի նման համալսարանական աստիճանները կարող են թանկ լինել, ուստի կարևոր է դիտարկել այլընտրանքները և ներդրումների վերադարձը նախքան դրանք հետապնդելը:

Վատ նորությունն այն է, որ դուք պետք է ոգևորվեք և ոգևորվեք նոր հմտություններ սովորելու և ձեր մարդկային կարողությունները զարգացնելու համար։ MOOC-ների ավարտման մակարդակը սովորաբար ցածր է՝ տատանվում է 5%-ից մինչև 15%։ Այդ իսկ պատճառով մենք ընդգծեցինք հավակնոտ նպատակներ դնելը և ապագա կյանքի տեսլական ստեղծելը, որը ձեզ հուզում է։ Երբ դուք իսկապես ոգևորված եք ձեր պոտենցիալ ապագայով, ավելի հավանական է, որ դուք հավատարիմ կլինեք ամեն օր անձնական զարգացմանը։

Ինչևէ, դրանով, Սամոն, վերադառնանք քո պատմությանը։

Աչանի Սամոն Բիաու. Ես սկսեցի ուսումնասիրել և պատրաստվել GMAT-ին և դիմեցի մի քանի ամերիկյան դպրոցներ։ Ես ստացել եմ մերժման նամակ MIT-ից, որն իմ ինժեներական հեղինակության շնորհիվ իմ լավագույն ընտրություններից մեկն էր։ Դա ծանր հարված էր։ Այնուամենայնիվ, ես այնուհետև ընդունման նամակ ստացա Սթենֆորդից, որը կարծես վավերացնում էր, քանի որ երկու դպրոցներն էլ ունեին ուժեղ ինժեներական ծրագրեր։

Բիզնես դպրոց դիմելու իմ փորձից երկու հիմնական ակնարկներն էին.

Նախ, ես մնացի հետաքրքրասեր և ուշադրություն դարձրի, թե ինչ են անում մյուսները։ Deutsche Telekom-ի «առևտրային խորհրդատուների» և BCG-ի և McKinsey-ի կառավարման խորհրդատուների վերաբերյալ իմ հետաքրքրասիրությունը առաջացրեց իմ հետաքրքրությունը MBA ծրագրերի նկատմամբ։ Ես հաճախ փորձում էի մասնակցել մենեջմենթի հանդիպումներին, որտեղ McKinsey-ն կամ BCG-ն ներկայացնում էին հաճախորդներին՝ պարզապես դիտելու նրանց վերլուծությունները և սլայդները։ Ես ցանկանում էի սովորել այն, ինչ չգիտեի, որը չգիտեի։ Իմ դպրոցական ընկերներից շատերը չունեին նույն մակարդակի հետաքրքրասիրությունը:

Երկրորդ, կարևոր է միշտ ձգտել լավագույնին և վստահ լինել, որ կարող ես հասնել ամեն ինչի: Ես երբեք չեմ տեսել, որ McKinsey-ի կամ BCG-ի խորհրդատուները ավելի բարձր մակարդակի վրա են, կամ չեմ կարծում, որ նրանց կարիերան ինձ համար անհասանելի է: Պարզապես այն հարցն էր, թե արդյոք ես կարող եմ ոգևորվել նրանց կատարած աշխատանքով: Եթե ինձ համար հետաքրքիր լիներ, ես ճանապարհ կգտնեի միանալու այդ ընկերություններին: Ինքնավստահությունը շատ կարևոր է:

Olumide Ogunsanwo. Կարևոր է երախտագիտություն ցուցաբերել և շնորհակալ լինել ձեր ունեցածի համար, բայց դա չի նշանակում, որ դուք պետք է ինքնագոհ լինեք: Դուք պետք է շարունակեք փնտրել ձեր իրավիճակը բարելավելու հնարավորություններ: Սամոն, քո պատմությունը դա լավ է ցույց տալիս: Դուք հիանալի աշխատանք ունեիք Deutsche Telekom-ում, ճանապարհորդեցիք աշխարհով մեկ և լավ եկամուտ ստացաք: Դուք երախտապարտ էիք փորձի համար, բայց դեռ ցանկություն ունեիք աճելու և կատարելագործվելու: Կարևոր է երախտագիտության հավասարակշռությունը հնարավորությունների որոնման հետ: Առանց հնարավորությունները ուսումնասիրելու երախտագիտություն հայտնելը հանգեցնում է լճացման, իսկ հնարավորությունների ուսումնասիրությունն առանց երախտագիտության՝ հանգեցնում է դժգոհության և դժգոհությունների:

Աչանի Սամոն Բիաու. Ես լիովին համաձայն եմ: Ես ունեի այն, ինչ ես անվանում եմ «անթերի մտածելակերպ»: Ես երբեք հարմարավետ չեմ եղել այնպիսի դիրքում, որտեղ ես անհաջողակ չեմ: Ես անընդհատ մարտահրավերներ էի փնտրում և ինձ դրդում բարձրանալ ավելի բարձր և գերազանցել իմ սահմանները: Բիզնես դպրոցում իմ ճանապարհորդության ընթացքում ես սովորեցի մի քանի կարևոր բան.

Նպատակներ դնելը կարևոր է նոր բան սկսելիս: Եթե դուք դժվարանում եք բացահայտել ձեր նպատակները, կենտրոնացեք սովորելու կամ ուսումնասիրելու վրա, որոնք իսկապես հետաքրքրում են ձեզ: Ինձ համար իմ նպատակն էր ազդել որոշումների կայացման վրա, և այդ ժամանակ փողն իմ առաջնահերթությունը չէր: Չնայած ես լավ էի վաստակում Deutsche Telekom-ում, ես գիտեի, որ պետք է մակարդակի բարձրացնեմ իմ գիտելիքները: Այնուամենայնիվ, ես հասկացա, որ այս նպատակը բավականին լայն է: Հետ նայելով՝ ես հայտնաբերեցի, որ մարդիկ բիզնես դպրոց են հաճախում երեք հիմնական պատճառով՝ ակադեմիական, կարիերայի առաջխաղացում և ցանցային հնարավորություններ:

Olumide Ogunsanwo. Այո, բիզնես դպրոց սկսելուց հետո հասկացաք, որ կա ռազմավարական մոտեցում MBA ճանապարհորդությանը: Դուք կարող եք ընտրել կենտրոնանալ գիտնականների, աշխատանք ապահովելու կամ ցանց կառուցելու վրա: Սա ինձ հիշեցնում է հարմարվողական նպատակների սահմանման հայեցակարգը, որը դուք և ես քննարկել ենք այս գիրքը գրելիս:

Աչանի Սամոն Բիասու. Այո, եկեք խոսենք հարմարվողական նպատակների սահմանման մասին: Երբ խորհուրդ եք փնտրում ուրիշներից, ովքեր անցել են նմանատիպ փորձառության միջով, ինչ դուք պատրաստվում եք սկսել, շատ կարևոր է հասկանալ այն համատեքստը և նպատակները, որոնք նրանք ունեին այն ժամանակ: Երբ խորհուրդ էի տալիս BCG-ի համար արևմտյան կամ մերձավորարևելյան գրասենյակների միջև ընտրության վերաբերյալ, ես միշտ փորձում էի հասկանալ, թե ինչի համար է մարդը օպտիմալացնում, երբ ընտրություն կատարեց։

Olumide Ogunsanwo. Մի ընդունեք խորհուրդներ առանց հասկանալու դրա հիմքում ընկած պատճառաբանությունը և առանց այն հարմարեցնելու ձեր յուրահատուկ իրավիճակին։ Նրանց կոնկրետ իրավիճակները կարող են ձեզ համար համապատասխան չլինել։

Աչանի Սամոն Բիաու. Այո, ես խոսեցի մարդկանց հետ՝ հասկանալու համար, թե ինչ նպատակներ են ունեցել նրանք բիզնես դպրոցից։ Ես ուզում էի հասկանալ, թե ինչպես են նրանց գործողությունները բիզնես դպրոցում համապատասխանում իրենց հետբիզնես դպրոցական ծրագրերին։

Olumide Ogunsanwo. Օրվա վերջում շատ կարևոր է հիշել, որ դա ձեր կյանքն է, և դուք եք, ով պետք է որոշումներ կայացնի, որոնք համահունչ են ձեր կոնկրետ նպատակներին և արժեքներին։ Բայց դուք պետք է այդ որոշումները կայացնեք՝ հիմնվելով ամբողջական համատեքստի համապարփակ ընկալման վրա։

Օրինակ, կերակուր ընտրելիս պարզապես չէիք գնա առաջին ռեստորան և պատահականորեն ճաշատեսակ ընտրեք։ Դուք կարող եք ուսումնասիրել տարբեր ռեստորանների ճաշացանկերը, հաշվի առնել ձեր հետաքրքրությունները և ընտրել ձեր նախասիրություններին համապատասխան կերակուր։ Այս մոտեցումը երաշխավորում է, որ դուք տեղեկացված որոշում կայացնեք՝ հաշվի առնելով բոլոր առկա տարբերակները, այլ ոչ թե բավարարվելով սահմանափակ տեղեկատվության վրա հիմնված ոչ այնքան օպտիմալ ընտրությամբ։

Աչանի Սամոն Բիաու. Երբ ես սկսեցի MBA ծրագիրը, ես վստահ չէի, թե ինչպես առաջնահերթություն տալ Սթենֆորդի տարբեր հնարավորություններին։ Ես խորհուրդ խնդրեցի դասընկերներից, ովքեր կարծես թե այդ խնդիրը չունեին։ Ես սկսեցի հարցնելով Սթենֆորդ հաճախելու նրանց նպատակների և մինչ այժմ կատարած ընտրությունների մասին։ Մեր քննարկումներից ես ստացա հետևյալ պատկերացումները.

Նախ՝ նպատակահարմար է հարաբերություններ հաստատել դասախոսների և պրոֆեսորադասախոսական կազմի անդամների հետ։ Նույնիսկ եթե վստահ չեք, թե ինչ կարող է դուրս գալ այդ կապերից, խելամիտ կլինի նրանց հետ շփվել՝ հաճախելով աշխատանքային ժամերին կամ սուրճի հանդիպումներ կազմակերպելով։

Երկրորդ, ձեռնտու է օգտվել հնարավորություններից՝ ուսումնասիրելու տարբեր կարիերայի ուղիներ։ Ես հայտնաբերեցի, որ իմ հասակակիցներից ոմանք պրակտիկա էին անցնում վենչուրային կապիտալի (VC) ընկերություններում իրենց MBA ուսումնասիրություններին զուգահեռ։ Դրանով հետաքրքրված՝ ես դիմեցի և ընդունվեցի VC-ի պրակտիկայի համար։ Թեև իմ սկզբնական ուշադրությունը կենտրոնացած էր կառավարման խորհրդատվական աշխատանք ստանալու վրա, ես բաց մնացի այլ ոլորտներ ուսումնասիրելու համար։

Olumide Ogunsanwo. Դուք ստացել եք այդ հնարավորությունը, որովհետև հետաքրքրասեր էիք։ Մենք նախկինում խոսել ենք հետաքրքրասիրության կարևորության մասին ֆինանսական անկախության հասնելու համար։ Ես ուզում եմ կրկին ընդգծել, թե որքան կարևոր է ուսումնասիրել այն, ինչ ձեր անմիջական ուշադրությունից դուրս է։ Ավելի հետաքրքրասեր դառնալու ռազմավարություններից մեկը շատ մարդկանց հետ շփվելն է, ովքեր հետաքրքիր բաներ են անում։

Աչանի Սամոն Բիաու. Որոշ մարդիկ հստակ գիտեն, թե ինչ են ուզում, բայց եթե վստահ չեք, կարևոր է խոնարհ լինել այն ամենի վերաբերյալ, ինչ գիտեք և ինչ չգիտեք: MBA-ն ավարտելուց հետո իմ նպատակն էր մուտք գործել կառավարման խորհրդատվության ոլորտ, բայց ես բաց մնացի այլ հնարավորությունների համար, որոնք կօգնեն ինձ հասնել իմ վերջնական նպատակին՝ լինել որոշումներ կայացնող դերերում:

Օրինակ, իմ VC-ի պրակտիկայի ընթացքում ես ծանոթացա վենչուրային կապիտալի ոլորտին: Ես իմացա, որ ստարտափներում ցանկալի դիրքեր ապահովելը հաճախ ներառում է աշխատել որպես VC գործընկեր, այնուհետև անցնել հաջողակ պորտֆելի ընկերություններից մեկին: Առանց այդ բացահայտման, ես չէի իմանա այս ճանապարհի մասին: Ի վերջո, դա չփոխեց իմ ընթացքը, թեև առաջարկներ ունեի խորհրդատվականից, մեծ տեխնոլոգիաներից և VC-ից: Սակայն այդ գիտելիքների շնորհիվ կարողացա առաջարկները ճիշտ կշռադատել:

Olumide Ogunsanwo: Սա ամբողջական պատմությունն է այն մասին, թե ինչպես դուք գնացիք Ստենֆորդ դիմելու մտքից իրականում դիմելու, ընդունվելու և այնտեղ ձեր ժամանակն առավելագույնս օգտագործելու ռազմավարության վրա: Այժմ, կարո՞ղ եք մեզ հետամուտ լինել ձեր կյանքի այս գլխի ավարտին: Ինչպե՞ս վերջապես ավարտեցիք ձեր ժամանակը Սթենֆորդում: Ի՞նչ տեղի ունեցավ ձեր բիզնես դպրոցի փորձի վերջին հատվածում, և ի՞նչը ստիպեց ձեզ ընտրել BCG խորհրդատվական առաջարկը:

Աչանի Սամոն Բիաու. Թույլ տվեք կիսվել ևս մեկ արագ պատմություն բիզնես դպրոցի սկզբի մասին: Ես որոշեցի համատեղ կրթություն ստանալ կրթության ոլորտում՝ առավելագույնի հասցնելու իմ ներդրումների արժեքը: Սթենֆորդում ուսման վարձերը մոտ 200 անգամ ավելի բարձր էին, քան իմ ամբողջ բակալավրիատի համար վճարած ուսման վարձը։ Ես ի վերջո վճարեցի ավելի քան 100,000 դոլար ուսման համար միայն Սթենֆորդում, մինչդեռ Ֆրանսիայում իմ ուսման վարձը երբեք չէր գերազանցում միջինը մի քանի հարյուր եվրոն։

Օլումիդ Օգունսանվո. Օ՜, Աստված իմ։

Աչանի Սամոն Բիաու. Ես ուզում էի առավելագույնս օգտագործել իմ ժամանակը Սթենֆորդում, այնպես որ, երբ ես էլեկտրոնային փոստ ստացա համատեղ կրթություն ստանալու հնարավորության մասին, ես դա տեսա որպես կատարյալ հնարավորություն՝ նաև կրթություն ստանալու համար՝ հաշվի առնելով իմ ապագա ծրագրերը։ դպրոցների կառուցում։ Իմ համադասարանցիներից ոմանք խորհուրդ տվեցին շատ չզբաղվել և պոտենցիալ փչացնել իմ MBA-ի փորձը, բայց ես հարգանքով բացատրեցի, որ իմ նպատակը ոչ միայն փորձից հաճույք ստանալն է, այլ ընդլայնել ապագայի իմ տարբերակները։

Այժմ, անցնելով իմ բիզնես դպրոցական ճանապարհորդության վերջին հատվածին։ Ես երկու հզոր դասընթաց անցա Սթենֆորդում։ Դրանցից մեկը կոչվում էր «Միջանձնային դինամիկան», որտեղ մենք փոքր խմբերում գաղտնի քննարկումներ ունեցանք՝ հասկանալու համար, թե ինչպես են ուրիշներն ընկալում մեզ։ Մյուս դասընթացը «Անող ձեռնարկությունների կառավարումն» էր, որն օգտագործում էր սիմուլյացիաներ՝ սովորեցնելու այնպիսի հմտություններ, ինչպիսիք են աշխատակիցներին հեռացնելը, նոր կադրեր հավաքագրելը և բացասական արձագանքներ տալը։

Հետաքրքիրն այն է, որ այս երկու դասընթացներն ամենաարժեքավորն են ուսման առումով, նույնիսկ ավելին, քան ֆինանսների դասերը։ Դա ինձ ստիպեց հասկանալ, որ ես կարող էի ինքնուրույն սովորել այդ ֆինանսներն ու դժվար հմտությունները, բայց այն փափուկ հմտությունները, որոնք ես ձեռք բերեցի այդ երկու դասընթացներից, անգին էին։

Դասը, որ ես քաղեցի այս փորձից, այն է, որ նոր միջավայր մտնելիս շատ կարևոր է ունենալ հստակ նպատակներ և կատարել գործողություններ, որոնք համահունչ են այդ նպատակներին։ Փնտրեք ուրիշներին, ովքեր կիսում են ձեր նպատակները և սովորեք նրանց փորձից՝ կույր կետերից խուսափելու համար։

Olumide Ogunsanwo. Ձեր պատմությունը իսկապես ցույց է տալիս ձեր սերը օպտիմալացման նկատմամբ։ Դուք նոր իրավիճակի մեջ հայտնվեցիք Սթենֆորդի բիզնես դպրոցում և անմիջապես սկսեցիք պարզել, թե ինչպես օպտիմալացնել ձեր ժամանակը այնտեղ՝ դրանից լավագույնը ստանալու համար։

Ֆինանսական անկախության հասնելու համար կարևոր է կենտրոնանալ ձեր կյանքի օպտիմալացման վրա։ Այնուամենայնիվ, դա կարող է տեղի ունենալ միայն այն բանից հետո, երբ դուք նպատակներ դնեք, որոնք կհուզեն ձեզ և քայլեր ձեռնարկեք՝ պարզելու, թե ինչն է պետք փոխել կամ օպտիմալացնել այդ նպատակներին հասնելու համար։ «Բարձր արդյունավետ մարդկանց յոթ սովորությունները» հիանալի գրքում առաջին սովորությունը նախաձեռնող լինելն է՝ մի հատկանիշ, որը նման է օպտիմալացմանը։ Այլընտրանքը կյանքը ընդունելն է այնպես, ինչպես որ կա, ինչը կարող է դժվարացնել ֆինանսական անկախության հասնելը։

Աչանի Սամոն Բիաու. Ցավոք, հասարակությունը հաճախ մեզ խրախուսում է խուսափել որոշումներ կայացնելուց, ինչը հանգեցնում է ինքնագոհության։ Օրինակ, Amazon-ի կիրառած ալգորիթմները խորհուրդ են տալիս գրքեր և ռեստորաններ՝ հիմնվելով մեր անցյալի նախասիրությունների վրա։ Այս մոտածելակերպը մեզ համար դժվարացնում է մեր նպատակներին հասնելու համար պահանջվող քրտնաջան աշխատանքը, քանի որ մենք ավելի ու ավելի ենք կախված ուրիշներից՝ մեզ փոխարեն որոշումներ կայացնելու համար։

Այնուամենայնիվ, որդեգրելով այս մտածելակերպը՝ մենք վտանգում ենք կորցնել մեր հետաքրքրասիրության զգացումը և կախված լինել ուրիշներից մեր երջանկության համար։ Ի վերջո, մեզնից է կախված՝ ինքնուրույն որոշումներ կայացնելը և պատասխանատվություն կրել մեր կյանքի համար։

Olumide Ogunsanwo. Դուք գիտեք, թե որն է լավագույնը ձեր կյանքի համար, քանի որ դուք ինքներդ ձեզ ավելի լավ եք հասկանում, քան որևէ մեկը, ով պարտադրում է ձեզ իր տեսակետը։ Եթե դուք անընդհատ փնտրում եք արտաքին վավերացում և աջակցություն, դուք կարող եք ավելի հեռու մնալ այնտեղից, որտեղ ցանկանում եք լինել։

Ձեր պատմության մեջ շատ մեծ սկզբունքներ կան։ Մենք քննարկեցինք նպատակների սահմանումը, և ես կավելացնեի նաև անձնական զարգացումը, քանի որ ոչ բոլորն են ցանկանում գնալ բիզնես դպրոց կամ լրացուցիչ աստիճաններ ստանալ։ Այս գլուխը բիզնեսի դպրոցի մասին է, բայց, ի վերջո, այն մեծացնում է ձեր մարդկային կապիտալը, հմտությունները և ցանցը՝ ձեր կյանքի նպատակներին հասնելու համար։

Աչանի Սամոն Բիաու. Սթենֆորդի իմ ընկերներից ոմանք ցանկանում էին միանալ ստարտափներին, մինչդեռ ես հետաքրքրված էի կառավարման խորհրդատվությունով, VC-ով կամ Google-ի և Microsoft-ի նման խոշոր տեխնոլոգիական դերերով։ Հետաքրքիր է, որ այն անհատներից շատերը, որոնց ես համարում էի, որ հստակ ուղղորդվածություն ունեն, մեծ կորպորացիաներում պաշտոններ չէին զբաղեցնում։ Փոխարենը, նրանք նպատակ ունեին ստեղծել իրենց սեփական ստարտափները կամ միանալ վաղ փուլի ընկերություններին։

Այդ ժամանակ ես իմացա «եռյակ հարյուր» հասկացության մասին։ Եռյակ հարյուրը կանոն է, որն օգնում է ձեզ ընտրել, թե որ ստարտափին միանալ կարճ ժամանակում մեծ գումար վաստակելու ավելի մեծ հնարավորության համար։ Կանոնն այն է, որ թիրախավորվեն այն ստարտափները, որոնց տարեկան եկամուտը տարեկան աճում է 100% կամ ավելի, 100 միլիոն դոլարի հասույթի հասնելու ճանապարհին և 100-ից քիչ աշխատակիցներով։ Եթե դուք նման ընկերությանը միանում եք կառավարչական մակարդակով կամ ավելի բարձր՝ ողջամիտ սեփական կապիտալով, դուք կարող եք ունենալ միլիոնավոր սեփական կապիտալ 5-7 տարում, եթե ընկերությունը ձեռք բերվի կամ դուրս գա հանրությանը։ Բիզնես դպրոցի իմ դասընկերներից շատերը կենտրոնացած էին այս սկզբունքը կիրառելու և նման ստարտափներում դերերի համար ակտիվորեն հավաքագրվելու վրա։

Olumide Ogunsanwo. Կյանքը չի գնում կանխորոշված ճանապարհով։ Այն ծավալվում է ոչ թե դետերմինիստական, այլ հավանականականորեն։ Եռակի հարյուրի ձեր նկարագրությունից, դա միանշանակ ավելի բարձր ռիսկային ռազմավարություն է՝ պոտենցիալ ավելի բարձր պարգևներով՝ համեմատած խոշոր տեխնոլոգիական ընկերությանը միանալու հետ։

Աչանի Սամոն Բիաու. Ես չսովորեցի եռյակի մասին, քանի որ չէի խոսել բավականաչափ մարդկանց հետ՝ հասկանալու իրենց ֆինանսական նպատակները և ինչպես էին նրանք կարծում, որ կարող են հասնել դրանց։ Ես այդ հարցերը չտվեցի, քանի որ իմ տեսակետը սահմանափակ էր։ Երբ դուք հետաքրքրասեր եք, կարող եք գտնել այնպիսի տեղեկություններ հավաքելու ուղիներ, որոնք գուցե ակնհայտ չեն, բայց դա որոշակի մտածելակերպ է պահանջում։

Olumide Ogunsanwo. Փաստորեն, այս գիրքը բոլորի համար է, ովքեր հետաքրքրասեր են և ցանկանում են սկսել կամ արագացնել իրենց ճանապարհորդությունը դեպի ֆինանսական անկախություն։ Սամոնը և ես աֆրիկացի ներգաղթյալներ ենք, ուստի ես ենթադրում եմ, որ ընթերցողներից շատերը կարող են լինել ներգաղթյալներ, փոքրամասնություններ, արտագաղթածներ կամ կողմնակի մարդիկ, թեև սկզբունքները վերաբերում են բոլորին։ Որպես կողմնակի մարդիկ, մենք կարող ենք մեծ օգուտ քաղել հետաքրքրասիրությունը զարգացնելուց, քանի որ էկոհամակարգի մյուս անդամներն արդեն լավ կապված են և ծանոթ են միմյանց հետ։ Մեզ մնում է սովորել, թե ինչպես է խաղում խաղը, որը կարող է դժվար լինել։ Այնուամենայնիվ, հետաքրքրասեր լինելով և հարցեր տալով՝ մենք կարող ենք ավելի խորը պատկերացում կազմել էկոհամակարգի և դրա աշխատանքի մասին, ինչը, ի վերջո, կօգնի մեզ հաջողության հասնել։

Աչանի Սամոն Բիաու. Բիզնես դպրոցում սովորելու վերջին ամիսներին ես շատ ժամանակ էի ծախսում մտածելու, թե ինչ կարող էի ավելի լավ անել և ժամանակ հատկացնելով հանգստանալու և ընկերություն ստեղծելու համար։

Olumide Ogunsanwo. Սամոն, դու ունեիր երկու նպատակ՝ կառավարման խորհրդատու դառնալու կարճաժամկետ և միջնաժամկետ նպատակ և դպրոցներ կառուցելու երկարաժամկետ կրթական նպատակ։

Աչանի Սամոն Բիաու. Այո, ի սկզբանե իմ նպատակն էր դառնալ կառավարման խորհրդատու։ Բայց երբ ես գրում էի իմ դիմումի շարադրությունը, ես սկսեցի մտածել իմ կյանքի ձգտումների մասին, ինչը ինձ ստիպեց զարգացնել դպրոց կառուցելու և կրթության մեջ դրական ազդեցություն ունենալու երկրորդ նպատակը։ Այս գիտակցումը ոգեշնչեց ինձ շարունակելու երկրորդ մագիստրոսի կոչումը կրթության ոլորտում, որը, կարծում եմ, կզինի ինձ անհրաժեշտ հմտություններով իմ նպատակներին հասնելու համար։

Այնուամենայնիվ, երբ ես մոտենում էի իմ բիզնես դպրոցական ճանապարհորդության ավարտին, իմ առաջնահերթությունները սկսեցին փոխվել։ Ես հասկացա, որ այն, ինչ ես իսկապես ցանկանում էի, այն էր, որ լինեի այնպիսի դիրքում, որտեղ ես կարող եմ ազդեցիկ որոշումներ կայացնել, այլ ոչ թե պարզապես խորհուրդ տալ ուրիշներին։ Հարց տալով, թե ինչու է խորհրդատվությունը ազդեցություն թողնելու միակ ճանապարհը, ես հասկացա, որ անհրաժեշտ է զարգացնել իմ սեփական հմտությունները փոփոխություններ ստեղծելու համար։ Այսպիսով, ես խորհրդատվությունը դիտեցի որպես վերապատրաստման հարթակ, որտեղ կարող էի ձեռք բերել անհրաժեշտ հմտություններ կրթության մեջ փոփոխություն մտցնելու համար։ Իմ MBA-ի ավարտին Սթենֆորդի բրենդ ունենալն ինձ համար ավելի կարևոր դարձավ, քան BCG ապրանքանիշի իմ ռեզյումեում ավելացնելը։

Ես այլևս արտաքին վավերացման կարիք չէի զգում։ Ես գոհ էի իմ գտնվելու վայրից և երախտապարտ էի իմ ճանապարհին հայտնված հնարավորությունների համար։ Այս ճանապարհորդությունն ինձ սովորեցրեց առաջնահերթություն տալ ազդեցությանը և կենտրոնանալ աշխարհում իմաստալից տարբերություն ստեղծելու վրա։

Olumide Ogunsanwo. Սամոն, կարո՞ղ ենք ուսումնասիրել, թե ինչ ասացիք վավերացման մասին։ Ես զգում եմ, որ մենք հենց հիմա թերապիայի սեանս ենք անում։ Ի՞նչ նկատի ունեք ապրանքանիշի վավերացում ասելով։

Աչանի Սամոն Բիաու. Երբեմն ինչ-որ բանի հասնողների և չհասածների միջև տարբերությունը կայանում է ոչ միայն գիտելիքի, այլև անվստահության մեջ։ Իմ ընկերներից շատերը միայն հավատում էին, որ կարող են մտնել Սթենֆորդ, երբ ես դա արեցի։ Մինչ այդ նրանք վստահության պակաս էին զգում։

Համալսարանական ապրանքանիշերն ապահովում են վստահության որոշակի մակարդակ։ Այնուամենայնիվ, ես չեմ կարծում, որ դա ճիշտ վստահության տեսակ է, քանի որ այն հիմնված է արտաքին վավերացման վրա։ Վստահության վերջնական ձևը գալիս է իմանալուց, որ դուք լիարժեք և բավարար եք ձեր ներսում։ Երբ դուք աճում եք և աշխատում եք ձեր նպատակներին հասնելու համար, դուք հասկանում եք, որ ոչ ոք ձեզանից լավը չէ, և դուք կարող եք դառնալ այն, ինչ ցանկանում եք լինել։

Օլումիդ Օգունսանվո. Դա հիանալի էր։ Երբ դուք կարդում եք այս գիրքը և ուսումնասիրում մեր պրոֆիլները, դուք կարող եք վախենալ մեր արտաքին նշաններից, ինչպիսիք են Սամոնի Սթենֆորդի և BCG-ի անցյալը կամ իմ կրթությունը Օքսֆորդում և MIT-ում։ Այնուամենայնիվ, կարևոր է հիշել, որ ինքնավստահությունն ու ինքնարժեքը բխում են ներսից, ոչ թե արտաքին վավերացումից։

Այս գիրքը ֆինանսական անկախության հասնելու մասին է, բայց ինչպես նախկինում նշեցինք, այն նաև անձնական զարգացման մասին է։ Անձնական աճը սկսվում է ներդաշնակությունից և ուժեղ մտածելակերպ զարգացնելուց։ Ինքնավստահությունն ու ինքնարժեքը կարող են վերացական թվալ, բայց դրանք էական են անձնական զարգացման համար։ Առանց ինքներդ ձեզ հավատալու, դուք, ամենայն հավանականությամբ, կհանդիպեք խոչընդոտների, երբ բացահայտեք ինքներդ ձեզ և նպատակներ դնեք։ Ճանապարհորդությունը սկսելու համար դուք պետք է հավատաք ինքներդ ձեզ։ Թեև օգնություն և աջակցություն փնտրելը կարևոր է, դուք պետք է տեր կանգնեք ձեր ինքնազարգացմանը և հավատաք ձեր նպատակներին հասնելու ձեր կարողությանը։

Աչանի Սամոն Բիաու. Ամենաարժեքավոր դասը, որը ես սովորեցի բիզնեսի դպրոցի իմ փորձից, վստահություն ձեռք բերելն էր, սկզբում արտաքին վավերացման, իսկ ավելի ուշ՝ ներքին վավերացման միջոցով։ Երբ հասունացա, սկսեցի բոլորին հավասար տեսնել։ Այս մտածելակերպն ինձ թույլ տվեց երկարաժամկետ նպատակներ դնել, ինչպիսիք են ֆինանսական անկախության ձեռքբերումը և դպրոցների կառուցումը Աֆրիկայում։ Այնուամենայնիվ, ես չէի ուզում հույս դնել ուրիշների վրա այս նպատակներին հասնելու համար։ Վստահությունը, որը ես զարգացրեցի, ստիպեց ինձ հասկանալ, որ ես բավականաչափ կարևոր էի իմ կարիերայի ուղին որոշելու համար։ Այն վերադարձրեց ազատության զգացումը, որը ես ունեի որպես երեխա, ինձ հնարավորություն տալով հետամուտ լինել այն ամենին, ինչ ուզում էի։

Օլումիդ Օգունսանվո. Սա այն արդյունքն է, որին Սամոնը հասավ իր բիզնես դպրոցական ճանապարհորդության ընթացքում։ Այնուամենայնիվ, կարևոր է նշել, որ բիզնես դպրոց հաճախելը կամ մագիստրոսի կոչում ստանալը անհրաժեշտ չէ այս արդյունքին հասնելու համար։ Հիմնական բանը ձեր ինքնագնահատականը հասկանալն է, ձեր ներուժը որպես մարդ ճանաչելը և դա օգտագործել կյանքում ձեր նպատակներին և ցանկություններին հասնելու համար։ Կհանդիպենք բոլորիդ հաջորդ գլխում։

5C. Նպատակների սահմանման և անձնական զարգացման սկզբունքները

Օլումիդ Օգունսանվո. Եկեք փոխենք արագությունը և քննարկենք կոնկրետ սկզբունքներ, որոնք կարող են արագացնել ֆինանսական անկախության ճանապարհը: Նպատակ դնելու և անձնական զարգացման սկզբունքները կքննարկենք երեք բաժիններում: Նախ, մենք կսահմանենք այս սկզբունքները: Երկրորդ, մենք կուսումնասիրենք, թե ինչպես նրանք կարող են արագացնել ֆինանսական անկախության ճանապարհը: Եվ երրորդ, մենք խորհուրդ կտանք մի քանի գրքեր, որտեղ դուք կարող եք ավելին իմանալ այս սկզբունքները մշակելու և կիրառելու մասին:

Սկսենք նպատակ դնելով: Նպատակ դնելը գործընթացն է՝ բացահայտելու մի բան, որին ցանկանում եք հասնել և ստեղծել ռազմավարական ճանապարհային քարտեզ՝ ձեր ձգտումները դրսևորելու համար: Մենք քննարկել ենք այնպիսի սկզբունքներ, ինչպիսիք են ինքնավստահությունը, ինքնավստահությունը, հետաքրքրասիրությունը, անկախ մտածողությունը, փառասիրությունը և քաջությունը: Մենք նաև անդրադարձանք FTE-ի հայեցակարգին, երբ անհատը հասնում է հատակին և գիտակցում է անհապաղ փոփոխությունների անհրաժեշտությունը: Այժմ ժամանակն է ուղղել ձեր մտածելակերպն ու քաջությունը՝ ստեղծելու լայն տեսլական, սահմանել կոնկրետ հավակնոտ նպատակներ և ամենօրյա գործողություններ ձեռնարկել այդ նպատակներին հասնելու համար։

Տեսլականը հստակ և ազդեցիկ մտավոր պատկեր է այն մասին, թե ինչպիսին կլինի ձեր ապագան։ Այս ցանկալի ապագա վիճակը ոգեշնչում և դրդում է ձեզ քայլեր ձեռնարկել ձեր նպատակներին հասնելու համար։ Տեսլական ստեղծելու համար դուք պետք է ինքներդ ձեզ հարցեր տաք ձեր ուզած կյանքի մասին։ Օրինակ։

Ինչպիսի՞ ապրելակերպ եք ուզում։ Ի՞նչ հատկություններ եք փնտրում զուգընկերոջ մեջ։ Որտեղ եք ուզում ապրել։ Ինչպիսի՞ համայնքի եք ցանկանում լինել։ Ինչի՞ վրա եք ուզում աշխատել։ Ո՞ւմ հետ եք ուզում աշխատել։ Ինչպիսի՞ փորձառությունների և արկածների եք ցանկանում հետամուտ լինել։ Սովորելու և անձնական աճի ի՞նչ հնարավորություններ եք փնտրում։

Ապագայի տեսլականը ձեր ուզածի մեծ պատկերն է։ Հաջորդը, դուք պետք է երկարաժամկետ նպատակներ ստեղծեք այս տեսլականին հասնելու համար։ Եկեք որոշ ժամանակ տրամադրենք ձեր երկարաժամկետ նպատակների ֆինանսական մասի խորաստւզմանը։ Այս երկարաժամկետ նպատակները կներառեն ձեր ֆինանսական անկախության (FI) նպատակային արժեքը և նպատակին հասնելու համար անհրաժեշտ ժամանակացույցը։ Դուք կարող եք գնահատել այս թիրախը և ժամանակացույցը՝ օգտագործելով առցանց կենսաթոշակային հաշվիչներ (օրինակ՝ Empower Personal Dashboard (նախկինում հայտնի է որպես personalcapital.com)։ Օրինակ՝ ձեր նպատակը կարող է լինել 20 տարվա ընթացքում 2 միլիոն դոլար կուտակելը։ Հիշեք, որ այս օրինակը պարզապես կամայական է։ քանի որ ձեր FI նպատակը և ժամանակացույցը կախված են ձեր ընթացիկ ծախսերի սովորություններից և ձեր ապագա կենսաթոշակային ծախսերը հարմարեցնելու ձեր կարողությունից՝ ձեր տեսլականին համապատասխանեցնելու այնպիսի ոլորտներում, ինչպիսիք են գտնվելու վայրը, հարկերը, ընտանիքի չափը, բնակարանային նախապատվությունները, ունեցվածքը և բժշկական ծախսերը և այլն: LeanFIRE (Նիհար Ֆինանսական անկախություն / վաղաժամկետ թոշակի անցնելու) շարժման անդամները, օրինակ, ունեն ավելի ցածր FI թիրախներ՝ սկսած $300k-ից մինչև $600k:

Կենսաթոշակային հաշվիչներն առաջարկում են համապարփակ և ճշգրիտ մոտեցում ձեր FI թիրախը որոշելու համար: Այնուամենայնիվ, եթե դուք փնտրում եք կոպիտ գնահատական, կարող եք նաև օգտագործել 3%-4% հիմնական կանոնը (և համապատասխան 25X-33X բազմապատիկը) որպես ավելի պարզ մեթոդ: Թեև կենսաթոշակային հաշվիչներն ապահովում են ավելի մեծ ճշգրտություն, 3%-4% հիմնական կանոնն առաջարկում է արագ և հարմար միջոց՝ ստանալ ձեր FI թիրախի նախնական գնահատականը:

3%-4% հիմնական կանոնը ուղեցույց է տալիս կենսաթոշակային ներդրումային պորտֆելից ապահով դուրսբերման դրույքաչափի (SWR) վերաբերյալ: Այն հաշվարկում է, թե որքան գումար կարելի է հանել ամեն տարի թոշակի անցնելու ընթացքում՝ նվազագույնի հասցնելու համար փողի պակասի ռիսկը: Այս կանոնի համաձայն՝ կենսաթոշակի անցնելու առաջին տարում դուք կարող եք հանել ձեր պորտֆելի արժեքի 3-4%-ը: Օրինակ, 1 միլիոն դոլարի պորտֆելի դեպքում դա կկազմի 30-40 հազար դոլար: Յուրաքանչյուր հաջորդ տարի դուք ճշգրտում եք ձեր դուրսբերման գումարը՝ հաշվի առնելով գնաճը: Երկրորդ տարում դուք կհանեիք նախորդ տարվա գումարը՝ գումարած գնաճով ճշգրտված մասը՝ ապահովելով, որ ձեր դուրսբերումները համահունչ լինեն գների աճին: Թեև 4% կանոնը լայնորեն հայտնի է, ես անձամբ նախընտրում եմ այն անվանել որպես 3-4% հիմնական կանոն, քանի որ այն ավելի շատ որպես ուղեցույց է ծառայում, քան խիստ կանոն։ Բացի այդ, այն ի սկզբանե նախատեսված էր 30 տարվա կենսաթոշակի համար, ուստի նրանց համար, ովքեր ֆինանսական անկախության են հասնում վաղ տարիքում և ունեն ավելի երկար կենսաթոշակ, որը տևում է 40-60 տարի, ավելի զգույշ մոտեցում կարող է լինել, օրինակ՝ հաշվի առնել դուրսբերման տոկոսադրույքը 3%։ մինչև 3,5%։

25X-33X բազմապատիկը ստացվում է 3%-4% դուրսբերման տոկոսադրույքներից և օգտագործվում է գնահատելու ՖՀ-ի համար անհրաժեշտ ներդրումային պորտֆելի նպատակային չափը։ Այն ներկայացնում է դուրսբերման տոկոսադրույքների հակադարձությունը՝ ցույց տալով ՖՀ-ի համար անհրաժեշտ գումարը՝ ենթադրելով դրանից հետո պորտֆելից տարեկան 3%-ից 4% դուրսբերում։ Բազմապատիկը հաշվարկելու համար մենք վերցնում ենք 3% հիմնական կանոնի հակադարձը, որը 1-ը բաժանվում է 3%-ի (1/3% = 33X), իսկ 4% հիմնական կանոնի դեպքում այն 1-ը բաժանվում է 4%-ի (1/4% = 25X)։

3%-4% հիմնական կանոնի դրական կողմը օգտագործման հեշտությունն է։ Օրինակ, ստորև բերված աղյուսակը ցույց է տալիս տարբեր ՖՀ թիրախներ, որոնք անհրաժեշտ են կենսաթոշակային ծախսերի տարբեր մակարդակները ծածկելու համար։

Թոշակի անցնելը սպասվող ծախսերը		Ֆինանսական անկախության ներդրումային պորտֆելի թիրախ (Անհրաժեշտ է $ ամբողջ կյանքի ընթացքում)	
Ամսական ($/ամիս)	Տարեկան ($/տարի)	Ցածր գնահատական՝ օգտագործելով 25X բազմապատիկ (4% հիմնական կանոն)	Բարձր գնահատական՝ օգտագործելով 33X բազմապատիկ (3% հիմնական կանոն)
1700 դոլար	20 հազար դոլար	$0,5 մլն	$0,7 մլն
3300 դոլար	40 հազար դոլար	$1,0 մլն	$1,3 մլն
6700 դոլար	80 հազար դոլար	$2,0 մլն	$2,7 մլն
$10,000	120 հազար դոլար	$3,0 մլն	$4,0 մլն
13300 դոլար	160 հազար դոլար	$4,0 մլն	$5,3 մլն
16700 դոլար	200 հազար դոլար	$5,0 մլն	$6,7 մլն

Այնուամենայնիվ, կան բացասական կողմեր 3%-4% հիմնական կանոնի օգտագործման մեջ։ Նախ, այն հատուկ նախագծված է առնվազն 50% բաժնետոմսերով (բաժնետոմսեր) ունեցող ներդրումային պորտֆելների համար և չպետք է կիրառվի ձեր զուտ արժեքի անշարժ գույքի, դրամական միջոցների կամ այլ ակտիվների դասերի համար, որոնք ներդրված չեն ֆոնդային շուկայում։ Երկրորդ, դա հաշվի չի առնում ապագա տարիները, երբ դուք կարող եք ժամանակավորապես ավելի մեծ ծախսեր ունենալ, օրինակ՝ երեխաների քոլեջի ուսման ծախսերը։

Ամփոփելով, տեսլականի ստեղծումը և երկարաժամկետ նպատակներ դնելը վճռորոշ քայլեր են ֆինանսական անկախության ճանապարհին։ Անկախ նրանից, թե դուք օգտագործում եք կենսաթոշակային հաշվիչներ կամ 3%-4% հիմնական կանոնը, այս մեթոդները կարող են օգնել ձեզ գնահատել ձեր նպատակը, ուղղորդել ձեր պլանավորումը և տալ ձեզ փայլող հյուսիսային աստղ, երբ դուք ճանապարհորդում եք դեպի FI։

Հաջորդը, դուք պետք է ստեղծեք ավելի կարճաժամկետ նպատակներ, որոնք կօգնեն ձեզ հասնել ձեր FI նպատակին և ժամանակացույցին: Օրինակ, դուք կարող եք նպատակ ունենալ ամեն տարի որոշակի գումար ներդնել, օրինակ՝ 50 հազար դոլար առաջին տարում և 60 հազար դոլար՝ երկրորդ տարում: Ֆինանսական հաշվիչը կարող է օգնել գնահատելու տարեկան գումարները, որոնք անհրաժեշտ են ձեր նպատակին հասնելու համար անհրաժեշտ ներդրումների չափին:

Եվ վերջապես, կարևոր է այս ավելի կարճաժամկետ նպատակները բաժանել **ամենօրյա գործողությունների** , որոնք կօգնեն ձեզ հասնել դրանց:

Ձեր տեսլականը, երկարաժամկետ և կարճաժամկետ նպատակները կերտելու և ամենօրյա գործողություններ ձեռնարկելու այս ողջ գործընթացը հենց այն է, ինչ մենք հասկանում ենք նպատակ դնել ասելով: Ճիշտ տիպի նպատակներ դնելու համար անհրաժեշտ է փառասիրություն, իսկ ճանապարհին դժվարությունները հաղթահարելու համար անհրաժեշտ է քաջություն:

Աչանի Սամոն Բիաու. Մտածեք շաքարավազի պես նպատակ դնելը. դա մեզ շտապում և զգացմունքային բավարարվածություն է տալիս: Երբ մենք ստանձնում ենք դժվարին առաջադրանքներ կամ դուրս ենք գալիս մեր առօրյայից, կարող է դժվար լինել մշտապես մոտիվացված մնալը: Օրինակ՝ Ուսեյն Բոլթին: Եթե նա ամեն օր վազեր հենց դրա համար, նա կարող էր պայքարել մոտիվացիան պահպանելու համար: Բայց իմանալով, որ Օլիմպիական խաղերին մնացել է վեց ամիս, և նրա տեսլականը ոսկի նվաճելն է, այդ նպատակը կրակ է վառում նրա ներսում և շարունակում մարզվել:

Կարևոր է տարբերակել երկարաժամկետ և

կարճաժամկետ նպատակներ դնելը։ Շատ մարդիկ, այդ թվում՝ ես, սխալվել են՝ կենտրոնանալով բացառապես երկարաժամկետ նպատակների վրա՝ առանց ամենօրյա գործողությունների կամ ավելի կարճաժամկետ նպատակների։ Բայց դա հաճախ հանգեցնում է դրանց հասնելու ձախողման։

Olumide Ogunsanwo. Դուք պետք է համատեղեք նպատակներն ու գործողությունները։ Դուք չեք կարող ունենալ մեկը առանց մյուսի։ Առանց նպատակների, դուք արագորեն գնում եք ոչ մի տեղ։ Եվ առանց ամենօրյա գործողությունների, ձեր նպատակները չեն իրականանա, քանի որ դուք չեք կատարում հետևողական բարդ գործողություններ և չեք հետևում ձեր առաջընթացին։ Մենք ավելի լավ ենք հանդես գալիս, երբ հետևում և չափում ենք իրերը։

Աչանի Սամոն Բիաու. Ճիշտ է։ Երկարաժամկետ նպատակ դնելուց հետո դուք պետք է այն բաժանեք հասանելի քայլերի, որոնք կարող եք անել ամեն օր։ Այս մոտեցումը երկու առավելություն ունի. Նախ, դուք կհասկանաք, որ ամենօրյա պահանջվող գործողությունները սովորաբար ավելի փոքր են և ավելի քիչ ճնշող, համեմատած ընդհանուր տեսլականի հետ։ Երկրորդ, կարևոր է ունենալ ձեր առաջընթացը և ջանքերը չափելու միջոց։

Olumide Ogunsanwo. Ահա թե ինչու է կարևոր դիտարկել այս սկզբունքները հատուկ հերթականությամբ։ Առանց ինքնավստահության, անկախ մտածողության, խիզախության և փառասիրության նպատակներ դնելը և անհրաժեշտ ամենօրյա գործողություններ կատարելը կարող է դժվար լինել։ Եթե ձեր տեսլականը չի համապատասխանում ձեր արժեքներին և ցանկություններին, այն կարող է կայուն չլինել։

Աչանի Սամոն Բիաու. Նպատակների կարգավորումն օգնում է մեզ արդյունավետորեն լուծել խնդիրները։ Մի օրինակ բերեմ. Որպես կառավարման խորհրդատու, ով հաճախ է ճանապարհորդում, ես միավորներ էի կուտակում տարբեր վարկային քարտերի և հավատարմության ծրագրերում: Այնուամենայնիվ, միայն այն ժամանակ, երբ ես կոնկրետ նպատակ դրեցի դառնալ մեկ ավիաընկերության ցմահ Պլատինումի անդամ, ես հասկացա այն կոնկրետ ամենօրյա քայլերը, որոնք անհրաժեշտ են դրան հասնելու համար: Ես հաշվարկեցի, թե ամսական քանի չվերթ պետք է կատարեմ և հաշվարկեցի, թե որքան ժամանակ կպահանջվի այդ կարգավիճակին հասնելու համար: Այնտեղից ես մշակեցի ռազմավարություն՝ առաջնահերթություն տալով ծրագրերին և գործողություններին, որոնք առավելագույնի հասցնում էին իմ ճամփորդությունը, օրինակ՝ ուսուցման փոխարեն հարցազրույցներ վարելը: Ես նաև թիրախավորել եմ որոշակի շրջաններ, ինչպիսիք են ԱՄՆ-ը, ավելի երկար թռիչքների համար: Այս թվացյալ սարսափելի նպատակը բաժանելով փոքր կառավարելի գործողությունների՝ ես հինգ տարվա ընթացքում հասա ցմահ պլատինե կարգավիճակի:

Olumide Ogunsanwo. Ձեր տեսլականը, երկարաժամկետ և կարճաժամկետ նպատակները և ամենօրյա գործողությունները ստեղծելուց հետո դուք կարող եք ճնշված զգաք այն գումարի չափով, որը դուք պետք է խնայեք ամեն ամիս: Եթե դա վախ և անհանգստություն է առաջացնում, ապա դուք պետք է վերագնահատեք ձեր փառասիրությունն ու քաջությունը: Դուք իսկապես տիրապետե՞լ եք այս հատկանիշներին և ակտիվորեն կիրառու՞մ եք դրանք: Եթե այո, ապա խնդիր չպետք է լինի, քանի որ դուք հստակ պատկերացում ունեք այն մասին, թե ինչ եք ուզում կյանքում, և կարող եք զարգացնել դրան հասնելու համար անհրաժեշտ քաջությունը:

Մեկ այլ կետ, որը պետք է հաշվի առնել, այն է, որ ոչ

մի ծրագիր կատարյալ չէ: Բավական լավ մեկնարկային պլանն այն ամենն է, ինչ ձեզ հարկավոր է: Ստեղծեք պլան, կատարեք այն, վերանայեք այն, հարմարեցրեք այն և կրկնեք: Մի սպասեք կատարյալ ծրագրին, քանի որ այն գոյություն չունի: Ամենակարևորը սկսելն է: Դուք միշտ կարող եք ճշգրտումներ կատարել ավելի ուշ: Սա ծայրահեղ ճշգրտության մասին չէ, այլ հուզմունքի և կատարման: Որպես գիտության և ճարտարագիտության բնագավառում փորձ ունեցող մարդ՝ ես հասկանում եմ ճշգրտության նկատմամբ կողմնակալությունը, բայց այս դեպքում հուզմունքը, թափը, կատարումը և ճկունությունը ամենակարևորն են:

Աչանի Սամոն Բիաու. Ես կցանկանայի կիսվել որոշ պրակտիկաներով, որոնք կարող են օգնել երեխաներին նպատակներ դնել: Օրինակ, ես ունեմ վեց սանիկ, և երբ երկար ժամանակ այցելում եմ նրանց ծնողներին, նրանցից մեկի հետ ամենօրյա պրակտիկա եմ իրականացնում: Օրը սկսում ենք մեր առջև նպատակներ դնելով: Նա հարցնում է իմ նպատակների մասին, իսկ ես՝ նրա: Գիշերը մենք քննարկում ենք մեր գրանցած առաջընթացը, ինչը օգնեց մեզ հասնել մեր նպատակներին և մեր հանդիպած խոչընդոտները:

Նպատակ դնելու պրակտիկան դարձավ զվարճալի ծես մեր միջև և օգնեց ինձ ավելի սերտ կապ հաստատել իմ սանիկի հետ: Միայն ես չէի, որ հարցնում էի նրա նպատակների մասին. նա նույնպես հետաքրքրված էր իմն իմանալով: Երբեմն նա զվարճորեն հիշեցնում է ինձ, որ պետք է հետևեմ իմ նպատակներին, և նա նույնպես հաճույք է ստանում ինձ պատասխանատվության ենթարկելուց: Իմ գնալուց հետո նա հորը խնդրեց շարունակել պրակտիկան:

Olumide Ogunsanwo. Ի՞նչ եք կարծում, հնարավո՞ր է ֆինանսապես անկախանալ առանց նպատակներ դնելու:

Աչանի Սամոն Բիաու. Հավանաբար ոչ։

Օլումիդ Օգունսանվո. Անհավանականորեն դժվար կլինի ֆինանսապես անկախանալ առանց նպատակների։ Նույնիսկ եթե ինչ-որ կերպ հայտնվեք շատ փողի հետ, հեշտությամբ կարող եք կորցնել այդ ամենը։ ՖԻ դառնալը և ՖԻ մնալը տարբեր հմտություններ են։

Աչանի Սամոն Բիաու. Դուք կարող եք պահպանել այդ հարստությունը, եթե ձեր բախտը բերի։ Ես ունեմ ընկերներ, ովքեր ավարտել են դպրոցը առանց հստակ ուղղության և պատահաբար հայտնվել են ստարտափի մեջ։ Նրանք ակտիվ աշխատանք չէին փնտրում, և ստարտափին միանալու հնարավորությունը նրանց մոտ եկավ ուրիշի քրտնաջան աշխատանքի շնորհիվ։ Ստարտափը, ի վերջո, հաջողակ դարձավ, և հանկարծ փողը հոսեց բոլոր ներգրավվածներին։ Ընկերներիցս մեկին բախտ վիճակվեց ամուսնանալ ֆինանսապես խելամիտ ամուսնու հետ։ Այնուամենայնիվ, հարկ է նշել, որ այս սցենարը հազվադեպ է։ Անթիվ-անհամար ուրիշներ արագ հարստություն են ձեռք բերել, բայց նույնքան արագ կորցնում են այն։

Olumide Ogunsanwo. Հավանաբար ավելի լավ է կենտրոնանալ միջին (իրատեսական) սցենարների վրա, այլ ոչ թե արտասովոր սցենարների։ Ֆինանսական անկախությունը պահանջում է տարբեր միկրո գործողություններ կատարել, հասկանալ փոխզիջումները, կառավարել ռիսկերը և խուսափել FOMO-ի զոհ դառնալուց։ Եվ նույնիսկ եթե դուք պատահաբար պատահում եք առանց ծանր աշխատանք կատարելու, այդ գումարը հավանաբար երկար չի տևի, քանի որ դուք չեք զարգացրել այն կառավարելու և գնահատելու հմտությունները։ Ինչպես ասաց Ջիմ Ռոնը, նպատակը պետք է լինի հարստանալ ոչ միայն փողի, այլ այն մարդու համար, ում դուք դառնում եք այդ գործընթացում։

Աչանի Սամոն Բիաու. Որոշ մարդիկ կարող են պնդել, որ եթե դուք շատ գումար եք վաստակում, ավելի հեշտ է դառնալ ֆինանսապես անկախ՝ առանց որոշակի նպատակներ դնելու: Ես խնդրում եմ տարբերվել. Խնդիրն այն է, որ երբ դու կարգապահության պակաս ես զգում, եկամուտդ ավելանում է, ծախսերն էլ ավելանում են: Առանց լավ նպատակադրող լինելու, շատ քիչ հավանական է, որ դուք հասնեք ֆինանսական անկախության:

Ամեն օր հետևողական քայլեր ձեռնարկելը կարող է աներևակայելի հզոր լինել: Ես դա զգացի, երբ որոշեցի սովորել մանդարին: Նպատակ էի դրել ամեն օր սովորել մեկ նոր արտահայտություն լեզվով, և մինչ ես դա իմանայի, կարողացա բավականին շատ բաներ ասել: Ամեն անգամ, երբ վերելակում չինացու էի հանդիպում, զրուցում էի և հաճախ նոր ընկերներ ձեռք բերում: Դա սովորությունների ուժն է. դրանք կարող են հանգեցնել անսպասելի արդյունքների: Ամենօրյա գործողությունների կուտակային ազդեցությունը կարող է հանգեցնել վարպետության, որն այնուհետ թույլ է տալիս դուրս գալ ձեր սկզբնական նպատակից:

Olumide Ogunsanwo. Դուք չեք կարող թերագնահատել այն ոգևորությունը, որը գալիս է ֆինանսական անկախությանն ուղղված ձեր առաջընթացին հետևելուց: Ես այնքան եռանդ էի զգում, երբ տեսա, թե որքան մեծ առաջընթաց եմ գրանցում: Միգուցե ես մի քիչ խելագար եմ, բայց իրականում հետևում էի, թե ինչպես է իմ զուտ արժեքն աճում, որպեսզի հասնեմ իմ FI նպատակին ամեն օր:

Աչանի Սամոն Բիաու. [Ժպիտ] Զարմանալի է: Պարզապես պատկերացնելը, որ դու հետևում ես, ժպիտ է առաջացնում իմ դեմքին:

Olumide Ogunsanwo. Ես ինձ անհավատալի էի զգում:

Աչանի Սամոն Բիաու. Երբեմն մարդիկ կարծում են, որ ֆինանսական անկախության նպատակներ դնելը նշանակում է, որ դու պետք է թշվառ կյանքով ապրես: Նրանք կարող են կարդալ սա և մտածել, որ դուք տառապում եք: Բայց ասեմ, որ Օլումիդը բոլորովին էլ տխուր չէ: Նա իրականում սիրահարված է օպտիմալացմանը:

Olumide Ogunsanwo. Բացարձակապես: Ես շատ զվարճացա ողջ ընթացքում, և հաստատ դժբախտ չէի: Ամեն ինչ կապված է ձեր ծախսերի օպտիմալացման և կառավարման վրա՝ հիմնվելով ձեր արժեքների վրա, որոնց մասին մենք ավելին կխոսենք 6C գլխում:

Աչանի Սամոն Բիաու. Հիանալի է լսել: Հիմա, ես մտածում էի, թե կարող եք կիսվել մի քանի խորհուրդներով, պրակտիկաներով, գրքերի առաջարկներով կամ որևէ այլ խորհուրդներով մեր ընթերցողների համար, ովքեր հետաքրքրված են ֆինանսական անկախությամբ:

Olumide Ogunsanwo. Այո, ես ունեմ երկու գրքի առաջարկ:

Նախ՝ Ջեֆ Օլսոնի « Թեթև եզրը »: [1]Գիրքը զարմանալի է և գեղեցիկ: Այն խոսում է ձեր կյանքի բոլոր նպատակները ամենօրյա գործողությունների վերածելու մասին: Ձեր նպատակները կարող են լինել ֆինանսական նպատակներ, առողջապահական նպատակներ, հարաբերությունների նպատակներ, համայնքային նպատակներ, կարիերայի նպատակներ: Դա այն գրքերից էր, որը փոխեց իմ կյանքը, քանի որ ես նպատակներ էի դնում, բայց երբեք չեմ հասկացել հետևողական ամենօրյա գործողությունների կարևորությունը: Ամեն օր ինչ-որ բան անելն իսկապես փոխում է ձեր մտածելակերպը և օգնում առաջընթաց ունենալ: Օրինակ, ես և Սամոնը աշխատում ենք այս գրքի վրա մոտ երկուսուկես ամիս, և ես անպայման աշխատում եմ դրա վրա ամեն օր: Դա մեծ տարբերություն է տալիս առաջընթացի քանակի վրա,

1. http://www.amazon.com/Slight-Edge-Jeff-Olson/dp/1935944312

որը ես կարող եմ հասնել՝ ամեն օր մի քիչ անելով։

Ակնհայտ է թվում, որ սովորություններ ձեռք բերելն ամեն օր գործողություններ ձեռնարկելով, բայց ես երբեք այդպես չեմ արել, քանի դեռ չեմ կարդացել գիրքը։ Ես իրականում հանդիպեցի դրան Gen Y Finance Guy բլոգի շատ ուժեղ առաջարկի շնորհիվ [2]։

Երկրորդ գիրքը Ջեյմս Քլիրի « Ատոմային սովորությունները » է։ [3]Այն նման է «The Slight Edge»-ին և ընդգծում է ամենօրյա գործողություններ կատարելու, նպատակները փոքր քայլերի բաժանելու և դրանք ավտոմատ սովորույթների վերածելու կարևորությունը։ Օրինակ բերեմ՝ ես գրեթե ամեն օր հաճախում եմ մարզասրահ, և նույնիսկ երկու անգամ չեմ մտածում այդ մասին: Դա պարզապես իմ առօրյայի մի մասն է, ինչպես ատամներս մաքրելը։ Դա սովորություն է դարձել, որը ես ստիպված չեմ ակտիվորեն որոշել անել։ Դա ընդմիշտ իմ ժամանակացույցի մի մասն է։ Ես խրախուսում եմ մարդկանց կարդալ այս գրքերը և մտածել ամենօրյա պրակտիկայի մասին, որպեսզի հասցնեն դրանք այնտեղ, որտեղ ցանկանում են լինել։

Աչանի Սամոն Բիաու. Նպատակ դնելու կարևորագույն ասպեկտներից մեկը պտտվելու կարողությունն է։ Երբեմն, երբ ձեր ընթացիկ ուղին ձեզ չի տանում դեպի ձեր ցանկալի արդյունքները, կամ երբ հանգամանքները փոխվում են, ձեզ կարող է անհրաժեշտ լինել էական փոփոխություն կատարել ձեր կարիերայի, նպատակների կամ կյանքի ուղղության մեջ։ Ձեր նպատակներին համապատասխանեցնելու ուղղությունը փոխելու այս գործողությունը կոչվում է շրջադարձ։

Olumide Ogunsanwo. Պտտվելը նշանակում է բաց լինել ձեր ուղղությունը փոխելու համար, որպեսզի հասնեք

2. https://www.genyfinanceguy.com/

3. https://jamesclear.com/atomic-habits

ձեր նպատակներին։ Դա կարող է լինել մեծ փոփոխություն կամ աննշան ճշգրտում; փոփոխության չափը նշանակություն չունի։ Կարևորը բավականաչափ ճկուն լինելն է՝ հասկանալու, թե երբ է անհրաժեշտ փոփոխությունը և հարմար լինել այդ փոփոխությունը կատարելու համար։ Ճկունությունը կարևոր գործիք է դեպի ֆինանսական անկախություն ձեր ճանապարհորդության համար։ Եթե դուք չափազանց կոշտ եք և դիմադրում եք փոփոխություններին, դժվար կլինի հասնել ֆինանսական անկախության, քանի որ չեք կարող կանխատեսել, թե ինչպես կզարգանա ապագան։

Աչանի Սամոն Բիաու. Եկեք քննարկենք ձեր ֆինանսական անկախության ճամփորդության վրա պտտվելու գործնական ազդեցությունը։ Շատ մարդիկ, ովքեր գնացել են բիզնես դպրոց, ի վերջո փոխում են կարիերան։ Նրանք կարող են նույնիսկ փոխել իրենց մասնագիտական ինքնությունը։ Օրինակ, ես հեռահաղորդակցման ինժեներ էի մինչև բիզնես դպրոց հաճախելը, բայց այնտեղ գտնվելու ընթացքում շրջեցի և մտա կառավարման խորհրդատվության ոլորտ։ Այս փոփոխությունը իմ կյանքում առանցք էր։ Հիմնականը նպատակներ դնելն է և ակտիվորեն աշխատել այդ նպատակներին հասնելու համար լուծումներ գտնելու ուղղությամբ։

Olumide Ogunsanwo. Երբ սկսում եք պլաններ ձևավորել, կարևոր է հասկանալ, որ ձեր ստեղծած ծրագրերը, հավանաբար, կփոխվեն։ Հենց այստեղ է, որ պտտվելը գործում է։ Ձեզ պետք է հարմար լինի երկիմաստությունը և փոփոխությունները, քանի որ կյանքը անընդհատ զարգանում է։ Քանի որ ամեն ինչ փոխվում է, դուք պետք է բավականաչափ հարմարվող լինեք, որպեսզի շարունակեք ընթացքը, քանի որ ձեր բարձր մակարդակի տեսլականը կարող է մնալ նույնը, բայց ամենօրյա պլանը կարող է փոխվել։ Կարլ

Ռիչարդսը (behavigap.com-ից) ասել է. «Մի հավատարիմ մնացեք պլանին, հավատարիմ եղեք պլանավորման գործընթացին»: Ջեֆ Բեզոսը հանրահռչակեց «Զարգացրո՛ւ կողմնակալություն գործողությունների համար» արտահայտությունը: Բրայան Թրեյսին, անհատական զարգացման զարմանալի հեղինակ, ասում է. «Հաջողությունը ձախողման հեռավոր կողմում է»:

Այս գաղափարները միասին դնելը նշանակում է քայլեր ձեռնարկել՝ միաժամանակ բաց լինելով փոփոխությունների համար և չհուսահատվել, երբ ամեն ինչ ըստ պլանի չի ընթանում: Շարունակեք առաջ շարժվել, փորձեք տարբեր մոտեցումներ, անհրաժեշտության դեպքում շրջադարձ կատարեք և միշտ մտքում պահեք ձեր երկարաժամկետ տեսլականն ու նպատակները: Խոսքը գնում է ձեր ռազմավարությունները կարգավորելու և փոփոխելու մասին՝ միաժամանակ կենտրոնացած մնալով ավելի մեծ պատկերի վրա:

Աչանի Սամոն Բիաու. Դա լուսավորիչ է: Ինչ վերաբերում է առաջարկություններին, կան մի քանի գրքեր նպատակների սահմանման մասին, որոնք, իմ կարծիքով, հզոր են: Այս գրքերը կարիերայի փոփոխության համատեքստում էին, բայց կարծում եմ, որ դրանք կիրառելի են կյանքի այլ ասպեկտներում, ինչպիսիք են առողջությունը, Ֆիթնեսը, սերը և հարաբերությունները: Գիրքներից մեկը կոչվում է Ադամ Մարքլի « Առանցք »: [4]Ադամ Մարքլի գիրքն առաջարկում է ճանապարհային քարտեզ այն անհատների համար, ովքեր անցում են կատարում կարիերային և ձգտում են հասնել իրենց ողջ ներուժին, մինչդեռ առնչվում են ռիսկերի և ձախողումների հետ կապված անհանգստությունների հետ: Այս գիրքը ծառայում է որպես գործնական ուղեցույց այն

4. https://www.amazon.com/Pivot-Science-Reinventing-Your-Career/dp/1476779473

անհատների համար, ովքեր կողմնորոշվում են կարիերայի անցումներով և ձգտում են հասնել իրենց ողջ ներուժին, անդրադառնալով ռիսկերի և ձախողումների հետ կապված անհանգստություններին։ Այն տրամադրում է մի շարք քայլ առ քայլ վարժություններ և հուշումներ՝ հեշտացնելու ինքնամտածումը և օգնելու ընթերցողներին բացահայտել և հաղթահարել խոչընդոտները, որոնք կարող են խանգարել նրանց առաջընթացին։ Հստակ տեսլական ստեղծելով, խոչընդոտներին դեմ առ դեմ պայքարելով և իրենց նպատակներին հասնելու համար վճռական գործողություններ ձեռնարկելով՝ անհատները կարող են ճանապարհ հարթել իրենց ողջ ներուժը ձեռք բերելու համար։

Olumide Ogunsanwo. Սամոն, իսկ եթե FIREDOM-ի ընթերցողը գտնում է, որ տեսիլք ստեղծելու հայեցակարգը չափազանց վերացական է և կասկածում է դրա օգտակարությանը։ Ի՞նչ կասեք մեկին, ով կարծում է, որ տեսողության կարգավորումը չափազանց «փափուկ» է և անիրագործելի։

Աչանի Սամոն Բիաու. Տեսլականը օգտակար է, քանի որ այն մեկնարկային կետ է տալիս այն, ինչ ցանկանում եք։

Օլումիդ Օգունսանվո. Խոսքը բուռն ցանկություն ունենալու և ձեր կյանքը կառավարելու մասին է։ Ուրիշ ոչ ոք չի կարող դա սահմանել ձեզ համար։

Աչանի Սամոն Բիաու. Եթե ինչ-որ մեկը զգում է, որ իր տեսողությունը չափազանց մշուշոտ է կամ փխրուն, դա կարող է դեռ ճիշտ տեսողություն չլինել։ Կարևոր է կատարելագործել և հստակեցնել ձեր տեսլականը, քանի դեռ այն չի արձագանքում ձեզ և հուզում է ձեզ։

Olumide Ogunsanwo. Գոլերը հաճախ ուղիղ գիծ չեն։ Դա ոլորապտույտ ճանապարհորդություն է, որտեղ դուք պարզում եք, թե որն է լավագույնը ձեզ համար։ Հիշեք, որ Սամոնը դեռ վերջնականապես վերջնական պլան չուներ իր նպատակակետի համար, երբ նա սկսեց Deutsche Telekom-ը: Նա գիտակցեց կառավարման խորհրդատվության հնարավորությունը և նպատակ դրեց հետամուտ լինել դրան:

Աչանի Սամոն Բիաու. Գործնական օրինակ բերելու համար ասենք, որ դուք նպատակ եք դրել ֆինանսական անկախության հասնել մինչև 35 տարեկանը, երբ 30 տարեկան էիք: Դուք ներկայումս աշխատում եք որպես իրավաբան, և թեև ձեզ դուր է գալիս այդ ոլորտը և այն լավ վարձատրվում է, դա պարտադիր չէ: ձեր կիրքը. Մի օր ընկերը ձեզ ներկայացնում է մի հետաքրքրաշարժ գաղափար առողջապահական ոլորտում բժշկական սարքավորման ծրագրային ապահովման համար: Սկզբում դուք վստահ չեք, թե արդյոք այս հնարավորությունը համապատասխանում է ձեր իրավաբանի հմտություններին: Այնուամենայնիվ, երբ դուք ավելին եք սովորում գաղափարի և դրա ներուժի մասին, դուք ոգևորվում եք այդ հնարավորությամբ: Դուք որոշում եք հետամուտ լինել այդ հնարավորությանը և կարիերայի առանցք դարձնել իրավունքից դեպի առողջապահական ոլորտ: Այս փոփոխությունը զգալի տեղաշարժ է ձեր կարիերայի ճանապարհին:

Olumide Ogunsanwo. Այդ առանցքը վերցնելը պահանջում է քաջություն և փառասիրություն՝ հասկանալու համար, թե ինչն է իսկապես կարևոր ձեզ համար:

Աչանի Սամոն Բիաու. Նույնիսկ ամենավատ սցենարի դեպքում, եթե նոր հնարավորությունը չստացվի, դուք դա կսովորեիք երկու տարվա ընթացքում: Ռիսկը մեղմելու համար դուք կարող եք պայմանավորվել ստարտափի հետ աշխատավարձի շուրջ, որը կազմում է ձեր՝ որպես իրավաբանի վաստակի 80%-ը: Դուք կարող եք նաև կարգավորել ձեր ծախսերը այնպես, որ դուք դեռ խնայում եք նույն գումարը՝ սեփական կապիտալ կառուցելիս, որը կարող է դառնալ միլիոնների, եթե ամեն ինչ լավ ընթանա:

Olumide Ogunsanwo. Եթե ինչ-որ մեկը լսում է այս գլուխը և սկզբում գտնում է, որ տեսլականի ձևավորում և նպատակադրում հասկացությունները չափազանց վերացական կամ ոչ գործնական են, ես կոչ եմ անում նրանց հիշել հետաքրքրասիրության սկզբունքը: Բավականին հետաքրքրասեր եղեք՝ հասկանալու համար, թե ինչու ենք մենք սա շեշտում: Ես և Սամոնը ֆինանսական անկախություն ձեռք բերեցինք մեր երեսուն տարեկանում, և այդ պատճառով մենք կարծում ենք, որ դա կարևոր է: Մի կողմ թողեք ցանկացած կասկած և բաց եղեք նպատակներ դնելու համար: Փորձելն անվնաս է: Որոշեք ինչ-որ բանի տեսլականը և սահմանեք ամենօրյա նպատակներ՝ տեսնելու, թե ինչ է տեղի ունենում:

Ես սիրում եմ փորձերը, ուստի խորհուրդ եմ տալիս սա դիտել որպես փորձ: Ի՞նչ ունես կորցնելու: Երբ հանդիպում եք գաղափարների, որոնց հետ համաձայն չեք, մոտեցեք նրանց հետաքրքրասիրությամբ և փորձարկեք՝ տեսնելու, թե արդյոք դրանք աշխատում են ձեզ համար: Ինքնաբերաբար մի հանեք տեղեկատվությունը բանիմաց աղբյուրներից միայն այն պատճառով, որ այն մարտահրավեր է նետում ձեր էգոյին կամ կանխակալ պատկերացումներին:

Աչանի Սամոն Բիաու. Ճանաչեք այս գործողությունների բարդ բնույթը: Եթե մանկուց սովորություն ունեիք փորձեր անել, ապա ավելի հավանական է, որ կշարունակեք փորձերը որպես մեծահասակ: Եթե ձեր մանկության ընթացքում զգացել եք առանցքների, ինչպիսիք են դպրոցը փոխելը կամ նոր հոբբիների հետամուտ լինելը, ավելի հավանական է, որ ձեզ հարմար լինի մեծահասակների շրջանում առանցքներ պատրաստելիս։

Ծնողների համար ես ուզում եմ ընդգծել, որ փոփոխությունը չպետք է դիտվի որպես թշնամի, այլ որպես դժվար փորձառությունների միջոցով ձեր երեխաների մեջ ճկունություն զարգացնելու հնարավորություն։ Շատ ծնողներ կարծում են, որ կայուն միջավայր ապահովելը լավագույնն է իրենց երեխաների համար, և որ, օրինակ, այլ երկիր տեղափոխվելը նրանց շփոթեցնել և ապակողմնորոշել։

Այնուամենայնիվ, սա չի կարող լինել օպտիմալ հեռանկար։ Որպես ծնող, ձեր պարտականությունն է պատրաստել ձեր երեխաներին ճկունության՝ նրանց ենթարկելով փորձառությունների, որոնք մարտահրավեր են նետում նրանց։ Այս փորձառությունները ձեր երեխաների մեջ զարգացնում են ինքնավստահություն, ինքնապահովում, քաջություն և հետաքրքրասիրություն։ Երբ երեխաները բախվում են նոր միջավայրերի, նրանք մշակում են հաղթահարման ռազմավարություններ, որոնք կարող են օգտակար լինել ապագա իրավիճակներում։ Օրինակ, եթե ընտանիքը պետք է տեղափոխվի նոր երկիր՝ աշխատանքի կորստի և վիզայի հետ կապված խնդիրների պատճառով, երեխան, ով արդեն զգացել է նման փոփոխություններ, ավելի լավ պատրաստված կլինի նոր միջավայրին հարմարվելու համար։ Երեխաներին փոփոխություններից պաշտպանելը կարող է պատշաճ կերպով չպատրաստել նրանց այն անխուսափելի փոփոխություններին, որոնց նրանք կհանդիպեն կյանքում։ Փոփոխությունը կարող է դրական ուժ լինել ձեր երեխայի զարգացման մեջ։ Դա կարող է օգնել նրանց սովորել և աճել նոր ձևերով։

Olumide Ogunsanwo. Ես սիրում եմ դա։ Այն այնքան գեղեցիկ է: Շնորհակալություն դրա համար, Սամոն:

Աչանի Սամոն Բիաու. Երբ ես 26 տարեկան էի,

մենթորն ինձ հակասական, բայց օգտակար խորհուրդներ տվեց կարիերայի նպատակադրման համար։ Ես նոր էի սկսել Deutsche Telekom-ում, և իմ մենթորն ինձ հարցրեց. «Ո՞ր ընկերությանն ես հաջորդում»։

Ինձ ապշեցրեց հարցը, որովհետև ես միայն վերջերս էի սկսել և հավատում էի, որ դեռ վաղ է մտածել հաջորդ քայլի մասին։ Նա շարունակեց ասել. «Վերջինը, որ դուք պետք է սկսեք նախապատրաստել ձեր հաջորդ քայլը, այն օրն է, երբ առաջարկ ստանաք ձեր ներկայիս ընկերությանը»։ Իմ մենթորի ավելի լայն միտքը նպատակադրման կարևորության մասին էր։ Նա կարծում էր, որ պոտենցիալ հաջորդ քայլերի հստակ պատկերացում ունենալը կօգնի սահմանել անձնական կարիերայի նպատակներն ու նախաձեռնությունները ընթացիկ աշխատանքի համար։ Այդ ժամանակ ես անփորձ էի և լիովին չէի հասկանում, թե ինչպես կիրառել նրա խորհուրդները։ Բայց այդ ժամանակից ի վեր ես դա դարձրել եմ երիտասարդ թիմերի իմ մարզչական գործունեության մի մասը, և առնվազն երեք անհատ հաջողությամբ կիրառել են այն։

Օրինակ, իմ մենթիներից մեկը միացավ սննդի տեխնոլոգիաների ստարտափին, և ես խրախուսեցի նրան հստակեցնել իր նպատակները առաջիկա երկու-երեք տարիների ընթացքում և դրանից հետո։ Նա ձգտում էր դառնալ COO ավելի հասուն ընկերությունում Եվրոպայում կամ ԱՄՆ-ում։ Հետևելով իմ խորհրդին՝ նա սկսեց ագրեսիվ կերպով հրատարակել գրքույկներ այն մասին, թե ինչպես վարել սննդի տեխնոլոգիական ստարտափը իր աշխատանքն սկսելուց ընդամենը մեկ ամսվա ընթացքում։ Նա մասնակցում էր կոնֆերանսների, կապվում էր COO-ների և հիմնադիրների հետ և ներքին ջատագովում էր գործառնությունների ղեկավարի կոչումը փոխելու համար։ Երկու տարի անց, երբ նա պատրաստ էր առաջ գնալ, պարզապես զանգահարեց, և մեկ շաբաթվա ընթացքում երկու աշխատանքի առաջարկ ունեցավ:

Olumide Ogunsanwo: Գերազանց: Անցնենք անձնական զարգացմանը: Այս բաժնում մենք կքննարկենք, թե ինչպես անհատական զարգացումը կարող է արագացնել ֆինանսական անկախությունը և տրամադրել որոշ առաջարկություններ: Անձնական զարգացումը վերաբերում է ֆիզիկապես և մտավոր կատարելագործման գործընթացին՝ կյանքում ավելի մեծ կատարման, երջանկության և հաջողության հասնելու համար: Այն վերաբերում է ոչ միայն անձնական ֆինանսներին, այլ նաև առողջությանը, կարիերային, բիզնեսին և կյանքի այլ նպատակներին: Չնայած այս գիրքը հիմնականում կենտրոնանում է ֆինանսական անկախության և անձնական ֆինանսների վրա, կարևոր է հասկանալ, թե ինչպես անհատական զարգացումը կարող է պոտենցիալ արագացնել ձեր նպատակները: Ինքնակատարելագործման գործընթացը հիմնարար է և կիրառելի կյանքի բոլոր ոլորտներում: Այս գլխի նախորդ մասում մենք քննարկեցինք նպատակների սահմանումը: Ձեր նպատակները դնելուց հետո բնական հաջորդ քայլը դրանց հասնելու համար ինքներդ կատարելագործելու վրա աշխատելն է: Դա անխափան անցում է:

Աչանի Սամոն Բիաու. Անձի զարգացման վերաբերյալ մեր քննարկումը սկսելու համար եկեք ուսումնասիրենք կանխամտածված պրակտիկայի հայեցակարգը: Կանխամտածված պրակտիկան կենտրոնացված մոտեցում է սովորելու և կատարելագործելու հմտությունը կամ կարողությունը: Այն ներառում է բարդ առաջադրանքների բաժանումը փոքր բաղադրիչների, բացահայտում այն ոլորտները, որոնք պահանջում են բարելավում, և նպատակային վերապատրաստման մեթոդների կիրառում այդ ոլորտները լուծելու համար։ Կանխամտածված պրակտիկան բաղկացած է երեք հիմնական բաղադրիչներից.

Նախ, շատ կարևոր է ձեզ բացահայտել հիանալի կատարողականության օրինակներ։ Բացառիկ կատարողականության զգացումը զգայունացնում է ձեր ուղեղը և ձեզ տալիս է ինչ-որ բան ձգտելու կամ ձգտելու։ Հաջորդը, ձեզ անհրաժեշտ է հետադարձ կապի մեխանիզմ՝ ձեր սեփական կատարումը գնահատելու համար։ Սովորաբար, ինչ-որ մեկը, ով հասել է գերազանցության կամ ճանաչում է գերազանցությունը, կարող է արժեքավոր հետադարձ կապ տրամադրել՝ նշելով կոնկրետ ոլորտներ, որտեղ դուք կարող եք թերանալ։ Ի վերջո, կանխամտածված պրակտիկայի մեջ ներգրավվելիս կարևոր է տեղյակ լինել ձեր սեփական կողմնակալության մասին և սահմանել բարելավման հատուկ նպատակներ։ Զբաղվեք, դիտեք ձեր կատարողականությունը և շարունակեք աշխատել դրա վրա, մինչև որ յուրացնեք պրակտիկան։

Կարող է նաև կիրառվել կանխամտածված պրակտիկա՝ արժեքների վրա հիմնված ծախսերում ավելի լավը դառնալու համար (որը վերահաստատում է ծախսերը՝ հիմնված ձեր եզակի արժեքների վրա, և մենք ավելի մանրամասն կանդրադառնանք 6C գլխին)։ Սկսեք հասկանալով, թե ինչպիսին է արժեքների վրա հիմնված ծախսերի օրինակելի տեսքը և փնտրեք համապատասխան օրինակներ։ Օրինակ, ինձ հաջողվեց ապրել ամսական 800 դոլարով Դուբայում, մինչդեռ Օլումիդը օպտիմալացրեց իր Կալիֆորնիայի վարձավճարը՝ ունենալով սենյակակիցներ և ապրելով աշխատանքին մոտ։ Սա ցույց է տալիս իրական արժեքների վրա հիմնված ծախսերի կենտրոնացված բնույթը։

Մտածեք ձեր սեփական կյանքի մասին և առաջնահերթություն տվեք բարելավելու համար։ Ստեղծեք անհատականացված ռազմավարություն ինքներդ ձեզ համար, այլ ոչ թե պարզապես կրկնօրինակեք ուրիշներին։ Օրինակ, եթե արժեքների վրա հիմնված ծախսերը նշանակում են տրանսպորտային ծախսերը զրոյի հասցնել, նպատակ դրեք և մշակեք ռազմավարություն, օրինակ՝ ընտրելով անվճար ավտոբուսային ծառայությունից օգտվելը։ Առաջին օրը կարող է դժվար լինել, քանի որ դուք հարմարվում եք որոշակի ժամին արթնանալուն և ավտոբուսով ճանապարհորդելուն։ Դիտեք ինքներդ ձեզ, երբ քայլում եք դեպի ավտոբուսի կայարան և երբ գնում եք ավտոբուս։ Ուշադրություն դարձրեք տեղի ունեցածին և զգացողություններին։ Բացահայտեք, թե որ դրական զգացմունքներն ընդունել և որ բացասական զգացումները հաղթահարել։ Նպատակ դրեք կրկնել և հաջորդ օրը ճշգրտումներ կատարել։ Կրկնության և արտացոլման միջոցով դուք կարող եք շարունակաբար բարելավել արժեքների վրա հիմնված ծախսերի ձեր գործելակերպը։

Olumide Ogunsanwo. Շնորհակալություն, Սամոն, այդ արժեքավոր պատկերացումները կիսելու համար։ Քանի որ օրինակ բերեցիք անձնական զարգացման և ծախսերի մասին, թույլ տվեք մի օրինակ բերել, թե ինչպես ինքնակատարելագործումը կարող է մեծացնել եկամուտը։ Ենթադրենք, որ դուք 35 տարեկան եք և նպատակ ունեք ֆինանսական անկախության հասնել մինչև 50 տարեկանը՝ զրոյից սկսած 3 միլիոն դոլար նպատակային զուտ արժեքով։

Եթե դուք իսկապես ոգևորված եք այդ երկարաժամկետ նպատակով, կարող եք անցնել հաջորդ քայլին՝ սահմանել կարճաժամկետ անմիջական նպատակներ։ Ենթադրենք, որ 3-րդ տարին պետք է խնայեք տարեկան $100,000, բայց ներկայումս խնայում եք ընդամենը $3,000: Ակնհայտ է, որ ձեր ներկա իրավիճակի և ցանկալի արդյունքի միջև բաց կա։ Այդ բացը կամրջելու համար դուք պետք է բացահայտեք կոնկրետ գործողություններ, որոնք կարող եք ձեռնարկել ամենօրյա, ամսական և կանոնավոր հիմունքներով՝ բարելավելու ձեր ֆինանսական վիճակը։

Այս փուլում անհատական զարգացումը դառնում է վճռորոշ, քանի որ դուք սկսում եք ձևակերպել ձեր հմտությունները բարձրացնելու, ձեր բիզնեսի մասշտաբների կամ ավելի բարձր աշխատավարձ ստանալու ուղիները։ Անձնական զարգացման ռազմավարությունները կարող են ներառել ձեռներեցների ղեկավարների խմբի ստեղծումը, որտեղ գործընկեր բիզնեսի սեփականատերերը կարող են համագործակցել և մտքեր փոխանակել։ Դա կարող է նշանակել նաև օգտվել ուսումնական հարթակներից, ինչպիսիք են Coursera-ն, edX-ը կամ Udemy-ը՝ նոր հմտություններ ձեռք բերելու ավելի լավ աշխատանքի հեռանկարների համար։

Անձնական զարգացումը ծառայում է տարբեր նպատակների, ինչպիսիք են վստահելու ներուժի ավելացումը, արժեքների վրա հիմնված ծախսերի սովորույթների բարելավումը կամ սոցիալական հմտությունների բարելավումը՝ հարաբերությունները խթանելու և համայնքներ կառուցելու համար։ Բացի այդ, կարևոր է գիտակցել, որ անձնական զարգացումը կարող է ձեզ ավելի դուրեկան դարձնել և օգնել ընդլայնել ձեր ցանցը, ինչը կարող է անգնահատելի լինել անձնական և մասնագիտական նպատակներին հասնելու համար։

Աչանի Սամոն Բիաու. Ձեր ցանցը դիտարկեք որպես ձեր ընդհանուր գնահատման մաս։ Դուք կարող եք նպատակ դնել՝ առաջիկա երկու տարվա ընթացքում Google-ում կապվել 500 մարդկանց հետ։ Բաժանեք այն ավելի փոքր նպատակների, օրինակ՝ ամեն շաբաթ հանդիպել հինգ նոր մարդկանց։ Անընդհատ գնահատեք ձեր առաջընթացը՝ հարցնելով ինքներդ ձեզ, թե որքան կապեր եք ստեղծում և արդյոք որևէ հարաբերություններ կորչում են։ Մտածեք այն մասին, թե ինչ լավ չէր ստացվել նախորդ փոխազդեցությունների ժամանակ և օգտագործեք այդ գիտելիքները որպես ապագա ավելի լավ կապերի հիմք։ Շարունակեք կրկնել և կատարելագործել ձեր մոտեցումը։

Olumide Ogunsanwo. Մենք ընդգծել ենք հետաքրքրասիրության և փառասիրության կարևորությունը որպես կարևոր սկզբունքներ։ Նրանք պայքարում են ինքնագոհության և այն մտքի դեմ, որ մարդն իր ողջ ներուժն ունի կյանքում։ Առանց հետաքրքրասիրության, չկա ավելին ուսումնասիրելու և սովորելու մղում, իսկ առանց հավակնությունների՝ նպատակներ դնելու և դրանց հասնելու մոտիվացիա չկա։

Որոշ անհատներ կարող են հավատալ, որ երբ նրանք հասել են որոշակի նվաճումների, ինչպես օրինակ՝ համալսարանն ավարտելը, նրանք կարիք չունեն շարունակել կատարելագործվել։ Այնուամենայնիվ, անձնական զարգացումը շարունակական գործընթաց է, որը տարածվում է մարդու ողջ կյանքի ընթացքում։ Կյանքի տարբեր ասպեկտներում միշտ աճի և կատարելագործման տեղ կա։ Եթե գտնում եք, որ ասում եք՝ «Ես ավարտել եմ համալսարանը, ինչո՞ւ պետք է կենտրոնանամ ինքնակատարելագործման վրա»: ապա դուք բաց եք թողնում կետը։ Անձնական զարգացումը միայն կրթությունը կամ աստիճան ստանալու մասին չէ։ Այն ներառում է ձեր մարդկային կարողությունների և ներուժի բարձրացումը ձեր նպատակներին հասնելու համար։ Թեև այս գիրքը ներառում է բիզնես դպրոցի մասին գլուխ, անձնական զարգացումը կարող է տարբեր ձևեր ունենալ և թույլ տալ ձեզ հասնել հաջորդ մակարդակին:

Դերեկ Սայվերսը մի անգամ ասել է. «Եթե ավելի շատ տեղեկատվություն լիներ, մենք բոլորս միլիարդատերեր կլինեինք՝ վեց տուփ որովայնով»: Անձնական զարգացումը դուրս է գալիս նոր տեղեկություններ ձեռք բերելուց. այն ներառում է ժամանակի ընթացքում այդ գիտելիքի ներքինացում և հետևողական կիրառում: Դուք նաև պետք է այն ինտեգրեք ձեր առօրյա կյանքում և դարձնեք այն ձեր առօրյայի սովորական մասը, որպեսզի իրական անձնական աճ տեղի ունենա:

Դուք կարդում եք այս գիրքը, քանի որ ձեզ հետաքրքրում է ֆինանսական անկախությունը: Եվ գուշակեք, թե ինչ: Դուք արդեն արել եք առաջին քայլը անձնական զարգացման ճանապարհին: Այս գիրքը ֆինանսական անկախության մասին է, բայց դա շատ ավելին է, քան դա: Խոսքը վերաբերում է անձնական աճին ձեր կյանքի բոլոր ոլորտներում: Անձի զարգացումը նման է գերտերության. Խոսքը անընդհատ մակարդակի բարձրացման և ամեն օր քո ավելի լավ տարբերակը դառնալու անվերջ ձգտման մասին է: Դուք կզգաք կատարման զգացում և բարձր ինքնագնահատական, երբ շարունակաբար կատարելագործեք ինքներդ ձեզ և ակտիվորեն աշխատեք նպատակների ուղղությամբ, որոնք համահունչ են ձեր արժեքներին և կրքերին:

Ես սիրահարված եմ այս հայեցակարգին: Ես ամեն օր մեկ ժամ եմ հատկացնում անձնական զարգացմանն ինձ համար կարևոր ոլորտներում: Ես դա կիրառեցի նույնիսկ ֆինանսական անկախության հասնելուց առաջ, և կշարունակեմ այդպես վարվել մինչև իմ ամբողջ կյանքը:

Աչանի Սամոն Բիաու . Ահա, թե ինչպես եմ դա իրականացնում իմ կյանքում. Ես հասկացել եմ, որ իմ երջանկությունը կախված է ձեռքբերումների զգացումից, մինչդեռ դժբախտությունը բխում է լճացումից կամ խրված լինելուց: Ֆինանսական անկախություն ձեռք բերելուց հետո ես որոշեցի պարբերաբար մարտահրավեր նետել ինձ՝ սովորելով նոր լեզուներ:

Իմ առօրյան պարզ է. ես արթնանում եմ, գործարկում եմ իմ անվճար լեզու սովորելու հավելվածը և սկսում եմ իմ օրը դրանով: Ես մոտ 15 րոպե եմ հատկացնում մեկ միավորը ավարտելու համար: Իմ անձնական խնդիրն է՝ ամեն տարի ավելացնել մեկ կամ երկու նոր լեզու մինչև 50 տարեկանս՝ կախված իմ մյուս պարտավորություններից: Սա ծառայում է որպես անձնական զարգացման օրինակ: Ես կրքոտ եմ լեզուներով, ուստի նորերը սովորելու ոգևորությունն ինձ մոտիվացված է պահում:

Olumide Ogunsanwo. Ես անչափ շնորհակալ եմ, որ ապրում եմ այս դարաշրջանում, որտեղ բազմաթիվ առցանց ուսուցման հարթակներ առաջարկում են անվճար դասընթացներ (օրինակ՝ YouTube) կամ ունեն անվճար բաղադրիչներ (օրինակ՝ Coursera-ն և Udemy): Փողը և հասանելիությունն այլևս խոչընդոտ չեն. իրական մարտահրավերն այժմ սովորելու մեր պատրաստակամության մեջ է: Այս պատրաստակամությունը սնվում է հուզմունքով, այդ իսկ պատճառով մենք շեշտում ենք ձեր կյանքի տեսլականի ստեղծման և ոգևորվելու կարևոր քայլը:

1960-ականների և 1970-ականների մարդիկ կսպանեին այն հնարավորությունների համար, որ մենք այսօր ունենք: Ձեզ անհրաժեշտ է ընդամենը ժամանակ հատկացնել, հուզմունք զարգացնել և գործել: Նկատի առեք այն անհավանական պատմությունը, որը վերջերս պատմեց Սամոնը: Նա անվճար օգտագործում է Duolingo-ն՝ բազմաթիվ լեզուներ սովորելու համար: Ի՞նչ արդարացում ունեք:

Աչանի Սամոն Բիաու. Այո ։ Երբ ես ճանապարհորդում եմ, ես նախընտրում եմ ավիաընկերությունները, որոնք ֆիլմեր են տրամադրում իրենց բնօրինակ լեզվով, ինչը թույլ է տալիս ինձ կիրառել իմ լեզվական հմտությունները։ Մեր օրերում ես հաճախ եմ ընտրում թռչել Emirates-ով, նույնիսկ եթե դա նշանակում է ավելի երկար երթուղի, քանի որ նրանք առաջարկում են «էթնիկ» ֆիլմերի բազմազան ընտրանի։ Օրինակ, իմ ճանապարհորդությունը Կալիֆորնիայից դեպի ԱՄԷ տևում է մոտ 14 ժամ, իսկ հետո ես ունեմ ևս 6 ժամ կամ ավելի՝ կախված իմ վերջնական նպատակակետից։ Քանի որ ես հաճախ եմ ճանապարհորդում, ես օգտագործում եմ իմ թռիչքի ժամանակը՝ դիտելով ֆիլմեր և կիրառելով իմ լեզվական հմտությունները։ Սա ներառում է ենթագրերով ֆիլմ դիտելը, մասերը հետ շրջելը և նորից դիտելը։ Ես երբեմն ծախսում եմ մինչև չորս ժամ մեկ ֆիլմի վրա, քանի որ հաճախակի կանգ եմ առնում, որպեսզի սովորեմ բարձրաձայն նախադասություններ ասել։ Եվ երբ թռիչքը շատ մարդաշատ չէ, ես նույնիսկ կանգ եմ առնում և բարձրաձայն ասում եմ նախադասությունները։

Olumide Ogunsanwo. Անհավանական է։ Ես խստորեն կոչ եմ անում բոլորին ընդունել ամբիցիաները, սահմանել հստակ տեսլական, նպատակներ դնել իրենց կյանքի համար և սկսել անհատական զարգացման անվերջ ճանապարհորդություն։ Այն ուժ ունի փոխելու ձեր ողջ կյանքը։ Ահա մի քանի առաջարկություններ, որոնք զարգացնում են անձնական զարգացման մտածելակերպը.

Առաջին՝ Ջիմ Ռոնի « Մեկ տարվա հաջողության ծրագիր »։ [5]Այս ծրագիրը ցնցող է և կարող է փոխել ձեր կյանքը։ Սա անհատական զարգացման մեկ տարվա ճանապարհ է՝ հագեցած վարժություններով։ Ցավոք,

5. https://www.amazon.com/Rohn-Year-Success-Plan-Workbook/dp/B003OYMDKY

օրիգինալ տարբերակն այլևս հասանելի չէ, բայց դուք կարող եք փորձել թարմացված տարբերակը [6], թեև ես չեմ կարող երաշխավորել դրա որակը, քանի որ ես արել եմ բնօրինակը։

Երկրորդ. Հարրի Բրաունի « Ինչպես ես գտա ազատություն անազատ աշխարհում »։ [7]Գիրքը խորանում է ազատության հասկացության մեջ, որը սերտորեն համընկնում է FIREDOM-ում ուսումնասիրված ֆինանսական անկախության և ազատության թեմաների հետ։ Բրաունն ուսումնասիրում է մտավոր շրջանակը, որն անհրաժեշտ է մեզ հետ պահող խոչընդոտները բացահայտելու և հաղթահարելու համար՝ տրամադրելով պատկերացումներ այն մասին, թե ինչպես պետք է քայլեր ձեռնարկել և հասնել իրական ազատության։ Ես կարդացել եմ այն երեք անգամ և ամեն անգամ ավելի շատ եմ սիրում այն։

Աչանի Սամոն Բիաու. Շնորհակալություն այդ առաջարկությունները կիսելու համար։ Ես կցանկանայի առաջարկել հաքեր, որը կարող է սկսել ձեր անձնական զարգացման ճանապարհորդությունը։ Ես ուրիշներին հիասթափեցնելու ուժեղ հակակրանք ունեմ, և այս հատկանիշը կարևոր դեր է խաղում իմ կյանքում։ Երբ ես իմ առջեւ նպատակ եմ դնում, ես հրատապության կամ ճգնաժամի զգացում եմ ստեղծում, որն ինձ ստիպում է հավատարիմ մնալ։ Արդյունավետ ռազմավարություններից մեկն այն է, որ կապ հաստատեմ մեկի հետ, ով գիտեմ, որ ինձ պատասխանատվության կպահի և կստիպի ինձ ամոթի զգացում զգալ, եթե չկարողանամ հասնել իմ նպատակին։ Օրինակ, երբ ես որոշեցի սովորել արաբերեն, ես տեղեկացրեցի Ծոցի տարածաշրջանի բարձրաստիճան ղեկավարներին, որ ձեռնարկում եմ

6. https://store.jimrohn.com/the-new-jim-rohn-one-year-success-plan.html

7. http://www.amazon.com/How-Found-Freedom-Unfree-World/dp/0965603679

այս ջանքերը և մտադիր եմ պարբերաբար թարմացումներով կիսվել արաբերենով։ Ճնշումը, որը սա դնում է ինձ վրա, իսկայական է, բայց այն ծառայում է որպես հզոր դրդապատճառ՝ հետևելու դրան։ Դուք կարող եք մշակել ձեր սեփական հաքերը՝ հիմնվելով ձեր անհատականության վրա և այն, ինչը լավագույնս համապատասխանում է ձեզ։

Olumide Ogunsanwo. Այո, «հանրային պարտավորություն» կամ «հաշվետվողական գործընկեր» ռազմավարությունը կարող է ամրապնդել ձեր մոտիվացիան և հաստատակամությունը ձեր նպատակներին հասնելու համար։ Հրապարակայնորեն հայտարարելով ձեր մտադրությունների մասին կամ ստանալով վստահելի հաշվետվողականության գործընկերոջ աջակցությունը, դուք ստեղծում եք հզոր աջակցության ցանց։

Տարիների ընթացքում ես հավաքել եմ ոգեշնչող մեջբերումների հավաքածու։ Երբ մենք ավարտում ենք այս գլուխը, ես սիրով հավաքել եմ դրանք այստեղ՝ հուսալով, որ դրանք կայծ կվառեն նաև ձեր ներսում։ Ես փորձեցի պատշաճ վերագրումներ տալ, չնայած կարող են լինել դեպքեր, երբ որոշ մեջբերումներ սխալ վերագրվում են։ Հուսով եմ, որ դրանք արժեքավոր կգտնեք։ Կհանդիպենք հաջորդ գլխում։

« *Ավելին ունենալու համար դու պետք է ավելի շատ դառնաս* » (Ջիմ Ռոն)

« *Դու կարող ես կյանքդ անցկացնել այնպես, ինչպես ուզում ես, բայց կարող ես ծախսել միայն մեկ անգամ* » (Լիլիան Դիքսոն)

« *Դու կարող ես ունենալ այն, ինչ ուզում ես, եթե պարզապես օգնես բավականաչափ այլ մարդկանց ստացիր այն, ինչ ուզում են* » (Զիգ Զիգլար)

« *Մի ցանկանար, որ ավելի հեշտ լիներ, երանի դու ավելի լավը լինեիր* » (Ջիմ Ռոն)

« *Ես զոհ չեմ, ես վերապրող եմ* » (Էլիզաբեթ Էդվարդս)

« *Հաջողությունը մի բան չէ, որին հետևում ես: Հաջողությունն այն է, ինչ գրավում ես այն անձնավորությամբ, ում դու ես դառնում* » (Ջիմ Ռոն)

« *Սկսիր վերջը մտքում ունենալով* » (Սթիվ Քովեյ)

« *Մի մոռացիր լինել հիանալի* » (Ջոն Գրին)

« *Մտածիր չեմպիոնի պես* » (Զիգ Զիգլար)

« *Խնդիրները լուծելի են* » (Դեյվիդ Դոյչ «Անսահմանության սկիզբը»)

« *Հաղթելը պարզ է: Արթնացեք ամեն օր և արեք այն, ինչից բոլորը խուսափում են* » (Ջիմ Ռոն)

« *Զգույշ եղեք այն մատներից, որոնց վրա այսօր կպնում եք, քանի որ դրանք կարող են կապված լինել այն էշի հետ, որը դուք պետք է համբուրեք վաղը* » (Անհայտ)

« *Հաջողությունը ձախողման հեռավոր կողմում է* » (Բրայան Թրեյսի)

« *Զարգացրեք կողմնակալություն գործողության համար* » (Ջեֆ Բեզոս)

« *Լավ ծրագրի ամենամեծ թշնամին կատարյալ ծրագրի երազանքն է* » (Կարլ Ֆոն Կլաուզևից)

« *Փախիր մրցակցությունից իսկության միջոցով* » (Naval Ravikant)

« *Եղիր քո ոչ ներողամտորեն տարօրինակ եսը* » (Քրիս Սակա)

« *Երբ փաստերը փոխվում են, ես փոխում եմ իմ միտքը: Ի՞նչ ես անում, պարոն:* » (Ջոն Մեյնարդ Քեյնս)

« *Դա երկար ժամանակ է սպասվում, ֆամ: Այն օրվանից, երբ ես մտածեցի այդ խորամանկ ծրագրի մասին: Մի օր ես ունեի. երազ, ես փորձեցի հետապնդել այն: Բայց ես ոչ մի տեղ չէի գնալու, վազող մարդ: Ես գիտեի, որ միգուցե մի օր ես կհասկանամ: Փորձիր փոխել տեները հարյուր դրամով: Բոլորը երեխաներ են, որոնց մասին ոչ ոք չի հետաքրքրում: Դուք պարզապես պետք է պահեք գոռում է, քանի դեռ չեն լսում քեզ* » (Tinie Tempah)

« *Ինչպես ծախսերը վերահսկելը ավելի դժվար է անել, որքան շատ ես անում, այնպես էլ քո էգոն վերահսկելը ավելի դժվար է անել, այնքան հաջողակ ես դառնում* » (Սեմ Դոգեն՝ Ֆինանսական Սամուրայ)

« *Ստուգեք ձեր վառելիքը, այն ձեզ բերեց, որտեղ ուզում էիք գնալ* » (Ջոն Գալթի կերպար Այն Ռենդի «Ատլասը թոթվեց» գրքից)

« *Ես կարծում եմ, որ սխալ է կյանքից իմ արժեքներն ու ակնկալիքները այլ մարդկանց վրա նախագծել* » (Ուեյն Դայեր)

« *Վախկոտները երբեք չսկսեցին, և թույլերը մահացան ճանապարհին: Դա թողնում է մեզ*» (Ֆիլ ասպետ)

« *Երեկ բոլոր բողոքների վերջնաժամկետն էր* » (Բրայան Թրեյսի)

« *Ինքնակարգապահությունը դա անելն է, ինչ պետք է, երբ պետք է, անկախ նրանից, թե դա քեզ դուր է գալիս, թե ոչ* » (Բրայան Թրեյսի)

« *Հաջողության տանող վերելակը անսարք է, բայց աստիճանները միշտ բաց են* » (Zig Ziglar)

« *Մի հավատարիմ մնացեք պլանին, հավատարիմ եղեք պլանավորման գործընթացին* » (Կարլ Ռիչարդս)

« Resolve-*ը ինքդ քեզ խոստանում է, որ երբեք քեզ չես տա* » (Ջիմ Ռոն)

« *Ընթերցանության հանդեպ իսկական սերը, երբ մշակվում է, գերտերություն է: Ուսուցման միջոցներն առատ են. սովորելու ցանկությունն է սակավ* » (Նավալ Ռավիկանտ)

« *Եթե դու դժվար կլինես ինքդ քեզ հետ, ապա կյանքը հեշտ կլինի քեզ համար, բայց եթե դու պնդես, որ հեշտ լինի քեզ հետ, ապա կյանքը դժվար կլինի քեզ համար* » (Զիգ Զիգլար)

« *Երջանկությունը խնդիրների լուծումն է:*

Խնդիրների լուծումը հանգեցնում է նոր խնդիրների ստեղծմանը » (Մարկ Մենսոն)

« *Դուք պետք է տղամարդկանց սովորեցնեք օրինակելի դպրոցում, որովհետև նրանք չեն սովորի ուրիշի մոտ* » (Ալբերտ Շվեյցեր)

« *Ես եկել եմ տորթի համար, ոչ թե փշրանքների* » (Քեթի Սթենթոն)

« *Հասկանալն ու ընդունելը, որ ես եմ խնդիրը, ինձ հնարավորություն է տալիս լինել լուծումը* » (Անհայտ)

« *Սովորականի մեջ շատ մրցակցություն կա, իսկ արտասովորում՝ քիչ* » (Ռոբին Շարմա)

« *Երբ հասնեք ձեր պարանի ծայրին, կապեք դրա մեջ մի հանգույց և կախեք* » (Անհայտ)

« *Չկան հարստանալու սխեմաներ, պարզապես մարդիկ են հարստանում ձեզանից* » (Նավալ Ռավիկանտ)

« *Գործերի վարման այս պատահական ձևը ինձ դուր չեկավ* » (Ջոն Դ. Ռոքֆելլեր)

« *Ինչքան շատ սովորես, այնքան քիչ ես վախենում: «Սովորիր» ոչ թե ակադեմիական ուսումնասիրության, այլ կյանքի գործնական ընկալման իմաստով: Որքան շատ իմանաս, թե ինչպես է աշխատում աշխարհը, այնքան քիչ կվախենաս դրանից: կտեսնեն, որ վախենալու բան չկա, բացի տգիտությունից* »: (Ջուլիան Բարնս)

«*Օգտագործեք երիտասարդության առավելությունները, երբ դրանք ունեք, և տարիքի առավելությունները, երբ դրանք ունեք: Երիտասարդության առավելություններն են էներգիան, ժամանակը, լավատեսությունը և ազատությունը: Տարիքի առավելություններն են գիտելիքը, արդյունավետությունը, փողը և ուժը: Ջանքերով դուք կարող եք ձեռք բերել վերջիններիս մի մասը երիտասարդ ժամանակ, իսկ մի մասը պահպանել՝ ծերության ժամանակ*»: (Փոլ Գրեհեմ)

« Կարևորը ոչ թե քննադատն է, այլ ոչ այն մարդը, ով նշում է, թե ինչպես է ուժեղ մարդը սայթաքում, կամ որտեղ գործ անողը կարող էր դրանք ավելի լավ անել։ Պատիվը պատկանում է այն մարդուն, ով իրականում ասպարեզում է, ում դեմքը խաթարված է։ Փոշով, քրտինքով և արյունով, ով քաջաբար պայքարում է, ով սխալվում է, ով նորից ու նորից կարճ է գալիս, որովհետև չկա ջանք առանց սխալի և թերության» (Թեոդոր Ռուզվելտ)

6. Ուշ կարիերայի պատմություններ և եկամուտների առավելագույնի հասցման և արժեքների վրա հիմնված ծախսերի սկզբունքներ

Olumide Ogunsanwo. Բարի գալուստ այս հուզիչ գլուխ, որտեղ մենք խորանում ենք արկածային ճանապարհորդության մեջ, որը հաջորդեց մեր բիզնես դպրոցի փորձին։ Միացե՛ք մեզ, երբ մենք բացահայտում ենք այն ուղիները, որոնք անցել ենք մեր կարիերայի ընթացքում ֆինանսական անկախության ձգտման համար։

Աչանի Սամոն Բիաու. Մենք մեր թանկարժեք ժամանակն ու գումարը ներդրեցինք բիզնես դպրոցի այդ բաղձալի աստիճանները ձեռք բերելու համար։ Այժմ ժամանակն էր նորից մուտք գործելու պրոֆեսիոնալ աշխարհ և ընդլայնելու մեր առաջընթացը դեպի ֆինանսական անկախություն։

Olumide Ogunsanwo. Մենք նաև կբացահայտենք երկու գագաթնակետային սկզբունքներ՝ եկամուտների առավելագույնի հասցնել, հնարավորինս շատ գումար վաստակել և արժեքների վրա հիմնված ծախսեր՝ ծախսելով յուրաքանչյուր դժվարությամբ վաստակած դոլար՝ ձեր արժեքներին և տեսլականին համապատասխանեցնելու համար։ Այս սկզբունքները շատ կարևոր են, քանի որ դրանք գրեթե ներկայացնում են ֆինանսական անկախության հասնելու ձեր ջանքերի գագաթնակետը։

6A. Օլումիդի ուշ կարիերայի պատմությունը

Աչանի Սամոն Բիաու. Օլումիդ, եկեք վերադառնանք ձեր բիզնես դպրոցի ավարտին և ձեր նոր կարիերայի սկզբին: Ի՞նչ մասնագիտություն եք ընտրել և ինչպե՞ս է ֆինանսական անկախությունը ազդել այդ որոշման վրա:

Olumide Ogunsanwo. Ինչպես հիշում եք վերջին գլխից, ես հաճախել եմ Օքսֆորդ և MIT բիզնես դպրոց 2010-ից 2012 թվականներին: Մինչ այդ ես աշխատում էի որպես ինժեներ և նախկինում չէի լսել կառավարման խորհրդատվության մասին: Իմ ընկերներից շատերը նույնպես ինժեներներ էին, և դա այն աշխարհն էր, որը ես գիտեի: Բայց հետո ես հայտնաբերեցի այս ոլորտը, որը կոչվում է կառավարման խորհրդատվություն, այնպիսի ընկերությունների հետ, ինչպիսիք են McKinsey-ն, Bain-ը և BCG-ն: Նրանք հագնում էին շքեղ կոստյումներ և խորհուրդներ էին տալիս ընկերություններին, և դա ինձ համար հետաքրքիր էր:

Դեռ իմ մանկության տարիներին՝ Նիգերիայում, մայրս մեզ համար համակարգիչ գնեց, և ես սկսեցի ուսումնասիրել ինտերնետը՝ նախքան Ամերիկա տեղափոխվելը: Այս վաղ բացահայտումը առաջացրեց իմ հետաքրքրությունը տեխնոլոգիական ընկերությունների նկատմամբ: Բիզնես դպրոցի ընթացքում ես նպատակաուղղված էի կարիերային կամ կառավարման խորհրդատվության կամ տեխնոլոգիայի ոլորտում, բայց ես ավելի մեծ հակում ունեի դեպի տեխնոլոգիական արդյունաբերությունը:

Մինչ բիզնես դպրոցը, ես տարեկան աշխատավարձ

էի ստանում $50,000-ից մինչև $60,000, իսկ բիզնես դպրոցից հետո ակնկալվում էր, որ այն կկազմի $110,000-ից $130,000-ը՝ հիմնվելով MIT Sloan-ի նախորդ ուսանողների միջին աշխատավարձի վրա։ Դա, ըստ էության, հնարավորություն էր կրկնապատկելու իմ եկամուտը։ Ես անցա MIT-ում աշխատանքի դիմելու գործընթացը և ստացա առաջարկներ խոշոր տեխնոլոգիական ընկերություններից, որոնք ինձ ոգևորեցին։ Բայց հետո McKinsey Lagos-ը մոտեցավ ինձ։ Դա մի բան չէր, որը ես սկզբում մտածում էի, քանի որ ես կենտրոնացել էի McKinsey-ի վրա Սան Ֆրանցիսկոյում, Բոստոնում կամ Նյու Յորքում։ Այնուամենայնիվ, ինձ համար հետաքրքիր էր, երբ սկսեցի խոսել նրանց հետ։ Նիգերիան կարծես շրջադարձային փուլ էր ապրում, քանի որ քաղաքական իրավիճակը, գնաճը և փոխարժեքը հիմնականում վերահսկվում էին։

Լքելով Նիգերիան 2002-ին և այժմ լինելով 2012-ին, ես վստահ չէի, թե արդյոք վերադառնալն այն էր, ինչ ուզում էի։ Այնուամենայնիվ, McKinsey Lagos-ի գրավիչ առաջարկը, այլ վայրերի հետ համեմատելի աշխատավարձով և ցածր հարկերով և բնակարանային ծախսերով, զուգորդված բարելավվող մակրո պայմաններով, ինձ ստիպեցին որոշում կայացնել հրաժարվել տեխնոլոգիական առաջարկներից և վերադառնալ Նիգերիա։

Այն ժամանակ ես լիովին չէի ընկալում ֆինանսական անկախության հայեցակարգը։ Բայց ես արագ իմացա, որ կառավարման խորհրդատվությունը շահութաբեր դեր է փող աշխատելու և խնայելու համար։ Դա ինձ համար պարզ բանաձև էր. իմ աշխատանքում լավ հանդես գալ՝ իմ կատարողականի հետ կապված բոնուսներ և առաջխաղացումներ ստանալու համար և հնարավորինս խնայել։ Կառավարման խորհրդատվության մեջ կան գումար խնայելու լայն հնարավորություններ։ Օրինակ, իմ ընկերներից մեկը դաշտում իր երկու տարիների ընթացքում բնակարան չուներ: Ինչ վերաբերում է ինձ, ես վարձել եմ էժան բնակարան ամսական 700-800 դոլարով: Նաև հաճախ էի ճանապարհորդում՝ կուտակելով միավորներ, որոնք սովորեցի օգտագործել:

Ես սովորեցի առավելագույնի հասցնել McKinsey-ի տրամադրած առավելությունները: Շատ կարևոր է հասկանալ, թե ինչ ֆինանսական և ոչ շահավետ օգուտներ է առաջարկում ձեր ընկերությունը:

Աչանի Սամոն Բիաու. Դուք որոշեցիք հրաժարվել տեխնոլոգիական առաջարկներից և հետամուտ լինել կառավարման խորհրդատվության Լագոսում: Ի՞նչ էր անցնում ձեր մտքով: Դուք դա կարճաժամկետ շեղո՞ւմ եք համարել:

Օլումիդ Օգունսանվո. Այն ժամանակ ես իսկապես չգիտեի, թե ինչպես սահմանել և հետևել երկարաժամկետ նպատակներին, և ես կոնկրետ պլաններ չունեի գտնվելու վայրի կամ կարիերայի հետ կապված: Ես կենտրոնացած էի McKinsey-ի հնարավորությունից առավելագույնս օգտագործելու և որոշումներ կայացնելու վրա՝ հիմնվելով իրադարձությունների զարգացման վրա: McKinsey-ում աշխատելու ընթացքում ես ավելի կարճաժամկետ կողմնորոշված էի, նպատակ ունենալով հասնել կատարողականի ամենաբարձր գնահատականների՝ նվազագույնի հասցնելով իմ ծախսերը: Այս մտածելակերպը պայմանավորված չէր ֆինանսական անկախության իմ ըմբռնմամբ, որը ես այն ժամանակ ամբողջությամբ չէի ներդաշնակել: Փոխարենը, դա բխում էր նրանից, որ ես ավելի քան երեք տարի գործազուրկ եմ եղել 2009թ.-ից: Արդյունքում, արդյունավետությունն ու օպտիմալացումը ինձ համար չափազանց կարևոր էին:

Իմ փորձառությունը Լագոսում ֆանտաստիկ էր, քանի որ ես օպտիմիզացրել էի իմ ծախսերը՝

համապատասխանեցնելու իմ հիմնական արժեքներին և գտնել առավելագույն հաճույք հնարավորինս նվազագույն գնով, այլ ոչ թե ծախսերը նվազագույնի հասցնելու համար: Այս սկզբունքը, որը հայտնի է որպես արժեքների վրա հիմնված ծախսեր, հետագայում կուսումնասիրվի 6C գլխում: Հիշեք, որ նպատակը ոչ թե պատահականորեն կրճատել ծախսերը ձեր ֆինանսական անկախության ճանապարհին. դա ձեր ծախսերը ներդաշնակեցնելն է այն ամենի հետ, ինչը իսկապես կարևոր է ձեր հոգու համար: Ծախսերի անխտիր կրճատումը, ամենայն հավանականությամբ, կհանգեցնի դժբախտության և պոտենցիալ վերադարձի ձեր նախկին ծախսերի մոդելներին:

Աչանի Սամոն Բիաու. Ես այստեղ տեսնում եմ որոշ հիմնական պատկերացումներ: Փորձեմ ամփոփել, և դուք կարող եք ասել, թե արդյոք ճիշտ եմ հասկացել: Կարծես անկախ մտածողությունը և արժեքների վրա հիմնված ծախսերը կարևոր գործոններ են: Եթե դուք մարդ եք, ով հակված է հետևել ամբոխին, կարող եք գումար ծախսել այնպիսի բաների վրա, որոնք իրականում արժեք չեն ավելացնում ձեր կյանքին:

Օրինակ, դուք կարող եք համոզվել չորս ժամով միանալ ընկերներին բարում, նույնիսկ եթե դուք չեք սիրում խմել:

Olumide Ogunsanwo: Բացարձակապես: Եվ դա միայն փողի մասին չէ: Արժեքների վրա հիմնված ծախսերը դուրս են գալիս ֆինանսական որոշումներից. դա վերաբերում է նաև նրան, թե ինչպես եք ընտրում ձեր ժամանակը ներդնել: Ամեն պահ իր հետ ունի հնարավոր ծախսեր, իսկ բարում ժամեր անցկացնելը, օրինակ, նշանակում է զոհաբերել այլ բովանդակալից գործունեությամբ զբաղվելու ներուժը: Թեև ժամանակի ծախսերը հաճախ անտեսվում են դրա ոչ նյութական բնույթի պատճառով, դրա նշանակությունն ավելի ու ավելի ակնհայտ է դառնում, երբ մեծանում եք։ Կյանքի ամենաարժեքավոր բաներից մի քանիսը դժվար է չափել։

Աչանի Սամոն Բիաու. Թվում է, թե ձեր սեփական պայմաններով ապրելու ճանապարհորդությունը ներառում է ինքներդ ձեզ հասկանալ և ձեր գործողությունները համապատասխանեցնել ձեր իրական արժեքներին։ Օրինակ, եթե նախկինում վայելում էիք երեկույթները, ապա պետք է մտածեք, թե որքան հաճախ եք դրան մասնակցում և ինչ հաճույք է պատճառում ձեզ։ Եթե խնջույքը ձեզ համար մեծ նշանակություն ունի, ապա կենտրոնացեք դրա վրա և պարզեք, թե ինչ պետք է հեռացնեք ձեր կյանքից՝ այն իսկապես վայելելու համար։ Էականիզմի վրա հիմնված ձեր ծախսերի առաջնահերթությունը նշանակում է բացահայտել այն մի բանը, որը ձեզ ամենաշատն է ուրախացնում և ձեր ռեսուրսները նվիրել դրան։

Olumide Ogunsanwo. Թույլ տվեք բերել գործնական օրինակ։ Մեր առջև ծառացած տարբեր ծախսերից ամենակարևորը բնակարանն է, սնունդը և տրանսպորտը։ Ծախսերի արդյունավետ ընտրություն կատարելու համար մտածեք, թե ինչն է իսկապես կարևոր ձեզ համար։ Դուք այն մարդն եք, ով ուրախություն է գտնում շքեղ և ընդարձակ բնակարաններում, թե՞ ավելի փոքր, ավելի մատչելի բնակարանը կբավարարի ձեր կարիքներն ու ձգտումները բավարարելու համար։ Արդյո՞ք բարձրակարգ կահավորանքի գրավչությունն իսկական նշանակություն ունի, թե՞ կարող եք ավելի բյուջետային այլընտրանքներ ընդունել՝ չվտանգելով ձեր երջանկությունը։ Եթե լավագույն վայրում ապրելը առաջնահերթություն չէ, ուսումնասիրեք ավելի մատչելի վայրում բնակություն հաստատելու հնարավորությունները։ Հիշեք, որ կարևոր է ուշադիր դիտարկել ձեր տարբերակները և մնալ բաց և ճկուն փոփոխությունների նկատմամբ, որոնք համապատասխանում են ձեր ֆինանսական նպատակներին։

Նույն սկզբունքը վերաբերում է տրանսպորտին. Եթե շքեղ մեքենա ունենալը ձեզ համար սակարկելի չէ, ապա ամբողջ սրտով հետամուտ եղեք դրան։ Այնուամենայնիվ, եթե այն չի գլխավորում ձեր առաջնահերթությունների ցանկը, հաշվի առեք ավելի մատչելի այլընտրանքներ, ինչպիսիք են հուսալի օգտագործված Honda-ն։ Միշտ հիշեք, որ ամեն անգամ, երբ դուք ընտրում եք ավելի թանկ տարբերակը, դա հաճախ նշանակում է ավելի երկար աշխատել՝ թույլ տալու համար։ Օրինակ՝ նոր Tesla-ի փոխարեն օգտագործված Honda-ն ընտրելով, դուք կարող եք ֆինանսական անկախություն ձեռք բերել 45-ի փոխարեն 35 տարեկանում՝ փաստորեն վայելելով 10 լրացուցիչ տարի ազատություն ձեր աշխատանքի պահանջներից։

Հիմա խոսենք եկամտի մասին։ Աշխատանքային հնարավորությունները գնահատելիս հաշվի առեք ոչ միայն աշխատավարձը, այլև ձեր երջանկությունն ու գոհունակությունը։ Եթե կարծում եք, որ ավելի ցածր վարձատրվող աշխատանքն ավելի մեծ հավանականություն ունի իրագործման համար, ապա նորմալ է գնալ այդ ուղղությամբ։ Այնուամենայնիվ, պատրաստ եղեք ձեր ցանկալի ֆինանսական նպատակներին հասնելու համար ավելի երկար աշխատելու հնարավորությանը։ Հիշեք, որ այն, ինչ ձեզ բերում է բավարարվածություն, կարող է զարգանալ ժամանակի ընթացքում, և ավելի ցածր վարձատրվող աշխատանքով զբաղվելու ձեր որոշումը միշտ չէ, որ կարող է ցանկալի արդյունք տալ։ Կյանքը լի է փոխզիջումներով, և դուք պետք է որոշեք՝ առաջնահերթություն եք տալիս երջանկությանը, թե առավելագույնի հասցնելու կարճ և երկարաժամկետ եկամուտը՝ համապատասխանաբար գնալով անհրաժեշտ փոխզիջումների։ Մենք չենք կարող այս որոշումները կայացնել ձեր փոխարեն. դրանք պահանջում են խորը անձնական արտացոլում՝ հիմնված ձեր արժեքների և ձգտումների վրա։

Օրինակ, եթե ձեր կիրքը երաժիշտ կարիերան հետապնդելու մեջ է, դա կարող է ենթադրել աշխատել մինչև կյանքի ավելի ուշ փուլ, գուցե նույնիսկ մինչև 85 տարեկանը։ Այնուամենայնիվ, եթե դա ձեզ մեծ ուրախություն և բավարարում է բերում, ավելի երկար ճանապարհորդությունը կարող է լինել։ արժե այն քեզ համար։ Ընդհակառակը, եթե դուք տիրապետում եք ուժեղ վերլուծական հմտություններին և գտնում եք, որ աշխատում եք խորհրդատվական ընկերությունում, բայց երաժշտությունը ձեր կիրքն է, դուք կարող եք զգալ հավերժ դժբախտ և չկատարված։

Աչանի Սամոն Բիաու. Ի՞նչ խորհուրդ կտաք նրան, ով ցանկանում է երաժիշտ լինել, բայց մտահոգված է, որ որոշումը անշրջելի է։

Olumide Ogunsanwo. Բարեբախտաբար, շատ որոշումներ շրջելի են։ Այնուամենայնիվ, նույնիսկ եթե դուք փոխում եք որոշումը, դեռ կան հնարավորություն ծախսեր՝ կապված նախնական որոշման վրա ձեր ծախսած ժամանակի հետ։ Այդ ժամանակն անցել է, ուստի դուք պետք է բաց թողնեք այն և թույլ չտաք, որ դա ազդի որոշում կայացնելու ձեր ունակության վրա։ Մի դառնաք խորտակված ծախսերի մոլորության զոհը։ Այն, ինչ ես ասում եմ մարդկանց, եղեք համարձակ որոշումներ կայացնելիս և մոռանաք ձեր ընդունած բոլոր նախկին որոշումները։

Խորհուրդ կտամ մարդուն աշխատել իր մտածելակերպի վրա՝ կենտրոնանալով ինքնավստահության, ինքնապահովման, հետաքրքրասիրության և անկախ մտածողության վրա։ Այնուհետև ստեղծեք հավակնոտ երկարաժամկետ և կարճաժամկետ նպատակներ, որոնք հաշվի են առնում փոխզիջումները, որոնք ներգրավված են ավելի ցածր եկամուտ ունեցող, բայց շատ գոհացուցիչ կարիերա ընտրելիս ավելի բարձր եկամուտ ունեցող, բայց ավելի քիչ կատարողական կարիերայի ընտրության հարցում: Ես նաև կխրախուսեի նրանց մտածել շրջանակից դուրս: Օրինակ՝ կարող են լինել բարձր վարձատրվող կարիերա ունենալու ուղիներ՝ ազատ ժամանակ երաժշտությամբ զբաղվելու կամ եկամտի կարիքները հոգալու համար մի քանի աշխատանք ստանձնելու համար: Հնարավորությունները անսահման են, եթե ձեր կողմից հետաքրքրասիրություն և խնդիրներ լուծելու ցանկություն կա:

Փոխարենը չափից դուրս քննադատելու ինքներս մեզ և մտածելու, թե ինչպես նախկինում ամեն ինչ այլ կերպ կարող էր լինել, ներողություն կիրառեք և կենտրոնացեք ներկա պահի վրա: Փոխարենը, ես հավատում եմ դրականության, լավատեսության վրա կենտրոնանալու, գրոյական մտածողություն վարելու, անցյալից սովորելու, բայց չկենտրոնանալու և առաջ շարժվելու վրա:

Աչանի Սամոն Բիաու. Կարո՞ղ եք օրինակ բերել, երբ դուք վարժեցիք զրոյական մտածողությունը McKinsey-ում:

Olumide Ogunsanwo. Երբ ես մոտենում էի McKinsey-ից հեռանալու խաչմերուկին, ես գայթակղվեցի մնալ պոտենցիալ առաջխաղացման համար ընկերությունում երկու տարի ներդրումներ կատարելուց հետո: Այնուամենայնիվ, ես ճանաչեցի այս մտածողության թակարդը և ընդունեցի զրոյական մտածողության հայեցակարգը: Ես մի քայլ հետ գնացի և վերագնահատեցի իմ նպատակներն ու կրքերը: Ես միշտ կիրք եմ ունեցել տեխնոլոգիայի նկատմամբ, և ես նույնիսկ գրել եմ իմ թեզը սմարթֆոնների օպերացիոն համակարգերի վերաբերյալ: Բացի այդ, ես մերժեցի տեխնոլոգիական ընկերությունների մի քանի առաջարկներ մինչ McKinsey-ն և ես ցանկանում էի կատարել տեխնոլոգիական նախագծեր, մինչ այնտեղ էի։ Ի վերջո, գրոյի վրա հիմնված մտածողության բանալին նոր սկսելն է և առաջնորդվել ձեր հիմնական արժեքներով և կրքերով, այլ ոչ թե անցյալի գործողություններով կամ արտաքին ճնշումներով։

Ես սկսեցի ավելի շատ կյանքի պլանավորել և ուսումնասիրել, թե ինչ է նշանակում աշխատել տեխնոլոգիական ոլորտում։ Ես զգացի, որ տեխնոլոգիան այն վայրն է, որտեղ պետք է լինել։ Ես կապվեցի տեխնոլոգիական ոլորտի մարդկանց հետ Օքսֆորդի և MIT-ի այլումինե կայքերի միջոցով և զբաղվեցի զրույցներով։ Ի վերջո, ես առաջարկ ստացա Google-ից, և 2014 թվականին ես կրկին հրաժեշտ տվեցի Նիգերիային՝ միանալու տեխնոլոգիական հսկային։

Աչանի Սամոն Բիաու. Եկեք ուսումնասիրենք ձեր փորձը Google-ում։ Ի՞նչ էիք մտածում և ի՞նչ նպատակներ ունեիք ֆինանսական անկախության հասնելու համար, երբ սկսեցիք աշխատել այնտեղ։

Օլումիդ Օգունսանվո. Հենց այդ ժամանակ դարձավ իրական ֆինանսական անկախությունը։ Եկեք հստակ սահմանենք ժամանակացույցը. 2014 թվականն է, ես 29 տարեկան եմ, և Google-ից հոկտեմբերին սկսելու առաջարկ ստացա։ Մինչև Google-ի իմ մեկնարկի ամսաթիվը McKinsey-ում մնալու փոխարեն, ես որոշեցի հեռանալ 2014 թվականի օգոստոսին, ինչը հիանալի որոշում էր։ Դա ինձ ազատություն տվեց ուսումնասիրելու և պլանավորելու իմ կյանքը օգոստոս և սեպտեմբեր ամիսներին։ Ես ժամանակ տրամադրեցի՝ անդրադառնալու իմ կյանքին և պարզելու, թե ինչպես կարող եմ անցնել տեխնոլոգիական արդյունաբերություն և վերադառնալ Ամերիկա։ Հենց այս ժամանակահատվածում ես նորից հայտնաբերեցի ֆինանսական անկախության (FI) շարժումը։

Ավելի վաղ իմ կարիերայի ընթացքում ես կարդացել էի մի քանի անձնական ֆինանսական բլոգեր՝ սովորելու ծախսերի օպտիմալացման մասին։ Սակայն, երբ երկրորդ անգամ պատահաբար հանդիպեցի ֆինանսական անկախությանը, սիրահարվեցի։ Ես ընկղմվեցի շատ հիանալի ռեսուրսների մեջ, հատկապես՝ Stock series (JL Collins) [1], Mad Fientist [2], Get Rich Slowly (JD Roth) [3], Mr. Money Mustache [4], Living a FI [5]և, իհարկե, Reddit ֆինանսական անկախության խումբ [6]։ Ամենաազդեցիկ աղբյուրը Ջ.Լ. Քոլինզի կողմից գրված Stock շարքն էր։ Դա բացեց իմ աչքերը, թե որքան պարզ կարող է լինել ֆինանսական անկախության հասնելը։ Ես սկսեցի տարված լինել՝ երկու ամիս շարունակ անցկացնելով օրական հինգից վեց ժամ՝ գրավված պորտֆելի կառուցման, ռիսկերի կառավարման, ներդրումային ռազմավարությունների, ապահով դուրսբերման դրույքաչափերի և հասանելի ներդրումային հաշիվների մի շարքով, ինչպիսիք են հարկվող հաշիվները, 401Ks, IRAs, և HSA-ները։ Ես գիտեի, որ կարող եմ դա անել։ Ես զգացի, որ միտքս ընդլայնվում է։ Ես ինձ հզոր էի զգում։ Փառահեղ էր։

Նույնիսկ Google-ում պաշտոնապես սկսելուց առաջ ես ունեի գործողությունների հստակ ծրագիր։ Ես խնայողությունների նպատակ եմ դրել՝ խնայել իմ համախառն եկամտի 50%-ը կամ իմ աշխատավարձի 90%-ը հարկումից հետո։ Ճանապարհին մնալու համար ես բյուջե ստեղծեցի՝ վերահսկելու իմ առաջընթացը։ Ես նաև մշակեցի ներդրումային ռազմավարություն՝

1. https://jlcollinsnh.com/stock-series/
2. https://www.madfientist.com/
3. https://www.getrichslowly.org/the-get-rich-slowly-philosophy/
4. https://www.mrmoneymustache.com/
5. https://livingafi.com
6. https://www.reddit.com/r/financialindependence/

ուղղված լայն ինդեքսային ֆոնդերի վրա: Հենց որ միացա Google-ին, սկսեցի իրեշի պես մահապատժի ենթարկել:

Կողմնորոշման ընթացքում իմ առաջին հարցերից մեկն այն էր, թե ինչպես առավելագույնի հասցնել Google-ի 401k համընկնումը: Աջակցողը բացատրեց, որ քանի որ արդեն հոկտեմբեր էր, աշխատակիցների մեծամասնության համար դժվար կլինի խնայել ամբողջ $17,500-ը, որն անհրաժեշտ է ընդամենը մի քանի ամսում առավելագույն համընկնում ստանալու համար: Ես ժպտացի: Նա չէր հասկանում, թե ինչպիսի մարդ եմ ես: Ես նման չէի մարդկանց մեծամասնությանը:

Ֆինանսական անկախության ձեռքբերումն ինձ համար դարձավ ամենակարևոր բաներից մեկը, և ես տարված էի դրանով: 2014-ից մինչև 2020 թվականը, այն տարին, երբ ես ձեռք բերեցի ֆինանսական անկախություն, դա նման էր ժամացույցի մեխանիզմի. Կատարեք, սովորեք, փորձարկեք, հարմարեցրեք, հետո կատարեք ևս մի քանիսը: Ես ռազմավարական առումով գտա լավագույն բնակարանները՝ ծախսերը օպտիմալացնելու համար՝ ապրելով սենյակակիցների հետ: Ես չէի անհանգստանում մեքենա ձեռք բերելու համար, քանի որ ապրում էի աշխատանքին մոտ. փոխարենը ես վստահում էի ավտոբուսին կամ իմ հեծանիվին և մեքենա էի վարձում միայն անհրաժեշտության դեպքում հանգստյան օրերին: Ես դարձա փորձագետ՝ միավորներ օգտագործելու իմ ճանապարհածախսը սուբսիդավորելու համար: Իմ գրեթե բոլոր կերակուրները վայելում էին Google-ում՝ վերացնելով ճաշելու թանկ սովորության կարիքը: Ես բաց թողեցի մարզասրահի անդամակցությունը և օգտագործեցի Google-ի մարզասրահի հնարավորությունները: Մի քանի անգամ պաշտոնի բարձրացում եմ ստացել: Ես ուրախ էի և շատ զվարճանում: **Ամենօրյա գործողություններ**

կատարելը և իմ զուտ արժեքի առաջընթացին հետևելը իմ ծրագրի կարևոր մասերն էին ։ Ես հետևողականորեն հասել եմ իմ խնայողությունների նպատակներին իմ կարիերայի ընթացքում և դարձել եմ ֆինանսապես անկախ 2020 թվականին 35 տարեկանում։

Իմ ֆինանսական անկախության ճամփորդության շրջադարձային պահը 2014 թվականի օգոստոս և սեպտեմբեր ամիսներն էին, երբ ես սիրահարվեցի ֆինանսական անկախությանը, անկեղծորեն հուզվեցի իմ ապագայով և հաստատեցի այնտեղ հասնելու հստակ նպատակներ։ Ֆինանսական անկախությունը բանալին է, որը բացում է ձեր ապագա երազանքներին ավելի արագ հասնելու ունակությունը, քանի որ այդ երազանքները հաճախ կապված են ծախսերի հետ։ Բարեբախտաբար, ես արդեն արդյունաբերության մեջ էի՝ տեխնոլոգիայի մեջ, որը լայն հնարավորություններ էր տալիս բաժնետոմսերի զգալի դրամաշնորհների և առաջխաղացումների համար՝ հիմնված կատարողականի վրա։

Մարդիկ հաճախ դիմում են ինձ անձնական ֆինանսների հարցերով, ինչպիսիք են՝ «Ինչպե՞ս կարող եմ գնահատել կենսաթոշակի համար ինձ անհրաժեշտ գումարը»։ կամ «Որքա՞ն պետք է խնայեմ իմ նպատակներին հասնելու համար»։ կամ «Ո՞րն է լավագույն ներդրումը կատարելու համար»։ Այս հարցերի պատասխանները հեշտությամբ հասանելի են ինտերնետում։ Ֆինանսական անկախության հասնելու համար անհրաժեշտ ամբողջ տեղեկատվությունը արդեն առկա է։ Կան հազարավոր, գուցե նույնիսկ միլիոնավոր գրքեր, բլոգեր, դասընթացներ, փոդքասթներ, տեսանյութեր և հոդվածներ անձնական ֆինանսների վերաբերյալ։ Արդեն առկա է առատ տեղեկատվություն այն մասին, թե ինչպես կարելի է գնահատել, թե որքան գումար է ձեզ անհրաժեշտ թոշակի անցնելու համար, ինչպես գումար խնայել, տարբեր տեսակի ներդրումներ, որոնք կարող եք կատարել ձեր նպատակներին հասնելու համար և այլն:

Այնուամենայնիվ, պատճառն այն է, որ մարդիկ կարող են պայքարել այս տեղեկատվությունը գտնելու համար, այն է, որ նրանք դեռևս բավարար հուզմունք և մոտիվացիա չեն զարգացրել սեփական ֆինանսական ճանապարհորդության վերաբերյալ ։ Հետևաբար, անհատները պետք է իրենց հարցնեն հարցն այն է, թե ինչպես բորբոքել այդ խորը հետաքրքրությունն ու ոգևորությունը իրենց ապագա կյանքի վերաբերյալ, և ինչպես կարող են ֆինանսները որպես կատալիզատոր ծառայել իրենց յուրահատուկ տեսլականին աջակցելու համար: Երբ դուք իսկապես հուզված եք ինչ-որ բանով, վարագույրը բարձրանում է, և հանկարծ տեղեկատվությունը կարծես ամենուր է: Ձեզ անհրաժեշտ ռեսուրսները հայտնվում են ուշադրության կենտրոնում, և դուք ավելի ընկալունակ եք դառնում իմաստության և պատկերացումների նկատմամբ, որոնք կարող են ձեզ առաջնորդել դեպի ֆինանսական անկախություն: Այս հուզմունքը զարգացնելը անձնական ճանապարհորդություն է: Դա կարող է ներառել ձեր իդեալական ապագան պատկերացնելը, իմաստալից նպատակներ դնելը, ձեր ֆինանսական որոշումներում նպատակ գտնելը կամ ֆինանսական հաջողությունների հասած ուրիշներից ոգեշնչում փնտրելը:

Ժամանակ տրամադրեք՝ բացահայտելու, թե ինչն է ձեզ իսկապես հուզում ձեր ֆինանսական ճանապարհորդության մեջ: Պատկերացրեք այն հնարավորությունները, որոնք ֆինանսական անկախությունը կարող է բերել ձեր կյանքում և այն ազատությունը, որը այն կարող է տալ: Չբաղվեք զրույցներով, միացեք համայնքներին և ընկղմվեք նրանց պատմությունների և փորձառությունների մեջ, ովքեր արդեն սկսել են այս ճանապարհը: Խնամելով ձեր կիրքն ու մոտիվացիան՝ դուք կստեղծեք հզոր ուժ, որը խթանում է ձեր ֆինանսական անկախության ձգտումը: Հիշեք, որ տեղեկատվությունը, որը դուք փնտրում եք, արդեն առկա է և սպասում է, որ դուք ընդունեք այն: Ձեր հուզմունքն ու մոտիվացիան զարգացնելով է, որ դուք բացում եք գիտելիքների և ռեսուրսների առատությունը, որոնք անհրաժեշտ են ձեր եզակի ֆինանսական հաջողության պատմությունը ստեղծելու համար: Թույլ տվեք, որ ձեր ոգևորությունը առաջնորդի ձեզ, երբ դուք ուսումնասիրում եք առկա տեղեկատվության առատությունը և սկսում ձեր փոխակերպող ճանապարհորդությունը դեպի ֆինանսական անկախ ապագա:

Ահա ճշմարտությունը. ֆինանսական անկախության հասնելու գաղտնիք չկա: Եթե դուք գնել եք այս գիրքը գաղտնիքի հույսով, դե, անակնկալ: Մենք չկա: Մի վերադարձրեք գիրքը [Ժպտացեք]: Փոխարենը, սկսեք պատկերացնել հետաքրքիր ապագա կյանքը և սկսեք փնտրել այն տեղեկատվությունը, որն առկա է այնտեղ: Ուսուցման կորը անվերջ է: Ես դեռ սիրահարված եմ անձնական ֆինանսներին, նույնիսկ այս տարիների ընթացքում: Ընդամենը մի քանի ժամ առաջ ես մեկուկես ժամ ծախսեցի վարկային քարտի ուսումնասիրության վրա, որին պատրաստվում եմ դիմել: Պատկերացրեք, թե որքան հուզված պետք է լինեի 2014 թվականին, որպեսզի այդ հուզմունքը դիմանա այս բոլոր տարիներին:

Սա է այս ամբողջ գրքի էությունը: Մենք չենք առաջարկում դյուրանցումներ, արծաթե փամփուշտներ, գաղտնի սոուսներ, կախարդական բանաձևեր, կախարդական լոբի, ոսկե ստեղներ կամ գերիատուկ կախարդական ներդրումային ռազմավարություններ։ Այդ ամենը հիմարություն է։ Այն, ինչ մենք խրախուսում ենք ձեզ անել՝ պատկերացնել ձեր ուզած կյանքը և քայլություն հավաքել՝ իրականացնելու ամենօրյա ծրագիր, որը ձեզ կհասցնի այնտեղ։

Աչանի Սամոն Բիաու. Վաու ։ Սուպեր մեջբերում պահեր. Շատ շնորհակալ ենք ձեր ճանապարհորդությունը մեզ հետ կիսելու համար։ Կարո՞ղ եք մեզ հետ տանել այն պահը, երբ առաջին անգամ զգացիք այդ հուզմունքը։ Ի՞նչն էր ձեզ այդքան ոգևորել։

Օլումիդ Օգունսանվո. Ես հուզվեցի, երբ հասկացա, որ կարող եմ կյանքի մի կետի հասնել, որտեղ այլևս աշխատելու կարիք չունեմ։ Ես բավականաչափ ֆինանսական ռեսուրսներ կունենայի, որպեսզի կարողանայի պահպանել ինձ իմ ողջ կյանքում։ Այդ միտքը հզոր կայծ բորբոքեց իմ ներսում։ Դա մի բացահայտում էր, որի մասին ես նախկինում երբեք չէի մտածել նման պարզությամբ և պարզությամբ։ Այն որպես անհասանելի երազանք տեսնելու փոխարեն, ես սկսեցի այն պատկերացնել որպես շոշափելի և իրագործելի նպատակ։ Ես երբեք չէի հանդիպել որևէ մեկի, ով ֆինանսապես անկախ լիներ կամ վաղաժամ թոշակի անցներ։ Ես երբեք չէի հանդիպել մեկին, ով հարմարավետ զգա իր աշխատանքը թողնելու համար։ Երբեք։ Հայեցակարգն ինձ համար բոլորովին խորթ էր։

Անդրադառնալով իմ անցյալի փորձառություններին, ես հասկացա, որ անցել եմ անձնական աճի ցիկլերի միջով, ընդլայնելով իմ աշխարհայացքը և մարտահրավեր նետելով հասարակության նորմերին։ Օրինակ, ես սկսել էի անկախ մտածողության ճանապարհորդություն և հայտնաբերեցի աթեիզմը, կասկածի տակ դնելով կրոնական համոզմունքները, որոնք արմատացած էին իմ մեջ և հայտնաբերեցի, որ բոլոր կրոնական բաները հորինված են։ Նմանապես, ես գիտակցաբար որոշում կայացրի դառնալ բուսակեր՝ վերագնահատելով իմ ընտրությունները և դրանք համապատասխանեցնելով իմ արժեքներին։ Անցյալի այս փոխակերպումները և դրանց բերած նշանակալի փոփոխությունները իմ մեջ ոգևորվածության զգացում և հավատ են ներշնչել այն ամենին, ինչ ես իսկապես ցանկանում էի հասնել։ Ինձ համար շատ հեշտ էր ոգևորվել, և ֆինանսական անկախության ձգտումը դարձավ անկախ մտածողության և անձնական աճի իմ ողջ կյանքի ճանապարհի բնական երկարացումը։

Աչանի Սամոն Բիաու. Ես կարող եմ պատկերացնել, որ կան շատ անհատներ, ովքեր իրենց խրված են զգում։ Նրանք ռեզոնանսվում են ֆինանսական անկախության գաղափարի հետ և ցանկանում են զգալ դրա հետ կապված հուզմունքը, բայց վստահ չեն, թե ինչպես վարվել կամ ինչ գործողություններ ձեռնարկել։

Olumide Ogunsanwo. Լավ, ես շատ մանրամասների մեջ մտա նպատակների սահմանման մասին 5C գլխի սկզբում, բայց եկեք այստեղ նորից անդրադառնանք մեկ այլ օրինակի։ Այս մասը հատուկ է նրանց համար, ովքեր գնահատում են հատիկավոր տեղեկատվությունը։ Ահա մի քանի քայլեր, որոնց կարող եք հետևել.

Քայլ 1 (տեսլականի ստեղծում). Սկսեք պատկերացնել ձեր ապագա կյանքը։ Պատկերացրեք, թե ինչպիսի տեսք կունենար ձեր կյանքը որոշակի թվով տարիների ընթացքում։ Եկեք օրինակ ստեղծենք. Ենթադրենք, դուք ցանկանում եք ձեր ժամանակը հավասարապես բաժանել Փարիզի և Լոնդոնի միջև՝ ապրելով երեք ննջասենյակով գեղեցիկ տանը երեք երեխաների հետ։ Դուք ներկայումս 40 տարեկան եք և նպատակ ունեք հասնել այս ապրելակերպին մինչև 55 տարեկան դառնալը:

Քայլ 2 (FI թիրախի հաշվարկ). Մուտք գործեք ինտերնետ և մուտքագրեք այս տվյալները կենսաթոշակային հաշվիչում: Կենսաթոշակային հաշվիչը կհարցնի ձեր ցանկալի կենսաթոշակային տարիքը (55), ձեր ընթացիկ ծախսերը (դուք պետք է հետևեք ձեր ընթացիկ ծախսին՝ այս ելակետը գնահատելու համար) և ձեր ապագա ծախսերը (կարող եք գնահատել՝ ուսումնասիրելով ձեր ապագա տեսլականի մասերի արժեքը, օրինակ, կարող եք որոնել՝ գտնելու համար Լոնդոնում երեք սենյականոց բնակարանի արժեքը 750,000 եվրո է): Ենթադրենք, կենսաթոշակի հաշվիչը ցույց է տալիս, որ 15 տարվա ընթացքում ձեզ անհրաժեշտ կլինի 2,8 միլիոն եվրո: Դա դառնում է ձեր FI թիրախը և ամսաթիվը: Որպես այլընտրանք, դուք կարող եք օգտագործել 3%-4% հիմնական կանոնը (25X-33X բազմապատիկ), որը քննարկվել է 5C-ում, ձեր FI թիրախը եռանկյունավորելու համար՝ հիմնված ձեր ապագա ծախսերի վրա:

Քայլ 3 (Նպատակի կարգավորում). Ստեղծեք հատուկ նպատակներ՝ հասնելու ձեր FI նպատակին և ամսաթվին: Մշակեք եկամուտների և խնայողությունների պլան՝ ՖՀ-ի նպատակին հասնելու համար: Եթե կարծում եք, որ 15 տարում 2,8 միլիոն եվրոյի ձեռքբերումը գրեթե անհնար է, կարող եք փոփոխել ձեր նպատակային համարը և ամսաթիվը նախքան պլան ստեղծելը: Ձեր նպատակային ամսաթվի և համարի փոփոխությունը կարող է ներառել փոփոխականների ճշգրտում, ինչպիսիք են՝

1) Ժամանակացույցի փոփոխություն (հնարավոր է այն երկարացնել 15-ից մինչև 30 տարի):

2) Ձեր նախընտրած գտնվելու վայրի փոփոխություն (հաշվի առնելով Փարիզից դուրս գտնվող ավելի ցածր գնով քաղաքը)

3) Ձեր բնակարանային պլանների ճշգրտում (երեք սենյականոց տան փոխարեն մեկ սենյականոց ավելի փոքր բնակարան ընտրելը)։

Քայլ 4 (Ամենօրյա գործողություններ և իրականացում). Կազմեք կարճաժամկետ ծրագրեր և կատարեք ամենօրյա գործողություններ՝ ձեր երկարաժամկետ ֆինանսական անկախության նպատակներին հասնելու համար։ Սա նշանակում է, որ ձեր երկարաժամկետ նպատակները բաժանեք ավելի փոքր, հասանելի քայլերի յուրաքանչյուր տարվա համար։ Օրինակ, առաջին տարում ձեզ կարող է անհրաժեշտ լինել վաստակել 84000 եվրո և խնայել այդ եկամտի 50%-ը։ Սա պահանջում է աշխատանք գտնել (կամ բիզնես սկսել), որը վճարում է 84,000 եվրո և որոշել ծախսերը կրճատելու եղանակներ՝ ձեր եկամտի 50%-ը խնայելու համար։

Ճկունությունը առանցքային է։ Ձեր պլանի կոնկրետ ասպեկտների հետ կապված լինելը, օրինակ՝ Փարիզում ապրելը կամ երեք սենյականոց տան կարիքը, կարող է հանգեցնել նրան, որ ստիպված կլինեք աշխատել տասնամյակներով ավելի երկար, քան եթե դուք ճկունություն ունենայիք ընտրել այլ ապրելակերպ։

Աչանի Սամոն Բիաու. Ես սիրում եմ ձեր բերած օրինակը, և թույլ տվեք փորձել դրանից մի քանի սկզբունքներ քաղել։ Առաջին սկզբունքն այն է, որ հուզմունքը սկսվում է իմաստալից տեսլական ստեղծելուց։ Հուզմունքը պետք է գա ներսից և ուժեղ դրդապատճառի ձեզ։ Եթե ձեր տեսլականը իսկապես համապատասխանում է ձեր ներքին արժեքներին և ցանկություններին, այն կդիմանա ժամանակի փորձությանը։ Այնուամենայնիվ, եթե դուք տեսլական և նպատակներ եք դնում՝ պարզապես ընդօրինակելու մեկ ուրիշին կամ հետևելու տենդենցին, դուք կարող եք անկատար զգալ, երբ այդ մարդը կամ միտումը անհետանա կամ երբ իրականում հասնեք նպատակին։

Ինքներդ ձեզ հասկանալն առաջին քայլն է: Երկրորդ բանը, որ ես լսեցի ձեր փորձից, ճկունության կարևորությունն է, որը ես կցանկանայի սահմանել որպես էականիզմ: Ամփոփելու համար. Սկսեք ներսից տեսլական փնտրելով. երկրորդ՝ ընդունեք էականիզմ՝ ձեր ֆինանսները պլանավորելու համար. և երրորդ՝ պահպանել կատարման կարգապահությունը: Երբ հստակ նպատակներ ունես, ամենաարագ վազորդը դառնալը դառնում է Ուսեյն Բոլտի մարզման պես: Դրանում ոչ մի կախարդանք չկա: Մի ենթարկվեք FOMO-ին (Բաց թողնելու վախ), որովհետև դուք ունեք ավելի մեծ բան, որի հանդեպ դուք իսկապես կրքոտ եք:

Olumide Ogunsanwo. Ոչ մի պատճառ չկա, որ դուք ունենաք FOMO, երբ գիտեք, թե ուր եք գնում: Ենթադրենք, դուք ունեք երեք սենյակակից, և ձեր վարձավճարի չափը կազմում է $2000: Հիմա դու գնա ընկերոջդ տուն: Գեղեցիկ վայր է, բայց նրա վարձը 6000 դոլար է: Ձեր ընկերը կարող է ունենալ կենսաթոշակային ծրագիր 86 տարեկանում, այդ դեպքում ինչո՞ւ կցանկանայիք ապրել նույնքան թանկ բնակարանում, երբ ձեր նպատակը 46 տարեկանում թոշակի անցնելն է:

Եթե դուք չեք կիսում նույն գենետիկան, արժեքները, նախապատմությունը և նպատակները, ինչ ձեր ընկերը, ինչո՞ւ կկրկնօրինակեք նրա որոշումները: Նրա որոշումները իմաստ ունեն իր նպատակների համար, պարտադիր չէ, որ ձերը: Եթե ընկերոջդ ասեիր, որ ուզում ես թոշակի անցնել 46 տարեկանում, նույնիսկ նա կզարմանա, որ դու ընդօրինակում ես իրեն:

Ավարտելով իմ հետբիզնես դպրոցական կարիերայի բաժինը, թույլ տվեք պատասխանել հարցին. «Արդյո՞ք արժեր ֆինանսական անկախությունը»: Դա ոչ միայն արժեր, այլ նաև լավագույն բաներից մեկն է, որ երբևէ արել եմ իմ կյանքում: Ես անչափ շնորհակալ եմ երկամսյա ընդմիջման համար, որ ունեցա աշխատանքի միջև։ Դա ինձ թույլ տվեց երազել իմ ապագայի մասին և ծրագիր կազմել՝ այդ երազանքն իրականություն դարձնելու համար։ Google-ում աշխատելը զարմանալի փորձ էր։ Ես Google Bizops-ի մի մասն էի, որտեղ աշխատում էի նշանակալի նախագծերի վրա և անընդհատ նոր բաներ սովորում։

Եթե մտածում եք ֆինանսական անկախության հետամուտ լինելու մասին, բայց մտավախություն ունեք կյանքում լուրջ փոփոխություններ անելու վերաբերյալ, ինչպիսիք են ձեր տան չափը կրճատելը կամ ձեր մեքենան վաճառելը, թույլ տվեք վստահեցնել ձեզ, որ ի վերջո դա արժե։ Ֆինանսական անկախության ձեռքբերումը ձեզ ազատություն և ճկունություն է տալիս ապրելու ձեր սեփական պայմաններով, առանց ֆինանսական սթրեսի։ Նույնիսկ եթե սիրում եք ձեր ներկայիս աշխատանքը, ավելի լավ է ունենալ ավելի շատ տարբերակներ և ֆինանսական պարտավորությունների թակարդում չզգալ։ Գործոնները, որոնք ստիպում են ձեզ սիրել ձեր աշխատանքը, օրինակ՝ ձեր ղեկավարը, թիմը, մշակույթը և վարձատրությունը, կարող են փոխվել ցանկացած պահի։ Աշխատանքը կամ գործը, որը սիրում եք այսօր, կարող է վաղը դառնալ ձեր վշտի ամենամեծ աղբյուրը։ Պաշտպանեք ձեզ՝ հեջավորելով ձեր խաղադրույքը՝ ստեղծելով հնարավորինս շուտ ֆինանսապես անկախանալու ծրագիր։

Դուք չեք ցանկանում լինել այնպիսի դիրքում, որտեղ դուք պետք է աշխատեք միայն փողի համար և անընդհատ շեշտեք, թե արդյոք ձեր ղեկավարը կամ ղեկավարը ձեզ դուր է գալիս։ Թեև ֆինանսական անկախության հետ կապված ռիսկեր կան, կան նաև ռիսկեր՝ կապված ձեր աշխատանքի և ընթացիկ հետագծի հետ։ Ի վերջո, ընտրությունը ձերն է։

Հիմա թույլ տվեք միացնել այս բոլոր տարբեր կտորները միասին։ Ես ունեի իմ սեփական պայմաններով անկախության և ազատության կյանքի տեսլականը: Ես ստեղծեցի կոնկրետ նպատակներ՝ համահունչ այդ տեսլականին: Նպատակներից մեկն էր դառնալ ֆինանսապես անկախ և վայելել հարմարավետ ապրելակերպ, որը ներառում էր ապրել տարբեր քաղաքներում, ճանապարհորդել, գումար ծախսել ըստ ցանկության և իրականացնել անձնական նախագծեր: Այս նպատակները ներառում էին նաև այնպիսի ծախսերի գնահատումներ, ինչպիսիք են բնակարանային, երեխաները, կրթությունը և հարակից այլ ծախսերը: Սա այնքան կարևոր է, որ ես պատրաստվում եմ քննարկել որոշ բարձր մակարդակի ռազմավարություններ և մարտավարություններ, որոնք օգտագործել եմ իմ նպատակներին հասնելու համար:

Ես մշակեցի ռազմավարություն, որը կոչվում է ESIPL (Earning, Saving, Investing, Pprotecting and Legacy), որը ես մշակեցի՝ համատեղելով ESI Money-ի [7] և Financial Mentor-ի շրջանակները [8](Todd Tresidder):

Եկնելով. Իմ վաստակի ռազմավարությունը պարզ էր. վաստակեք որքան հնարավոր է շատ գումար՝ լավ դրսևորելով իմ աշխատանքից առաջխաղացումներ, բոնուսներ և բաժնետոմսերի դրամաշնորհներ ստանալու համար: Ես նաև որոշ հետազոտություններ կատարեցի այլ ոչ աշխատատեղ եկամուտ ստեղծող տարբերակների վերաբերյալ, ինչպիսիք են անշարժ գույքը և ձեռներեցությունը, ի վերջո որոշեցի կենտրոնանալ աշխատանքիս վրա՝ որպես եկամտի իմ հիմնական աղբյուրի: Այս որոշումը հիմնված էր այն փաստի վրա, որ իմ աշխատանքից իմ տարեկան աշխատավարձն արդեն հասել է մի քանի հարյուր հազար դոլարի, ինչը այն դարձնում է ավելի շահավետ տարբերակ՝ համեմատած այլ այլընտրանքների հետ

7. https://esimoney.com/

8. https://www.financialmentor.com/

(մենք ավելի խորը կխորանանք եկամուտների առավելագույնի հասցնելու ռազմավարությունների մեջ 6C գլխում):

Խնայողություն . Ինչպես նախկինում նշեցի, ես նպատակ ունեի խնայել իմ համախառն աշխատավարձի 50%-ը կամ հարկումից հետո իմ աշխատավարձի 90%-ը:

Աչանի Սամոն Բիաու. Դա բավականին ագրեսիվ թիրախ էր:

Olumide Ogunsanwo. Այո, դա ագրեսիվ էր, բայց միաժամանակ հնարավոր է: Ես լազերային կենտրոնացած էի իմ նպատակի և իմ ապագայի վառ տեսլականի վրա: Ես հստակ գիտեի, թե ինչի եմ ուզում հասնել և զգացի ուժեղ մղում՝ հասնելու իմ պատկերացրած ապագային: Ես որդեգրեցի արժեքների վրա հիմնված ծախսերի սկզբունքը՝ ուշադիր համապատասխանեցնելով իմ ծախսերը այն ամենի հետ, ինչը ինձ իսկապես ուրախություն և բավարարում էր բերում: Բնակարանային ծախսերը ամենամեծ ազդեցությունն ունեցան իմ խնայողությունների տոկոսադրույքի վրա: Իմ վարձավճարը կազմում էր 1000-1500 դոլար/ամսական իմ ողջ կարիերայի համար, քանի որ ես ունեի սենյակակիցներ: Տրանսպորտի և սննդիս ծախսերը նվազագույն էին, քանի որ ես աշխատանքի էի գնացել Google-ի ավտոբուսով և ճաշի մեծ մասը ուտում էի համալսարանում: Ես հիանալի ժամանակ եմ անցկացրել՝ առանց ինձ զրկելու: Լինելով ներգաղթյալ՝ ես առավելություն ունեի մեծանալու զարգացող երկրում, որտեղ մարդիկ սովոր էին առաջնահերթություն տալ խնայողություններին: Այս նախապատմությունը ինձ համար հեշտացրեց ավելի քիչ ծախսելու մտածելակերպը, որը դեռևս վայելում էր լիարժեք կյանք:

Աչանի Սամոն Բիաու. Շնորհակալություն այդ

պատկերացումները կիսելու համար։ Ես կցանկանայի ավելի խորանալ մի քանի բանի մեջ։ Դուք նշեցիք ձեր եկամուտների և ծախսերի ռազմավարությունը։ Եկամուտների մասով դուք կենտրոնացել եք բացառապես ձեր աշխատանքի վրա, ինչը իմաստալից էր՝ հաշվի առնելով ձեր բարձր վարձատրվող աշխատանքը տեխնոլոգիայի ոլորտում և ձեր կիրքը ոլորտի նկատմամբ։ Այնուամենայնիվ, մյուսների համար եկամուտների դիվերսիֆիկացիան կարող է ավելի հարմար մոտեցում լինել։

Օլումիդ Օգունսանվո. Տեխնոլոգիաներում իմ բարձր աշխատավարձով և ոլորտի հանդեպ ունեցած իմ սերով, ինձ համար իմաստալից էր առաջնահերթություն տալ իմ աշխատանքին որպես եկամտի իմ հիմնական աղբյուրին։ Ես սիրում եմ տեխնոլոգիան: Ես ստեղծեցի փոդքաստ (Afrobility), որտեղ ես ուսումնասիրում եմ տեխնոլոգիական ընկերությունները և կարդում դրա մասին գիշերները և հանգստյան օրերին։ Այնուամենայնիվ, եթե իմ աշխատավարձը լիներ $48,000, դուք գրազ կգաք, որ ես փող աշխատելու այլ ուղիներ կփնտրեմ։ Աշխատանքի վրա կենտրոնանալը կարող է տրամաբանական լինել ոմանց համար, բայց դա միանգամյա ռազմավարություն չէ։ Ձեր ընտրությունը պետք է կախված լինի այնպիսի գործոններից, ինչպիսիք են ձեր տարիքը, գիտելիքների բազան, ցանցը, հնարավորությունները, նպատակները, աշխատավարձը, առաջխաղացման հնարավորությունները, ինքնավարության անհրաժեշտությունը և այլ համապատասխան գործոններ։

Աչանի Սամոն Բիաու. Արժեքի մասով դուք նշեցիք, թե ինչպես եք իրականացնում արժեքների վրա հիմնված ծախսեր։ Կարո՞ղ եք կոնկրետ խոսել որոշ հաքերների մասին, որոնք դուք օգտագործում եք դրան մի քիչ համ հաղորդելու համար։

Olumide Ogunsanwo: Իհարկե։ Մենք կունենանք մի ամբողջ գլուխ 6C, որը նվիրված է դրան, բայց ես հիմա կարող եմ մի փոքր խոսել դրա մասին իմ պատմության համատեքստում։ Մարդկանց մեծամասնության համար ամենամեծ ծախսերը կապված են հարկերի, բնակարանների և տրանսպորտի հետ։ Ցավոք սրտի, ես չկարողացա շատ օպտիմալացնել իմ հարկերը, քանի որ պետք է լինեի գրասենյակում իմ կարիերայի մեծ մասը։ Դա հիմնականում ֆիքսվել է։ Շատերը ենթադրում են, որ իրենց հարկերը պայմանավորված են բացառապես իրենց աշխատանքային իրավիճակով, բայց դա միշտ չէ, որ այդպես է։ Իմ փորձից, իմ կարիերայի մեծ մասի համար վճարելով մոտ 40% հարկեր, դժվարացավ իմ համախառն խնայողությունների տոկոսադրույքը 50% -ից բարձր բարձրացնելը։

Երկրորդ կետը բնակարանաշինությունն է. Իմ աշխատավարձի կամ տարիքի շատ ուրիշներ ամսական $3,000-ից $6,000 էին ծախսում Սան Ֆրանցիսկոյում վարձակալության կամ հիփոթեքի վրա։ Ես պատրաստ չէի դա անել։ Ես պահել եմ իմ ամսական վարձավճարը $1,000-ից $1,500-ի միջակայքում այն պահից, երբ ավարտեցի բիզնես դպրոցը 27 տարեկանում, մինչև որ ես դարձա ֆինանսապես անկախ 35 տարեկանում։ Եթե համեմատեք իմ $1,000-ից $1,500-ի վարձավճարը $3,000-ից $6,000-ի հետ, ապա ամսական այդ բացը կազմում է մոտ $2, մինչև $4,500, որը կազմվել է 8 տարվա ընթացքում, էական տարբերություն է ստեղծում։ Միայն դա կարող է որոշիչ գործոն լինել իմ 30-ականների և 50-ականների ֆինանսական անկախության հասնելու միջև։ Ես երեսունհիս վաղ ունեի սենյակակիցներ, ինչը կարող էր ոչ բոլորին գրավել, բայց ես շատ գոհ էի այդ փոխզիջումից, քանի որ այն արագացրեց իմ ֆինանսական վիճակը և ինձ տվեց ազատ կյանք, որն այսօր ունեմ։

Ինչ վերաբերում է տրանսպորտին, ապա ինձ մեքենա պետք չէր, քանի որ ապրում էի աշխատանքից 15 րոպե հեռավորության վրա գտնվող բնակարանում։ Ես կա՛մ գնացի Google-ի ավտոբուսով, կա՛մ քայլեցի, ինչի արդյունքում տրանսպորտի ծախսերը գրեթե զրոյական էին։ Ծախսերը մի փոքր բարձրացան, երբ ես սկսեցի հանգստյան օրերի մեծ մասն անցկացնել Սան Ֆրանցիսկոյում, որտեղ մեքենա էի վարձակալում։ Նույնիսկ այն ժամանակ Google-ը հիանալի զեղչեր էր առաջարկում վարձակալած մեքենաների համար, և ես սովորաբար վճարում էի 10-30 դոլար/օր վարձով մեքենաների համար։

Ծախսերիս բոլոր ընտրությունները համահունչ էին իմ արժեքներին։

Աչանի Սամոն Բիաու. Դուք կարևոր կետ նշեցիք ձեր պատմության մեջ։ Աշխատանքի տարբերակները քննարկելիս կարևոր է ամեն ինչին առանձին չնայել։ Ստուգեք, արդյոք աշխատանքի առավելությունները համապատասխանում են ձեր ֆինանսական անկախության ռազմավարությանը։

Olumide Ogunsanwo. Ամեն ինչ վերաբերում է համակարգերի վրա հիմնված մտածողությանը։ Ամեն ինչ փոխկապակցված է։ Իրականում, ես ընտրեցի իմ բնակարանը, քանի որ ուզում էի մոտ լինել աշխատանքին, իմանալով, որ բնակարանի և տրանսպորտի ծախսերը սերտորեն կապված են։ Նմանապես, հարկերի վրա ազդում է գտնվելու վայրը, և հեռավոր աշխատանքը այդ առումով ավելի մեծ ճկունություն է ապահովում։ Նայեք իրերին ամբողջականորեն որպես համակարգ։

Աչանի Սամոն Բիաու. Շնորհակալություն դա կիսելու համար։ Ես ուզում եմ ընդգծել ձեր ասածից ստացած երկու պատկերացումները՝ համակարգային մտածողություն և արժեքների վրա հիմնված պլանավորում։

Համակարգային մտածողություն. աշխատանք փնտրելիս հաշվի առեք ոչ միայն աշխատավարձը, այլև այն, թե աշխատանքը կարող է օգնել ձեզ նվազեցնել ծախսերը։ Օրինակ, եթե դուք մտածում եք նորաստեղծ ընկերությունում աշխատանքի մասին, մտածեք, թե արդյոք նախընտրում եք ավելի շատ սեփական կապիտալ կամ կանխիկ գումար ստանալ՝ հիմնվելով ընկերության հետագծի վրա։ Բացի այդ, տեսեք այն առավելությունները, որոնք համապատասխանում են ձեր արժեքներին, բացի անվճար սնունդից, օրինակ՝ հեռակա աշխատելու հնարավորությունից։ Այս նկատառումները ավելի կարևոր են, քան մակերեսային օգուտները, ինչպիսիք են անվճար սնունդը։

Olumide Ogunsanwo. Հեռակա աշխատանքը շատ ավելի արժեքավոր է, քան անվճար սնունդը, որը հաճախ գերագնահատված առավելություն է։ Եթե դուք ստիպված լինեք վճարել ձեր կերակուրների համար, դուք կծախսեիք մոտ 15 դոլար մեկ ճաշի համար, օրական երկու անգամ, ընդհանուր առմամբ օրական 30 դոլար։ Տարեկան 200 աշխատանքային օրվա դեպքում դա հսկայական $6000 է։ Եթե ճաշերդ եփեիր, ավելի էժան կլիներ։ Աշխատանքային օրերին ընկերությունների կողմից առաջարկվող անվճար սննդի արժեքը տարեկան կազմում է մոտավորապես $6000։ Հեռակա աշխատելը կարող է հեշտությամբ խնայել ձեզ տասնյակ հազարավոր դոլարներ ցածր հարկերի և միայն վարձակալության միջոցով։ Դժվար է արդարացնել անվճար սնունդը որպես նշանակալի առավելություն, եթե դուք օտարերկրացի չեք պատվիրում օրական 3-5 կերակուր կամ վճարում եք չափազանց մեծ գներ՝ 50-70 դոլար մեկ ճաշի համար։

Աչանի Սամոն Բիաու. Համակարգային մտածողության տեսանկյունից կարևոր է կենտրոնանալ ոչ միայն աշխատանքի վարձատրության, այլ նաև այն օգուտների վրա, որոնք այն տալիս է: Նմանապես, երբ հաշվի առնենք ձեր հիմնական կարիքներից դուրս ծախսերը, դրանք պետք է լինեն ներդրումներ, որոնք կարող են պոտենցիալ ավելի շատ կանխիկ գումար ստեղծել հիմա կամ մեծացնել ձեր վաստակելու ներուժը ապագայում:

Olumide Ogunsanwo. Ես ամեն տարի 5-15 միջազգային ճամփորդություն էի անում: Դուք կարող եք մտածել, թե ինչպես է ինձ հաջողվում այդքան գումար խնայել ճանապարհորդելիս: Ես իմացա վարկային քարտերի համակարգերի և հաճախակի ճանապարհորդող միավորների մասին, ինչը թույլ տվեց ինձ առավելագույնի հասցնել իմ ծախսերի արժեքը: Մենք պետք է նաև քննարկենք **ձեր ծախսերին հետևելու** կարևորությունը : Երբ ուշադիր հետևում եք ձեր ծախսերին, հավանաբար ավելի քիչ կծախսեք, քանի որ թվերը տեսնելը կարող է փոխել ձեր մտածելակերպը: Օրինակ, եթե հետևեք ձեր սուրճի ծախսերին և հասկանաք, որ անցյալ ամիս ծախսել եք 485 դոլար Starbucks-ում, կարող եք կասկածի տակ առնել, թե իսկապես այդքան շատ եք սիրում սուրճը: Հիմա եկեք վերադառնանք ESIPL շրջանակին.

Ես ներդրումներ եմ կատարում. ես ուսումնասիրեցի ներդրումային տարբերակները և որոշեցի Ֆոնդային շուկայի ներդրումային ռազմավարությունը, որը համահունչ էր իմ անձնական իրավիճակին: Եկեք քննենք հիմնական ներդրումային տարբերակները, որոնք հնարավորություն կտան ձեզ տեղեկացված որոշումներ կայացնել՝ ձեր դժվարությամբ վաստակած գումարը մեծացնելու համար.

1) **Բաժնետոմսեր** (**բաժնետոմսեր**). Ներդրումներ կատարեք հանրային բաժնետոմսերում, որոնք ներկայացնում են ընկերությունների սեփականությունը: Բաժնետոմսերի ներդրումն

առաջարկում է զգալի եկամտաբերության ներուժ, սակայն ուղեկցվում է տարբեր ռիսկերով, ներառյալ ընկերությանը հատուկ, մակրոտնտեսական, համակարգային, քաղաքական, կարգավորող և շահաբաժինների ռիսկերը:

2) **Պարտատոմսեր** (**Ֆիքսված եկամուտ**). Ներդրումներ կատարեք պարտատոմսերում, որոնք կառավարությունների և կորպորացիաների կողմից տրված փոխառություններ են կապիտալ ներգրավելու համար: Պարտատոմսերը ապահովում են կայուն եկամուտ և կապիտալի պահպանում, բայց նաև ենթակա են տարբեր ռիսկերի, ինչպիսիք են տոկոսադրույքի տատանումները, գնողունակությունը քայքայող գնաճը, իրացվելիության մարտահրավերները և վարկային ռիսկը:

3) **Անշարժ գույք**. Ներդրումներ կատարեք ֆիզիկական գույքի մեջ, ինչպիսիք են բնակելի տները, առևտրային շենքերը կամ հողերը՝ վարձակալության եկամտաբերության կամ կապիտալի արժեւորման միջոցով եկամուտ ստանալու ակնկալիքով: Այնուամենայնիվ, անշարժ գույքի ներդրումները պարունակում են այնպիսի ռիսկեր, ինչպիսիք են շուկայի անկայունությունը, իրացվելիությունը և գույքի կառավարման ծախսերը:

4) **Կանխիկ** (**հեղուկ ակտիվներ**). Ներդրումներ կատարեք բարձր իրացվելի ակտիվներում, ներառյալ խնայողական հաշիվները, ավանդի վկայագրերը (CD), որոնք ապահովում են ձեր միջոցների վրա տոկոսներ վաստակելու ապահով և ցածր ռիսկային տարբերակ: Տոկոսադրույքները տարբերվում են և ազդում են կենտրոնական բանկի քաղաքականությունից, շուկայի պահանջարկից/առաջարկից, գնաճից, բանկային մրցակցությունից և հաշվի տեսակից: Թեև այն կարող է առաջարկել ավելի ցածր եկամուտներ՝ համեմատած որոշ այլ ներդրումային տարբերակների հետ, այն ձեզ

ապահովում է իրացվելիություն և անվտանգություն:

5) **Մասնավոր կապիտալ** (PE). Ներդրումներ կատարեք PE հիմնադրամում, որտեղ ներդրողները միավորում են իրենց կապիտալը՝ ձեռք բերելու կամ մի ամբողջ ընկերություն կամ բաժնետոմս ընկերությունում: PE-ի ներդրումները կարող են լինել բարդ և ոչ իրացվելի, ուստի դրանք սովորաբար հարմար են բարձր զուտ արժեք ունեցող անհատների համար, ովքեր ավելի բարձր ռիսկ ունեն պոտենցիալ երկարաժամկետ եկամուտների համար:

6) **Վենչուրային կապիտալ** (VC). Ներդրումներ կատարեք վաղ փուլի, բարձր աճի ընկերություններում՝ VC ընկերությունների կողմից կառավարվող միավորված միջոցների միջոցով: Այն բարձր ռիսկային է զգալի եկամուտների ներուժով, բայց նաև բնութագրվում է անիրացվելիությամբ, բարձր վճարներով և ամբողջ ներդրումը կորցնելու հնարավորությամբ:

7) **Հրեշտակի ներդրում.** Անմիջապես ներդրումներ կատարեք մասնավոր վաղ փուլի բիզնեսներում: Հրեշտակի ներդրումը ներդրումների շատ ռիսկային ձև է, բայց այն նաև ունի շատ բարձր եկամտաբերության ներուժ: Համապարփակ հետազոտություն և պատշաճ ջանասիրություն կատարելը շատ կարևոր է, քանի որ անհատները ներդնում են իրենց սեփական կապիտալը ուղղակիորեն, այլ ոչ թե պրոֆեսիոնալ VC ֆոնդի կառավարիչների միջոցով:

8) **Կրիպտոարժույթներ.** Ներդրումներ կատարեք կրիպտոարժույթներում, որոնք ապակենտրոնացված թվային ակտիվներ են, որոնք օգտագործում են կրիպտոգրաֆիան անվտանգության համար: Ներդրումներ կրիպտոարժույթներում, ինչպիսիք են Bitcoin-ը և Ethereum-ը, զգալի անկայունություն և ռիսկ է պարունակում: Կրիպտոարժույթները համեմատաբար նոր և արագ զարգացող ակտիվների դաս են, ուստի

կարգավորող զարգացումների մասին տեղեկացված մնալը շահավետ է։

9) **Ապրանքներ.** Ներդրումներ կատարեք հումքի մեջ, ինչպիսիք են նավթը, ոսկին և ցորենը։ Ապրանքների գները կարող են կտրուկ տատանվել, ուստի դրանք համարվում են բարձր ռիսկային ներդրում։

10) **Արտարժույթ (FX).** Գնեք և վաճառեք արժույթներ։ Դա կարող է լինել շատ ռիսկային ներդրում, բայց ունի նաև բարձր եկամուտներ ստեղծելու ներուժ։

11) **Հավաքածուներ.** Գնեք և վաճառեք հավաքածուներ՝ հազվագյուտ մետաղադրամներից մինչև կերպարվեստ։ Նրանք կարող են լավ ներդրում լինել, եթե դուք պատրաստ եք կատարել ձեր հետազոտությունը և գնել ապրանքներ, որոնք, ամենայն հավանականությամբ, կգնահատեն իրենց արժեքը։

12) **Peer-to-Peer (P2P) վարկավորում.** գումար տրամադրեք անհատներին կամ ձեռնարկություններին P2P հարթակի միջոցով։ Այն կարող է առաջարկել ավելի բարձր տոկոսադրույքներ, քան ավանդական բանկային հաշիվները, բայց նաև ավելանում է ռիսկը։

Դուք կարող եք ակտիվորեն ներդրումներ կատարել այս տարբերակներում՝ շարունակաբար և ռազմավարական կերպով ակտիվներ գնելով և վաճառելով։ Որպես այլընտրանք, դուք կարող եք պասիվ ներդրումներ կատարել՝ գնելով և երկարաժամկետ ներդրումներ պահելով, այլ ոչ թե հաճախակի առևտուր անելով՝ փորձելով հաղթել շուկան։ Պասիվ ներդրողները սովորաբար ներդրումներ են կատարում փոխադարձ հիմնադրամներում, ինչպիսիք են ինդեքսային ֆոնդերը կամ բորսայական ֆոնդերը (ETF), որոնք միավորում են բազմաթիվ ներդրողներից ստացված գումարները՝ որոշակի շուկան հետևելու և արժեթղթերի դիվերսիֆիկացված պորտֆել ստեղծելու համար։

Հիմնականում (4) տարբերակում ներդրումներ կատարելը կարող է զգալի եկամուտներ չառաջարկել ողջամիտ ժամկետում ֆինանսական անկախության հասնելու համար՝ գնաճի համեմատ ավելի ցածր եկամտաբերության պատճառով։ Ընտրանքները (5), (6) և (7) սովորաբար անիրացվելի են և հասանելի են բարձր զուտ արժեքով ($1 մլն+) ֆիզիկական անձանց համար, մինչդեռ տարբերակները (8), (9), (10), (11) համարվում են բարձր մակարդակի վրա։ սպեկուլյատիվ է և կարող է նմանվել մոլախաղի, քան ներդրումների։ Տարբերակ (12) համեմատաբար ապացուցված չէ երկար շուկայական ցիկլերի ընթացքում։

Հետևաբար, ես կարծում եմ, որ (1), (2) և (3)-ը հաճախ մեծամասնության համար առավել հարմար մատչելի հարստության տարբերակներն են, չնայած այս տեսակետը կարող է արտացոլել իմ սեփական կողմնակալությունը։ Մասնավորապես, ֆոնդային կամ պարտատոմսերի ինդեքսային հիմնադրամներում և ETF-ներում ներդրումներ կատարելը կարող է իդեալական մեկնարկային կետ լինել։ Այս տարբերակներն առաջարկում են դիվերսիֆիկացում, մատչելիություն և ավելի ցածր սկզբնական ներդրումներ՝ հեշտացնելով աստիճանաբար վստահության ձևավորումը։

Չկա ձեր գումարը ներդնելու մեկ ճիշտ ճանապարհ, բայց կա ձեզ համար միջոց, որը համապատասխանում է ձեր անհատական կարիքներին և նպատակներին։ Գտեք ձեզ համար հարմար ճանապարհ՝ գնահատելով և ընտրելով համապատասխան ներդրումային տարբերակներ՝ հիմնված ձեր ֆինանսական նպատակների, ռիսկի հանդուրժողականության, ժամանակային հորիզոնի, հարկային հետևանքների և դիվերսիֆիկացման ռազմավարությունների վրա։ Դու կարող ես դա անել! Ֆինանսական անկախության հասնելու համար անհրաժեշտ ամբողջ տեղեկատվությունը արդեն առկա է, այն ամենը, ինչ ձեզ հարկավոր է, ոգևորվել ձեր ապագայով և սկսել որոնումները։

Պաշտպանություն. Իմ ֆինանսական առաջընթացը պաշտպանելու համար ես ունեի մի քանի տեսակի ապահովագրություն, ներառյալ կյանքի ապահովագրությունը, առողջության ապահովագրությունը, հաշմանդամության ապահովագրությունը, հովանոցային ապահովագրությունը և վարձակալության մեքենաների ապահովագրությունը։ Ես չէի ուզում, որ ոչ մի անսպասելի դեպք չեղարկի տարիների քրտնաջան աշխատանքը, ուստի ժամանակ եմ հատկացրել տարբեր պաշտպանիչ մեխանիզմների հետազոտման և ներդրման վրա։ Չկա ավելի վատ բան, քան 80% լինել դեպի ֆինանսական անկախություն և կորցնել այն ամեն ինչ արտասովոր իրավիճակում։

L egacy. Երբ ես մոտենում էի ֆինանսական անկախությանը, ես խորացա անշարժ գույքի պլանավորման կարևոր ասպեկտը։ Ես ուսումնասիրեցի և պատրաստեցի գույքի պլանավորման բոլոր անհրաժեշտ փաստաթղթերը, ներառյալ վստահությունը, կտակը, ֆինանսական լիազորագիրը և առաջադեմ բժշկական հրահանգը (սովորաբար հայտնի է որպես Կենդանի կամք, բժշկական լիազորագիր կամ առողջապահական վստահված անձ)։ Այս փաստաթղթերը, թեև հատուկ են ամերիկյան իրավական դաշտին, ծառայում են որպես իմ ակտիվները պաշտպանելու և իմ մահվան դեպքում հստակ սահմանված պլան ապահովելու ծրագիր։ Կարևոր է նշել, որ գույքի պլանավորման պահանջները կարող են տարբեր լինել՝ կախված ձեր իրավասությունից, ուստի կարևոր է փնտրել համապատասխան տեղեկատվություն և փաստաթղթեր, որոնք հատուկ են ձեր գտնվելու վայրին։

Ես նաև սկսեցի մտածել, թե ինչպես կարող եմ փոխել և օգնել ուրիշներին։ Դա ինձ ստիպեց սկսել ֆինանսական անկախության խորհրդատվության նոր ճանապարհ, որտեղ ես ուղղորդում և աջակցություն եմ տրամադրում անհատներին իրենց անձնական ֆինանսական ճանապարհորդությունների ժամանակ։ Ես ձգտում եմ հզորացնել ուրիշներին և օգնել նրանց վստահությամբ և հստակությամբ նավարկելու ֆինանսական անկախության բարդությունները։

Ամփոփելու համար. Ֆինանսապես անկախ դառնալու համար անհրաժեշտ բոլոր տեղեկությունները արդեն հասանելի են։ Ֆինանսապես անկախ լինելու գաղտնիք չկա։ Մարդիկ, ովքեր քեզ այդպես են ասում, հիմարություններ են անում։ Ես չեմ փնտրել դյուրանցումներ կամ արծաթե փամփուշտներ։ Ես հուզվեցի, երբ հասկացա, որ կարող եմ հասնել մի կետի, որտեղ այլևս ստիպված չեմ լինի աշխատել։ Ես ստեղծեցի հստակ տեսլական՝ երկարաժամկետ նպատակներով և հետևողականորեն հետևեցի ESIPL ռազմավարությանը, մինչև սովորությունները արմատավորվեցին կրկնվող ցիկլի մեջ։ Սա հանգեցրեց նրան, որ ես ֆինանսական անկախություն ձեռք բերեցի 2020 թվականին 35 տարեկանում։ Ես միտումնավոր բաց թողեցի իմ ֆինանսական անկախության թիրախային թիվը՝ ընթերցողներին արջի ծառայություն չտալու համար։ Իմ համարը ձեզ համար նշանակություն չունի, քանի որ ձեր սեփական ֆինանսական անկախության համարը կլինի եզակի, տարբեր և հարմարեցված ձեր անհատական հանգամանքներին և ձգտումներին։ Դա հայտնագործություն է, որը դուք պետք է ձեռնամուխ լինեք սահմանելու և հետապնդելու համար: Իրականում կարևորը ձեր նպատակները ֆինանսական անկախության ձեր սեփական տեսլականին համապատասխանեցնելն է:

Աչանի Սամոն Բիաու. Վա՜յ, այն, ինչ դուք մեզ ասում եք, այն է, որ ֆինանսական անկախությունը ոչ թե ինչ-որ բան դառնալն է, այլ ձեր և ձեր արժեքների հետ ավելի ներդաշնակ ապրելը:

Olumide Ogunsanwo: Ճիշտ է: Ապրել իմաստալից կյանքով, որտեղ դուք ազատ եք և կապված չեք հասարակական նորմերով: Այս ապրելակերպին հասնելը ֆինանսական արժեք ունի:

Աչանի Սամոն Բիաու. Ո՞րն է տարբերությունը հարուստ լինելու և ֆինանսապես անկախ լինելու միջև:

Olumide Ogunsanwo. Սա պարզ հարց է, բայց այն ունի որոշ նրբերանգներ: Հարուստ լինելը սուբյեկտիվ հասկացություն է՝ առանց օբյեկտիվ չափանիշների: Դա ավելի շատ հոգեբանական զգացողություն է, որը հիմնված է ուրիշների կամ ձեր անցյալի հետ համեմատությունների վրա: Որոշ անհատներ, որոնց կարողությունը կազմում է 50 միլիոն դոլար, կարող են իրենց հարուստ չհամարել, իսկ մյուսները՝ 20 միլիոն դոլարով, կարող են իրենց հարուստ համարել: Հարուստ լինելը հիմնականում համեմատական հասկացություն է և չունի օգտակարություն, եթե այն խստորեն սահմանված չէ (օրինակ՝ լինել լավագույն 1%-ում՝ ըստ զուտ արժեքի կամ լավագույն 5%-ում՝ ըստ վաստակի):

Մյուս կողմից, ֆինանսական անկախությունը շատ ավելի գործնական և օգտակար հասկացություն է, քանի որ այն ունի խիստ սահմանում: Արդյո՞ք ձեր ընթացիկ ֆինանսական ակտիվները բավարար չափով ապահովում են ձեր մնացած կյանքը պահպանելու համար: Դա այն է, ինչ դու ես ուզում: N. Ֆինանսական անկախությունից վեր կան լրացուցիչ շերտեր, որոնց կարող եք հետևել և չափել: Օրինակ, դուք կարող եք մեծացնել ձեր ֆինանսական անկախության թիրախը՝ ավելացնելով անվտանգության բուֆեր և նպատակ ունենալով ավելի բարձր թիվ, ասենք 20%-ից 50% ավելի բարձր, քան ձեր սկզբնական թիրախը:

Ֆինանսական անկախության նպատակադրումը ներքին ճանապարհորդություն է՝ ապրելու ձեր պայմաններով, մինչդեռ հարուստ լինելու նպատակն ավելի շատ կենտրոնացած է արտաքինից, ինչը հանգեցնում է համեմատության, FOMO-ի և հնարավոր դժբախտության:

Աչանի Սամոն Բիաու. Երբ ունես նպատակ, որն իսկապես արձագանքում է քեզ, այն ամենը, ինչ անում ես այդ նպատակին հասնելու համար, նպատակաալաց և կատարյալ է թվում: Դա բեռ չէ կամ շեղում, քանի որ դա ձեզ համար խորապես կարևոր բան է:

Olumide Ogunsanwo. Բյուրեղյա հստակ տեսլականի և նպատակի մեջ փակվելը կարևոր է ֆինանսական անկախության ձեր ճանապարհին: Եթե դուք չգիտեք, թե ինչպես նպատակներ դնել կամ պատկերացնել ձեր իդեալական կյանքը, կան տարբեր շրջանակներ, որոնք կարող են ձեզ առաջնորդել: Մի պահ խորապես խորհեք այն մասին, թե ինչն է իսկապես բռնկել ձեր կիրքը որպես երեխա, խորամուխ եղեք ձեր ամենախոր ցանկությունների մեջ և ուսումնասիրեք այն հնարավորությունները, որոնք կբացվեին, եթե անսահմանափակ ժամանակ ունենայիք, և ձախողման վախը ձեզ հետ չպահեր: Այս ներդաշնակ վարժությունները կծառայեն որպես կողմնացույց՝ գծելու ձեր սեփական ուրույն ուղին: Հիշեք, որ դա ձեր կյանքն է, և դուք ունեք այն նախագծելու ուժը: Մի հապաղեք ուսումնասիրել առցանց ռեսուրսները ավելի շատ գաղափարների համար և ներգրավել ձեր գործընկերոջը, եթե կիրառելի է, պլանավորման գործընթացում: Պլանները հիմնված չեն և կարող են զարգանալ ժամանակի ընթացքում: Դուք կարող եք բացահայտել, որ ձեր նախնական ենթադրությունները, ինչպես ձեր տան չափը, ճշգրտման կարիք ունեն: Ո՛չ Սամոնը, ո՛չ էլ ես չենք կարող ձեզ համար համոզիչ և հուզիչ տեսլական ստեղծել: Դա անձնական ճանապարհորդություն է, որը միայն դուք կարող եք սկսել:

Ֆինանսական անկախությունը սպեկտր է, այլ ոչ թե 0-ի կամ 1-ի երկուական վիճակ, որը ձեզ հնարավորություն է տալիս ավելի մեծ վերահսկողության տակ առնել ձեր կյանքը և ձեզ ավելի մոտեցնել ձեր երազանքներին: Նույնիսկ եթե դուք թվացյալ հեռու եք ձեր ֆինանսական նպատակներից, շատ կարևոր է մնալ մոտիվացված և վայելել ձեր տեսլականի ճանապարհորդությունը: Հիշեք, որ երջանկությունը հետաձգելու կարիք չկա, մինչև հասնեք ՖԻ, քանի որ իմաստալից նպատակներ դնելը և դրանց ուղղությամբ առաջընթաց գրանցելը կարող է իրականություն բերել ներկա պահին: Ձեր նպատակներին հասնելու համար անհրաժեշտ ժամանակի վրա կենտրոնանալու փոխարեն, կենտրոնացեք այնտեղ հասնելու գործընթացն ընդունելու և վայելելու վրա: Ընդունեք ներկան և գտեք ուրախություն յուրաքանչյուր քայլ առաջ: Կհանդիպենք հաջորդ գլխում:

6B. Սամոնի ուշ կարիերայի պատմությունը

Olumide Ogunsanwo. Սամոն, ես իսկապես ոգևորված եմ լսելով ձեր կարիերայի մասին բիզնես դպրոցից հետո և ինչպես է այն ձևավորել ձեր հեռանկարը ֆինանսական անկախության վերաբերյալ:

Աչանի Սամոն Բիաու. Բիզնես դպրոց հաճախելու իմ հիմնական դրդապատճառն էր միանալ ընկերություններին, որոնք էական ազդեցություն ունեն ամենաբարձր մակարդակներում որոշումների կայացման վրա: Այնուամենայնիվ, ես հայտնաբերեցի, որ իմ դասընկերներից շատերը ավելի մեծ հավակնություններ ունեին ստեղծելու և կառուցելու բաներ, այլ ոչ թե պարզապես աշխատելու գոյություն ունեցող ընկերություններում: Այս գիտակցումը բարձրացրեց իմ վստահությունը և փոխեց իմ մտածելակերպը դեպի այն հավատը, որ ես կարող եմ ինչ-որ բանի հասնել: Ես սկսեցի կառավարման խորհրդատվությունը համարել որպես արժեքավոր հմտություններ ձեռք բերելու քայլաքար, բայց իմ վերջնական նպատակը դարձավ ինչ-որ իմաստալից բան ստեղծել՝ հիմնելով իմ սեփական ընկերությունը:

Օլումիդ Օգունսանվո. Բիզնես դպրոցից հետո ունեի՞ք ավելի լայն ֆինանսական անկախության ծրագիր, որտեղ ի վերջո կհեռանայիք կորպորատիվ կյանքից:

Աչանի Սամոն Բիաու. Ես երկու նպատակ ունեի: Նախ, ես ուզում էի բիզնես դպրոցում սովորած հմտությունները կիրառել արագընթաց ընկերությունում: Ես հավատում էի, որ խորհրդատվությունն ինձ թույլ կտա աշխատել բազմաթիվ նախագծերի վրա և հասնել այդ նպատակին։

Երկրորդ, ես ուզում էի արագորեն ավելացնել այն ֆինանսական ապահովության ցանցը, որն արդեն ունեի աշխարհով մեկ ճանապարհորդելիս արտագաղթի բարձր աշխատավարձ վաստակելու տարիներին։ Ես նպատակ ունեի երկու տարվա ընթացքում զգալիորեն ավելացնել իմ եկամուտը, որպեսզի կարողանայի հարյուր հազարավոր դոլարներ ունենալ։ Իմ ծրագիրն էր օգտագործել այդ ֆինանսական բարձը իմ նպատակին հասնելու համար, որը դպրոցների կառուցումն էր։

Olumide Ogunsanwo. Դուք ակնկալու՞մ էիք ֆինանսական անկախության հասնել BCG-ում խորհրդատվություն ստանալուց հետո երկու տարվա ընթացքում, թե՞ ակնկալում էիք, որ բավականաչափ ֆինանսական կայունություն կունենաք կարիերայի ընդմիջում/հանգստանալու և տարբեր հնարավորություններ ուսումնասիրելու համար, նախքան ավելի ուշ աշխատանքի վերադառնալը։

Աչանի Սամոն Բիաու. Սկզբում ես մտածում էի, որ կհասնեմ ֆինանսական անկախության։ Ես ունեի միամիտ ֆինանսական մոդել, որը նպատակաուղղված էր $500,000 զուտ արժեքին որպես իմ FI թիրախ։ Ծրագիրն էր ներդնել այդ գումարը և վաստակել բավականաչափ եկամուտ (մոտ 5%/տարի), որպեսզի կարողանամ ինձ պահել և ապրել որպես բակալավր՝ Աֆրիկայի մի փոքրիկ երկրում դպրոցներ կառուցելիս։ Այնուամենայնիվ, ես չեմ հաշվի առել կյանքի հնարավոր փոփոխությունները, ինչպիսիք են՝ մեծանալը, ամուսնանալը կամ երեխաներ ունենալը։ Ես հաշվարկեցի իմ ամսական եկամտի թիրախը մոտ $1,500 կամ $2,000 հարկերից հետո, մտածելով, որ դա բավարար կլինի իմ ցանկալի ապրելակերպի համար։ Ես պլանավորում էի երկու տարի աշխատել BCG-ում, վաստակել մի քանի հարյուր հազար դոլար և հասնել $500,000 զուտ կարողության:

Օլումիդ Օգունսանվո. Լավ, ի՞նչ եղավ հետո:

Աչանի Սամոն Բիաու. BCG-ում սկսելուց հետո իմ տեսակետը կյանքի արժեքի և նախընտրելի քաղաքների վերաբերյալ զարգացավ՝ հանգեցնելով ավելի բարձր ֆինանսական անկախության թիրախի: Ես հայտնաբերեցի, որ կարող եմ Դուբայում իմ ծախսերը պահել $1000-ից ցածր՝ հանգեցնելով խնայողությունների զգալի աճի: Այս չնախատեսված հանգամանքը և խնայողությունների իմ բարձրացված տոկոսադրույքը ինձ հնարավորություն տվեցին վերահաշվարկելու իմ ֆինանսական անկախության նպատակը՝ այն համապատասխանեցնելով այն քաղաքներում ապրելու ակնկալվող արժեքին, որտեղ ես ապագայում ցանկանում եմ բնակվել:

Ճիշտ մտածելակերպ ունենալը շատ կարևոր էր: Ես իմ ծախսերին մոտեցա ռացիոնալացնելու և գումար խնայելու մտածելակերպով, թեև դեռ չգիտեի ճշգրիտ մեթոդը: Շաբաթվա ընթացքում ճամփորդելով և հյուրանոցի միավորներ վաստակելով՝ հասկացա, որ նույնիսկ բնակարան վարձելու կարիք չունեմ: Բացի այդ, Դուբայում իմ կրճատված ժամանակը հանգեցրեց ավելի քիչ ավելորդ ծախսերի և խնջույքների, քանի որ ես կենտրոնացած էի իմ ֆինանսական նպատակների վրա: Գնահատեք ձեր յուրահատուկ իրավիճակը և առաջնահերթություն տալով անհրաժեշտ ծախսերին՝ անխղճորեն կրճատելով ավելորդները: Փոխանակ կուրորեն հետևելու սահմանված բանաձևին կամ փորձելու կրկնօրինակել իմ հատուկ մոտեցումը, բանալին կայանում է անհատականացված ծրագրի մշակման մեջ, որը համահունչ է ձեր սեփական ձգտումներին և արժեքներին:

Olumide Ogunsanwo. Սա հիանալի կերպով

համապատասխանում է արժեքների վրա հիմնված ծախսերի սկզբունքին: Մենք համոզված ենք, որ ֆինանսական անկախությունը չի նշանակում զոհաբերել ձեր բոլոր հարմարավետությունները կամ կրճատել բոլոր ծախսերը: Խոսքը գնում է ձեր ծախսերը ձեր արժեքների և ձգտումների հետ գիտակցաբար համապատասխանեցնելու մասին: Մի գնա հոսքի հետ: Մի եղեք ավտոմատ օդաչուի վրա: Հասարակական նորմերին անմիտ հետևելու կամ խնայող ապրելակերպին կուրորեն հետևելու փոխարեն, մենք ձեզ խրախուսում ենք ապրել այնպիսի կյանքով, որը ռեզոնանս ունի ձեր իսկական եսի և ձեր յուրահատուկ նպատակների հետ: Սա կարող է ներառել ծախսերի ավելացում այն ոլորտներում, որոնք իսկապես կարևոր են ձեզ համար՝ միաժամանակ զգույշ կրճատումներ անելով ուրիշների վրա:

Շատ կարևոր է գիտակցել, որ ֆինանսական անկախությունը չպետք է հետապնդվի ձեր երջանկության և բարեկեցության գնով: Մենք չենք ցանկանում, որ դուք ճնշված զգաք կտրուկ և անկայուն մոտեցմամբ, որը խլում է ձեր կյանքի ուրախությունը: Անարդյունավետ է այնպիսի ծրագիր ընդունելը, որը ձեզ դժգոհ է թողնում: Եթե դուք դժգոհ եք, դուք պարզապես պատրաստվում եք ջնջել ամբողջ ծրագիրը: Միակ բանը, որն ավելի վատ է, քան պլան չունենալը, այն ծրագիրն է, որը չի տևում:

Սկսեք վերանայելով ձեր ծախսերը և բացահայտելով այն ոլորտները, որտեղ կարող են ճշգրտումներ կատարել: Փնտրեք ձեր ծախսերը օպտիմալացնելու և ձեր արժեքներին և երկարաժամկետ ֆինանսական նպատակներին համապատասխանող ընտրություններ կատարելու հնարավորություններ: Դա շարունակական գործընթաց է, այնպես որ հետևեք ձեր առաջընթացին և նշեք այս ճանապարհի կարևոր իրադարձությունները: Երբ դուք ականատես լինեք ձեր ջանքերի դրական ազդեցությանը, դուք ավելի մոտիվացված և խանդավառ կլինեք ձեր ֆինանսական ճանապարհորդության նկատմամբ: Յուրաքանչյուր քայլ առաջ ավելի հեշտ է դառնում պահպանել թափը և հավատարիմ մնալ ձեր ճանապարհին:

Աչանի Սամոն Բիաու. Օլումիդի և իմ համար այն սկսվում է արժեքներից: Մեր արժեքները առաջնորդում են մեր որոշումները և մեզ մղում են ուսումնասիրելու նոր մարտավարություններ, որոնք համահունչ են մեզ համար ամենակարևորին: Օրինակ, ես կարևորում եմ ճանապարհորդելը և այլ մշակույթների մասին սովորելը: BCG-ում աշխատելու ընթացքում ես ավելի շատ ծախսեցի ճամփորդությունների վրա, քան միջին խորհրդատուն, բայց ծախսերի մեծ մասը ծածկված էր ընկերության կողմից և աշխատանքային ճանապարհորդությունից վաստակած միավորներով: Ես ստիպված էի վճարել ընդամենը մոտ $400/ամսական: Ես նախընտրեցի առաջնահերթություն տալ ճանապարհորդության վրա գումար ծախսելը բնակարանի համար լրիվ վարձավճար վճարելու փոխարեն: Սա ինձ թույլ տվեց գրեթե ամեն շաբաթ ուսումնասիրել նոր ուղղություններ և ընկղմվել տարբեր մշակույթների մեջ:

Վերադարձ դեպի իմ վերջին կարիերայի պատմությունը: BCG-ում իմ ճամփորդությունից մոտ յոթ ամիս անց, ֆինանսական անկախության իմ սկզբնական միամիտ ծրագրով` թոշակի անցնելու էժան աֆրիկյան երկրում կամ Թաիլանդում, ես հասկացա մի քանի բան: Նախ, ծախսերի խնայողության ակտիվ միկրոկառավարումը դժվար կլիներ իմ զբաղված աշխատանքային գրաֆիկի պատճառով: Եվ երկրորդը, ես տեսա ավելի բարձր եկամուտ ստանալու ներուժ, եթե երկար մնայի BCG-ում և հասնեի կառավարչական մակարդակին: Այս գիտակցումը ստիպեց ինձ հարմարեցնել իմ մոտեցումը։ Նախքան մենեջեր դառնալը նպատակա ունենալու ֆինանսական անկախություն ձեռք բերելու փոխարեն, ես գիտակցեցի երկու տարվա մենեջերական փորձ ձեռք բերելու առավելությունները, որոնք կարող էին ավելի կայունություն ապահովել և բարձրացնել իմ վստահելիությունը դպրոցական ծրագրիս համար միջոցներ փնտրելիս։ Չեմ կարող հստակ ասել՝ այս որոշումները ռացիոնալացումներ էին, թե համակարգի ազդեցության տակ, բայց պարզ դարձավ, որ նոր ծրագիրն ավելի իմաստալից էր։

Այնուամենայնիվ, կյանքը մեզ բոլորիս անսպասելի մարտահրավերներ նետելու ձև ունի։ Բժշկական մի շարք թեստերից հետո ես ցնցող լուր ստացա, որ ինձ անհրաժեշտ է գլխուղեղի լուրջ վիրահատություն՝ կանխելու համար արախնոիդային կիստաների անդառնալի վնասը, չնայած որ ցավալի ախտանիշներ չեմ ունեցել։ Վիրահատության կարիքը ծագեց հանկարծակի և շտապ, քանի որ վիրահատությունը պարունակում էր ներհատուկ ռիսկեր, որոնք կարող են վերջ տալ իմ կյանքին մեկ գիշերվա ընթացքում։

Օլումիդ Օգունսանվո. [Ցնցված] Ձեզ անհրաժեշտ էր ուղեղի շտապ վիրահատություն։ Վայ։

Աչանի Սամոն Բիաու. Ինձ ասացին, որ մի պահ կիստան կարող է շարժվել և մղվել դեպի ուղեղի ստորին հատվածը՝ ուղեղի այն հատվածը, որը վերահսկում է շնչառությունը և սիրտը։ Սարսափելի իրավիճակ էր, և իրականությունը հարվածեց ինձ, երբ ես պետք է ստորագրեի փաստաթղթեր, որոնք ճանաչում էին ներգրավված ռիսկերը, ներառյալ մահվան հավանականությունը, անմիջապես վիրահատությունից առաջ։ Ամբողջ փորձառությունը սյուրռեալիստական էր թվում, նույնիսկ երբ ես շրջապատված էի բաժանմունքում գտնվող այլ հիվանդներով, որոնցից յուրաքանչյուրը կռվում էր իր մարտերով։

Այդ պահին ես ինձ աներեւակայելի փոքր էի զգում։ Դա նման էր մի հայացքի, թե ինչ է զգում, երբ դու կանգնած ես մահվան հնարավորության հետ։ Առնետների մրցավազքում իմ ձեռքբերումներից ոչ մեկը որևէ նշանակություն չուներ այդ վիրահատական սեղանի վրա։ Շատ ցուցանիշներով ես հաջողակ երիտասարդ էի։ Ես ճանապարհորդել էի աշխարհով մեկ, գնացել էի աշխարհի լավագույն բիզնես դպրոցներից մեկը և աշխատում էի կառավարման բարձրագույն խորհրդատվական ընկերություններից մեկում։ Ես «հաղթում էի» առնետավազքին, բայց վիրահատական սեղանի վրա, այդ ամենից ոչ մեկը որևէ նշանակություն չուներ։ Ես կարոտել էի իմ սիրելիներին և չէի մտածում աշխատանքի կամ հաճախորդների մասին։ Այս փորձը շրջադարձային դարձավ ֆինանսական անկախության իմ պատրաստության մեջ։ Ես վճռական դարձա այնպես, որ դժվար է բացատրել։ Եթե ես կարողանայի հաղթահարել վիրահատությունը, ես որոշեցի, որ ապրելու եմ կյանքը ծայրահեղ կենտրոնացած և իմ պայմաններով։ Ես մի փոքր զայրացած զգացի այն բաների նկատմամբ, որոնց հետապնդում էի՝ Սթենֆորդ, BCG և այլն։ Հիմա այդ ամենն ունեի, բայց դա կարող էր մի ակնթարթում ինձնից խլել։ Ես կարող էի մի քանի ժամից մահանալ։ Հենց այդպես.

Օլումիդ Օգունսանվո. [Դեռ ցնցված է] Քանի՞ տարեկան էիր այդ ժամանակ։

Աչանի Սամոն Բիաու. Ես երեսուն տարեկան էի։

Օլումիդ Օգունսանվո. Ուղեղի վիրահատություն վաղ երեսունին։ Դա իսկապես տրավմատիկ և աչքերը բացող փորձ է։ Հիշում եմ, որ ասում էիր, որ երբ վիրահատական սեղանին էիր, քեզ թվում էր, թե մարդիկ ոչինչ են։ Դու քեզ զգում էիր վիրահատական սեղանին մեկ այլ կենդանի, և որ քո կյանքը ցանկացած պահի կարող է խլվել։ Խենթ.

Աչանի Սամոն Բիաու. Դա ինձ միանշանակ ստիպեց հասկանալ, որ ես պետք է այլ մարդ լինեի դրա մյուս կողմում։ Առողջության վախը ավելի խորը իմաստ բերեց «Ի՞նչն է ձեզ համար ամենակարևորը և ինչու՞» հարցին, որը տրվել է Ստենֆորդի MBA ծրագրի հայտի էսսեում։ Բարեբախտաբար, վիրահատությունը լավ անցավ՝ առանց որևէ բարդության կամ հետագա հսկողության։ Երբ ես վերադարձա հինգամսյա շաբաթօրյակից, ես վերադարձա որպես փոխված մարդ մի քանի առումներով։

Նախ, ես հասկացա այն ինտենսիվության մակարդակը, որը կարող էի բերել իմ աշխատանքին, և ես համոզվեցի, որ պետք է այն կիրառեմ միտումնավոր և մտածված այն ջանքերում, որոնցից ամենաշատն եմ հաճույք ստանում։ Ես ոչ մի խնդիր չունեի աշխատելու մինչև գիշերվա ժամը 2-ը կամ 3-ը օրեր շարունակ՝ խնդիրը լուծելու համար և այլն։

Երկրորդ՝ ես հասկացա, որ իմ կյանքում ազատություն ունենալը սակարկելի չէ։ Այնուամենայնիվ, խորհրդատվական աշխատանքը միշտ չէ, որ ապահովում էր իմ ուզած ազատության մակարդակը։ Ես որոշում կայացրեցի մնալ խորհրդատվության մեջ միայն այնքան ժամանակ, քանի դեռ կարող էի վերահսկողություն պահպանել իմ աշխատանքի վրա։

Երրորդ, ես գերկենտրոնացա ֆինանսական պլանավորման վրա։ Excel աղյուսակները դարձան իմ ուղեցույցը, քանի որ ես նպատակ ունեի խնայողություններ անել և ներդրումներ կատարել ֆինանսական ազատության համար։ Ես ուզում էի ինքս ինձ ժամանակ տրամադրել ճամփորդելու և մշակութային բացահայտումներով զբաղվելու՝ առանց փողի մասին անհանգստանալու։ Ես նաև ցանկանում էի նպաստել կրթական համակարգերի բարելավմանը՝

առանց աշխատավարձից կախվածության:

Olumide Ogunsanwo. Ի՞նչ է տեղի ունեցել ձեր 5-ամսյա շաբաթօրյակի ընթացքում:

Աչանի Սամոն Բիաու. Երեք կարևոր բան տեղի ունեցավ. Նախ, ես նորից կապ հաստատեցի ընկերների և ընտանիքի հետ, ինչն ինձ մեծ ուրախություն պատճառեց: BCG-ում աշխատելու ընթացքում ես հազվադեպ էի հնարավորություն ունեցել տեսնելու և շփվելու մարդկանց հետ, ում մասին հետաքրքրում էի: Այդ հարաբերությունների վերականգնումն ինձ հիշեցրեց համայնքի կարևորության մասին, և ես ուրախ էի, որ նորից կապ հաստատեցի իմ «լավ ուրախության» հետ:

Երկրորդ՝ ես գործընկերոջս և ընկերներիս հետ մեկնել եմ Կուբա: Տարբեր մշակույթներ ուսումնասիրելը և նոր ուղղություններ տեսնելը ինձ կենդանի է դարձնում: Դա ինձ համար իմ հորիզոններն ընդլայնելու և աշխարհի մասին խորը ձևով սովորելու միջոց է: Կուբայում գտնվելու ժամանակ ես ենթարկվում էի կյանքի տարբեր ձևերի՝ դիտելով մարդկանց, ովքեր գոհ էին թվում, չնայած ապրում էին այնպիսի պայմաններում, որոնք կարող էին աղքատ համարվել: Ինձ համար կարևոր փորձ էր հակադրել նրանց ապրելակերպը այն ապրելակերպին, որին ես սովոր էի:

Ի վերջո, ես հայտնաբերեցի ուսուցման նոր տեսակ, որը պայմանավորված չէր օգտակար լինելով: Ես անձնատուր էի լինում կարդալով իմ պատահած գրքերը, հետապնդում էի այնպիսի հետաքրքրություններ, ինչպիսիք են երաժշտական գործիք նվագելը կամ նոր լեզու սովորելը զուտ անձնական զարգացման համար:

Olumide Ogunsanwo. Ինչպե՞ս են այս փորձառությունները ձևավորել ֆինանսական անկախության ձեր ծրագրերը: Դուք ի սկզբանե մտադիր էիք հեռանալ BCG-ից մոտ երկու տարի անց, բայց հետո վիրահատությունը տեղի ունեցավ։

Աչանի Սամոն Բիաու. Ֆինանսական անկախության նկատմամբ իմ մոտեցումը որոշակիորեն փոխվեց։ Առաջ պլանավորելու փոխարեն ես սկսեցի հետ պլանավորել։ Ես ներառել եմ «Վերջին օրը BCG-ում» ֆունկցիան իմ Excel աղյուսակում՝ թույլ տալով ինձ հետ աշխատել և որոշել, թե վարձակալությունից որքան բոնուս և կողմնակի եկամուտ պետք է թիրախավորեմ ամեն տարի։

Ինձ համար պարզ դարձավ, որ ես հասկացա, թե ինչ կարող եմ ստանալ BCG-ից և ինչ կարող եմ նպաստել BCG-ին։ Ես հասկացա, որ BCG-ից հետո ինձ սպասում է հետաքրքիր կյանք, որտեղ ես կարող էի կենտրոնանալ այն բաների վրա, որոնք ինձ իսկապես դուր են գալիս, ինչպիսիք են լայնածավալ ճանապարհորդությունները և այն խնդիրները, որոնցով ես կրքոտ եմ։ Սա հակադրվում էր իմ նախորդ մտածելակերպին, երբ ես ընթրիքի ժամանակ մտածում էի հաջորդ ղեկավար կոմիտեի մասին, կարծիք հայտնելով թիմի անդամին կամ պատրաստվում էի իմ առաջիկա գնահատականին։ Ես սահմանափակ ժամանակ ունեի նույնիսկ սեփական գոյության վերամշակման համար։

Օլումիդ Օգունսանվո. Ես կարող եմ վերաբերվել այդ զգացողությանը McKinsey-ում իմ ժամանակից։ Ես երազում էի հաճախորդի աշխատանքի և սլայդներում փոփոխություններ կատարելու մասին։ McKinsey-ից հեռանալուց հետո PowerPoint-ի այդ մղձավանջներն ավարտվեցին [ծիծաղ]։

Աչանի Սամոն Բիաու. Փորձը, որն օգնեց ինձ հասկանալ, թե որքան կարող եմ տալ։ Հիմա դա միշտ իմ մտքում է։ BCG-ից առաջ ես հիմնականում կենտրոնացած էի այն բանի վրա, թե ինչ կարող եմ վերցնել համակարգից։ Ես իսկապես լիովին չէի գիտակցում, թե որքան կարող եմ տալ։ Սթենֆորդում աշխատելու ընթացքում ես վստահություն ձեռք բերեցի, և վեց ամսվա ընթացքում ես դարձա ավելի շուկայական՝ որպես MBA թեկնածու: Երբ ես միացա BCG-ին, կառավարման խորհրդատվությունն այլևս նույն նշանակությունը չուներ ինձ համար: Ես իմ նպատակն էի դրել ավելի մեծ անձնական նպատակների վրա՝ ֆինանսական անկախության հասնելը: Վիրահատությունից հետո ես էլ ավելի կենտրոնացա այն բանի վրա, ինչ ուզում էի իմ պայմաններով նպաստել աշխարհին: BCG-ում իմ հաճախորդներից շատերն աշխատում էին առավոտյան 9-ից մինչև երեկոյան 5-ը, և նրանց ընկերությունները դեռևս բարգավաճում էին: Ինձ ստիպեց մտածել, թե ինչի կարող էի հասնել, եթե գործի մեջ բերածս ինտենսիվությունն ու կիրքը կիրառեի այն ոլորտներում, որոնց մասին իսկապես հետաքրքրում էի:

Համենայն դեպս, վերադառնանք հիմնական պատմությանը, ֆինանսական մոդելը փոխվեց այն առումով, որ ես հիմա ունեի մի թրեքեր, որը որոշում էր, թե որքան գումար պետք է վաստակեմ BCG-ից հեռանալու համար որոշակի ժամկետում, այլ ոչ թե հաշվարկելու, թե քանի տարի կպահանջվի ինձ համար: հասնել որոշակի եկամտի մակարդակի.

Olumide Ogunsanwo. Ֆինանսական անկախությունը կամընտիրության սպեկտր է, այլ ոչ թե երկուական ամեն ինչ կամ ոչինչ: Նույնիսկ եթե դուք այնտեղ ճանապարհի ընդամենը 20%-ն եք, դեռ կարող եք գտնել օգուտներ և հաճույքներ, քանի որ ավելի շատ ընտրություններ ունեք: Շատ կարևոր է գնահատել ճանապարհորդությունը և երախտապարտ լինել ձեր ձեռք բերած առաջընթացի համար: Ինչո՞ւ: Որովհետև ֆինանսական անկախության ճանապարհորդությունը ձեր կյանքի ճանապարհն է: Մի սպասեք մինչև վերջ՝ տոնելու համար, երախտապարտ եղեք ճանապարհին փոքր հաղթանակների համար և օգտագործեք դրանք որպես առաջ շարժվելու շարժառիթ։

Դուք ձեռք եք բերում ավելի շատ տարբերակներ, երբ առաջադիմում եք, ինչը մեծացնում է ձեր հնարավորությունները հետամուտ լինելու հետաքրքիր ջանքերի և ավելի շատ վերահսկողություն ունենալու գործատուների, հաճախորդների և հաճախորդների հետ ձեր փոխհարաբերությունների վրա։ Ես ուզում եմ ընդգծել այս կետը, քանի որ հաճախ եմ տեսնում մարդկանց, ովքեր դժգոհ են ֆինանսական անկախության ճանապարհին։ Ինչու՞ կլինեք դժգոհ։ Դուք դժգոհ եք, քանի որ երջանիկ լինելու համար գրեթե թույլտվության եք սպասում, բայց թույլտվության սպասել պետք չէ։ Երջանկությունը ձեր շուրջն է, եթե դուք ճիշտ հանգամանքներ եք ստեղծում։ Ես ուղղակի ուզում էի ավելացնել այդ փիլիսոփայական կետը.

Աչանի Սամոն Բիաու. Գեղեցիկ է ասված։ Ես ֆինանսական անկախությունը նման եմ մարզասրահ հաճախելուն։ Եթե դուք մոտենում եք մարզադահլիճին՝ մտածելով. «Աստված իմ, սա ցավալի է լինելու», միայն այն պատճառով, որ ցանկանում եք նիհարել մեծ երեկույթի համար, դժվար կլինի իսկապես վայելել գործընթացը։ Եվ մի քանի կիլոգրամ կորցնելուց հետո դուք կարող եք վերադառնալ ձեր հին ապրելակերպին։ Ֆինանսական անկախությունը պետք է հիմնված լինի ձեր արժեքների վրա. հակառակ դեպքում, դա չի աշխատի։ Դուք պետք է խորը փորփրեք ձեր մեջ և պարզեք, թե ինչն է ձեզ իսկապես ուրախացնում։ Այդ հարցում փոխզիջումների մի գնա։ Հենց որ գտնեք ձեր նպատակը կամ կիրքը, կազմակերպեք մնացած ամեն ինչ դրա շուրջ և վերացրեք բոլոր մյուս շեղումները, հատկապես այն գործողությունները, որոնց դուք զբաղվում եք միայն այն պատճառով, որ դա անում են բոլորը։

BCG-ում կար այս ավանդույթը, երբ մարդիկ գնում էին թանկարժեք TUMI պայուսակներ և դրանց վրա փորագրում էին իրենց սկզբնատառերը։ Անձամբ ես պայուսակների նկատմամբ հետաքրքրություն չունեի, և այդ նորաձեւության տենդենցին հետևելու կարիք չէի զգում։

Olumide Ogunsanwo. Հանդիսատեսի համար TUMI պայուսակները զգալիորեն ավելի թանկ են, քան սովորական պայուսակները։ Սովորական պայուսակը կարող է արժենալ $100-ից ցածր, մինչդեռ TUMI պայուսակները կարող են լինել երեք, չորս կամ նույնիսկ ավելի անգամ ավելի թանկ։

Աչանի Սամոն Բիաու. Խորհրդատվականներից շատերը ցանկանում էին հանգստանալ և հանգստանալ հանգստյան օրերին, բայց ես որոշեցի ծախսել իմ գումարը ճանապարհորդությունների և փորձառությունների վրա։ Ես հատկացրեցի իմ բյուջեի մի մասը, որը համարժեք է սկզբնական մակարդակի TUMI պայուսակի արժեքին, այն բաներին, որոնք ինձ իսկապես երջանիկ էին դարձնում։ Երբ դուք հաստատեք երջանկության հիմքը և ապրեք ձեր կյանքը դրան համապատասխան, դուք կնկատեք ձեր երջանկության ընդհանուր աճը։ Ավելին, երբ դուք այսպես կազմակերպեք ձեր կյանքը, ձեր ֆինանսները, բնականաբար, իրենց տեղը կընկնեն։

Olumide Ogunsanwo: Ճիշտ է։ Ժամանակի ընթացքում այդ սովորությունները ավելի հեշտ են դառնում պահպանելը, քանի որ դրանք ամրապնդում են միմյանց։ Դա պահանջում է պատրաստակամություն լինել մի փոքր տարբերվելու համար։ Եթե դուք ստանում եք TUMI պայուսակը միայն այն պատճառով, որ բոլորն ունեն այդպիսի պայուսակ, ապա դժվար թե 30 տարեկանում հասնեք ֆինանսական անկախության։ Ոչ թե պայուսակի գնի պատճառով, այլ այն պատճառով, որ դուք հետևում եք ամբոխին և միտումնավոր արժեքներով պայմանավորված որոշումներ չեք կայացնում։ Լավ է լինել բոլորի նման, բայց չես կարող ակնկալել չափազանց մեծ արդյունքներ։

Աչանի Սամոն Բիաու. Վերադառնալով հիմնական պատմությանը՝ իմ ֆինանսական պլանավորման Excel աղյուսակը դարձավ ավելի բարդ՝ մասնակիորեն շնորհիվ BCG-ում աշխատելու ընթացքում իմ զարգացած մոդելավորման հմտությունների։

Olumide Ogunsanwo. [Ծիծաղ] Դա օրինական ծիծաղելի է։ Դուք սովորեցիք ավելի լավ մոդելներ ստեղծել BCG-ում, այնուհետև օգտագործեցիք այդ հմտությունները BCG-ից դուրս գալու ռազմավարությունը պլանավորելու համար։

Աչանի Սամոն Բիաու . Երբեմն ես նույնիսկ փոքր ներկայացումներ էի անում ինքս ինձ՝ ներկայացնելով իմ ծախսերի օրինաչափությունների (կամ դրանց բացակայության) պատկերացումները և իմ ապագա բոնուսների հետագիծը։

Olumide Ogunsanwo: [Ծիծաղ]

Աչանի Սամոն Բիաու. Ես ունեի հստակ Հյուսիսային աստղ և միշտ ուղիներ էի փնտրում իմ միջավայրը օպտիմալացնելու համար։ Բերեմ մի օրինակ՝ կապված ավիաընկերության կարգավիճակի հետ: Իմ հետֆինանսական անկախության կյանքում ես ցանկանում էի պահպանել որոշ ճամփորդական արտոնություններ, քանի որ ինձ դուր է գալիս ճանապարհորդելը։ Բոլոր ավիաընկերություններից, որոնք ես կարող էի օգտագործել աշխատանքի համար, միայն մեկն է առաջարկել ցմահ կարգավիճակի բոնուս։ Դուբայի խորհրդատուների մեծամասնությունը Emirates-ով մեկնել է Սաուդյան Արաբիա նախագծերի հարմար ժամանակի պատճառով. նրանք կարող էին ամբողջ հանգստյան օրերն անցկացնել Դուբայում և աշխատանքային առաջին օրը շուտ դուրս թռչել։

Այնուամենայնիվ, ես որոշեցի թռչել Saudi Arabian Airlines-ով, քանի որ դա դաշինքի մի մասն էր, որը ներառում էր Air France-ը, որը ես գիտեի, որ հաճախակի թռչելու եմ ֆինանսական անկախություն ձեռք բերելուց հետո: Air France-ում ցմահ պլատինե կարգավիճակի վրա աշխատելն ինձ համար ավելի արժեքավոր էր, քան Emirates-ի թռիչքների հարմարավետությունը: Ես կմեկնեի Դուբայից Բոստոն՝ MBA-ի շրջանավարտների հետ հարցազրույցի համար և դիտավորյալ կընտրեի ավելի երկար երթուղին՝ կանգառով Փարիզում՝ թռչելով Air France-ով Emirates-ի հետ ուղիղ չվերթի փոխարեն: Ինձ չէր հետաքրքրում Emirates-ում միավորներ վաստակելը. իմ առաջնահերթությունը Air France-ի հետ ցմահ պլատինե կարգավիճակի ձեռքբերումն էր: Ես ուղևորության ավելի երկար տևողությունը կամ կանգառը դժվարություն չէի համարում, քանի որ իսկապես սիրում էի ճանապարհորդել, քաղաքը ուսումնասիրելու համար կանգառներ ունենալը և Փարիզում ընտանիքի և ընկերների հետ ժամանակ անցկացնելը:

Olumide Ogunsanwo. Սամոն, ի՞նչ կասեք այն ընթերցողին, ով լսում է ձեր պատմությունը և ասում, որ ֆինանսական անկախությունը չափազանց մեծ աշխատանք է պահանջում: Նրանք ասում են, որ ժամանակ կամ էներգիա չունեն իրենց մտածելակերպի վրա աշխատելու կամ տեսլականներ ու նպատակներ ստեղծելու համար: Նրանք ցանկանում են ավելի հեշտ և արագ ճանապարհ ունենալ դեպի ֆինանսական անկախություն, հատկապես, եթե նրանք ցածր վարձատրվող աշխատանք ունեն փոքր քաղաքում՝ ֆինանսական աճի սահմանափակ հնարավորություններով: Ինչպե՞ս կարող են նրանք հնարավորինս արագ հասնել ֆինանսական անկախության իրենց ներկայիս ապրելակերպի շրջանակներում՝ առանց կտրուկ փոփոխությունների:

Աչանի Սամոն Բիաու. [Ժպտացեք] Դրանք իրականում երկու հարց են: Առաջին հարցն է՝ «Ես ուզում եմ ծուլանալ ֆինանսական անկախության հարցում: Պարզապես ասա ինձ, թե կոնկրետ ինչ պետք է անեմ հնարավորինս արագ ֆինանսական անկախության հասնելու համար»: Երկրորդ հարցը վերաբերում է FI ցանկանալու մարտահրավերին, երբ աշխատում եք ցածր և միջին վարձատրվող աշխատանքով և ապրում եք ֆինանսական աճի սահմանափակ հնարավորություններով տարածքում:

Նախ, այն անձին, ով ցանկանում է, որ մենք նրան ֆինանսական անկախության քայլ առ քայլ ուղեցույց տանք՝ առանց գործի դնելու, իմ ինտուիցիան ասում է ինձ, որ նրանք դժվար թե այդ մտածելակերպով հասնեն ֆինանսական անկախության:

Olumide Ogunsanwo: [Ծիծաղ]

Աչանի Սամոն Բիաու. Եվ նույնիսկ եթե նրանք հասնեն ֆինանսական անկախության, ինչը ես անկեղծորեն հուսով եմ, որ նրանք կհասնեն, նրանք կարող են իսկապես վայելել դա: Ֆինանսական անկախությունը նպատակ գտնելու և այդ նպատակին հասնելու համար ֆինանսական ազատության օգտագործումն է: Ֆինանսական անկախության էությունը հարատև երջանկությունն է: Թույլ տվեք պարզ ասել, որ ֆինանսական անկախությունը պարտադիր չէ, որ հարստությունը լինի: Ֆինանսապես անկախ մարդիկ պարտադիր չէ, որ հարուստ լինեն: Խոսքը գնում է ֆինանսական ապահովության նվազագույն մակարդակի հասնելու մասին, որը թույլ է տալիս կենտրոնանալ այն ամենի վրա, ինչն իսկապես կարևոր է ձեզ համար՝ առանց ֆինանսական անհանգստության: Ֆինանսական ազատությունը պարզապես հնարավորություն է տալիս, որը ձեզ հնարավորություն է տալիս կենտրոնանալ այն ամենի վրա, ինչն ապահովում է ձեզ՝ առանց անընդհատ անհանգստանալու փողի մասին։

Olumide Ogunsanwo. Մարդիկ պետք է մեկնեն ինքնաբացահայտման ճանապարհորդության։ Այս ճանապարհորդությունը նրանց կողմից ջանք է պահանջում։ Սամոնը և ես չենք կարող գդալով կերակրել ձեզ, թե կոնկրետ ինչ քայլեր ենք ձեռնարկել, քանի որ այն, ինչ մեզ համար աշխատեց, կարող է չվերաբերել ձեր յուրահատուկ իրավիճակին։ Ավելի վաղ գրքում մենք ձեզ խորհուրդ էինք տալիս չկրկնօրինակել ուրիշի կյանքը և փոխարենը խրախուսել ձեզ ապրել ձեր սեփականը։ Սա ներառում է նաև մեր կյանքը չկրկնօրինակելը։

Դուք պետք է պատասխանատվություն ստանձնեք և քայլեր ձեռնարկեք ձեր սեփական կյանքը բարելավելու համար։ Պարզապես գիրք գնելը բավարար չէ։ Դուք պետք է պատրաստ լինեք մտավոր տեղաշարժի ենթարկվել և սկսել ինքնաբացահայտման ճանապարհորդություն՝ ձեր կյանքում դրական փոփոխություններ մտցնելու համար, անկախ նրանից, թե ես և Սամոնն ինչ ենք ասում։ Դուք ինքներդ եք պատասխանատու ձեր կյանքի համար, և ձեզնից է կախված՝ կատարել անհրաժեշտ փոփոխությունները ավելի լավ ապագա ստեղծելու համար։ Հիշեք ինքնավստահության և ինքնապահովման սկզբունքները։ Դուք պետք է պարզեք մանրամասները, որոնք հատուկ են ձեր սեփական կյանքի իրավիճակին։

Աչանի Սամոն Բիաու. Եվ ես անկեղծ կլինեմ, պատճառներից մեկը, որ մենք կարող ենք այդքան անմիջական լինել ձեզ հետ, այն է, որ իսկական կյանքով ապրելը կարևոր է երկուսիս համար։ Մենք հասել ենք ֆինանսական անկախության, ուստի մենք այնքան էլ մտահոգված չենք գրքեր վաճառելով, որքան մեր ճշմարտությունն ասելով։

Olumide Ogunsanwo. Ճիշտ է։ Ես չեմ անի, եթե այս գիրքը վաճառվի մեկ օրինակով կամ հարյուր օրինակով, քանի որ ես արդեն ֆինանսապես անկախ եմ։ Ես կարող եմ անկեղծ լինել ձեզ հետ։ Ես պետք չէ քեզ հիմարացնել։

Աչանի Սամոն Բիաու. Մենք կիսում ենք մեր փոխակերպվող ճանապարհորդությունը դեպի ՖԻ, քանի որ մենք ամբողջ սրտով ընդունել ենք FI-ի կենսակերպը, և մեր ցանկությունն է ձեր մեջ հնարավորության կայծ վառել։ Մենք ցանկանում ենք լինել ձեր ուղեցույցը՝ առաջարկելով ոչ միայն վավերացում, այլ նաև ընկերակցություն և խրախուսում։ Եթե դուք երբևէ տատանվել եք ֆինանսական անկախության հետամուտ լինելու հարցում, քանի որ դրա ականատեսը չեք եղել, մեր գիրքն այստեղ է՝ փարատելու այդ կասկածները։ Մեր պատմությունների և պատկերացումների միջոցով մենք նպատակ ունենք ոգեշնչել ձեզ՝ ստիպելով բացականչել. «Եթե նրանք կարող են դա անել, ես նույնպես կարող եմ»։

Օլումիդ Օգունսանվո. Բոլոր ներգաղթյալներին, արտագաղթողներին, օտարներին և թերիներին. Եթե ես ֆինանսապես անկախ դառնայի, ապա դուք նույնպես կարող եք դա անել։

Աչանի Սամոն Բիաու. Այնուհետև դուք պետք է գնաք ձեր ճանապարհորդությանը։ Այն սկսվում է մտորումներից և հարցադրումներից։ Հետ նայեք ձեր մանկությանը և բացահայտեք ձեզ բնորոշող հիմնական պահերը։ Բացահայտեք ձեր հետաքրքրությունները և փորձեք տարբեր բաների հետ։ Ստեղծեք մի շարք սկզբունքներ՝ հիմնվելով ձեր հայտնաբերածի վրա։ Նայեք անցյալին կամ պատմություններին՝ ելնելով այս սկզբունքներից, և այնուհետև պատրաստ եղեք փորձարկել և կրկնել, մինչև գտնեք համապատասխանեցում ձեր արժեքներին։

Olumide Ogunsanwo. Ստեղծեք ձեր ուզած կյանքի տեսլականը, նպատակներ դրեք այնտեղ հասնելու համար և սկսեք ամեն օր քայլեր ձեռնարկել։ Կրկնեք և կրկնեք, մինչև հասնեք ֆինանսական անկախության։ Ոչ ոք չի կարող անել այս գործընթացը ձեզ փոխարեն, քանի որ դա ձեր կյանքն է, և դուք պատասխանատու եք դրա համար։

Երբ սկսում եք ճանապարհորդությունը և թափ եք հավաքում, ավելի հեշտ է դառնում առաջ շարժվելը։ Դուք պետք է սկսեք և համոզվեք, որ ունեք ճիշտ խթաններ՝ ձեր թափը պահպանելու համար։ Ժամանակի ընթացքում դուք կձևավորեք ձեր նպատակին հասնելու փոքր քայլեր անելու սովորությունը։ Երբ դուք առաջադիմում եք և հասնում եք որոշակի կետի, դուք կարող եք մոռանալ, որ ճանապարհորդության մեջ եք, քանի որ այն միահյուսվում է ձեր առօրյա կյանքի հետ։ Այլևս հստակ տարբերություն չկա ճանապարհորդության և ձեր կյանքի միջև։ Դուք պարզապես ապրում եք ձեր կյանքով՝ շարժվելով դեպի ձեր նպատակը։ Բայց այս ճանապարհորդությունը սկսելու համար դուք պետք է պատրաստ լինեք լրացուցիչ ջանք գործադրել և կատարել այդ առաջին քայլը առաջ։

Երբ ես քոլեջում էի, մենք իմացանք ակտիվացման էներգիայի մասին։ Որպեսզի քիմիական ռեակցիա տեղի ունենա, դուք պետք է հաղթահարեք որոշակի քանակությամբ էներգիա։ Ձեզ անհրաժեշտ է ինչ-որ բան, որը ձեզ մղում է բավականաչափ ակտիվացման էներգիայով, որպես մեկնարկի խթան։ Դա այն է, ինչ մենք փորձում ենք ձեզ տրամադրել՝ թափ։ Ես գրում եմ սա հուզմունքով և ուրախությամբ, քանի որ ուզում եմ ոգեշնչել և ուժ տալ ձեզ՝ հավատալու ձեր նպատակներին հասնելու հնարավորությանը։ Հուսով եմ փոխանցել ինքներդ ձեզ հավատ ունենալու կարևորությունը և ձեզ ոգևորել առջևում սպասվող հնարավորություններով։ Իմ պատմության մեջ ինձ դրդել են բազմաթիվ աշխատանքի կորուստներ և դժվար իրավիճակներ: Այնուամենայնիվ, դուք ուժ ունեք հաջողության հասնելու ձեր սեփական խթանները ստեղծելու: Արեք դա այսօր և մի սպասեք, որ արտաքին հանգամանքները կսկսեն ձեր ֆինանսական անկախության ճանապարհը:

Աչանի Սամոն Բիաու. Եվ սա մեզ բերում է ձեր երկրորդ հարցին: Ինչպե՞ս կարող է ինչ-որ մեկը հասնել ֆինանսական անկախության, երբ նա ունի աշխատանք համեմատաբար ցածր կամ միջին աշխատավարձով և ապրում է սահմանափակ շարժունակություն ունեցող տարածքում: Ես դա կպարզեցնեմ սպորտային անալոգիայով: Երբ Ուսեյն Բոլտը բացահայտեց վազելու իր տաղանդը և նվաճեց չեմպիոնական տիտղոսները, նա ընտրության հնարավորություն ուներ: Նա կարող էր շարունակել վազել իր տան մոտ գտնվող ժամանակավոր ուղու վրա, կամ կարող էր գնալ այլ տեղ, ինչպես Մայամիին, մարզվելու և կատարելագործելու իր հմտությունները:

Այս անալոգիան օգտագործելու պատճառն այն է, որ ամեն ինչ հանգում է արժեքներին: Եթե դուք խորապես ցանկանում եք ֆինանսական անկախություն և գիտակցում եք, որ ձեր ներկայիս աշխատանքը փոքր քաղաքում չի հասցնի ձեզ այնտեղ, դուք կգտնեք մի ճանապարհ՝ կամ ձեր աշխատանքին կողքին կողմնակի ծրագրեր իրականացնելու կամ այլ վայրերում հնարավորություններ բացահայտելու համար: Ես չմնացի Բենինում՝ ֆինանսական անկախության հասնելու ակնկալիքով: Փոխարենը, ես տեղափոխվեցի Եվրոպա, հետո Ամերիկա և վերջապես Մերձավոր Արևելք՝ ավելի լավ հնարավորություններ փնտրելու և իմ ֆինանսական նպատակներին հասնելու համար:

Դուք կարող եք տեղափոխվել ավելի շատ հնարավորություններ ունեցող վայր և ցանկության դեպքում վերադառնալ: Եթե դուք ինքներդ ձեզ տալիս եք այս հարցերը, դա կարող է ցույց տալ, որ դուք լիովին չեք ուսումնասիրել ձեր ընթացիկ գտնվելու վայրից դուրս հնարավորությունները։ Պատասխանը փորձերի անողոք հետաքրքրասիրության մեջ է։

Olumide Ogunsanwo. Մենք կարող ենք շարունակել քննարկել դա ժամերով, բայց մենք, հավանաբար, պետք է վերադառնանք պատմությանը։ Դուք նշում էիք BCG-ից դուրս գալու հետվիրահատական պլանը։

Աչանի Սամոն Բիաու. Երբ ես ակտիվացրեցի իմ Excel մոդելը, ես ստեղծեցի բոլոր հնարավորությունները ճամփորդելու ընկերության ներսում։ BCG-ն ուներ մի ծրագիր, որը կոչվում էր դեսպան, որտեղ խորհրդատուների լավագույն 10%-ը կարող էր գնալ այլ երկիր։ Խորհրդատուները պետք է ընտրեին վայրեր, և ընկերությունը կփորձեր համապատասխանել նրանց նախասիրություններից մեկին։ Ես ուզում էի մեկ տարի անցկացնել Հարավային Աֆրիկայում, որպեսզի ընդլայնեմ իմ գիտելիքները անշարժ գույքի ներդրումների վերաբերյալ, հատկապես, որ այնտեղ արդեն ունեցվածք ունեի։ Այս փորձը կօգնի ինձ որոշել՝ արդյոք ավելի շատ կապիտալ հատկացնել հարավաֆրիկյան շուկային։ Բացի այդ, Հարավային Աֆրիկան ավելի մատչելի էր, ինչը թույլ տվեց ինձ ավելի շատ խնայել։ Ինձ դուր է գալիս փորձարկել ճանապարհորդությունները և զգալ տարբեր մշակույթներ և հնարավորություններ։

Օլումիդ Օգունսանվո. Մի առնչությամբ ես մի անգամ ունեի Uber-ի վարորդ, ով իր ձախ ականջում վառ գույնի ականջակալ ուներ։ Ես ի սկզբանե կարծում էի, որ նա ռեփ երաժշտություն է լսում, բայց պարզվեց, որ նա իրականում օգտագործում է անգլերենի ուսուցման դասընթացներ՝ բարելավելու իր լեզվական հմտությունները։ Չնայած իր դժվարություններին, նա հավատարիմ էր ինքնակատարելագործմանը և օգտվում էր բոլոր հնարավորություններից, այդ թվում՝

ուղևորներ վարելով՝ հասնելու իր նպատակներին: Այս հանդիպումն ինձ սովորեցրեց, որ անկախ աշխատանքից կամ եկամտի մակարդակից, միշտ կան անձնական աճի հնարավորություններ: Հաջողության հասնելու համար անհրաժեշտ է հստակ ծրագիր, վճռականություն և հետևողական ջանքեր: Պատկերացրեք, թե որտեղ է լինելու Uber-ի այդ վարորդը երեք տարի հետո:

Հիմա վերադառնանք ձեզ: Ինչպե՞ս մշակեցիք ձեր BCG-ի աշխատավարձը անշարժ գույքի ներդրումներով համալրելու ծրագիր: Դուք արդեն բարձր վարձատրվող աշխատանք ունեիք, ուրեմն ի՞նչը ձեզ դրդեց գնալ այդ ճանապարհով: Իսկ ինչպե՞ս կատարեցիր քո ծրագիրը:

Աչանի Սամոն Բիաու. Վերադառնալով իմ մանկություն՝ հայրս անշարժ գույքով զբաղվող ձեռնարկատեր էր, որն ինձ հնարավորություն տվեց գնահատել ակտիվները: Երբ ես անշարժ գույք էի գնում Հարավային Աֆրիկայում, BCG-ի իմ գործընկերները թերահավատորեն էին վերաբերվում և առաջարկեցին օգտագործել ռոբո-ներդրողի փոխարեն՝ պնդելով, որ գույքի ներդրումը դժվար է: Բայց իմ մանկության փորձառությունները և յորուբա ծագումը, որը հայտնի է առևտրով և ձեռներեցությամբ, ձևավորեցին իմ հեռանկարը: Ժամանակից եկամուտը անջատելու գաղափարն ինձ մոտ արձագանքեց: Ես ինձ սահմանափակ էի զգում՝ վաճառելով իմ ժամանակը, քանի որ օրական այդքան ժամ կա: Այնուամենայնիվ, եթե ես կարողանայի եկամուտ ստանալ մի բանից, որը կարող էր ինքնուրույն մասշտաբավորվել, դա գեղեցիկ կլիներ: Այդ իսկ պատճառով ես որոշեցի ուսումնասիրել անշարժ գույքը՝ որպես ներդրումային հնարավորություն:

Այն ժամանակվա ընկերուհուս հետ Հարավային Աֆրիկա կատարած այցի ժամանակ ես նկատեցի անշարժ գույքի գները և ցնցվեցի, թե որքան մատչելի են դրանք Ֆրանսիայի նման այլ վայրերի համեմատ: Դա առաջացրեց իմ հետաքրքրասիրությունը, և ես գները վերածեցի դոլարի: Իմ բանկային հաշվի միջոցներով ես հասկացա, որ իրականում կարող եմ այնտեղ բնակարան գնել: Ես դա տեսա որպես փորձարկումներ անելու հնարավորություն: Շատ մարդիկ հաճախ տատանվում են, քանի որ կենտրոնանում են այն ամենի վրա, ինչը կարող է սխալ լինել: Բայց եթե չօգտվեք հնարավորությունից և փորձարկեք, երբեք չեք բացահայտի այն ամենը, ինչ կարող է ճիշտ լինել:

Olumide Ogunsanwo. Բացարձակապես, գերվերլուծությունը կարող է մեզ հետ պահել գործողություններից: Մենք հակված ենք կառուցելու բարդ մոդելներ և սցենարներ, որոնք արդարացումներ են դառնում մեր նպատակներին չհետապնդելու համար: Կարևոր է հավասարակշռել վերլուծությունը մեր կյանքի դրդապատճառների և նպատակների վերաբերյալ անկեղծության հետ: Այժմ, եկեք սուզվենք ձեր անշարժ գույքի ներդրումային ռազմավարության և մարտավարության մեջ:

Աչանի Սամոն Բիաու. Ես սիրում եմ քննարկել այս ճանապարհորդությունը, քանի որ այն ներառում է և՛ լավ մտածված քայլերը, և՛ իմ թույլ տված սխալները: Նախ, եկեք դիտարկենք համատեքստը. Ես նայեցի ներդրումներին երեք ժամանակային հորիզոններով.

Կարճաժամկետ. Կենտրոնանալ ներդրումների վրա, որոնք կապահովեն բարձր իրացվելիությամբ եկամուտ՝ հաջորդ տարվա կենսածախսերը ծածկելու համար: Անշարժ գույքի եկամուտը հիմնական աղբյուրն էր՝ շնորհիվ դրա կայունության և կանխատեսելի դրամական հոսքերի:

Միջնաժամկետ. Փնտրեք ներդրումներ, որոնք կշահեն առաջիկա մի քանի տարիների ընթացքում աճից: Ես կենտրոնացա ֆոնդային շուկայի և որոշ կրիպտոյի վրա՝ կենտրոնանալով աճի բաժնետոմսերի վրա, բայց նաև հաշվի առնելով արժեքային բաժնետոմսերը: Բաժնետոմսերը, ընդհանուր առմամբ, դրական միտումներ են ցույց տալիս 2-5 տարվա ընթացքում:

Երկարաժամկետ. Կատարեք ավելի բարձր ռիսկային խաղադրույքներ՝ 7-ից 15 տարվա ընթացքում դրամական միջոցների զգալի հուքերի պոտենցիալով: Ես ներդրումներ կատարեցի ստարտափներում որպես հրեշտակ ներդրող և հող գնեցի կայուն արժույթով երկրներում, որտեղ աճը հակված է արագանալ կոնկրետ իրադարձությունների շուրջ: Այս երկարաժամկետ խաղադրույքների նպատակն է կանխիկացնել նշանակալի իրադարձությունից հետո, ինչպիսին է ստարտափների IPO-ն կամ հողի նոր գոտիական զարգացումը, սովորաբար տասնամյակ անց: Կանխիկացումից հետո ես վերաներդրում էի կարճաժամկետ ակտիվների (օրինակ՝ գույքի), միջնաժամկետ ակտիվների (օրինակ՝ բաժնետոմսերը) և որոշ երկարաժամկետ ակտիվների համակցությամբ, իսկ հետո կրկնում էի ցիկլը:

Olumide Ogunsanwo. Ի՞նչ եք կարծում, ձեր դաստիարակությունը և ձեր հայրը անշարժ գույքի ձեռներեց լինելը շեղե՞լ են ձեր ներդրումային հեռանկարը:

Աչանի Սամոն Բիաու. Ես միանշանակ կողմնակալ էի իմ դաստիարակության պատճառով, բայց ես մնացի ռացիոնալ դրա վերաբերյալ: Եթե ես չլինեի, ես կներդնեի անշարժ գույքի գնման համար վարձակալության համար ցածր եկամտաբերությամբ երկրներում, ինչպիսիք են Բենինը կամ Ֆրանսիան: Այնուամենայնիվ, այդ վայրերում ներդրումներ կատարելը իմաստալից եկամուտներ չի բերի, եթե չօգտվեք խոշոր հարկային խթաններից, նույնիսկ եթե այնտեղ եք ապրում: Անշարժ գույքի ուսումնասիրությունն իմ կողմնակալությունն էր, բայց ես համոզվեցի, որ այն իմաստ ունի: Հարավային Աֆրիկան ինձ համար ռազմավարական հիմնավորում ուներ, քանի որ իմ նախնական ծրագիրն էր այնտեղ «թռչակի անցնել» ֆինանսական անկախության ձեռքբերումից հետո: Բացի անշարժ գույքի լավ եկամուտներից, այն նաև կապահովի արտարժույթի շարժումներից, քանի որ ես կապրի և ծախսեի տեղական արժույթով: Սա մեծապես ազդեց իմ ռազմավարության վրա: Հատկություններին մոտ լինելը նաև թույլ կտա ինձ վերահսկել ցանկացած վերանորոգում, եթե խնդիրներ առաջանան: Դա համակարգային որոշում էր:

Olumide Ogunsanwo. Կարևոր է չենթադրել, որ հենց այն պատճառով, որ ձեր ընկերները կամ ընտանիքը հետևել են եկամտի ստեղծման որոշակի ռազմավարությանը, դա ինքնաբերաբար ճիշտ է ձեզ համար: Եթե ձեր հայրն ու մայրը աշխատել են կորպորատիվ աշխատանք, դա չի նշանակում, որ դուք պետք է աշխատեք կորպորատիվ աշխատանքում: Եթե ձեր սիրելի հորեղբայրը ձեռնարկատեր է, դա չի նշանակում, որ դուք պետք է ձեռնարկատեր լինեք: Մի սահմանափակվեք նրանց փորձով: Ուսումնասիրեք բոլոր հնարավորությունները և որոշումներ կայացրեք՝ ելնելով ձեր սեփական հանգամանքներից և ձգտումներից: Մենք բոլորս ունենք կողմնակալություններ և նախապատվություններ, բայց շատ կարևոր է ավելի լայն հեռանկարով մոտենալ որոշումներին և ակտիվորեն աշխատել դրանք հաղթահարելու ուղղությամբ: Հակառակ դեպքում, դուք կարող եք բաց թողնել ձեր իսկական կոչումը մինչև կյանքում շատ ավելի ուշ: Կարևոր է որոշումների կայացման համար նախնական ամուր հիմք ստեղծել, քանի որ որոշ ռազմավարություններ կարող են դժվար լինել շրջել: Սամոն, կարո՞ղ եք նաև կիսվել ձեր տարիքով և մտածելակերպով, երբ սկսեցիք ուսումնասիրել անշարժ գույքի ներդրումները։

Աչանի Սամոն Բիաու. Ես սկսեցի ներդրումներ կատարել անշարժ գույքի մեջ իմ երեսունների սկզբին, BCG-ին միանալուց անմիջապես հետո, և երբ իմ ֆինանսական անկախության նպատակը դեռ 1 միլիոն դոլարից ցածր էր։ Այնուամենայնիվ, ես շուտով հասկացա, որ այս նպատակը չափազանց փոքր է և պետք է զգալիորեն մեծացվի։

Ես սկսեցի 3-հորիզոնական ռազմավարությամբ, և անշարժ գույքը կարճաժամկետ թվում էր լավ ակտիվների դաս, քանի որ ես ակնկալում էի, որ վարձակալությունից եկամտի կարիք կունենայի երկու տարի հետո, երբ ես լքեցի BCG-ն։ Ես ուսումնասիրեցի տարբեր երկրներ, և Հարավային Աֆրիկան որպես երկիր արբիտրաժային հնարավորություն ներկայացրեց։ Այն ուներ ավելի մեծ բնակչություն, որոնք վարձակալում էին, քան գնումներ ավելի ցածր սոցիալ-տնտեսական մակարդակներում, և արժույթի արժեզրկումը որոշակիորեն կանխատեսելի և կառավարելի էր համաշխարհային ցնցումներից և ճգնաժամերից դուրս։ Երկիրն ուներ անկախ և արդյունավետ Կենտրոնական բանկ և հարուստ էր ռեսուրսներով, ուստի արժույթի կտրուկ արժեզրկումը, ինչպես Զիմբաբվեում, Արգենտինայում կամ Վենեսուելայում, քիչ հավանական էր։

Հարավաֆրիկացիները հակված են առաջնահերթություն տալ կյանքը վայելելուն և ավելի երկար ժամանակով վարձակալելուն, ըստ իմ որակական հետազոտության։ Սա նշանակում էր, որ ես կարող էի ավելի բարձր վարձավճարներ տալ բնակչության որոշակի հատվածների և գույքի տեսակների համար, ինչը կհանգեցնի զբաղվածության ավելի բարձր տոկոսների։ Ես ունեցել եմ շատ կարճ թափուր աշխատատեղեր իմ բոլոր գույքի համար, բացառությամբ մեկ բարձրակարգ շքեղ տարածքի, որը ես սխալմամբ գնել եմ։

Օլումիդ Օգունսանվո։ [Wow]

Աչանի Սամոն Բիաու. Եվս մեկ կարևոր կետ. Երբ խոսքը վերաբերում է վարձակալության անշարժ գույքի մեջ ներդրումներ կատարելուն, կարևոր է հիշել, որ այն տունը, որը դուք ընտրում եք վարձակալել, անպայման չպետք է լինի այն տունը, որը դուք պատկերացնում եք, որ ապրում եք ինքներդ։ Ծքեղ կամ բարձրակարգ գույքերը հաճախ չեն տալիս ցանկալի ֆինանսական եկամուտները, քանի որ վարձակալության եկամուտը հաճախ չի արդարացնում հարակից ծախսերը։ Փոխարենը, մտածեք այլընտրանքային ուղիների ուսումնասիրության մասին։ Օրինակ, Հարավային Աֆրիկայում համալսարանի մոտ գտնվող տան վերափոխումը ստուդիայի ոճի փոքր միավորների կարող է առաջացնել 20% տպավորիչ եկամուտ, պայմանով, որ այն ուղեկցվի մանրակրկիտ գործառնական կառավարմամբ։

Olumide Ogunsanwo. Տպավորիչ վերադարձ։ Ի՞նչ տեսակի բնակարան եք նպատակադրել գնել։

Աչանի Սամոն Բիաու. Իմ թիրախային հաճախորդը միջինից ցածր խավն էր, և ես կենտրոնացած էի 1 սենյականոց հնարավոր ամենափոքր միավորների վրա։ Բարձրակարգ հատկությունները իմաստ չունեին դրամական հոսքեր ստեղծելու համար, և ցածր մակարդակի գույքը պահանջում էր գետնի վրա ջանքեր գործադրելու այնպիսի մակարդակ, որն ինձ չէր հետաքրքրում։ Ցածր միջին դասի շրջանակներում ես թիրախավորել եմ այն անհատներին, ովքեր պարզապես սկսելով իրենց կարիերան կամ ովքեր խրված էին ցածր շարժունակության հորձանուտում, բայց դեռ կարող են աշխատել։ Նրանք կարող էին իրենց թույլ տալ 1 սենյականոց բնակարան։ Իմ ունեցվածքը տարբերելու համար ես գնեցի կառուցապատողներից, ովքեր ունեին գրավիչ հարմարություններ կալվածքում, ինչպիսիք են Մոնտեսորիի դպրոցը, մեծ լողավազանը և մարզասրահի հարմարությունները։ Հարավային Աֆրիկայում նման հարմարություններով կալվածքները կամ համալիրները մեծ պահանջարկ ունեն, ինչը ազդում է վարձակալության պահանջարկի վրա։

Մատակարարման մասով մշակողները կատարեցին հիմքերը։ Նրանք գիտեին, թե որտեղ է լինելու հաջորդ գնացքի գիծը, որտեղ է Դելոյթը կառուցում իր հաջորդ շտաբը և որտեղ է լինելու հաջորդ դպրոցը։ Ես հիմնականում համագործակցում էի վստահելի ծրագրավորողների հետ՝ տեղանքի, ժամանակին ավարտման, որակյալ հարդարման և հարմարությունների առումով։ Հարավային Աֆրիկայում գույքը զարգանում է փուլերով, ուստի ես համոզված էի, որ ներդրումներ կատարեցի վաղ, երբ միավորները դեռ կառուցման փուլում էին, և տատանվող գնորդները գները ցածր էին պահում։ Կար սահմանափակ առաջարկ և առողջ պահանջարկ։ Հարմարություններին մոտ գտնվող միավորներն ավելի արագ են վարձակալվում, երբ ամբողջ զարգացումն ավարտվի։

Անշարժ գույքի մեջ ներդրումներ կատարելը ներառում է բազմաթիվ գործոնների դիտարկում։ Ավելի լավ է սկսել ավելի փոքր սեփականություններից և ակտիվորեն կառավարել դրանք՝ ներդնելով համակարգեր՝ վարձակալներ գտնելու, աշխատանքային ծանրաբեռնվածությունը նվազագույնի հասցնելու և ծախսերը հետևելու համար Excel-ի նման գործիքների միջոցով։ Կարևոր է նաև հարկերի և հնարավոր վճարների բարձրացման մասին տեղեկացված լինելը։

Olumide Ogunsanwo. Այսպիսով, ամփոփելու համար, ձեր

վարձակալության ներդրումային ռազմավարությունը Հարավային Աֆրիկայում կենտրոնացած է մեկ սենյականոց բնակարանների վրա ցածր և միջին եկամուտով կարիերա սկսելու համար։ Դուք համագործակցել եք ծրագրավորողների հետ, ովքեր համապատասխան հետազոտություն են անցկացրել և ունեցել են ճիշտ զարգացումներ։ Դուք վերլուծել եք սահմանային դրույքաչափերը, հարկերը, գնաճը և արժույթի փոխարժեքները։ Ես գնահատում եմ այն սկզբունքները, որոնք դուք կարևորում եք այստեղ։

Աչանի Սամոն Բիաու. Եթե ես չանցնեի այդ ամենի միջով, ես չէի սովորի այս արժեքավոր պատկերացումները։ Ես կգնեի գույք՝ չհասկանալով, թե ինչու այն արդյունք չի տալիս և կհուսահատվեի ապագա ներդրումներից։ Մեկ լրացուցիչ կետ, որը ես կցանկանայի կիսվել, որը հիմնական պատճառն էր, թե ինչու ես գույք գնեցի Հարավային Աֆրիկայում, մատչելիությունն է։ Դուք կարող եք գնել այդ 1 ննջասենյակի միավորները ընդամենը $40,000-ից $70,000-ով։

Olumide Ogunsanwo. 1 սենյականոց բնակարան այդ գների միջակայքում։ Դա պոտենցիալ լավ է, եթե ROI-ն ստացվի։

Աչանի Սամոն Բիաու. Դա ստիպում է ձեզ ճիշտ հարցեր տալ, ուշադրություն դարձնել և ճիշտ դասեր քաղել։ Երբ ձեր փողը վտանգի տակ է, դուք ավելի հավանական է, որ ճիշտ հարցեր տաք։ Բացի այդ, երբ ինչ-որ բան է պատահում, դրանից ճիշտ դասեր քաղեք։ Խաղում մաշկ ունենալը շատ կարևոր է։ Հարավային Աֆրիկայում ես ներկայումս կարողանում եմ եկամուտ ստանալ (զուտ եկամտահարկից) 7% -ից մինչև 8% վարձակալության եկամտից։ Դա նշանակում է, որ եկամուտները մինչև հարկումը կազմում են 10%+։ Թեև շեմի դրույքաչափը օգտակար հղում է գույքի եկամտաբերության համար, ձեր գրպանում զուտ եկամուտը դեռևս ցածր է ծախսերի պատճառով, ինչպիսիք են հարկերը և գործակալների վճարները: Բացի վարձակալության եկամտաբերությունից, ես նաև շահում եմ կապիտալի աճից: Տարիների ընթացքում ես սովորաբար տեսնում եմ իմ ներդրումների տարեկան 3%-ից 7% աճ, և այս միտումը կարող է շարունակվել առնվազն 7 տարի՝ մինչև հարթվելը: Իհարկե, վաճառքի ճիշտ ժամանակն իմանալը շատ կարևոր է: Երբ հաշվի առնեք այս բոլոր գործոնները, գույքի ներդրումը կարող է լինել ամենաեկամտաբեր և ցածր ռիսկային ներդրումներից մեկը, որը հասանելի է շատերին:

Olumide Ogunsanwo. Լավ, Սամոն, հիմա, երբ մենք հասկանում ենք ձեր ռազմավարության սկիզբն ու վերջը, եկեք խոսենք կեսի մասին: Ինչպե՞ս որոշեցիք ձեռք բերելիք գույքերի քանակը: Ինչպե՞ս որոշեցիք, թե որքան մեծ եք գնալու:

Աչանի Սամոն Բիաու. [Ժպտացեք] Ուրախ եմ, որ հարցրիք: Համաձայն եմ, որ կեսը վճռորոշ է: Սկզբում ես ստիպված էի փորձեր կատարել, քանի որ նախնական գիտելիքներ չունեի գույքի ներդրման մասին:

Olumide Ogunsanwo. Հետաքրքրասիրության և փառասիրության սկզբունքը գործում է այստեղ: Դուք բավականաչափ հետաքրքրասեր էիք ուսումնասիրելու համար և բավականաչափ հավակնոտ էիք սովորելու, թե ինչ է ձեզ անհրաժեշտ, որպեսզի հասնեք այնտեղ, որտեղ ցանկանում էիք:

Աչանի Սամոն Բիաու. Իմ ռազմավարությունն էր ներդնել իմ զուտ արժեքի 10%-ից 20%-ը միջնաժամկետ և երկարաժամկետ հորիզոններում՝ 80%-ով կենտրոնանալով անշարժ գույքի և որոշ բարձր եկամտաբեր ակտիվների վրա: Ես ճանաչեցի իմ թույլ կողմը, որն այն էր, որ առանց կարգապահ ներդրումային ռազմավարության փողը կա՛մ կծախսվի ոչ արտադրողական ծախսերի վրա, կա՛մ անգործ կմնա իմ ընթացիկ հաշվին: Կարգապահություն պահպանելու համար ես համոզվեցի, որ շարունակեմ օգտագործել իմ գումարը: Ես ստեղծեցի մի համակարգ, որտեղ իմ բանկային հաշվում երբեք չի եղել ավելի քան 1000 դոլար BCG-ում իմ ողջ կարիերայի ընթացքում:

Olumide Ogunsanwo. Հարկ է նշել, որ դուք այս ամենին հասել եք՝ աշխատելով BCG-ում՝ աշխարհի ամենախստապահանջ աշխատատեղերից մեկում: Հարց է առաջանում, թե ուրիշներն ի՞նչ արդարացում ունեն աշխատանք ունենալու ընթացքում հնարավորությունները չբացահայտելու համար: Սամոնը ոչ մի արդարացում չբերեց:

Աչանի Սամոն Բիաու. Բացարձակապես : Ժողովուրդ, խնդրում եմ, մի արդարացեք: BCG-ում աշխատելը հեռու էր 9-5 աշխատանքից: Ես հաճախ սկսում էի աշխատել առավոտյան ժամը 9:30-ին և քնում էի գիշերը ժամը 2-ի սահմաններում: Հիմա, վերադառնալով պատմությանը, ի՞նչ էր նշանակում այս մոտեցումը: Դա նշանակում էր, որ ես ունեի անշարժ գույք գնելու տարեկան ծրագիր և պարտավորվում էի անվերադարձ ավանդներ և կարճաժամկետ վարկային միջոցներ: Սա նշանակում էր, որ ես վճարել եմ գույքի համար, որոնք արդեն պարտավորվել էի գնել: Ես պահեցի Յոհանեսբուրգի և Քեյփթաունի բոլոր հետաքրքիր նոր իրադարձությունների օրացույցը: Սա նշանակում էր, որ հենց որ իմ աշխատավարձը հասնի իմ հաշվին, հաջորդ օրը այն կփոխանցվի ինչ-որ տեղ՝ գույք գնելու կամ բաժնետոմսերում ներդրումներ կատարելու համար: Ես տեսա միայն $600-ից $800 ամսական ծախսերը, որոնք ծածկում էին իմ կենսական ծախսերը: Շուրջը պարապ կանխիկ գումար չկար, որ գայթակղեր ինձ անհարկի գնումների: Այս մոտեցումը արտացոլում էր իմ արժեքների վրա հիմնված ծախսերն ու էականությունը:

Olumide Ogunsanwo. Չե՞ք կարող գումարը հետ փոխանցել ձեր հաշվին։

Աչանի Սամոն Բիաու. Ոչ, այն ուղղակիորեն փոխանցվել է մշակողին։ Ես արդեն վճարել էի անվերադարձ ավանդներ ամբողջ տարվա համար, և ես պարզապես լրացրեցի վճարումները։ Եթե չիցքավորեի, կկորցնեի գույքը։ Երբ միջոցները պահվում էին, ես չէի կարող հիշել դրանք, քանի դեռ իրավական խնդիր չկար։ Պարտված միջոցները հնարավոր չէր ուղղել նույնիսկ արտակարգ իրավիճակների դեպքում: Ես վարկային քարտեր էի օգտագործում արտակարգ իրավիճակների համար։

Օլումիդ Օգունսանվո. հասկացա։ Նախնական պարտավորությունը կարևոր է։

Աչանի Սամոն Բիաու. Ճիշտ է։ Ավելի պարզաբանեմ. Ես վերցրեցի Հարավային Աֆրիկայի բոլոր հետաքրքիր նոր զարգացումների օրացույցը և հաշվարկեցի հնարավոր եկամուտները։ Ես ինքս ինձ այնպիսի հարցեր տվեցի, ինչպիսիք են. «Արդյո՞ք այս վայրը իսկապես խոստումնալից է։ Գնացքի գծի երկարացման ծրագրեր կա՞ն»։ Ես գնահատեցի իմ տարեկան ընդհանուր եկամուտը BCG-ում, այնուհետև տեղեկացրեցի ծրագրավորողներին, որ կգնեմ տարեկան հինգից տասը սեփականություն։ Ես գիտեի Հարավային Աֆրիկայի բոլոր բարձր եկամտաբեր գույքը և ունեի հստակ ծրագիր, թե քանի գույք եմ ուզում գնել ամեն տարի, ինչպես նաև երբ և որքան պետք է փոխանցեմ ծրագրավորողներին։ Ոմանք ինձ հարցնում են չնախատեսված իրադարձությունների մասին, և դրանց հետ վարվելու իմ ձևը պարզ էր: Բարձր աշխատավարձով ես ստացա վարկային քարտ, որը ծառայում էր որպես բուֆեր աշխատավարձերի միջև:

Օլումիդ Օգունսանվո. Նրանք, ովքեր օգտագործում են անկանխատեսելի իրադարձությունները որպես պատրվակ, բացակայում են կետը։ Արտասովոր սցենարներ լուծելու փոխարեն մենք պետք է պլանավորենք ամենահավանական միջին սցենարները և ունենանք ապահովագրություն կամ պաշտպանություն արտաքին իրավիճակների համար։ Օրինակ, եթե դուք ամենագնաց եք գնում միայն այն պատճառով, որ ժամանակ առ ժամանակ չորս ընկերների տեղափոխելու կարիք ունեք, թեև ձեր մեքենան 99% դեպքերում դատարկ է, ապա, ամենայն հավանականությամբ, դուք գերավճար եք վճարում տրանսպորտի համար։ Նմանապես, եթե դուք վճարում եք երեք սենյականոց տան համար, քանի որ ձեր ընտանիքը այցելում է տարին երկու անգամ կամ վստահ չեք, թե երբ հյուրերը պետք է մնան ձեզ հետ, չնայած 99% դեպքերում ննջասենյակները դատարկ են, ապա հավանաբար բնակարանների համար գերավճար. Սա սովորական որոգայթ է դեպի Ֆինանսական Անկախություն ճանապարհորդության ժամանակ. վճարել չօգտագործված ակտիվների համար՝ արտասովոր սցենարների լուծման պատճառով։ Ցավոք, ձեր լրացուցիչ ննջասենյակները կարող են հետաձգել ձեր ֆինանսական անկախության նպատակային ժամանակացույցը 5-10 տարով։

Աչանի Սամոն Բիաու. Ես լիովին համաձայն եմ։ Թույլ տվեք ամփոփել այս ներդրումային բաժինը մի քանի հիմնական գաղափարներով։ Նախ, դուք պետք է մտքում ունենաք ֆինանսական անկախության տեսլական։ Իմ դեպքում ես ուզում էի տեղափոխվել Հարավային Աֆրիկա, քանի որ ինձ հաճույք էր պատճառում այնտեղ ապրելը։ Ես հաշվարկեցի կյանքի արժեքը և հաշվեցի համաշխարհային ճանապարհորդությունը՝ ավելացնելով բուֆեր։ Այնուհետև ես այս ֆինանսական թիրախները թարգմանեցի կարճաժամկետ, միջնաժամկետ և երկարաժամկետ նպատակների։ Ես մշակեցի մի ծրագիր՝ ապրելու ծախսերի համար կրկնվող եկամուտ ստեղծելու համար, որը ներառում էր 1 սենյականոց բնակարանների ձեռքբերում, բաժնետոմսերում ներդրումներ՝ 2+ տարում շահույթ ստանալու նպատակով, և հրեշտակային ներդրումներ ընկերություններում՝ 5+ում շահույթ ստանալու նպատակով։ տարիներ: Ի վերջո, ես ստեղծեցի պարտավորությունների մեխանիզմներ՝ ապահովելու պլանի կարգապահ կատարումը։

Olumide Ogunsanwo. Այո, երբ մենք չափազանց հարմարավետ ենք զգում, մենք ինքնագոհ ենք դառնում և որևէ գործողություն չենք ձեռնարկում։

Աչանի Սամոն Բիաու. Պարտավորության մեխանիզմը, որը ես մշակեցի, կանխավճարն էր։ Ենթադրենք, ես ուզում էի հինգ անշարժ գույք գնել, որոնց յուրաքանչյուր ավանդը արժեր $5000 մեկ տարվա ընթացքում։ Ես հունվարին վճարեցի ամբողջ $25,000-ը բոլոր հինգ գույքի համար, և այդ ավանդը վերադարձելի չէր։ Ես հետ կանգնելու ճանապարհ չկար: Անխղճորեն մահապատժի եմ ենթարկել. Միևնույն ժամանակ, ես կառավարում էի իմ ապրուստի ծախսերը՝ հիմնվելով արժեքների վրա հիմնված ծախսերի վրա՝ Դուբայում սահմանելով ամսական $600-800 բյուջե։ Որոշ ամիսներ դա գերազանցում էր դա, բայց ինձ պետք չէր 800 դոլարից ավելի բյուջե հատկացնել, քանի որ կարող էի օգտագործել իմ կրեդիտ քարտը՝ ավելորդ գումարը ծածկելու համար։ Երբ ես ստանում էի իմ հաջորդ աշխատավարձը, ես փոխհատուցում էի պարտքը նախքան վարկային քարտի գանձումը։

Այնուհետև ես կատարեցի խիստ հետազոտություն և համապատասխանաբար հարմարեցրի իմ մոդելը։ Սկզբում ես գնել էի և՛ 2, և՛ 1 սենյականոց գույք։ Այնուամենայնիվ, ես շուտով հասկացա, որ 2-սենյականոց բնակարաններն ունեին թափուր աշխատատեղերի ավելի բարձր տոկոսադրույքներ, քանի որ երեխաներ ունեցող ընտանիքները, որոնք սովորաբար վարձակալում են այդպիսի գույք, հակված են ավելի քիչ տեղափոխվել, քան երիտասարդ զույգերը կամ ամուրիները: Դա իմ առաջին սխալն էր, և ես իմացա, որ 2-սենյականոցների վերադարձը բարենպաստ չէր նույնիսկ լրիվ զբաղվածության դեպքում: Ես կորցրեցի հազարավոր դոլարներ, վաճառեցի այդ գույքը և վերաներդրեցի ավելի շահավետ տարածքներում:

Olumide Ogunsanwo. Այո, դա հենց այն է, ինչ մենք քննարկել ենք՝ նպատակների սահմանում և շրջադարձ: Դուք նպատակ եք դրել, սկսել եք այն իրականացնել և ձեր առաջընթացի հիման վրա ճշգրտումներ եք կատարել: Հետևելը կարևոր է:

Բացի այդ, կլինեն ժամանակներ, երբ մարդիկ կասկածի տակ են դնում ձեր ընտրությունը, և դա կարող է սթրեսային լինել, բայց դուք միշտ պետք է հիշեք ձեր «ինչու»-ն: Սամոնի «ինչու»-ն ֆինանսական անկախության ցանկությունն էր: Ահա թե ինչու նա դիմանում էր ճիշտ գործընկերներ գտնելու, Հարավային Աֆրիկայի պես ճիշտ երկիր և բնակարանների՝ 1 սենյականոց բնակարաններ գտնելու սթրեսին: Նա մտածեց, թե ինչպես եկամուտ ստեղծել, ում հետ համագործակցել և ինչպիսի վարձակալներ ներգրավել: Դա կարող է սարսափելի թվալ, բայց ես գրազ եմ գալիս, որ Սամոնի համար այդքան էլ սթրեսային չէր, քանի որ նա ուներ հստակ վերջնական նպատակ և ճշգրտումներ էր անում, երբ դուք առաջ գնացիք դրան:

Աչանի Սամոն Բիաու. Մի բան, որ ես ավելի վաղ չէի նշել, ինչը զգալիորեն խթանեց իմ թափը, այն էր, երբ ես սկսեցի վաստակել իմ առաջին 1000 դոլար պասիվ ամսական եկամուտը մի քանի ամսվա ընթացքում: Այնուհետև այն աճեց մինչև 2000 դոլար և շարունակեց աճել: Ես դեռ աշխատում էի իմ աշխատանքով և հավատարիմ էի արժեքների վրա հիմնված ծախսերին: Ես վարձակալության եկամուտը վերաներդրեցի ավելի շատ բնակարաններում: Դա ինձ ապահովության զգացում տվեց՝ իմանալով, որ եթե անգամ աշխատանքս կորցնեմ, կարող եմ ապրել իմ բնակարաններից մեկում, իսկ մյուսներից վարձավճար հավաքել: Դա կատարում էր: Բացի այդ, քանի որ ես եկամտի նոր հոսք ունեի, որը չէի ծախսում, ես ճշգրտեցի իմ ֆինանսական մոդելը: Այսօր ես կարող եմ ամեն տարի մի քանի նոր սեփականություն գնել բացառապես իմ ստացած վարձակալության եկամուտից: Անցած մի քանի տարիների ընթացքում ես հարմարավետ տեղավորվել եմ Դուբայում, Փարիզում կամ Սան Ֆրանցիսկոյում, մինչդեռ Հարավային Աֆրիկայում սեփականությունները գործնականում իրենք են գնել: Ես կարիք չունեմ լրացուցիչ գումար ներդնելու, քանի դեռ չեմ որոշել շատ ծախսել այլ բաների վրա հիմա, երբ ես FIREDOM-ում եմ [Ժպտացեք]:

Olumide Ogunsanwo: Անհավանական: Ինչ պատմություն: Եթե դուք կարողանայիք ամփոփել այն մարդկանց համար, ովքեր հասկանում են, որ անշարժ գույքը եկամուտ ստեղծելու միջոց է, բայց կարող է վախենալ կամ անորոշ լինել, թե ինչ անել, որո՞նք կլինեն դրանք:

Աչանի Սամոն Բիաու. Նախ, ձեռք բերեք որոշակի հիմնական կրթություն կոնկրետ գտնվելու վայրի և ներդրման տեսակի վերաբերյալ: Իմացեք, թե ինչպես գումար աշխատել անշարժ գույքի վարձակալությունից, հասկանալ եկամտաբերությունը և կապիտալի արժևորումը և ծանոթանալ բնորոշ ծախսերին: Կարդացեք այնքան, որքան կարող եք գտնել ինտերնետում: Երկրորդ, կենտրոնացեք ձեր ընդհանուր ռազմավարության վրա: Որո՞նք են ձեր ֆինանսական անկախության նպատակները: Արդյո՞ք անշարժ գույքը համապատասխանում է այդ նպատակներին։ Անշարժ գույքը կարող է լավ տարբերակ լինել, բայց կան բազմաթիվ այլ հնարավորություններ, որոնք կարող են ձեզ ավելի հարմար լինել։ Եթե դուք որոշում եք անշարժ գույքի մասին, սկսեք իրականացնել նպատակային հետազոտություն։ Ո՞ր երկրները պետք է հաշվի առնել։ Ինչ տեսակի հատկություններ։ Մի բավարարվեք ընդհանուր տեղեկություններով. փնտրել մասնագիտացված գիտելիքներ։

Olumide Ogunsanwo. Մի սահմանափակվեք ձեզ անշարժ գույք գտնելով միայն այնտեղ, որտեղ դուք ապրում եք։ Մի կարծեք, որ միայն այն պատճառով, որ դուք ապրում եք Դենվերում, Կոլորադո, դուք պետք է ունենաք այնտեղ սեփականություն։ Դա անուղղակի FOMO-ի ձև է։ Դենվերում ապրելը չի նշանակում, որ դուք խրված եք այնտեղ։ Սամոնը Դուբայում էր՝ գույք գնելով Հարավային Աֆրիկայում։ Հիշեք, դուք մարդ եք, որն ունի անսահման ներուժ՝ որպես համաշխարհային քաղաքացի։ Մտածեք ընդարձակ։

Աչանի Սամոն Բիաու. Ես նաև ներդրումներ եմ կատարել Մեծ Բրիտանիայում սեփականության մեջ և ուսումնասիրել հնարավորությունները Ատլանտայում։ Կարևոր է ինքներդ ձեզ կրթել այս տարբերակների մասին։ Սկսեք ֆինանսական գրագիտությունից և նպատակների սահմանումից։ Իրականացնել մանրակրկիտ պատշաճ ուսումնասիրություն՝ որպես ոլորտի փորձագետ։ Խորհրդատվություն փնտրեք ձեր ցանցում գտնվող անհատներից, ովքեր գիտելիք ունեն գույքային ներդրումների վերաբերյալ։ Չորս կամ հինգ հոգու հետ խորհրդակցելը պետք է ձեզ բավարար տեղեկատվություն տրամադրի արդյունավետ ռազմավարությունների և հնարավոր որոգայթների մասին։ Երբ դուք բացահայտեք գործարքի որոշակի տեսակ, օրինակ՝ շրջել կամ գնել-պահել-վաճառել, հավաքեք նախնական տվյալների միավորները՝ ձեր փորձարկումը առաջնորդելու համար։ Փորձեք ձեր ռազմավարությունը նվազագույն ծախսերով, բայց կառուցեք ձեր փորձը այնպես, որ ապահովի, որ դուք կզգաք ազդեցությունը, եթե այն ձախողվի։

Olumide Ogunsanwo. Այո, ցածր գնով, բայց խաղի որոշ կաշվով։ Ձեր ներդրումը և՛ դոլարի, և՛ ժամանակի։

Աչանի Սամոն Բիաու. Հենց, դոլար և ժամանակ։ Ցավոք, աշխարհը լցված է խարդախներով։ YouTube-ում կամ Twitter-ում ձեր գտածի մոտ 90%-ը կամ կեղծ է կամ միտումնավոր թերի, քանի որ բոլորը փորձում են գրավել ձեր ուշադրությունը։ Իսկապես հասկանալու համար դուք պետք է գործնական փորձ ձեռք բերեք։ Ձեր գիտելիքների համար մի վստահեք բացառապես ուրիշների վրա։

Օլումիդ Օգունսանվո. [Ծիծաղ] Բղավեք YouTube-ում և Twitter-ում։

Աչանի Սամոն Բիաու. [Ժպտացեք] Բացարձակապես։ Յուրաքանչյուր ոք ասում է այն, ինչ կարծում է, որ կգրավի ձեր ուշադրությունը։ Պետք է դուրս գալ այնտեղ և իրական փորձ ձեռք բերել։ Հակառակ դեպքում, դուք կվառվեք։

Երրորդ, դյուրանցումներ չկան։ Որոշ մարդիկ կարող են հարցնել. «Պարզապես տվեք ինձ երեք բան, որ անեմ»։ Դե, իմ առաջարկած երեք բաները հիմնված են իմ փորձի վրա։ Ամենայն հավանականությամբ, կլինեն ևս երեք բան, որոնք վերաբերում են հատուկ ձեզ։ Մի վախեցեք ձեռք բերել ձեր սեփական փորձը, այլ ոչ թե միշտ սպասել սովորել ուրիշներից։

Չորրորդ՝ սովորել։ Եթե դուք ներդրումներ եք կատարում Հարավային Աֆրիկայում և կորցնում եք գումար առանց դասեր քաղելու, ապա դուք իսկապես կորցրել եք ամեն ինչ։ Նույնիսկ եթե փող եք կորցնում, սովորեք դրանից։ Զգացմունքային կամ մակերեսային եզրակացություններ մի արեք։ Ենթադրում եմ, որ այս մակարդակում գտնվող բոլորն ունեն մի քիչ քննադատական մտածողություն։ Եթե ձեր գույքը չի գրավում վարձակալներին, մի շտապեք եզրակացություններ անել, ինչպիսիք են «Օ, Հարավային Աֆրիկան լրիվ վատնում է»։ Փորձեք հասկանալ, թե ինչու չեք ստացել վարձակալներ և արդյոք մյուսները հաջողակ են։ Ինչպե՞ս են նրանք գրավում վարձակալներին։ Դրանով դուք արժեքավոր պատկերացումներ կստանաք այն մասին, թե ինչու ձեր միավորը չի գրավում վարձակալներին։ Դուք դեռ կարող եք որոշել հանել ձեր ներդրումները, բայց գոնե դա կանեք՝ հասկանալով «ինչու»-ն։

Հինգերորդ և վերջապես ստեղծել պարտավորությունների մեխանիզմներ։ Մենք բոլորս բախվում ենք գայթակղություններին։ Նվազագույնի հասցրե՛ք այն աշխատանքը, որը դուք պետք է անեք՝ ձեզ դնելով այնպիսի իրավիճակներում, երբ նույնիսկ կարիք չկա մտածել դրա մասին։ Իմ դեպքում ես պարտավորվել եմ գնել որոշակի թվով սեփականություն և վճարել եմ հսկայական չվերադարձվող ավանդ՝ դժվարացնելով իմ կարծիքը փոխելը։

Եզրափակելով՝ բիզնես դպրոցն ավարտելուց հետո ես սկսեցի ճանապարհորդություն դեպի ֆինանսական անկախություն։ Սկզբում ես միամիտ մոդել ունեի, որտեղ ես նպատակ ունեի հասնել ֆինանսական անկախության երկու տարվա խորհրդատվությունից հետո, ապա կառուցել դպրոցներ ցածր եկամուտ ունեցող ուսանողների համար։ Ես հավատում էի, որ իմ կյանքի նպատակը պարզապես փող աշխատելուց բացի ավելի ազնիվ և իմաստալից ջանքեր գործադրելն է։ Այնուամենայնիվ, առողջությունս ստիպեց ինձ վերագնահատել։ Ես հասկացա, որ ոչինչ երաշխավորված չէ, և ես ուզում էի ֆինանսապես ազատ լինել, որպեսզի կարողանամ կենտրոնանալ իսկապես կարևոր բաների վրա։ Հենց այդ ժամանակ ես ստեղծեցի Excel մոդելը՝ կորպորատիվ կյանքից ամենաարագ ելքի հասնելու համար։ Ես իրագործեցի իմ ծրագիրը, օգտվեցի հնարավորություններից և մոտավորապես հինգ տարի BCG-ում աշխատելուց հետո ես հասա ֆինանսական անկախության երեսունականներիս կեսերին։

Olumide Ogunsanwo. Թույլ տվեք կրկնել մի կարևոր բան մեր հանդիսատեսի համար։ Մենք չենք առաջարկում, որ ընթերցողները պետք է գնեն 1 սենյականոց բնակարաններ Հարավային Աֆրիկայում, ինչպես Սամոնը։ Հիմնական նպատակը ֆինանսական անկախության տեսլական և պլան կազմելն է։ Մշակեք կարճաժամկետ և երկարաժամկետ պլան և սկսեք քայլեր ձեռնարկել՝ միաժամանակ հարմարվելով նոր տեղեկություններ ստանալուն զուգահեռ։ Փաստորեն, մենք քննարկեցինք, թե արդյոք գրքում ներառել Սամոնի անշարժ գույքի ներդրումների մանրամասները, որպեսզի մարդիկ չկենտրոնանան մարտավարության վրա, այլ ոչ թե ավելի կարևոր համընդհանուր տեսլականի և ռազմավարության վրա։

Եթե դուք կարդում եք մեր պատմությունները և մտածում, որ պետք է փորձեք կրկնել ձեր երեսունականների կեսերին ֆինանսական անկախության հասնելու մեր ուղին, ապա իմաստը բաց եք թողնում։ Նպատակը ֆինանսական անկախության հասնելու համար չշտապելն է։ Նպատակը սեփական պայմաններով կյանքն ապրելն է։ Մենք շարունակում ենք դա շեշտել, քանի որ նույնիսկ ես չէի նախօրոք գծագրել իմ կյանքը։ Ես տեսլական ունեի և բաց մնացի հնարավորությունների համար։ Օրինակ, եթե ես այդ խոսակցությունը չունենայի Մայքլ Սունի հետ, չէի դիմի MIT: Եթե իմ աշխատանքում դժվարությունների հանդիպեի, ապա Օքսֆորդ չէի գնա: Ես հյուսիսային աստղ ունեի, այլ ոչ թե նախապես ծրագրված կյանքի քարտեզ։ Հյուսիսային աստղը եղել և մնում է դիտավորյալ և վավերական ապրելու համար։

Դա այն է, ինչ դուք պետք է վերցնեք այս գրքից։ Ինչպե՞ս կարող եք ապրել այն կյանքով, որն իսկապես ցանկանում եք։ Ի՞նչ գործողություններ պետք է կատարեք։ Ո՞ր արժեքներին պետք է առաջնահերթություն տալ։ Ավելի ուշ մենք կքննարկենք կոնկրետ մարտավարություն՝ ինչ-որ պատճառով եկամուտ և եկամուտ ստեղծելու համար։ Բայց մտածելակերպն ու նպատակադրումը առաջնային են։ Դուք պետք է հավատաք, որ FI-ն հնարավոր է ձեզ համար։

Ինչպես արդեն նշեցի գրքում, զարգացող երկրներում կյանքի տևողությունը մոտ 50 տարի է, մինչդեռ զարգացած երկրներում՝ 70-ից 80 տարի։ Հաշվի առնելով այս սահմանափակ ժամանակային շրջանակը, եթե դուք արդեն 20 կամ 30 տարեկան եք և լսում եք այս գիրքը, դուք սահմանափակ ժամանակ ունեք իմաստալից և լիարժեք կյանք ստեղծելու համար։ Ուրեմն ինչու չհամարձակվել և փորձել այլ բան։ Ո՞րն է ամենավատը, որ կարող է պատահել։ Ավելի լավ է ապրել նպատակասլաց կյանքով, քան պարզապես շարունակել ընթացքը, քանի որ դա կարող է ձեզ չտանել այնտեղ, որտեղ իսկապես ցանկանում եք լինել։

Աչանի Սամոն Բիաու. Ապրեք ձեր կյանքով իսկապես։ Մտածեք ֆինանսական անկախության մասին՝ որպես կանխորոշված ճանապարհից ազատվելու միջոց, որը կյանքը հաճախ պարտադրում է մեզ։ Պայմանական ճանապարհը մեզ ասում է, որ պետք է աշխատել մինչև 65 կամ 70 տարեկան, հետո թոշակի գնալ։ Որոշ մարդիկ աշխատում են մինչև 65 տարեկան և զգալի հարստություն են կուտակում, սակայն դեռևս իրենց կորած են զգում, քանի որ երբեք հնարավորություն չեն ունեցել բացահայտելու իրենց իրական ինքնությունը կամ հետապնդելու իրենց կրքերը։

Ֆինանսական անկախությունը թույլ է տալիս վերաշարադրել այդ սցենարը։ Պետք չէ սպասել մինչև 70-ը, որպեսզի ինքներդ ձեզ հարցնեք՝ «Ո՞վ եմ ես»։ կամ «Որտե՞ղ եմ ուզում անցկացնել արձակուրդս»։ Փոխարենը, շրջեք սցենարը ձեր ակտիվ տարիների վաղ շրջանում։ Սկսեք հասկանալով, թե ով եք դուք և ինչն է ձեզ իսկապես ուրախացնում։ Պատկերացրեք, որ անում եք մի բան, որը սիրում եք անվերջ, անկախ դրամական փոխհատուցումից։ Այնուհետև պարզեք, թե ինչպես կարող եք հնարավորինս արագ հասնել այդ կետին, առանց անընդհատ անհանգստանալու փողի մասին։ Դա իմ վերջին կարիերայի պատմությունն էր բիզնես դպրոցից հետո։

Olumide Ogunsanwo. Ես գնահատում եմ, որ կիսում եք ձեր ուշագրավ պատմությունը։ Երբ սկսեք ֆինանսական անկախության ուղին, դուք կզգաք հարմարավետության, հուզմունքի և երջանկության աճող զգացում։ Ձեր վստահությունը կբարձրանա, երբ ականատես լինեք ձեր առաջընթացին։ Մեր ուղեղը միացված է մեզ ուրախություն պատճառելու համար, երբ մենք առաջընթաց ենք զգում դեպի մեր ցանկությունները։ Այնուամենայնիվ, այս ամենը կարող է տեղի ունենալ միայն այն դեպքում, եթե դուք կատարեք այդ վճռորոշ առաջին քայլը։ Առանց սկսելու, դուք երբեք չեք կարող հասնել կատարման այդ կետին։ Այսպիսով, ես խրախուսում եմ ձեզ սկսել այսօր։ Փաստորեն, սկսեք հենց հիմա։ Մի կողմ դրեք այս գիրքը և սկսեք ձևավորել ազդեցիկ տեսլական և ամենօրյա գործողություններ կատարել ձեր ֆինանսական ապագայի համար։ Կհանդիպենք հաջորդ գլխում։

6C. Եկամուտների առավելագույնի հասցնելու և արժեքների վրա հիմնված ծախսերի սկզբունքները

Olumide Ogunsanwo. Բարի գալուստ այս գլուխ, որտեղ մենք ուսումնասիրում ենք եկամուտների առավելագույնի հասցման և արժեքների վրա հիմնված ծախսերի սկզբունքները։ Մենք այն կբաժանենք երեք բաժինների՝ սահմանել սկզբունքները, քննարկել, թե ինչպես են դրանք արագացնում ֆինանսական անկախությունը և առաջարկել ռեսուրսներ հետագա ուսուցման համար։ Սկսենք եկամտի առավելագույնի հասցնելուց։

Աչանի Սամոն Բիաու. Ես գտնում եմ, որ նմանությունները օգտակար են հասկացությունները ավելի լավ հասկանալու համար։ Դուք հավանաբար ծանոթ եք ստարտափ ընկերություններին և ինչպես են նրանք գումար հավաքում ներդրողներից։ Ընկերության գնահատումը որոշում է դրա արժեքը։ Այժմ մտածեք ձեզ որպես կոնկրետ գնահատմամբ ստարտափ։ Եկամուտների մաքսիմալացումը ձեր իրական արժեքը բացահայտելու և դրա համար վճարելու եղանակը պարզելու գործընթացն է։

Olumide Ogunsanwo. Ձեր եկամուտը առավելագույնի հասցնելը ամենաազդեցիկ գործոններից մեկն է, եթե ոչ ամենաազդեցիկը, դեպի ֆինանսական անկախություն տանող ճանապարհորդությունը։ Թեև հնարավոր է ֆինանսական անկախության հասնել նույնիսկ ավելի ցածր եկամուտով, այն ավելի դժվար է լինելու։ Ուրեմն ինչու՞ չօգտագործել ձեր ամենամեծ ակտիվը՝ ձեր մարդկային կարողությունները, եկամուտ ստեղծելու համար: Դա այն է, ինչ մենք այսօր ուսումնասիրում ենք՝ եկամուտների առավելագույնի հասցում: Ես խրախուսում եմ ընթերցողներին ուսումնասիրել իրենց համար հասանելի հարստության ստեղծման բազմաթիվ հնարավորությունները: Սկսեք գնահատելով այն տարբերակները, որոնք համապատասխանում են ձեր գիտելիքներին, հմտություններին, հետաքրքրություններին, միջավայրին և հարաբերություններին: Ահա հարստության ստեղծման մի քանի ուղիներ.

Նախ, կա ավանդական աշխատանքը կամ կարիերան: Դուք փոխանակում եք ձեր ժամանակը և հմտությունները ընկերության աշխատավարձի հետ: Զբաղվածությունը կարող է ապահովել կայուն եկամուտ, բայց այն չի կարող աճի նույն ներուժը ապահովել, ինչ ձեռնարկատիրությունը:

Երկրորդ, կա ձեռներեցություն և ինքնազբաղվածություն: Դուք կարող եք մշակել ապրանքներ կամ ծառայություններ, որոնք բարելավում են հաճախորդների կյանքը, ինչպիսիք են գրքերը, դասընթացները, բլոգները, փոդքաստները կամ նույնիսկ սկսել արտոնություն: Մեկ այլ տարբերակ է մասնագիտական պրակտիկա հաստատելը, օրինակ՝ բժիշկ, իրավաբան, հաշվապահ և այլն: Որպես այլընտրանք, դուք կարող եք առաջարկել այնպիսի ծառայություններ, ինչպիսիք են Ֆրիլանսը, քոուչինգը, խորհրդատվությունը կամ նույնիսկ մասնակցել համերգային տնտեսությանը: Ձեռնարկատիրությունը կարող է լինել հարստություն կուտակելու արդյունավետ միջոց, թեև այն կրում է ձախողման ավելի մեծ ռիսկ:

Այս առաջին երկու տարբերակները կարող են իրականացվել առանց նախնական կապիտալի: Բացի այդ, հարստության կառուցման երրորդ պողոտան ներառում է ներդրումներ, որոնք պահանջում են նախնական կապիտալ։ Ներդրումները ժամանակի ընթացքում կարող են կայուն եկամուտ բերել, բայց դրանք նաև կրում են ֆինանսական կորստի ռիսկ։ Գլուխ 6Ա-ում մենք ծածկեցինք ներդրումների տեսակները ESIPL-ի շրջանակում, ներառյալ պետական շուկայական ներդրումները, անշարժ գույքը, վենչուրային կապիտալը, մասնավոր կապիտալը, հրեշտակային ներդրումները, կրիպտոարժույթները, ապրանքները, արտարժույթի առևտուրը, հավաքագրվող ապրանքները, հավասարակից վարկավորումը և ավանդային հաշիվները։ հետաքրքրություն. Այսպիսով, մենք ավելի շատ կկենտրոնանանք աշխատանքի և ձեռներեցության ուղիների վրա՝ հակիրճ անդրադառնալով հանրային շուկայի ներդրումներին և անշարժ գույքին, քանի որ դրանք հաճախ շատերի համար ամենահեռանկարային ներդրումային հնարավորություններն են։

Ես միտումնավոր բացառեցի մոլախաղերը, նվերները, դրամաշնորհները, անսպասելի եկամուտները, ապահովագրական վճարումները, վիճակախաղի շահումները և ժառանգությունը որպես հարստություն ստեղծելու տարբերակներ, քանի որ FIREDOM-ը կենտրոնանում է հարստության ստեղծման համակարգված և կայուն ուղիների վրա, այլ ոչ թե հենվում է հաջողակ և հազվադեպ դեպքերի վրա։

Այս տարբերակները միմյանց բացառող չեն, և մի քանի ուղիներ կարելի է միաժամանակ հետապնդել։ Բացի այդ, այստեղ նշված օրինակները ներկայացնում են առկա տարբերակների միայն մի մասը։ Հարստության ստեղծման բանալին կայանում է նրանում, որ առաջարկեք արժեքավոր բան, որը ցանկանում են կամ կարիք ունեն ուրիշները։

Արդյունքում, երբեք չի կարող լինել հարստության ստեղծման տարբերակների սպառիչ ցանկ, քանի որ մարդկային կարիքները շարունակաբար զարգանում են՝ ամեն օր բացելով հարստության ստեղծման նոր հնարավորություններ։

Աչանի Սամոն Բիաու. Բացարձակապես ։ Ես գնահատում եմ, թե ինչպես եք այն դրել։ Դա հեշտ է հասկանալի և շոշափելի, հատկապես նրանց համար, ովքեր սկսում են կամ կարիք ունեն ստեղծագործելու այս գործընթացում։

Ես կցանկանայի ավելացնել ևս մեկ հարթություն՝ գնահատման ասպեկտը։ Ձեր կարիերայի ցանկացած պահի դուք պետք է կարողանաք նստել և ինքներդ ձեզ հարցնել. Որքա՞ն արժե իմ կյանքի ինտելեկտուալ կապիտալը, էներգիան և բնավորությունը։ Պատասխանելու համար դժվար հարց է։ Ահա, թե որտեղ է գալիս հաջորդ քայլը՝ պարզել գնահատման մեթոդոլոգիաները, որոնք նման են Օլումիդին։ Թույլ տվեք կիսվել իմ սեփական օրինակով. Երբ ես աշխատում էի Deutsche Telekom-ում որպես տեխնիկական խորհրդատու, ես մագիստրոսի կոչում էի համակարգչային գիտության և էլեկտրատեխնիկայի ոլորտում։ Ես ունեի աշխարհագրական ճկունության և ճանապարհորդության հնարավորությունների առավելությունը՝ առանց դժվարության անձնագրի։ Հետևաբար, ես կարող էի գնահատել, թե որքան կարող եմ արժենալ ձեր նշած յուրաքանչյուր կատեգորիայում՝ Օլումիդ։ Իմ դեպքում ես առաջին կարգի աշխատանք ունեի։

Olumide Ogunsanwo. Այո, կարևոր է հաշվի առնել այն աշխատավարձը, որը կարող եք ակնկալել ձեր հմտություններով։

Աչանի Սամոն Բիաու. Ճիշտ է։ Կարևոր է վերլուծել ձեր սեփական հնարավորությունները և ուսումնասիրել, թե ինչպես կարող եք առավելագույնի հասցնել ձեր հմտությունները՝ ավելի բարձր եկամուտ ստանալու համար։ Մի պահ մտածեք այն առավելագույն եկամուտի մասին, որին կարող եք հասնել Olumide նշված կատեգորիաներից յուրաքանչյուրում։ Թույլ տվեք օրինակ բերել իմ սեփական փորձից։ Ես հնարավորություն ունեցա այցելել բազմաթիվ երկրներ և խոսել մի քանի լեզուներով, և ես ստացել եմ եվրոպական հեղինակավոր համալսարանի դիպլոմ։ Ես կասկածի տակ դրեցի իմ իրական արժեքը և հասկացա, որ կարող եմ նույն աշխատանքով զբաղվել հարկերից զերծ երկրում, որը համահունչ է ճանապարհորդելու իմ սիրո հետ։ Ես գնահատեցի դրա պոտենցիալ տարբերությունը։

Olumide Ogunsanwo. Դուք վերլուծել եք ձեր հանգամանքները և հայտնաբերել այն լծակները, որոնք կարող եք օգտագործել ձեր եկամուտը առավելագույնի հասցնելու համար։

Աչանի Սամոն Բիաու. Ճիշտ է։ Խոսքը վերաբերում է ձեր ընթացիկ հնարավորությունների վերլուծությանը և հաշվի առնելու, թե ինչ լրացուցիչ ինտելեկտուալ ակտիվներ կարող եք ձեռք բերել ավելի բարձր հնարավորություններ ձեռք բերելու համար։ Սա այն է, ինչ ես անվանում եմ եկամտային գրագետ դառնալը, ինչը շատերն անտեսում են։ Օրինակ, որոշ մարդիկ ինձ հարցնում են, թե ինչպես ավելի շատ գումար վաստակել, բայց երբ ես առաջարկում եմ ուսումնասիրել հարկային կամ հարկերից ազատ երկրները, նրանք ակնկալում են, որ ես ցուցակ ներկայացնեմ։ Եթե ցուցակ եք խնդրում, հնարավոր է, որ այն աշխատի։ Տեղեկատվությունը հասանելի է առցանց. նախաձեռնեք ինքներդ գտնել այն։

Որոշ մարդիկ դուրս են գալիս հարկերից ազատ երկրների որոնումից և կենտրոնանում են կոնկրետ քաղաքների վրա։ Նրանք կարդում են կյանքի արժեքի մասին և արագորեն մերժում են այդ գաղափարը, քանի որ այն չափազանց բարձր է թվում մակերեսային հետազոտությունների հիման վրա։ Այնուամենայնիվ, կյանքի արժեքը սուբյեկտիվ է և կարելի է կառավարել գրեթե ցանկացած վայրում։ Օրինակ, չնայած Դուբայը հայտնի էր իր բարձր ծախսերով, ես կարողացա ապրել ամսական 800 դոլարով։

Olumide Ogunsanwo. Կա կյանքի միջին արժեքը, և կա ձեր կյանքի հատուկ արժեքը։ Սա այս գրքի ավելի լայն հայցեցակարգի միկրոտիեզերքն է։ Կա միջին ֆինանսական ճանապարհորդություն, և կա ձեր ճանապարհորդությունը դեպի ֆինանսական անկախություն, որը կարող է լինել ձեր քսան, երեսուն, քառասուն տարեկան, հակառակ ձեր յոթանասունական և ութսուն։ Թույլ մի տվեք, որ ձեր կանխորոշված պատկերացումները սահմանափակեն եկամուտների առավելագույնի հասցնելու և հարստության ստեղծման ձեր ուսումնասիրությունը։ Ձեր նախապատմությունը և կողմնակալությունները կարող են չհամընկնել ձեզ համար հասանելի լավագույն հնարավորությունների հետ։ Ձեր անցյալը չի սահմանում ձեր ներուժը։

Ասենք, հիպոթետիկորեն, ձեր հայրը ռեստորանատեր է եղել։ Դուք արդեն պատրաստ եք մտածել ռեստորանների սեփականության մասին՝ որպես եկամուտը առավելագույնի հասցնելու միջոց, բայց միգուցե իրականում ունեք որոշակի ինտելեկտուալ կարողություններ, որոնք կարող են ավելի հարմար լինել անշարժ գույքի վարձակալության ներդրումների համար։ Դուք կարող եք իրականում ավելի լավ լինել կորպորատիվ աշխատանք ստանալ կոնկրետ ոլորտում, որը դուք իրականում հաճույք եք ստանում և կարող եք ավելի շատ գումար վաստակել։ Եթե դուք արդեն աշխատում եք, կարող եք ենթադրել, որ աշխատանքը փող աշխատելու լավագույն միջոցներն են: Գուցե ոչ. Գուցե դուք իրականում ունեք որոշակի բնածին հմտություններ, տաղանդներ և հարաբերությունների հանգամանքներ՝ զարմանալի բիզնես կառուցելու համար: Նմանապես, ձեռնարկատերերը կարող են պնդել, որ բիզնես սկսելը հարստության վերջնական ճանապարհն է, բայց դա կարող է ոչ բոլորի դեպքում լինել:

Գումար աշխատելու լավագույն միջոց չկա, բայց կարող է լինել <u>ձեզ համար</u> գումար վաստակելու լավագույն միջոցը՝ հիմնվելով ձեր ընթացիկ և հնարավոր գիտելիքների, հմտությունների, հարաբերությունների, հանգամանքների և միջավայրի վրա: Ուսումնասիրեք հարստության ստեղծման բոլոր տարբերակները և բաց միտք պահեք՝ շարունակաբար գնահատելու, փորձարկելու և հարմարվելու համար:

Խուսափեք անտեսել ուրիշների հարստության ստեղծման ռազմավարությունները, հատկապես, եթե դրանք լիովին չեք հասկանում: Դա պարզապես ձեր սեփական կողմնակալության արտացոլումն է: Ինչ-որ մեկը, որը ներդրում է արել բաժնետոմսերում, կարող է նսեմացնել անշարժ գույքը, քանի որ նրանք չեն ցանկանում զբաղվել դրա մարտահրավերներով, մինչդեռ ձեռնարկատերը կարող է մերժել ուրիշի համար աշխատելու գաղափարը: Մենք բոլորս ունենք մեր նախասիրությունները, բայց կարևոր է հարգել և գնահատել ուրիշների ընտրությունը՝ ելնելով իրենց իսկ հանգամանքներից:

Ես ունեմ իմ սեփական կողմնակալությունները. Ես հիմնականում օգտագործում եմ կորպորատիվ կարիերան և բաժնետոմսերի ներդրումները եկամուտ ստանալու համար, բայց ես հարգում եմ ձեռնարկատերերին, անշարժ գույքի ներդրողներին և բոլոր մյուսներին, ովքեր հետապնդում են հարստության կուտակման այլ ռազմավարություն։ Մենք բոլորս եղբայրներ և քույրեր ենք՝ փորձում ենք պարզել, թե որ տարբերակներն են մեզ համար առավել իմաստալից։

Աչանի Սամոն Բիաու. Ես կցանկանայի դրան ավելացնել մի քանի կետ։ Նախ, մի ընկեր վերլուծության կաթվածի մեջ։ Եթե դուք ուսումնասիրում եք դասընթացները, և գների լայն շրջանակ կա, առանց որոշում կայացնելու չափազանց շատ ժամանակ մի ծախսեք վերլուծությունների վրա։ Ռիսկի վերցնելը և անհաջողություններից դասեր քաղելը կարող է արժեքավոր պատկերացում կազմել այն ռիսկերի մասին, որոնք արժե վերցնել։ Երկրորդ, զգույշ եղեք կողմնակալությունից։ Ստարտափների հիմնադիրները կարող են պնդել, որ դա հարստանալու ամենաարագ ճանապարհն է, բայց իրականությունն այն է, որ ստարտափների մեծ մասը ձախողվում է։ Մյուս կողմից, տարիների արժեքների վրա հիմնված ծախսերից հետո խորհրդատվական ընկերության գործընկեր դառնալը կարող է հանգեցնել հարստության զգալի կուտակման։

Olumide Ogunsanwo. [Ժպտացեք] Եվ գործընկերը ստիպված չէր անքուն գիշերներ անցկացնել՝ մտածելով հաճախորդների, ապրանքների և ապրանքների շուկայական համապատասխանության մասին։ Մենք բոլորս պետք է ավելի ակտիվ լինենք հնարավորություններ փնտրելու հարցում։ Շատ մի կապված եղեք ձեր ընթացիկ ճանապարհին, հատկապես, եթե դա այն ճանապարհն է, որի վրա հայտնվել եք հանգամանքների բերումով։ Հարստության ստեղծման տարբեր մոտեցումներին վերևից նայելու փոխարեն, եկեք խթանենք հետաքրքրասիրությունը և հասկանալը, թե ինչու են մարդիկ ընտրում այլընտրանքային ուղիներ։

Աչանի Սամոն Բիաու. Համաձայն եմ։ Սա

բացատրելու համար բերեմ մի օրինակ: Դեռևս 2022 թվականի հունիսին, երբ ես գտնվում էի Bay Area-ում, ես գնացի Uber-ով և խոսեցի վարորդի հետ: Դա կյանքի տարբեր փորձառություններ հասկանալու իմ ձգտումների մի մասն էր: Մեր զրույցի ընթացքում ես հայտնաբերեցի, որ վարորդը, ով ուներ կին և երեխա, աշխատում էր սովորական 40-ժամյա շաբաթվա ընթացքում: Նա ռազմավարականորեն կենտրոնացել է օդանավակայանի զբոսանքների վրա՝ դիրքավորվելով այնպիսի վայրերի մոտ, ինչպիսիք են Googleplex-ը, Meta campus-ը կամ օդանավակայանը ճամփորդության պիկ ժամանակներում, որպեսզի առավելագույնի հասցնի իր եկամուտը: Չնայած իր ոչ սովորական աշխատանքին, նա ամսական վաստակում էր 12000 դոլար:

Olumide Ogunsanwo. Վա՜յ, անհավանական:

Աչանի Սամոն Բիաու. Դա պարզապես ցույց է տալիս, որ ոչ սովորական աշխատատեղերը և կողմնակի բարդությունները, ինչպես օրինակ Uber-ի համար մեքենա վարելը, կարող են բարձր եկամուտներ բերել: Օրինակ, եթե դուք արդեն աշխատանք ունեք Google-ում և վայելում եք շփվելը, կարող եք հաշվի առնել Uber-ի համար մեքենա վարել ձեր ազատ ժամանակ՝ լրացուցիչ եկամուտ ստանալու համար: Դուք կարող եք նույնիսկ փաստագրել ձեր փորձը որպես Uber-ի վարորդ՝ բլոգերի, փոդքասթինգի կամ գրելու միջոցով՝ դրանով իսկ ավելի մեծացնելով ձեր եկամուտը:

Olumide Ogunsanwo. Այս հայեցակարգը կապված է ավելի լայն սկզբունքների հետ, որոնք մենք քննարկել ենք ավելի վաղ: Խթանելով ձեր ընթացիկ ուղուց այն կողմ ուսումնասիրելու հետաքրքրասիրությունն ու փառասիրությունը, դուք կարող եք գտնել այլընտրանքային մեթոդներ՝ առավելագույնի հասցնելու ձեր եկամուտը: Արժե հաշվի առնել այլ տարբերակներ, այլ ոչ թե պարզապես մնալ ավանդական աշխատանքին և ժամանակն անցկացնել այնպիսի գործողությունների վրա, ինչպիսիք են Netflix-ը դիտելը և Instagram-ում պտտելը: Հավելյալ եկամտի հոսքերի հետապնդումը հնարավորություն ունի արագացնելու ձեր ճանապարհորդությունը դեպի ֆինանսական անկախություն: Ռիսկի դիմելը և փորձարկումները պահանջում են քաջություն, բայց դա պարտադիր չէ, որ նշանակում է հրաժարվել ձեր ներկայիս դերից՝ ուսումնասիրելու եկամուտներ ստեղծելու այլ ուղիներ: Օրինակ, եթե դուք ռեստորանի սեփականատեր եք, ինչո՞ւ չստեղծեք լրացուցիչ ապրանք, ինչպիսին ռեստորանային բլոգն է: Հիմնական բանը հետաքրքրասիրությունը պահպանելն է և գործելու քաջություն ունենալը: Յուրաքանչյուր մարդ պետք է որոշի հարստության ստեղծման տարբերակները, որոնց հետամուտ է լինելու իր ֆինանսական նպատակներին հասնելու համար:

Աչանի Սամոն Բիաու. Շնորհակալություն : Կցանկանայի ավելացնել ևս մեկ տեսակետ. Եթե ձեզ դուր չի գալիս ինքներդ ձեզ բիզնեսի պես գնահատելը, գոնե մտածեք որպես ներդրող՝ ձեր եկամուտը առավելագույնի հասցնելու համար: Ահա երեք քայլից բաղկացած մոտեցում. Նախ՝ ուսումնասիրեք և բացահայտեք ձեր միջավայրում հարստության ստեղծման հնարավորությունները: Երկրորդ, տրամադրեք ձեր ժամանակը, էներգիան և մի փոքր նախնական գումարը, եթե անհրաժեշտ է, այդ հնարավորություններից մեկին: Նույնիսկ փոքր ներդրումը կարող է գրավել ձեր ուշադրությունը, սովորելը և օպտիմալացման ջանքերը: Երրորդ, երբ վստահելի հեռանկար գտնեք, ավելացրեք այն եկամտաբեր կողմնակի գործունեության ձեր պորտֆելում, այնուհետև սկսեք հարստության ստեղծման նոր հնարավորություններին:

Օրինակ, երբ ես հասա Լագոս, ես շատ քիչ բան

գիտեի քաղաքի մասին: Բայց մի երկու օրվա ընթացքում ես սկսեցի գնահատել տարբեր եկամուտներ ստեղծելու հնարավորությունները: Ես հարցեր տվեցի, ինչպիսիք են. Որքա՞ն կարող եք վաստակել McKinsey-ում աշխատելով: Ի՞նչ կասեք բանկի կամ ստարտափի մասին: Իսկ եթե դուք ունեք Uber մեքենա և վարձեք վարորդ: Ի՞նչ կասեք կրիպտոարժույթներում ներդրումներ կատարելու մասին: Երբ ինչ-որ մեկը խորհուրդ տվեց անշարժ գույք Լագոսում, ես մանրակրկիտ ուսումնասիրեցի թվերը: Ելնելով Հարավային Աֆրիկայում ներդրումների իմ փորձից՝ ես կարող էի համեմատություններ անել և արագ որոշել, որ Նիգերիայում անշարժ գույք գնելը լավագույն տարբերակը չէր: Կարևոր է խուսափել մեկ տեսակետից կախվածությունից և հաշվի առնել ձեր սեփական փորձառությունները և պատկերացումները:

Ի վերջո, ես հայտնաբերեցի վարկավորման բիզնես հնարավորություն, որը գրավեց իմ հետաքրքրությունը: Այն առաջարկում էր անվտանգ վերադարձ ԱՄՆ դոլարով: Վարկ տրամադրող ընկերությունը խաղի մեջ ուներ, ուստի նրանք չէին կարող իրենց թույլ տալ շատ վատ վարկեր ունենալ իրենց հաշվեկշռում: Ջրերը փորձարկելու համար ես փոքր գումար եմ հատկացրել՝ 20,000 դոլար, հնարավորությանը: Ես խորացել եմ մանրամասների մեջ՝ հանդիպելով գործադիր տնօրենի հետ, վերանայելով միավորի տնտեսագիտությունը, գնահատելով ընթացիկ հաճախորդներին և ուսումնասիրելով նրանց ֆինանսական վիճակը և ռիսկերի գնահատման մեթոդոլոգիաները: Այս հարցերը տալու համար պետք չէ լինել վենչուրային կապիտալիստ: Եթե ինչ-որ բան չափազանց լավ է թվում ճշմարիտ լինելու համար, օրինակ՝ ձեր գումարը կրկնապատկելու խոստումը, երբ իրական ներդրումային եկամուտները կազմում են ընդամենը 20%, պարզ է, որ դուք գործ ունեք պոտենցիալ բուրգի սխեմայի հետ։

Olumide Ogunsanwo: [Ծիծաղ]

Աչանի Սամոն Բիաու. Ես բերեցի այդ օրինակները, որպեսզի հեշտացնեմ այն մարդկանց, ովքեր արդարացումներ են անում։ Ձեր եկամուտը առավելագույնի հասցնելու համար ներդրողի պես մտածելը չի պահանջում առաջադեմ մաթեմատիկական կամ ֆինանսական հմտություններ։ Եթե դուք գիտեք, թե ինչպես կառավարել ձեր աշխատավարձը ձեր վարձավճարը ծածկելու համար և դեռ գումար ունեք, ապա կարող եք հասկանալ հիմնական ֆինանսները։ Բայց հիմնականը տեսությունից դուրս գնալն է և խաղի մեջ իրականում մաշկ ունենալն է։ Խաղի մաշկը կհուշի ձեզ ճիշտ հարցեր տալ և հասկանալ բիզնեսը։ Լավ ներդրող դառնալը մի օրում չի լինում։ Դուք պետք է անցնեք ցիկլերի միջով և գուցե նույնիսկ անհաջողության զգաք։ Դուք չեք կարող ակնկալել, որ կդառնաք ակնթարթային ներդրող՝ հանգստանալով ձեր հյուրասենյակում՝ մի կողմից Netflix-ով, մյուս կողմից՝ ինչ-որ պատահական հավելվածով։

Օլումիդ Օգունսանվո. Երբեմն ես լսում եմ, որ մարդիկ օգտագործում են ինքնավստահության լեզուն որպես պատրվակ՝ խուսափելու հարստության ստեղծման հնարավորություններից։ Օրինակ, ինչ-որ մեկը կարող է ցանկանալ ներդրումներ կատարել վարձակալության համար, բայց մերժել գաղափարը՝ ասելով. «Ես չգիտեմ, թե արդյոք կարող եմ սկսել հիմա, գուցե հինգ կամ տասը տարի հետո»։ Կամ նրանք կարող են մտածել. «Այս մարդը, ով հաջողակ է վարձույթում ներդրումներ կատարելիս, պետք է ավելի խելացի լինի և ավելի լավ կապեր ունենա, քան ես»։ Ես խրախուսում եմ մարդկանց կարդալ ինքնավստահության և ինքնապահովման մասին գլուխները գրքում ավելի վաղ՝ այս արդարացումները հաղթահարելու համար։

Աչանի Սամոն Բիաու. Ես ուրախ եմ սկսել։ Որպես ներգաղթյալ՝ կարևոր է ճանաչել ձեր ուժն ու սահմանափակումները։ Մեր ուժը կայանում է նրանում, որ ստիպված չլինենք հավատարիմ մնալ որոշակի կարգավիճակին։ Մենք չենք կրում այն երկրի մշակութային բեռները, ուր ներգաղթում ենք, և մենք պետք է դա օգտագործենք ի շահ մեզ։ Երբ տեղափոխվում ենք այլ երկրներ, մենք պետք է որոշենք, թե որ սովորույթներն ենք ուզում ընդունել կամ հրաժարվել։ Օրինակ, այնպիսի վայրում, ինչպիսին Դուբայն է, որտեղ շատ շքեղություն կա, գայթակղիչ է գնել Lamborghini պարզապես տեղավորվելու համար։

Olumide Ogunsanwo. Այո, ձեր ֆինանսական անկախության ճանապարհին ամենամեծ խոչընդոտը FOMO-ն է, և դա դրա վառ օրինակն է։ Դուք կարող եք նույնիսկ չսիրել շքեղ մեքենաներ, բայց դուք գնում եք այն, քանի որ ուրիշներն ունեն։ Բայց ի՞նչ, եթե նրանց նպատակներն ու արժեքները տարբերվում են քո նպատակներից։ Դուք սկսում եք մի ճանապարհ, որը չի համապատասխանում ձեր իրական արժեքներին, և դա կարող է հանգեցնել դժգոհության։

Աչանի Սամոն Բիաու. Երբ դուք տեղափոխվում եք մեկ շնչին ընկնող հարստության բարձր մակարդակ ունեցող երկիր, կարևոր է առաջնահերթություն տալ ձեր սեփական նպատակներին և ձգտումներին, քան պարզապես հետևել տեղական սովորույթներին։ Օրինակ, ԱՄԷ-ում դուք կարող եք չգտնել էմիրաթական տաքսիների վարորդներ կամ մատուցողներ։ Եթե դուք ժամանեք այնտեղ և բաց թողնեք այնպիսի հնարավորություններ, ինչպիսին է տաքսու վարորդ աշխատելը ընկալվող կարգավիճակի պատճառով, դուք կարող եք անտեսել ֆինանսական աճի հնարավոր ուղիները։ Նմանապես, Ամերիկայում վարկային քարտերը լայնորեն խրախուսվում են, բայց դա ինքնաբերաբար չի նշանակում, որ դա լավագույն ֆինանսական սովորությունն է։ Թեև կարող են լինել վավեր դեպքեր, ինչպիսիք են վարկային քարտերը պատասխանատու կերպով միավորներ վաստակելու կամ բիզնեսում ներդրումներ կատարելու համար, կարևոր է գնահատել յուրաքանչյուր իրավիճակ՝ հիմնվելով ձեր անհատական հանգամանքների և ֆինանսական նպատակների վրա։

Olumide Ogunsanwo. [Ծիծաղ] Իսկ եթե ես օգտագործեմ իմ կրեդիտ քարտը հարյուր դյույմանոց հեռուստացույց գնելու համար, որը չեմ կարող ինձ թույլ տալ։

Աչանի Սամոն Բիաու . Ես հանդիպել եմ Եվրոպայում ապրող աֆրիկացի ընկերների, ովքեր մտահոգություն են հայտնում Ծոցի երկրներ տեղափոխվելու և այն մասին, թե արդյոք կանայք ստիպված են գլխաշոր կամ հիջաբ կրել։ Ի պատասխան՝ հորդորում եմ երկակի մոտեցում. Նախ, կիրառեք քննադատական մտածողություն և նման կարևոր որոշում կայացնելիս խորամուխ եղեք հիմնական լրատվամիջոցների կամ ասեկոսեների կողմից ներկայացված տեղեկատվության սահմաններից դուրս։ Կատարեք մանրակրկիտ հետազոտություն, նույնիսկ այցելեք խնդրո առարկա վայր՝ տարբերելու սխալ պատկերացումները իրական իրականությունից։ Երկրորդ, ընդունեք անկախ մտածողությունը և գնահատեք հարցերը՝ հիմնվելով ձեր սեփական արժեքների վրա։ Թեև հարկադիր գլխաշոր կրելու գաղափարը կարող է ապակողմնորոշիչ լինել, կարևոր է նշել, որ ոչ բոլորն են պարտավոր այն կրել։ Պարզ համացանցային որոնումը կամ սոցիալական մեդիա հարթակներում զննումը կբացահայտի անհատներին, ովքեր ազատորեն արտահայտում են իրենց ընտրությունը, ներառյալ լողափերում բիկինի հագած մոդելները: Այնուամենայնիվ, որպես աֆրիկացի, կարևոր է լուծել ռասիզմի հետ կապված մտահոգությունները, որոնք կարող են ավելի էական ազդեցություն ունենալ ձեր փորձառությունների վրա: Ես չեմ ուզում նվազեցնել այլ հարցերի կարևորությունը, բայց որպես աֆրիկացի, ով հետաքրքրվում է գլխաշորով, ռասիզմի դեմ ըմբռնումը և դրա դեմ պայքարը նույնպես պետք է լինի առաջնային ուշադրություն:

Olumide Ogunsanwo. Հաճախ, երբ մարդիկ նման հարցեր են տալիս, նրանք արդարացումներ են փնտրում: Մի անգամ ես լսեցի, որ ինչ-որ մեկն ասում էր, որ ցանկանում են ներդրումներ կատարել անշարժ գույքի մեջ, բայց նրանց ամենամեծ խոչընդոտն այն էր, որ նրանք նախ պետք է հիմնեին ՍՊԸ: Մյուսներն ասում են, որ իրենք շահագրգռված չեն ֆոնդային շուկայում ներդրումներ կատարելով, քանի որ շուկան ցանկացած պահի կարող է վթարի ենթարկվել: Այս արդարացումները տալու փոխարեն ավելի լավ է կենտրոնանալ առաջին կարգի հիմնարար հարցերի պատասխանների վրա. Որո՞նք են իմ ֆինանսական նպատակները: Որքա՞ն գումար եք ցանկանում վաստակել իմ ֆինանսական նպատակներին հասնելու համար: Արդյո՞ք անշարժ գույքը կօգնի ինձ հասնել իմ եկամուտների նպատակներին: Ինչ տեսակի անշարժ գույք պետք է ներդնեմ և ինչու:

Գլուխ 5-ում մենք ընդգծեցինք անձնական զարգացման և հմտությունների ձևավորման կարևոր դերը ավելի մեծ եկամուտ ստանալու գործում: Ընդլայնելով ձեր գիտելիքներն ու հնարավորությունները՝ դուք կարող եք բարձրացնել ձեր վաստակելու ներուժը և ապահովել ավելի բարձր փոխհատուցում: Դարձեք ավելին, ավելի շատ վաստակելու համար: Ընդունեք ողջ կյանքի ընթացքում սովորողի մտածելակերպը և ամեն օր նվիրվեք նոր գիտելիքների և հմտությունների ձեռքբերմանը: Օրինակ, ես առաջնահերթություն եմ տալիս անհատական զարգացման կոնկրետ ոլորտներին շաբաթվա ընթացքում մեկ ժամ սովորելու համար՝ սկսած շաբաթ օրերին հարաբերություններից և արտադրանքի կառավարումից մինչև առողջություն և վաճառք կիրակի օրը, արհեստական ինտելեկտը երկուշաբթի, ամպային հաշվարկ և ինքնավար մեքենաներ երեքշաբթի օրը, բլոկչեյն, Web3: , և կրիպտո՝ չորեքշաբթի, China/India Tech՝ հինգշաբթի, և վերջապես, Africa Tech՝ ուրբաթ:

Ավարտեմ՝ կիսվելով որոշ առաջարկություններով: Նախ, « Միլիոնատեր Ֆասթլեյնը [1]» և « Չգրանցվածը [2]»՝ MJ DeMarco-ի կողմից: Ես մեծ երկրպագու եմ և մի քանի անգամ անդրադարձել եմ նրան այս գրքում: Սրանք, հավանաբար, լավագույն գրքերն են, որոնք ես կարդացել եմ ձեռներեցության մասին: Նրանք մանրակրկիտ ուսումնասիրում են ավանդական կարիերայի ուղու հետ կապված առավելություններն ու ռիսկերը՝ համեմատած ձեռներեցության ճանապարհի հետ: Բացի այդ, դրանք արժեքավոր շրջանակներ և գաղափարներ են տալիս բիզնես սկսելու և զարգացնելու, հաճախորդներ ներգրավելու և շատ ավելին: Այս մտքերը ընդլայնող գրքերն անհավանական են:

Ծարունակելով առաջ՝ ես առաջարկում եմ ստուգել « Ինչպես հարստանալ [3]» Նավալ Ռավիկանտի կողմից, որը հասանելի է որպես 3 ժամ և 35 րոպե տևողությամբ փոդքաստ կամ բլոգային գրառում: Այն առաջարկում է հարստություն մշակելու համար անհրաժեշտ

1. https://www.themillionairefastlane.com/

2. https://www.amazon.com/UNSCRIPTED-Life-Liberty-Pursuit-Entrepreneurship/dp/0984358161

3. https://nav.al/rich

մտածելակերպի հրաշալի թորում։ Նավալի պատկերացումներն իսկապես ուշագրավ են։

Ի վերջո, խորհուրդ եմ տալիս կարդալ « Պասիվ եկամուտ, ագրեսիվ կենսաթոշակ [4]»։ Այս գիրքը ուսումնասիրում է հարստություն կառուցելու տարբեր մեթոդներ և առաջարկում մանրամասն օրինակներ։ Այն խորանում է փոքր բիզնեսների մեջ, ինչպիսիք են մետաղադրամով շահագործվող ձեռնարկությունները, լվացքատները, մեքենաների լվացումը և ձեռնարկատիրական այլ նպատակները։ Գիրքն ընդլայնում է ձեր հեռանկարը փող աշխատելու տարբեր հնարավորությունների վերաբերյալ ձեր ներկայիս շրջանակից դուրս։

Հաջորդը, եկեք քննարկենք արժեքների վրա հիմնված ծախսերը, որոնք մենք խմբավորել ենք եկամուտների մաքսիմալացման հետ, քանի որ դրանք գնում են ձեռք ձեռքի տված և հարստության ստեղծման նույն մետաղադրամի երկու կողմերն են։ Այն ներառում է ձեր ծախսերը համապատասխանեցնել ձեր խորը արժեքներին և կատարել գիտակցված ընտրություններ, որոնք արտացոլում են այն, ինչ իսկապես կարևոր է ձեզ համար։ Արժեքների վրա հիմնված ծախսերը ընդունելու համար ժամանակ հատկացրե՛ք ինքզննությանը՝ ձեր արժեքները բացահայտելու և առաջնահերթություն տալու համար։ Երբ դուք բացահայտեք դրանք, աշխատեք ծախսել ձեր արժեքներին համահունչ՝ հասկանալով, որ կատարելությունը անհրաժեշտ չէ։ Նույնիսկ եթե դուք հասնում եք 80% կամ 90% հավասարեցման, դուք զգալի առաջընթաց եք գրանցում։ Շատ կոշտ մի եղեք ինքներդ ձեզ հետ, եթե երբեմն շեղվում եք և հիշեք, որ յուրաքանչյուր նոր օր հնարավորություն է տալիս վերանայել ձեր ծախսերը և կատարել ձեր արժեքներին

4. https://www.amazon.com/Passive-Income-Aggressive-Retirement-Independence/dp/1706203020

համապատասխանող ընտրություններ։

Աչանի Սամոն Բիաու. Ծնորհակալություն ։ Ես իսկապես արձագանքում եմ ծախսերը որպես սովորելու հնարավորություն, այլ ոչ թե ինքն իրեն ծեծելու գաղափարի հետ։ Շատ մարդիկ, ներառյալ ես, անցնում են ցիկլերի միջով, որտեղ մենք ծախսում ենք, և հետագայում զղջում ենք դրա համար, միայն թե կրկնում են նույն օրինաչափությունը՝ չսովորելով դրանից։ Փոխելով մեր տեսակետը և ծախսերը որպես սովորելու հնարավորություն տեսնելով, մենք ավելի հավանական է, որ այդ իրավիճակներից արժեքավոր դասեր կներգրավենք։

Ես գնահատում եմ արժեքների վրա հիմնված ծախսերը որպես ձեր ծախսերը ներդրումների վերածելը։ Երբ դուք ունեք ձեր գնած ամեն ինչի դիմաց վերադարձ փնտրելու մտածելակերպը, դուք սկսում եք փնտրել ծախսեր, որոնք առաջարկում են վերադարձի որոշակի ձև, լինի դա դրամական, թե կապված ձեր հարաբերությունների կամ առողջության հետ։ Դուք խուսափում եք գումար վատնել այնպիսի բաների վրա, որոնք իրական արժեք չեն ներկայացնում։ Օրինակ, ի՞նչ եկամուտ եք ստանում պաղպաղակ գնելուց։ Միգուցե զգալի վերադարձ չկա, քանի որ սնունդն իդեալականորեն պետք է նպաստի ձեր առողջությանը։

Olumide Ogunsanwo. Բացասական վերադարձ։ Ձեր ատամնաբույժը հաճույքով կլրացնի ձեր խոռոչները փողի դիմաց։

Աչանի Սամոն Բիաու. Որքան շատ եք կասկածի տակ դնում ծախսերի վերադարձը, այնքան ավելի շատ եք անցնում ծախսերից դեպի ներդրումներ։ Այն օգնում է ձեզ ավելի արագ զարգացնել արժեքների վրա հիմնված ծախսերի իրավասությունը։

Օլումիդ Օգունսանվո. ՖԻ-ի հետամուտ լինելիս մենք հաճախ կենտրոնանում ենք դրամական եկամուտների վրա, բայց չպետք է անտեսենք մեր ժամանակի նշանակությունը։ Ժամանակը մեր ամենաթանկ արժեքն է։ Շատ կարևոր է մտածել, թե ինչպես ենք մենք տրամադրում մեր ժամանակը և էներգիան՝ դրանք համապատասխանեցնելով մեր արժեքներին և նպատակներին։ Մոտենա՞լ դրան արժեքների վրա հիմնված տեսանկյունից։ Արդյո՞ք մենք նվիրվում ենք այն ամենին, ինչն իսկապես կարևոր է մեզ համար։ Արդյո՞ք մենք օգտագործում ենք մեր ժամանակը առաջընթաց գրանցելու և մեր արժեքներին համապատասխան ապրելու համար։ Առաջնահերթություն տալով մեր պարտավորություններին և կրճատելով ուշադրությունը շեղելու վրա ծախսվող ժամանակը, մենք կարող ենք մնալ ճիշտ ուղու վրա։ Թեև մենք այստեղ չենք խորանա արժեքների վրա հիմնված ժամանակի կառավարման մեջ, դա աներևակայելի կարևոր է։ Ժամանակն ու փողը մեր ունեցած երկու ռեսուրսներն են, և ինչպես հայտնի ասացվածքն է ասում. «Ցույց տուր ինձ, թե ինչ-որ մեկն ինչպես է ծախսում իր փողն ու ժամանակը, և ես կարող եմ քեզ ամեն ինչ պատմել այդ մարդու մասին։

Աչանի Սամոն Բիաու. Ես սիրում եմ դա։ Բացի փողից և ժամանակից, զգացմունքները ևս մեկ կարևոր կողմ են, որոնք պետք է հաշվի առնել արժեքների վրա հիմնված ծախսերում։ Դա այն մասին է, որ ինքներդ ձեզ հարցնեք՝ արդյոք ձեր ծախսերը համապատասխանում են ձեր արժեքներին։ Եկեք մի պահ կենտրոնանանք զգացմունքների վրա։ Երբեմն մենք հակված ենք ծեծել ինքներս մեզ չնչին բաների կամ իրավիճակների համար, որոնք մենք չենք կարող փոխել։ Իսկապե՞ս արժե մեր ժամանակից և էներգիայից մեկ ժամ ծախսել՝ անհանգստանալով այն բանի համար, որ մենք սխալ ենք արել։ Արդյո՞ք մենք չպետք է կենտրոնանանք դրանից սովորելու վրա, սովորեցնելով ինքներս մեզ բաց թողնել և կենտրոնանալ ապագայում կատարելագործվելու վրա։

Olumide Ogunsanwo. Ես սիրում եմ այդ շրջանակը։ Դա նշանակում է, որ մենք կարող ենք քննարկումը արժեքների վրա հիմնված ծախսերից դուրս բարձրացնել արժեքների վրա հիմնված առաջնահերթությունների վրա։ Եվ դրա տակ մենք ունենք էներգիա, ժամանակ և փող։ Երբ մենք կողմնորոշվում ենք այս ասպեկտների միջով, մենք սկսում ենք մկաններ կառուցել՝ ավելի լավ որոշումներ կայացնելու համար։ Դա ինձ հիշեցնում է մարդկանց, ովքեր փորձում են ավելի առողջ սննդակարգ ընդունել։ Երբեմն, երբ ես դիտում եմ նրանց տեսահոլովակները, նրանք այնքան բացասական են և ծանր են վերաբերվում իրենց։ Իրենց ծեծելու փոխարեն, գուցե ավելի արդյունավետ կլինի հասկանալ, թե ինչու են նրանք որոշակի ընտրություն կատարել և ինչպես էին զգում այդ պահին։ Բացահայտեք ինքներդ ձեզ ներողամտությունը, ինքնասիրահարվածությունը և ինքնասիրությունը և փորձեք հաջորդ անգամ ավելի լավ անել։ Նույնը վերաբերում է անձնական ֆինանսներին։ Եկեք երկու տարբեր արձագանքներ վերցնենք ակումբում ավելորդ ծախսերից հետո.

Առողջ արձագանք. «Ես երեկ ակումբում ընկերներիս հետ 200 դոլար եմ ծախսել։ Մենք մի քանի խմիչք խմեցինք։ Դա զվարճալի էր, բայց ես հասկացա, որ այդքան էլ չեմ սիրում ակումբային խաղերը։ Ելնելով իմ նպատակներից և բյուջեից, ես պետք է սահմանափակեմ իմ ծախսերը. Հաջորդ անգամ 20 դոլար»։

Անառողջ արձագանք. «Ես այնքան սարսափելի մարդ եմ, ինչո՞ւ ես դա արեցի, ես այնքան հիմար եմ, այլևս երբեք չեմ անի»։

Ընդունելով դրական մտածելակերպ և արձագանք՝ մենք կարող ենք հաջորդ անգամ ավելի լավ մոտենալ կյանքին և ավելի դրական զգալ մեր և մեր ինքնարժեքի նկատմամբ։

Աչանի Սամոն Բիաու. Ճիշտ է։ Մենք անդրադարձել ենք արժեքների վրա հիմնված առաջնահերթություններին և դրա հիմնական սկզբունքներին՝ կենտրոնանալով փողի, ժամանակի և զգացմունքների վրա։ Նպատակն է վարժեցնել մեր միտքը, որպեսզի հետևողականորեն առաջնահերթություն անի մեր արժեքների հիման վրա։ Հիմա եկեք քննարկենք, թե ինչու է արժեքների վրա հիմնված ծախսերը կարևոր։

Olumide Ogunsanwo. պատկերացնել կյանքը, որը մենք իսկապես ցանկանում ենք, սահմանել մեր FI-ի թիրախը և սահմանել ամենօրյա նպատակներ այս գրքում ավելի վաղ քննարկված հիմնական քայլերն են։ Արժեքների վրա հիմնված ծախսերը ծառայում են որպես արժեքավոր գործիք՝ մեր ֆինանսական որոշումները մեր հիմնական արժեքներին համապատասխանեցնելու համար՝ ի վերջո մղելով մեզ դեպի մեր FI նպատակը։ Թեև որոշ անհատներ առաջնահերթություն են տալիս արժեքների վրա հիմնված ծախսերին՝ եկամտի ավելացման հետ կապված մարտահրավերների պատճառով, ես խրախուսում եմ միաժամանակ ուսումնասիրել երկու ռազմավարությունները։

Արժեքների վրա հիմնված ծախսերը նրբերանգային պրակտիկա են, հաճախ թե՛ գերագնահատված, թե՛ թերագնահատված։ Որոշ անհատներ չափազանց շատ են կենտրոնանում ծախսերի կրճատման վրա՝ հաշվի չառնելով դրանց արժեքները, մինչդեռ մյուսները անտեսում են կրկնվող փոքր ծախսերի ազդեցությունը, ինչը խաթարում է եկամուտը առավելագույնի հասցնելու իրենց ջանքերը։ Օրինակ, նրանք կարող են անգիտակցաբար ամսական 400 դոլար ծախսել սուրճի վրա, որն իրականում չեն վայելում, կամ ամսական 200 դոլար հատկացնել կաբելային հեռուստատեսությանը, երբ դիտում են միայն մի քանի ալիքներ։

Աչանի Սամոն Բիաու. Թույլ տվեք ցույց տալ արժեքների վրա հիմնված ծախսերի կարևորությունը ֆինանսական անկախության համար որոշ թվերով։ Արժեքների վրա հիմնված ծախսերը կարող են լինել Դուբայում ամսական 7000 դոլար ծախսելու և ամսական 800 դոլարի տարբերությունը։ Եթե ես 7000 դոլար ծախսեմ խնջույքների վրա, դա բացասաբար կանդրադառնա իմ առողջության վրա՝ չափից դուրս խնջույքների և խմելու պատճառով։ Դա նաև ինձ անկատար կզգա, քանի որ ես չեմ կարողանա այդքան ճանապարհորդել, իսկ ճանապարհորդությունն ինձ երջանկություն է բերում։ Իհարկե, արժեքների վրա հիմնված ծախսերը միշտ չէ, որ պետք է այդքան ծայրահեղ լինեն, բայց ես ուզում էի ցույց տալ, որ կտրուկ կրճատումներ անելը չի նշանակում անպայման զոհաբերել երջանկությունը։

Ինչ-որ բանի հասնելը մեզ դոֆամինի և էներգիայի հոսք է տալիս։ Այս թափը թաքնված օգուտ է, քանի որ երբ մենք սկսում ենք արդյունքներ տեսնել, մենք դառնում ենք ավելի երջանիկ և ավելի մոտիվացված՝ հասնելու ավելիին, ինչը հանգեցնում է ավելի մեծ երջանկության։

Օլումիդ Օգունսանվո. Ես գնահատում եմ ձեր ասած կոնկրետ օրինակը։ Սովորական է լսել, թե ինչպես են բարձր եկամուտ ունեցողները գնահատում արժեքների վրա հիմնված ծախսերը՝ որպես լիակատար հիմարություն։ Նրանք կարող են պնդել, որ «պետք է» տարեկան ծախսեն $200ka։ Այնուամենայնիվ, երբ մենք դիտարկում ենք ԱՄՆ-ում տնային տնտեսությունների միջին եկամուտը, որը տատանվում է $50,000-ից մինչև $78,000, և այն փաստը, որ մարդկանց մեծամասնությունն իր ծախսերը համապատասխանեցնում է այդ միջակայքին, զարմանալի է դառնում, թե ինչու է ինչ-որ մեկը պնդում ծախսել $200k:

«Պետք է» արտահայտությունն օգտագործելը մեզ դնում է սահմանափակ մտածելակերպի մեջ: Ես խրախուսում եմ մարդկանց լինել ճկուն, հետաքրքրասեր և մտածել շրջանակից դուրս: Ձեր ֆինանսական ազատությունը վտանգված է, երբ ձեր ծախսերը չեն համապատասխանում ձեր արժեքներին: Տարեկան 100 հազար դոլար կամ 60 հազար դոլար ծախսելու հարց չէ. խոսքը ավելորդ ծախսերի հետեւանքների մասին է, որոնք կարող են տարիներով հետաձգել ձեր թոշակի անցնելը: 40 հազար դոլարի աճող ծախսը կարող է վերածվել տասնամյակների լրացուցիչ աշխատանքի: Ես կոչ եմ անում բոլորին հաշվարկել և խորապես մտածել այս հետևանքների մասին:

Աչանի Սամոն Բիաու. Ամեն. Մեր ընտրության հիմքում ընկած է ակնթարթային և հետաձգված բավարարվածության միջև լարվածությունը: Ահա մի հարց հանդիսատեսի համար. Կարո՞ղ եք հիշել որևէ նշանակալի ձեռքբերում, որը հիմնված է ակնթարթային հաճույք ստանալու վրա: Անձամբ ես չեմ կարող հիշել, որ իրական արժեքավոր որևէ բան եմ արել՝ կենտրոնանալով անմիջական բավարարվածության վրա: Հետաձգված գոհունակության մկանների ձևավորումը կարևոր է: Մենք պետք է կենտրոնանանք այն բաների վրա, որոնք ժամանակ են պահանջում, բայց ավելի մեծ նշանակություն ունեն, քան անցողիկ հաճույքները: Հասարակությունը ռմբակոծում է մեզ գայթակղություններով, և մենք ի վերջո երջանկություն ենք փնտրում ակնթարթային բավարարվածության պարագաների կուտակման միջոցով: Այնուամենայնիվ, իսկական երջանկությունը մնում է անխուսափելի՝ թողնելով մեզ թակարդում ավելի շատ փափագի անհագ ցիկլի մեջ: Այս անողոք հետապնդումը, ի վերջո, հանգեցնում է ծախսերի ավելացման՝ հավերժացնելով անցողիկ բավարարվածության հետապնդումը։

Փոխարենը, եկեք մարզենք մեր միտքը, որպեսզի գոհունակություն գտնենք ուշացած բավարարվածության մեջ։ Մեզ պետք չէ անձնատուր լինել իմպուլսիվ գնումներին կամ անմիջապես զվարճություններին. ավելի շուտ, մենք պետք է ընդունենք էականիզմի էությունը։ Ի՞նչն է ձեզ իսկապես հաճույք պատճառում։ Մոռացեք հասարակության սպասումների և արտաքին ազդեցությունների մասին։ Եթե խորը խորանաք ձեր էության մեջ, ապա կգտնեք մի քանի բան, որոնք իսկապես ձեզ իսկական ուրախություն են պատճառում։ Երբ դուք բացահայտեք դրանք և ներդնեք ձեր ժամանակը, էներգիան և գումարը դրանց մեջ։

Olumide Ogunsanwo. Որքան ավելի շատ կենտրոնանաք էական արժեքների վրա հիմնված ծախսերի վրա, այնքան ավելի շատ ժամանակ կունենաք վայելելու այն բաները, որոնք սիրում եք ավելի քիչ գումարով, քանի որ անխուսափելիորեն ճանապարհներ եք գտնում օպտիմալացնելու դրա ծախսերը։ Օրինակ, եթե ձեզ հետաքրքրում են միայն բասկետբոլի խաղերը, կարող եք առցանց զեղչված տոմսեր գտնել։ Բայց եթե գումար եք ծախսում զվարճանքի 17 տարբեր ձևերի վրա, ավելի քիչ ժամանակ կունենաք յուրաքանչյուրի համար զեղչեր ուսումնասիրելու համար։

Եկեք ավելի խորանանք արժեքների վրա հիմնված ծախսերի մեջ՝ բաժանելով ծախսերի նշանակալի կատեգորիաները երկու խմբի՝ Մեծ եռյակ և այն, ինչ ես կանվանեմ ստվերային երեք։ **Մեծ եռյակը ներառում է բնակարան, տրանսպորտ և սնունդ** , որոնք սովորաբար մարդկանց մեծամասնության համար առաջնային ծախսերի ոլորտներն են։ Այնուամենայնիվ, նույնքան կարևոր է լույս սփռել **ստվերային երեքի վրա, որը ներառում է հարկերը, երեխաները և**

ամուսնալուծությունները/աղետալի իրադարձությունները: Այս հաճախ անտեսված ոլորտները կարող են էական ազդեցություն ունենալ ձեր ֆինանսական բարեկեցության վրա։ Հետևյալ բաժիններում մենք կուսումնասիրենք այս վեց ոլորտները, որպեսզի հասկանանք դրանց հետևանքները և թույլ տանք ձեզ տեղեկացված որոշումներ կայացնել։ Եկ սկսենք!

1. **Բնակարան.** Սամոն, եկեք քննարկենք, թե ինչպես կարող ենք օպտիմալացնել բնակարանային ծախսերը։

Աչանի Սամոն Բիաու. Ահա թե ինչպես պետք է մոտենաք դրան. մտածեք, թե ինչպես է ձեր բնակարանը նպաստում ձեր ընդհանուր երջանկությանը։ Հաշվի առեք մի քանի բան. Բնակարանի ո՞ր չափն է համապատասխանում ձեր արժեքներին և ֆինանսական նպատակներին։ Դուք բաց եք ձեր տարածքը ուրիշների հետ կիսելու համար, թե՞ նախընտրում եք միայնակ ապրել։ Ձեր աշխատավայրին մոտ լինելը ձեզ համար նշանակություն ունի՞: Եթե երեխաներ ունեք, որքանո՞վ է կարևոր լինել լավ դպրոցական թաղամասում և ունենալ բակ։ Առաջնահերթություն դրեք և խելամտորեն ընտրեք՝ նկատի ունենալով, որ առանց ավելորդ ծախսերի չեք կարող ամեն ինչ ունենալ։ Թույլ տվեք կիսվել մի պարզ օրինակով. Երբ ես Դուբայում էի, սկզբում աշխատավայրիս մոտ գտա Airbnb ոճի մի վայր։ Ավելի ուշ ես սկսեցի օգտագործել հյուրանոցային կետերը մնալու համար, բայց այնուամենայնիվ համոզվեցի, որ մոտ եմ աշխատանքին։

Օլումիդ Օգունսանվո. Գտնվելու վայրը կարևոր դեր է խաղում բնակարանների համար։ Դա ոչ միայն ազդում է գնի վրա, այլ նաև այնպիսի գործոնների վրա, ինչպիսիք են հարկերը և աշխատանքի ընտրությունը։ Սամոն, դու բաց թողեցիր մի կարևոր փաստ, դու ընտրեցիր գնալ BCG Dubai vs BCG London կամ BCG San

Francisco: Ես խրախուսում եմ մարդկանց համակարգված ընտրություն կատարել, երբ խոսքը վերաբերում է գտնվելու վայրին, աշխատանքի ընտրությանը և հեռահար աշխատանքին։

Աչանի Սամոն Բիաու. Ես համաձայն եմ համակարգային մտածողության կարևորության հետ։ Մարդիկ հաճախ ասում են. «Դուք չեք հասկանում մեր իրականությունը։ Մենք պետք է առաջնահերթություն տանք մեր երեխաների համար կոնկրետ դպրոցական թաղամասում լինելուն»։ Թեև այս սահմանափակումները վավեր են, շատ կարևոր է վերագնահատել և առաջնահերթություն տալ այն, ինչն իսկապես կարևոր է ֆինանսական անկախության հասնելու համար։ Եթե ձեր երեխաներին հնարավորինս լավ դպրոցական թաղամասում լինելը գլխավոր առաջնահերթությունն է, ապա դա կարող է պահանջել ձեր ֆինանսների ոչ այնքան կարևոր ասպեկտների առաջնահերթությունը։

Olumide Ogunsanwo. Վարժեցրեք ձեր միտքը առաջնահերթությունների համար։

Աչանի Սամոն Բիաու. Ոմանք կարող են մտածել, որ առաջնահերթություն տալը նշանակում է պարտվել։ Բայց ինչպես Olumide-ն ավելի վաղ նշեց, առաջնահերթությունները օգնում են ձեզ կենտրոնանալ և ավելին ստանալ ձեր ընտրածից։

Olumide Ogunsanwo. Մենք քննարկել ենք հետաքրքրասիրության սկզբունքը ավելի վաղ գլխում։ Ես կոչ եմ անում մարդկանց մտածել բնակարանային ծախսերի օպտիմալացման մասին տարբեր մակարդակներում։ Ո՞ր տեսակի բնակարանն է իմաստալից ձեզ համար։ Ի՞նչ փոխանակման ներուժ կա։ Դուք կարող եք նույնիսկ ավելի հեռուն գնալ և մտածել տուն գնելու և այն ուրիշներին վարձակալելու մասին (տուն հաքեր) գրեթե անվճար ապրելու համար։ Տարբերակները շատ են, բայց դուք պետք է պատրաստ լինեք անել ամեն ինչ այլ կերպ:

Առաջին մակարդակ. Բացեք ձեր միտքը, եղեք ճկուն և ինքնուրույն մտածեք բնակարանային տարբեր տարբերակների մասին: Տների, բազմաբնակարան համալիրների և կցասայլերի բոլոր հնարավորությունները: Մի ասա՝ ես մեծացել եմ տան մեջ, ուրեմն պետք է տանը ապրեմ: Հավասարմանը սահմանափակումներ ավելացնելը դժվարացնում է լուծումներ գտնելը: Ես չեմ առաջարկում, որ դուք պետք է ապրեք թրեյլերում, բայց ինչու ոչ: Եթե դա ձեզ հնարավորություն է տալիս հասնել ֆինանսական անկախության, դա կենսունակ տարբերակ է: Յուրաքանչյուր ոք ունի տարբեր ընտրություն կատարելու: Անձամբ ես հոլովակում չեմ ապրել, բայց եթե ես լինեի 21 տարեկան և ապրեի մի տարածքում, որտեղ կցասայլերի տներն արժեն $2000/տարեկան՝ համեմատած $40,000/տարեկան բնակարանների վարձակալության հետ, ես դա չէի բացառի:

Երկրորդ մակարդակ. Բնակարանի տեսակը որոշելուց հետո կարևոր է հաշվի առնել համատեղ ներուժը: Դուք կարող եք մտածել. «Ես 26 տարեկան եմ և սենյակակիցներ չեմ ուզում, ուստի կապրեմ մեկ սենյականոց բնակարանում»: Ես ձեզ խրախուսում եմ ավելի լայն մտածել: Այս գլխում ավելի վաղ ես նշեցի ստվերային երեք ծախսերի ոլորտները՝ հարկեր, երեխաների թիվը և ամուսնալուծություն: Այս բոլոր ստվերային տարածքների հիմքում ընկած մութ նյութի թաքնված արժեքը FOMO-ն է և Ջոնսների հետ համընթաց մնալը: Սան Ֆրանցիսկոյի մեկ սենյականոց բնակարանում 4000-5000 դոլարով մենակ ապրելու և 2000-3000 դոլարով երկու հոգու հետ կիսելու միջև տարբերությունը կարող է որոշել՝ դուք ֆինանսական անկախության եք հասնում 38, թե 58 տարեկանում:

Աչանի Սամոն Բիաու. Շնորհակալություն Օլումիդին, որ դրդեցիք մեզ ավելի խորանալ այստեղ:

Երրորդ մակարդակը գնում է ընդդեմ վարձակալության և շատ թյուրիմացություններ ունեցող տարածքի: Կարծիք կա, որ որպես 30 տարեկան պետք է տուն գնել: Դե, որպես անշարժ գույքի ներդրող, թույլ տվեք ձեզ ասել, որ այն տունը, որտեղ դուք ապրում եք, անպայման չպետք է լինի այն տունը, որը դուք գնում եք հարստություն կառուցելու համար: Այնպիսի վայրերում, ինչպիսին Սան Ֆրանցիսկոն է, դուք կարող եք տուն վարձել ամսական 8000 դոլարով, որը կարժենա 4-ից 5 միլիոն դոլար, եթե այն գնեիք: Եթե դուք հիփոթեք եք վերցնում այդ տան վրա, ապա ամսական կվճարեք ավելի քան $20,000: Հիմա մտածեք դրա մասին: Այդ 4 միլիոն դոլարով դուք կարող եք գնել 20 բնակարան Վրաստանում և օգտագործել վարձակալության եկամուտը Սան Ֆրանցիսկոյում ձեր վարձակալության համար: Անձամբ ես նախընտրում եմ այստեղ վարձել, քանի որ այն ավելի շատ ճկունություն է առաջարկում: Վարձակալության դեպքում դուք կարող եք տեղափոխվել ընդամենը մի քանի ամիս առաջ, մինչդեռ հիփոթեքը պահանջում է ավելի շատ ժամանակ և ջանք վարձակալ գտնելու կամ վաճառելու համար:

Olumide Ogunsanwo. Մարդկանց մեծամասնությունը պետք է մանրակրկիտ վերլուծի իր որոշումը նախքան տուն գնելը: Վարձակալության ժամանակ տուն գնելու այդ միակ որոշումը կայացնելը կարող էր ավելի լավ ընտրություն լինել, կարող է տապալել ֆինանսական անկախության ձեր երազանքը: Պարզապես մի հավատացեք այն մտքին, որ վարձակալությունը «դեն նետում է ձեր փողը» կամ ընդունեք անեկդոտներ ընտանիքից կամ գործընկերներից: Ձեր մայրը, թեև լավ մտադրություն ունի, կարող է անշարժ գույքի մասնագետ չլինել: Ձեր ղեկավարը նույնպես կարող է բախտը բերել, երբ նա գումար է վաստակել՝ վաճառելով իր տունը, կամ կարող էր ավելի շատ գումար վաստակել՝ ներդրումներ կատարելով ֆոնդային շուկայում։ Փոխարենը, օգտագործեք առցանց վարձույթն ընդդեմ գնման հաշվիչներ՝ ձեր իրավիճակը օբյեկտիվորեն գնահատելու համար։ Մուտքագրեք անհրաժեշտ պարամետրերը և թույլ տվեք, որ հաշվիչը ձեզ առաջնորդի դեպի ավելի լավ տարբերակ։ Ենթադրություններ մի արեք առանց պատշաճ գնահատման։ Դուք կարող եք զարմանալ, երբ հայտնաբերեք, որ վարձակալությունն ավելի բարենպաստ ընտրություն է աշխարհի շատ մասերում։

Բերենք կոնկրետ օրինակ. Ենթադրենք, որ դուք միայնակ տղա եք ձեր վերջին քսան տարեկանում և ապրում եք Նյու Ջերսիում։ Դուք ունեք տարբեր տարբերակներ՝ ստուդիա, մեկ սենյականոց բնակարան, երկու սենյականոց բնակարան հյուրերի համար լրացուցիչ սենյակով կամ երեք սենյականոց բնակարան մարզասրահի կամ հյուրերի համար լրացուցիչ սենյակներով։ Բնակարանային այս միակ որոշումը՝ ընտրելով այս չորս տարբերակներից, կարող է զգալիորեն ազդել ձեր ֆինանսական ապագայի վրա և ձեզ պահել կարիերայի գերության մեջ տասնամյակներ շարունակ։ Ժամանակ տրամադրեք այս որոշումը մանրակրկիտ վերլուծելու համար։ Բացի այդ, տեղյակ եղեք, որ որոշ մշակույթներ մեծապես կողմ են տան սեփականության իրավունքին, ուստի կարևոր է հաղթահարել ցանկացած կողմնակալություն ձեր համեմատական վերլուծություն կատարելիս։ Կուրորեն մի հավատացեք այն ամենին, ինչ կարդում եք, այդ թվում՝ այս գրքին, քանի դեռ չեք կարող ինքնուրույն վավերացնել այն քննադատական մտածողության միջոցով։ Թեև Սամոնը ֆինանսական անկախության է հասել հիմնականում անշարժ գույքի և վարձակալության ներդրումների միջոցով, ձեզ համար շատ կարևոր է ինքներդ ստուգել տեղեկատվությունը։

2. **Տրանսպորտ**. Կան տարբեր տարբերակներ՝ սկսած քայլելուց և հեծանիվից մինչև ավտոբուսներ և մեքենաներ, նույնիսկ մասնավոր ինքնաթիռներ: Տրանսպորտի մասին մտածելիս շատ կարևոր է մտածել, թե ինչպես է այն տեղավորվում ձեր աշխատանքի և բնակարանի համակարգային մտածողության մեջ: Եկեք պարզ լինենք, որ եթե դուք հեռակա բնակվում եք Պորտուգալիայում, ձեր տրանսպորտային ծախսերը նվազագույն կլինեն, քանի որ գրասենյակ գնալու կարիք չունեք:

Հիմա, հիպոթետիկորեն, ենթադրենք, դուք հայտնվել եք մի իրավիճակում, երբ դուք հեռու չեք և ամեն օր պետք է աշխատեք գրասենյակ: Ավտոմատ մեքենա գնելու փոխարեն մտածեք այլ այլընտրանքների մասին: Օրինակ՝ զբոսնելը և հեծանիվ վարելը զգալի օգուտներ են տալիս առողջությանը: Թեև այս գիրքը հատուկ առողջության մասին չէ, հարկ է նշել, որ քայլելը և հեծանիվ վարելը հիանալի միջոցներ են ձեր մարմինը լավ վիճակում պահելու համար: Ես չեմ խոսում միայն ածխածնի երկօքսիդի արտանետումների մասին. Ես նկատի ունեմ Ֆիզիկական ակտիվությունը, որը նպաստում է ձեր ընդհանուր բարեկեցությանը: Իհարկե, յուրաքանչյուր հանգամանք տարբեր է, ուստի ես ձեզ խրախուսում եմ մտածել ստեղծագործորեն և ուսումնասիրել ոչ սովորական տարբերակները: Պարզապես լռելյայն մի՛ գնեք մեքենա, հատկապես հաշվի առնելով բարձր գնի տարբերությունը քայլելու, վարելու և հեծանիվ վարելու միջև: Մեքենան, նույնիսկ լավ օգտագործվածը, կարող է արժենալ մոտ $10,000, մինչդեռ դուք կարող եք գտնել գեղեցիկ հեծանիվներ $300-$700-ով:

Աչանի Սամոն Բիաու. Հարկ է նշել, որ մենք նույնիսկ չենք անդրադարձել ավտոմեքենա ունենալու հետ կապված վերանորոգման, գազի և ապահովագրության ծախսերին: Ոմանք պնդում են, որ իրենց մեքենա է պետք ընտանիքի պատճառով։ Ես չեմ անտեսում մեքենայի կարևորությունը, բայց ես ձեզ կոչ եմ անում խորապես խորհել դրա մասին։ Եթե մեքենա գնելու հիմնական պատճառն այն է, որ ձեր երեխային շաբաթական մեկ անգամ շաբաթ օրերին պարապմունքների տանելն է, դուք կարող եք չափազանց ծախսեր կատարել։

Olumide Ogunsanwo. Թեև Uber-ի ուղևորությունը ձեր երեխայի պրակտիկա կարող է արժենալ մոտ $14, դուք ծախսում եք $15,000 մեքենայի վրա։ Շատ կարևոր է քննադատաբար մտածել և դիտարկել առկա բազմաթիվ տարբերակները։ Ինչպես արդեն նշեցինք, կա քայլում, հեծանվավարություն, rideshing, և ավելացնեմ, որ իմ նշած գների միջակայքը վերաբերում էր նորերին։ Այնուամենայնիվ, դուք կարող եք գտնել հուսալի օգտագործված հեծանիվներ 200-400 դոլարով։ Դա պարզապես ընտրություն չէ մեքենայի և հեծանիվի, կամ մեքենայի և ավտոբուսի, կամ մեքենայի և քայլելու միջև։ Դա մի որոշում է, որը կարող է մի քանի տարով ազդել ձեր կենսաթոշակի անցնելու ժամանակացույցի վրա, եթե ընտրեք մեքենան, կամ կհանգեցնի ավելի լավ առողջության և երկար տարիներ ակտիվ ապրելու, եթե առաջնահերթություն եք տալիս քայլելուն կամ հեծանիվ վարելուն։

3. **Սնունդ.** Առաջին հերթին, ամենաարդյունավետ տարբերակը ձեր ճաշերը տանը պատրաստելն է։ Սեփական ճաշեր պատրաստելը գերազանցում է դրսում ճաշելու ծախսերը։ Դուք կարող եք վերահսկել բաղադրիչները և ընտրել ավելի առողջարար, էժան սննդի տարբերակներ։ Երկրորդ, դուք կարող եք մեծ քանակությամբ եփել և մնացորդները պահել ավելի ուշ։ Երկրորդ, երբ խոսքը վերաբերում է ձեր օգտագործած սննդին, մտածված ընտրություն կատարեք։ Որոշ մթերքներ իրենց էությամբ ավելի առողջարար են, քան մյուսները։ Ժամանակ տրամադրելով տանը ճաշ

պատրաստելուն՝ դուք ոչ միայն վայելում եք ձեր սեփական տարածքի հարմարավետությունը, այլև հնարավորություն կունենաք պատրաստել սննդարար և բյուջետային կերակուրներ։ Բարեբախտաբար, օգտակար բանջարեղենն ու մրգերը, ինչպիսիք են բրոկկոլին, կաղամբը և հատապտուղները, ավելի մատչելի են՝ համեմատած վերամշակված ուտեստների հետ, ինչպիսիք են կոնֆետը կամ գազավորված ըմպելիքը։ Մրգերն ու բանջարեղենը հարուստ են սննդանյութերով և քիչ կալորիաներով։ Մյուս կողմից, վերամշակված մթերքները հաճախ պարունակում են անառողջ ճարպեր, շաքար և աղ։ Մի վախեցեք փորձարկումներից։ Մարդիկ պետք է գնահատեն իրենց նախընտրած հավասարակշռությունը տանը ճաշ պատրաստելու և դրսում ուտելու, առողջ սնվելու կարևորության և ճաշ պատրաստելու վրա ծախսած ժամանակի միջև։

Աչանի Սամոն Բիաու. Եկեք վերադառնանք ծախսերը ներդրումների վերածելուն։ Սննդի որակը ռեստորաններում, նույնիսկ բարձրակարգ ռեստորաններում, կարող է զգալիորեն զիջել այն, ինչ կարող եք պատրաստել տանը։

Olumide Ogunsanwo: Բացարձակապես։ Նրանք մեծաքանակ գնում են բաղադրիչները և պատրաստում ուտելիքը՝ առանց այն խնամքի և ուշադրության, որը դուք տալիս եք ինքներդ ձեզ պատրաստելու ժամանակ։

Աչանի Սամոն Բիաու. Սնունդը ձեր մարմնի վառելիքի հիմնական աղբյուրն է, և դրա որակը կարող է զգալիորեն ազդել ձեր առողջության վրա։ Մտածեք ձեր սննդի ընտրության մասին որպես ներդրումներ ձեր բարեկեցության համար։ Հետազոտությունները մշտապես ցույց են տվել, որ կարմիր մսի չափից ավելի օգտագործումը կապված է սրտանոթային հիվանդությունների և քաղցկեղի բարձր ռիսկի հետ։ Կարևոր է հարցնել ինքներդ ձեզ. Արդյո՞ք ես ուզում եմ մեծացնել ֆինանսական անկախություն վայելելու իմ հնարավորությունները մինչև յոթանասունականս: Այս արտացոլումը կարող է ձեզ առաջնորդել ունենալու ավելի առողջ սովորություններ: Որպես այլընտրանք, դուք կարող եք առաջնահերթություն տալ այլ ասպեկտներին և ընդունել ավելի կարճ կյանքի տևողությունը: Անձամբ սնունդը երկրորդ ամենաբարձր ծախսն է իմ բյուջեում՝ ընդգծելով այն կարևորությունը, որ ես տալիս եմ գիտակցված և առողջապահական ընտրությունների վրա: Իմ ամբողջ կենդանական սպիտակուցը ներմուծվում է անմիջապես Արևմտյան Աֆրիկայից, որտեղ ես ավելի մեծ վստահություն ունեմ, որ այն օրգանական և առողջարար է:

Olumide Ogunsanwo. Երբ ձեր ընկերները ավտոմատ կերպով առաջարկում են գնալ ռեստորան ամեն անգամ, երբ ցանկանում եք զվարճանալ, ինչո՞ւ փոխարենը չառաջարկեք գնալ այգի կամ լողափ: Այնքան շատ այլընտրանքներ կան: Այն զգացվում է, որ շատերը լռելյայն են գնում փողոց ունելու, բայց դա պարտադիր չէ, որ այդպես լինի: Մտածեք ստեղծագործաբար: Ձեզ կարող է անհրաժեշտ լինել միայն հարմարեցնել տանը ունելու ժամանակի հարաբերակցությունը և դուրս գալը, ինչն արդեն կարող է զգալի ազդեցություն ունենալ: Թույլ մի տվեք, որ FOMO-ն վերահսկի ձեզ: Եթե ձեր բոլոր ընկերները գնում են ռեստորան, որտեղ միջին սնունդը արժե 120 դոլար, կարող եք նրանց ասել. «Տղե՛րք, հետո կհանդիպենք խմիչքի համար»: Այս կերպ դուք կարող եք ծախսել միայն $20 կամ $30: Ես կիսում եմ այս կոնկրետ խորհուրդները, քանի որ կարծում եմ, որ շատերը թերագնահատում են ազդեցությունը: Եթե դուք հաճախ եք ընթրում դրսում և ամեն անգամ ծախսում եք $120, ապա դա կազմում է միջին ամսական $500 ծախս, որը համարժեք է վարձավճարին: Շատ կարևոր է զգույշ լինել։

Աչանի Սամոն Բիաու. Խոսելով սննդի մասին, եկեք չանտեսենք խմիչքների ազդեցությունը մեր բյուջեի վրա։ Նրանք հաճախ կարող են ավելի թանկ լինել, քան բուն սնունդը։ Ես բավականաչափ ալկոհոլ էի օգտագործում, թեև ինձ երբեք ալկոհոլիկ չէի համարում: Այնուամենայնիվ, երբ ես ընդունեցի արժեքների վրա հիմնված ծախսերը, իմ ուշադրությունը տեղափոխվեց իմ առողջության առաջնահերթությունը։ Ես հասկացա, որ ալկոհոլը ոչ միայն սպառում է իմ ֆինանսները, այլև բացասաբար է անդրադառնում իմ բարեկեցության վրա: Հետևաբար, ես գիտակցաբար որոշում կայացրի էականորեն նվազեցնել իմ ալկոհոլի ընդունումը։ Մեր օրերում այն պահում եմ հազվադեպ դեպքերի համար, օրինակ՝ ծննդյան տարեդարձի կամ հատուկ միջոցառումների, և նույնիսկ այդ ժամանակ խմում եմ չափավոր։ Ես կիսում եմ այս անձնական օրինակը, որպեսզի ընդգծեմ, թե ինչպես նման փոփոխությունները կարող են դրական վերափոխումներ բերել ձեր կյանքում։ Չնայած ես դեռ հաճույք եմ ստանում ընկերների հետ բարեր գնալուց, խմելուց հրաժարվելու իմ ընտրությունը չի խանգարում իմ սոցիալական փորձառություններին։

Olumide Ogunsanwo. Ես դադարեցի խմել, երբ ես 17 կամ 18 տարեկան էի, ինչպես դուք իմացաք իմ բակալավրիատում։ Այնուամենայնիվ, ես դեռ այցելում եմ բարեր և ակումբներ երաժշտության, փորձի և մարդկանց համար։ Ալկոհոլի մասին ոչինչ չեմ ասում։ Ալկոհոլը քո ընկերը չէ և քեզ կխաբի։ Հաշվի առեք ձեր օգտագործած սննդի տեսակը՝ շեշտը դնելով որակի վրա, այլ ոչ թե կենտրոնանալով միայն գնի վրա։ Օգտվեք հնարավորությունից՝ բարելավելու ձեր խոհարարական հմտությունները, ինչը համապատասխանում է անհատական զարգացման սկզբունքին: Խուսափեք FOMO-ի ծուղակն ընկնելուց և սոցիալական սննդի մեջ ուրիշներից հետ չմնալու գայթակղությունից, քանի որ դա հաճախ հանգեցնում է ավելորդ ծախսերի:

Դրանով ավարտվում է Մեծ եռյակի վերաբերյալ քննարկումը: Հիմա եկեք անցնենք ստվերային երեքին՝ հարկեր, երեխաներ և ամուսնալուծություններ/ աղետալի իրադարձություններ:

4. Հարկեր. տարբեր տեսակի հարկերը, ներառյալ դաշնային, նահանգային, քաղաքային, եկամտային և վաճառքի հարկերը, կարող են էական ազդեցություն ունենալ ձեր ֆինանսների վրա: Կարևոր է չթերագնահատել հարկերի օպտիմալացման կարևորությունը: Փաստորեն, շատ անհատների համար հարկերը կարող են ավելի մեծ ֆինանսական ազդեցություն ունենալ, քան բնակարանային ծախսերը: Բացահայտեք աշխարհի տարբեր վայրեր՝ ավելի ցածր եկամտահարկով կամ նույնիսկ հարկերից ազատ տարբերակներով և հաշվի առեք նաև գույքահարկի դրույքաչափերը: Վերլուծեք այս սցենարները և ուշադիր գնահատեք տարբեր քաղաքներում ապրելու փոխզիջումները՝ առավելագույնի հասցնելու ձեր հարկային առավելությունները: Մնացեք ձեր հարկային պարտավորությունների վերևում, չափեք դրանց ազդեցությունը և համոզվեք, որ առավելագույնն եք օգտվում մատչելի պահումներից և վարկերից: Ես ձեզ չեմ առաջարկում տեղափոխվել միայն ավելի ցածր հարկերի համար, այլ ավելի շուտ շեշտը դնելով հարկային հետևանքների վրա՝ ապրելու տեղ ընտրելիս: Օրինակ, Դուբայի նման վայրում ապրելն ավելի ցածր եկամտահարկով կարող է արժե ուսումնասիրել: Եթե Կանադայում բնակվելը համահունչ է ձեր արժեքներին, գնացեք դրան, բայց տեղյակ եղեք, որ եկամտի և վաճառքի հարկերի համադրությունը կարող է զգալի մասը վերցնել ձեր ընդհանուր վաստակի 20%-ից մինչև 60%-ը:

Աչանի Սամոն Բիառ. Ես սիրում եմ այս պատկերացումները: Մարդիկ հաճախ ենթադրում են, որ կապված են իրենց ներկայիս քաղաքի կամ երկրի հետ, ինչը նրանց ստիպում է հարկերը ընկալել որպես անխուսափելի:

Օլումիդ Օգունսանվո. COVID-19 համաճարակը փոխել է ամեն ինչ՝ մարդկանց ավելի ճկունություն տալով ապրելու շատ տարբեր հարկային կառույցներ ունեցող քաղաքներում:

Աչանի Սամոն Բիառ. Այստեղ՝ Կալիֆորնիայում, իմ հարկերը եռապատիկ են իմ վարձավճարից:

Olumide Ogunsanwo. Yikes. Եվ դա նույնիսկ չհաշված գույքահարկի և վաճառքի հարկի մասին, ինչը կարող է զգալիորեն մեծացնել բեռը: Ուշադրության է արժանի գույքահարկը հատկապես նրանց համար, ովքեր մտածում են տուն գնելու մասին: Դա ծախսերի համակարգի վրա հիմնված գնահատման մի մասն է:

Աչանի Սամոն Բիառ. Երբ դուք հիփոթեք եք վճարում 5%-ով կամ 6%-ով և ավելացնում եք գույքահարկը (որը կարող է չափազանց մեծ լինել Կալիֆորնիայում), կուտակային էֆեկտն այն է, որ տուն ունենալը կարող է չհամընկնել ֆինանսական անկախության նպատակների հետ: Դա դառնում է ունայնության խնդիր, որը ֆինանսական անկախության թշնամին է:

Olumide Ogunsanwo. Ունայնությունը FOMO ասելու քաղաքավարի ձև է: Որոշ մարդիկ առաջնահերթություն են տալիս իրենց ընկերներին պատճենել ֆինանսական անկախությանը:

Աչանի Սամոն Բիառ. Հարկերը աներևակայելի կարևոր են, և ես կարող եմ խոսել անձնական փորձից: Ես չէի կարողանա գնալ իմ ճանապարհով և հասնել ֆինանսական անկախության այսքան վաղ փուլում, եթե ապրեի խիստ հարկվող ապրելակերպով։ Իմ 20 տարվա կարիերայի ընթացքում ես ծախսել եմ երկու տարուց պակաս հարկեր վճարելու վրա։

Olumide Ogunsanwo. Դա անհավանական է։

Աչանի Սամոն Բիաու. Նրանց համար, ովքեր մտածում են. «Բայց ինչպե՞ս են ֆինանսավորվելու ճանապարհները և հանրային ծառայությունները, եթե մենք հարկեր չվճարենք»։ Եթե դուք չեք հասկանում հարկաբյուջետային քաղաքականությունը և պետական ծախսերը, թույլ տվեք ձեզ վստահեցնել, որ այս կամ այն կերպ վճարում եք իրերի համար։

Olumide Ogunsanwo. Ձեր այսօրվա հարկերը պայմանավորված են ձեր երեկվա որոշումներով։ Ձեր եկամտահարկը բխում է ձեր ընտրած աշխատանքից, ձեր գնած տան գույքահարկից և ձեր գնած ապրանքներից վաճառքի հարկից։ Դուք եք կայացրել այդ որոշումները, և դուք եք, ով կարող է փոխել դրանք։ Խուսափեք մեղադրել արտաքինից և բարձր հարկերից բողոքելուց։ Հիշեք մեր քննարկումները ինքնապահովման, ինքնավստահության և ինքներդ ձեզ վրա հույս դնելու վերաբերյալ՝ որոշումներ կայացնելու համար, որոնք հանգեցնում են ավելի մեծ ֆինանսական անկախության։ Ժամանակ մի վատնեք բողոքելով, որ Միացյալ Նահանգների կառավարությունը պետք է նվազեցնի դաշնային հարկերը։ Դա ձեր խնդիրը չէ։ Մի անհանգստացեք Նյու Ջերսիում լոբբինգ անելու ուղիներ գտնել՝ քաղաքային հարկերը նվազեցնելու համար։ Բացի այդ, ձեր խնդիրը չէ։ Փոխարենը, հարցրեք ինքներդ ձեզ. «Ես ուզում եմ ապրել այստեղ»։ Եթե դուք չեք ցանկանում վճարել հարկերը, ապա մտածեք այլ տեղ տեղափոխվելու մասին։

Աչանի Սամոն Բիաու. Որոշ երկրներում վարձակալության նպատակով անշարժ գույք գնելը կարող է ունենալ լրացուցիչ հարկային արտոնություններ՝ գերազանցելով հիփոթեքային տոկոսների ծախսերի ստանդարտ նվազեցումը: Դա նման է ձեր աշխատանքային տարիների ընթացքում խնայողություններին և ավելի ցածր հարկային դրույքաչափից օգտվելուն: Երբ դուք անցնում եք կենսաթոշակի, վարձակալության եկամուտը այս գույքից դառնում է արժեքավոր ակտիվ, քանի որ դուք բացում եք ձեր ներդրումների կուտակված արժեքը:

Olumide Ogunsanwo. Հիշեք մեր հետաքրքրասիրության սկզբունքը: Որոնեք ինտերնետում «ինչպես նվազեցնել հարկերը [ձեր կոնկրետ գտնվելու վայրում]»: Պատասխանատվությունը դրված է ձեր ուսերին՝ հնարավորություն տալով ձեզ ուսումնասիրել ձեր հատուկ հարկային իրավիճակի օպտիմալացման ուղիները: Թեև Սամոնի պատկերացումները կարևոր են, սակայն ավելի լայն նպատակն է բորբոքել ձեր հետաքրքրասիրությունը, խթանել ձեր հուզմունքը և կատարել հետազոտություն՝ հարմարեցված ձեր յուրահատուկ հանգամանքներին: Մի կորեք այստեղ ներկայացված առանձնահատկությունների մեջ: Խոսքը միայն մանրամասների մասին չէ. դա ճանապարհին փնտրելու, կյանքի կոչելու, գործելու և հարմարվելու ձեր ցանկությունը բորբոքելու մասին է:

Աչանի Սամոն Բիաու. Նաև ուշադրություն դարձրեք գործատուի կողմից հովանավորվող ծրագրերին, որոնք նպաստում են ձեր եկամտի մի տոկոսին կենսաթոշակային կամ հարկերից ազատ խնայողություններին: Ձեր աշխատանքային պայմանագիրը բանակցելիս հաշվի առեք այս առավելությունները:

Olumide Ogunsanwo. Սա համընկնում է եկամտի առավելագույնի հասցնելու համար համակարգային մտածողության հետ, այնպես չէ՞: Մի կենտրոնացեք միայն չմշակված աշխատավարձերի վրա (օրինակ՝ A ընկերությունն առաջարկում է $40k, B ընկերությունը առաջարկում է $50k)։ Փոխարենը, ընդլայնեք ձեր հեռանկարը՝ հաշվի առնելու ընդհանուր փոխհատուցումն ու բոնուսները միասին։ «A» ընկերությունը կարող է տրամադրել 78 հազար դոլար ընդհանուր փոխհատուցման փաթեթ, երբ հաշվի առնեք 401 հազարը, հեռավոր աշխատանքը, ցածր հարկերը և այլն։ Մտածեք միայն բազային աշխատավարձից դուրս. վերլուծել ընդհանուր փոխհատուցումը և դրա ազդեցությունը ծախսերի, բնակարանների, տրանսպորտի և հարկերի վրա՝ հաշվի առնելով հարկային արտոնյալ հաշիվները, ինչպիսիք են 401K, IRA և HSA

Աչանի Սամոն Բիաու. Եթե դուք աշխատում եք տնից և օգտագործում եք ձեր տունը որպես գրասենյակ ձեր սեփականությունը կառավարելու համար, կարող եք գանձել կամ հանել ձեր վարձավճարի մի մասը։ Անձամբ ես, երբ ես թռչում եմ Հարավային Աֆրիկա՝ իմ սեփականությունը հաճախելու, նոր վարձակալության պայմանագրեր կնքելու կամ տարբեր խնդիրներ լուծելու համար, այդ ծախսերը կարող են որոշ չափով հանվել։ Հաշվի առեք համակարգի առաջարկած բոլոր առավելությունները։ Ձեր հարկային բեռը նվազեցնելու բազմաթիվ եղանակներ կան։

Olumide Ogunsanwo. Այժմ, եկեք անդրադառնանք հաջորդ ստվերային ծախսերին՝ երեխաների հետ կապված ծախսերին։

5. Երեխաներ. Շատ կարևոր է ուշադիր գնահատել երեխաների թիվը, որոնք դուք նախատեսում եք ունենալ և հասկանալ, թե ինչ ազդեցություն կունենա այն ձեր ֆինանսական անկախության ճանապարհին։ Երեխաների մեծացումը կապված է ծախսերի հետ, որոնք հաճախ դժվար է գնահատել, և նրանք կարող են նույնիսկ գերազանցել հարկերն ու բնակարանային ծախսերը՝ կախված տրամադրվող ծնողների աջակցության մակարդակից։

Ենթադրենք, դուք տարակուսում եք երկու կամ երեք երեխա ունենալու մեջ: Թեև սկզբում տարբերությունը կարող է աննշան թվալ, այն կարող է մեծ ազդեցություն ունենալ ձեր կենսաթոշակի անցնելու ճանապարհի վրա: Ես այստեղ չեմ, որ ձեզ թելադրեմ երեխաների իդեալական թիվը, քանի որ դա մնում է անձնական ընտրություն: Ավելի շուտ, ես ուզում եմ ընդգծել փոխզիջումները՝ 42 տարեկանում երկու երեխաների հետ թոշակի անցնելը, իսկ 49 տարեկանում երեք երեխայի հետ թոշակի անցնելը: Հաշվի առեք լրացուցիչ տարիներ, որոնք պահանջվում են ավելի շատ երեխաներ ունենալու պատճառով:

Դուք դեռևս համոզված եք, որ երեխաներ ունենալն արժե, և դա գեղեցիկ հեռանկար է: Սակայն ընտանիք կազմելուց առաջ կարևոր է տեղեկացված որոշում կայացնել և հաշվի առնել այս գործոնները: Երբ դուք իսկապես երեխաներ եք ունենում, նրանք դառնում են ձեր կյանքի նվիրական նվերները՝ արժանանալով ձեր ողջ սիրուն և խնամքին:

Աչանի Սամոն Բիաու. Թույլ տվեք ներկայացնել երեք տեսակետ սրա վերաբերյալ: Նախ՝ երեխաներ ունենալու ժամկետները ազդում են դեպի ֆինանսական անկախություն տանող ձեր ճանապարհորդության վրա՝ կախված նրանից, թե երբ եք ունենում դրանք: Եթե երիտասարդ տարիքում երեխա ունեք, կարող է դժվար լինել կենտրոնանալ ձեր ուսումնասիրությունների վրա: Այնուամենայնիվ, եթե ավելի ուշ տարիքում երեխա ունեք, դա կարող է սահմանափակել մասնագիտական հնարավորությունները և ձեզ ավելի նստակյաց դարձնել: Երեխաներ ունեցող մարդիկ ավելի քիչ հավանական է, որ փոփոխություններ անեն և շարժվեն: Ավելի ուշ կյանքում երեխա ունենալը կարող է ավելի շատ ճկունություն տալ:

Երկրորդ, նույնիսկ երեխաների

դաստիարակության առումով, եթե կարիերայիդ սկզբում ես, կարող ես ավելի քիչ ֆինանսական հնարավորություններ ունենալ ցանկալի դաստիարակություն ապահովելու համար: Եթե փողը կարևոր դեր է խաղում ձեր երեխաներին մեծացնելու գործում, ապա ավելի լավ կլինի մտածել ավելի ուշ երեխաներ ունենալու մասին, երբ կունենաք անհրաժեշտ ռեսուրսներ:

Երրորդ, երբ մտածում եք երեխաներ ունենալու մասին, մտածեք նաև այն ազդեցության մասին, որը կարող է ունենալ ձեր կարիերայի հետագծի վրա: Որոշ ոլորտներ պահանջում են ինտենսիվ աշխատանք առաջխաղացումների համար, ինչը կարող է դժվար լինել հավասարակշռել երեխայի պատշաճ դաստիարակության հետ: Սրանք քաղաքական կոռեկտության պատճառով հաճախ չասված թեմաներ են:

Olumide Ogunsanwo. Մենք պետք է խոսենք դրա մասին: Դա շատ կարեւոր է.

Աչանի Սամոն Բիաու. Ենթադրենք, դուք գտնվում եք բարձր սթրեսային աշխատանքի մեջ՝ նպատակ ունենալով փոխադրվել ասոցիացիայից տնօրենի պաշտոնի: Այս փուլում երեխա ունենալը մեծացնում է սթրեսի մակարդակը՝ ազդելով ձեր առողջության վրա: Այն նաև նվազեցնում է ձեր երեխայի հետ կապվելու ձեր ունակությունը, քանի որ ձեզ հարկավոր է ապավինել վճարովի երեխայի խնամքի ծառայություններին: Կան բազմաթիվ գործոններ, որոնք պետք է հաշվի առնել:

Olumide Ogunsanwo. Եվ չմոռանանք, Սամոն, որ կան նաև ոչ նյութական փոփոխություններ: Ձեր մենեջերի ընկալումը կարող է լինել. «Օ՜, դու երեխա ես ունենում, ուստի ավելի քիչ կաշխատես և ավելի քիչ կենտրոնացած կլինես»: Դուք կարող եք մտածել, որ ձեր ղեկավարի համար սխալ է այդպես մտածել, բայց այդպիսին է կյանքը։

Աչանի Սամոն Բիաու. Եթե դուք առանձնապես դեմ չեք, թե երբ և ինչպես երեխաներ ունենալ, կարող է իմաստ ունենալ հետաձգել այն, մինչև որ ձեր մասնագիտական կարիերայում ավելի հաստատուն լինեք։ Այս մոտեցումը նպաստում է և՛ ֆինանսական անկախությանը, և՛ ձեր երեխաների հետ ժամանակ անցկացնելու կարողությանը։ Ավելին, շատ ընկերություններ այժմ առաջարկում են տարբերակներ, ինչպիսիք են ձվի սառեցումը և երեխայի կապի ժամանակը։

Olumide Ogunsanwo. Երեխաներ ունենալը կարող է հսկայական ազդեցություն ունենալ ձեր ծախսերի սովորությունների վրա, հատկապես այնպիսի ոլորտներում, ինչպիսիք են բնակարանային, տրանսպորտը և սնունդը։ Դուք կարող եք ավելի մոտ ապրել իրենց դպրոցին, ինչը կարող է նշանակել ավելի բարձր վարձավճար կամ հիփոթեքային վճարումներ։ Հնարավոր է, որ ձեզ անհրաժեշտ լինի մեքենա գնել՝ դրանք շրջելու համար, ինչը կարող է ավելացնել ձեր գազի և պահպանման ծախսերը։ Հնարավոր է, որ դուք ստիպված լինեք հարմարեցնել ձեր սննդի բյուջեն՝ նրանց նախասիրություններին և սննդային կարիքներին համապատասխանելու համար։ Մենք այստեղ չենք դատելու ձեր ապրելակերպի ընտրությունը կամ ասելու, թե քանի երեխա պետք է ունենաք։ Մենք պարզապես ցանկանում ենք օգնել ձեզ հասկանալ, թե ինչպես է ձեր ընտանիքի չափը ազդում ձեր ֆինանսական նպատակների վրա և ինչպես կարող եք համապատասխան պլանավորել։

6. Ամուսնալուծություն և աղետալի իրադարձություններ. Ստվերային երեք ծախսերի վերջին ստվերը ամուսնալուծությունն ու աղետալի իրադարձություններն են։ Որոշ երկրներում ամուսնալուծությունը կարող է հանգեցնել ձեր ակտիվների մինչև 50%-ի ապշեցուցիչ կորստի, ինչը կարող է կործանարար ազդեցություն ունենալ դեպի ֆինանսական անկախություն տանող ձեր ճանապարհորդության վրա: Դուք կարող եք կորցնել ձեր ֆինանսական անկախությունը նույնիսկ ՖՀ-ին հասնելուց հետո՝ կորցնելով ձեր ակտիվների կեսը: Դա միայն ֆինանսական հետևանքները չեն. էմոցիոնալ ազդեցությունը կարող է հսկայական լինել: Ձեր զուգընկերոջը, այն մարդուն, ում սիրում եք, կորցնելը տարիներ միասին անցկացնելուց հետո կարող է էմոցիոնալ անհանգստություն պատճառել՝ վտանգելով ձեր ֆինանսական ապագան: Ես խրախուսում եմ բոլորին ժամանակ ներդնել ճիշտ գործընկեր գտնելու համար: Մտածեք, թե արդյոք դուք կիսում եք նույն արժեքներն ու համատեղելիությունը: Ժամանակ հատկացրեք՝ հասկանալու ձեր կոնկրետ վայրում ամուսնալուծության հետևանքները: Մենք ձեզ չենք առաջարկում խուսափել ամուսնությունից կամ հարաբերություններից, այլ ավելի շուտ որոշումներ կայացնելիս հասկանալ ամուսնալուծության հետևանքները:

Աչանի Սամոն Բիաու. Այժմ եկեք մեր ուշադրությունը դարձնենք աղետալի իրադարձությունների վրա, մասնավորապես՝ առողջության հետ կապված: Մեզանից շատերը հակված են հավատալու, որ մենք անպարտելի ենք մինչև անսպասելի հարվածները: Այնուամենայնիվ, կարևոր է գիտակցել, որ մեզանից ոչ ոք ազատված չէ առողջական խնդիրներից: Այդ իսկ պատճառով էական է ակտիվորեն պլանավորել և նախապատրաստվել: Առողջության ապահովագրության ամուր ռազմավարություն մշակելը պետք է լինի ձեր ցուցակի վերևում: Հաշվի առեք ձեր պահանջվող հատուկ ծածկույթը և համոզվեք, որ այն վերաբերում է այն երկրներին, որտեղ դուք հաճախում եք:

Կանխարգելումը նույնպես առանցքային է: Կանոնավոր զննումները և ակտիվ միջոցառումները կարող են զգալիորեն բարելավել առողջական խնդիրներն արդյունավետորեն լուծելու ձեր կարողությունը: Բացի այդ, մի անտեսեք ձեր կարևոր ակտիվները ապահովագրելու կարևորությունը: Կարևոր իրերն առանց ապահովագրության թողնելը կարող է հանգեցնել զգալի ֆինանսական բեռի: Հիշեք, որ այսօր փոքր ապահովագրավճարում ներդրումներ կատարելը կարող է երկարաժամկետ հեռանկարում խնայել ձեզ զգալի ծախսեր:

Olumide Ogunsanwo. Ես խստորեն խրախուսում եմ բոլորին առաջնահերթություն տալ իրենց պաշտպանությանը ամուսնալուծության և այլ աղետալի իրադարձությունների հետ կապված իրավիճակներում: Կան տարբեր գործիքներ, ներառյալ գույքի ապահովագրությունը և առողջության ապահովագրությունը: Երբ դուք կողմնորոշվեք այս հանգամանքներում, շատ կարևոր է ինքներդ ձեզ պաշտպանելու ուղիներ գտնել: Մտածեք այնպիսի տարբերակներ, ինչպիսիք են ամուսնության նախամուսնական համաձայնագրերը, առողջության ապահովագրության ծրագրերը և տան սեփականատիրոջ կամ գույքի ապահովագրության ծածկույթը: Բավարար ապահովագրությունը կենսական նշանակություն ունի, քանի որ դրա բացակայությունը կարող է հանգեցնել դժվարին իրավիճակների, ինչպիսին է տան հրդեհը: Թեև մենք չենք տրամադրի կոնկրետ առաջարկություններ յուրաքանչյուր հնարավոր աղետի համար, մենք ցանկանում ենք ընդգծել դրանց հնարավոր բացասական ազդեցությունը ձեր ֆինանսական ճանապարհորդության վրա: Ինքներդ ձեզ պաշտպանելու համար ձեռնարկեք ակտիվ քայլեր»:

Դա ընդգրկում է մեր Մեծ եռյակի և ստվերային

երեքի ծախսերի ոլորտները։ Արժեքների վրա հիմնված ծախսերն ամփոփելու համար. Բացահայտեք և առաջնահերթություն տվեք ձեր արժեքներին։ Համապատասխանաբար հավասարեցրեք ձեր ծախսերը և զգույշ եղեք FOMO-ին ենթարկվելուց։ **FOMO-ն խնդիրն է, իսկ արժեքների վրա հիմնված ծախսերը հակաթույնն են** ։ Այժմ, եկեք անցնենք առաջարկություններին և հղումներին։

Աչանի Սամոն Բիաու. Ես խորհուրդ եմ տալիս « Քո փողը կամ քո կյանքը [5]», Վիկի Ռոբին։ Թեև այն հատուկ չի կենտրոնանում ֆինանսական անկախության վրա, այն առաջարկում է արժեքավոր ուղեցույց կենսաթոշակի համար ֆինանսական պլանավորման վերաբերյալ։ Այն ընդգրկում է այնպիսի թեմաներ, ինչպիսիք են պարտքերի ծուղակներից փախչելը, խնայողության խելամիտ սովորությունները զարգացնելը և ձեր կյանքը պարզեցնելը՝ վերացնելով ավելորդ բաները։

Olumide Ogunsanwo. Հետաքրքիր է, որ դուք նշում եք, որ դա ուղղակիորեն չի վերաբերում ֆինանսական անկախությանը։ Ոմանք համարում են գրքի 1992 թվականի տարբերակը որպես ֆինանսական անկախության շարժման սկիզբ, նույնիսկ նախքան FI/RE (Ֆինանսական անկախություն / Վաղ թոշակի անցնել) տերմինի ստեղծումը։ Դա կարող է բացատրել, թե ինչու դուք չեք կապում։ Դա աներևակայելի կարևոր գիրք է, որը մարդկանց ստիպեց հասկանալ, որ կարող են հեռանալ կորպորատիվ կյանքից երեսուն տարեկանում։ Այժմ ես երեք առաջարկ ունեմ.

Յակոբ Ֆիսկերի « Վաղ թոշակի էքստրեմալ » [6]Մարդը հանճար է։ Այս գիրքը հիանալի և խիստ խորհուրդ է տրվում կարդալ։ Ֆիսքերը, անձնական

5. https://yourmoneyoryourlife.com/

6. https://www.amazon.com/Early-Retirement-Extreme-philosophical-independence-ebook/dp/B0046LU7H0

ֆինանսների և ֆինանսական անկախության տարածության առաջին ձայներից մեկը, կիսում է ծախսերի և ծախսերի օպտիմալացման իր սկզբունքներն ու համակարգային մոտեցումը։

Թոմաս Սթենլիի « Հաջորդ դռան միլիոնատեր ».[7] Այս գիրքը առաջարկում է պատկերացումներ ամերիկացի միլիոնատերերի կյանքի մասին։ Իրենց հետազոտությունների արդյունքում հեղինակները պարզել են, որ միլիոնատերերը կարգապահ և խնայող են՝ խուսափում են շռայլ ապրելակերպից: Նրանք խորանում են այս անհատների մտածելակերպի, ծախսերի օրինաչափությունների և արժեքների վրա հիմնված ծախսերի մեջ։ Գիրքը ներառում է հարյուրավոր միլիոնատերերի մանրամասն պրոֆիլներ։

Թոմաս Սթենլիի « Դադարեցրե՛ք հարուստ գործել »: [8]Այս գիրքը բացատրում է, որ միայն աշխատավարձը չի որոշում զուտ արժեքը. դա կախված է ծախսելու սովորություններից։ Այն ընդգծում է զարմանալի բացահայտումը, որ դասավանդման նման մասնագիտությունները, չնայած ցածր աշխատավարձերին, հակված են ունենալ ավելի բարձր զուտ արժեք՝ FOMO-ի ավելի ցածր միտումների պատճառով։ Մյուս կողմից, իրավաբանները, չնայած ավելի բարձր աշխատավարձերին, հաճախ ունենում են սպասվածից ցածր զուտ արժեք, քանի որ նրանք ենթարկվում են FOMO-ին և ծախսում են շքեղ իրերի վրա՝ հասակակիցներից հետ չմնալու համար։

Աչանի Սամոն Բիաու. Երբ մենք եզրակացնում ենք, ես ուզում եմ կրկնել, որ FOMO-ն ձեր թշնամին է։

Olumide Ogunsanwo. Ընդունենք արժեքների վրա հիմնված ծախսերի և եկամուտների առավելագույնի

7. https://www.amazon.com/Millionaire-Next-Door-Surprising-Americas-ebook/dp/B0BX7G7PZN

8. https://www.amazon.com/Stop-Acting-Rich-Living-Millionaire/dp/0470482559

հասցնելու հզոր համադրությունը, որպեսզի ձեր ճանապարհորդությունը մղվի դեպի ֆինանսական անկախություն։ Գնահատեք ձեր կողմնակալությունները և ներդաշնակ հավասարակշռություն հաստատեք երկուսի միջև՝ հաշվի առնելով ձեր բացառիկ հնարավորությունները, հանգամանքները, գիտելիքները, կապերը և միջավայրը։ Առաջիկա վերջին գլխում մենք կխորանանք FIREDOM կյանքի մեջ և արժեքավոր պատկերացումներ կներկայացնենք այն մասին, թե ինչպես ենք մենք ապրում ֆինանսական անկախության ձեռքբերումից հետո։ Մնացեք մեզ հետ!

7. FIREDOM պատմություններ, ֆինանսական անկախություն, ազատություն և ձեր կյանքի մնացած մասը

Olumide Ogunsanwo . Մեր վերջին գլուխը։ Ի՞նչ ճամփորդություն։ Մենք պատրաստվում ենք ամեն ինչ ամփոփել՝ քննարկելով, թե ինչպես է զարգացել մեր կյանքը ֆինանսապես անկախ դառնալուց հետո։

Աչանի Սամոն Բիաու. սիրում եմ դա։ Թեև մենք քննարկել ենք ֆինանսական անկախության ուղին, նույնքան կարևոր է մտածել, թե ինչ է գալիս դրան հասնելուց հետո։

Olumide Ogunsanwo. Ես ոգևորված եմ այս քննարկման համար։

Աչանի Սամոն Բիաու. Ելնելով իմ անձնական փորձից և իմանալով Օլումիդի փորձը, ես կարող եմ վստահորեն ասել, որ գեղեցիկ է դառնում ֆինանսապես անկախ դառնալը։

Olumide Ogunsanwo. Եթե նախորդ գլուխները գրավիչ եք համարել, ապա այս գլխով դուք էլ ավելի ոգևորված կլինեք։ Ի տարբերություն նախորդ գլուխների, որտեղ մենք փորում էինք անցյալի հիշողությունները, այս պատմությունը թարմ է մեր մտքերում։ Այս գլուխը քննարկում է մեր ներկայիս կյանքը և այն, ինչ մենք անում ենք այսօր։

Աչանի Սամոն Բիաու. [Երգում է] Ազատություն։ Ազատություն. Ազատություն

Olumide Ogunsanwo. [Ծիծաղ] Դուք անգլերեն եք երգում։ Դա նույնիսկ ավելի լավ է։ Ոչ ֆրանսերեն։ Հրաշալի։

Աչանի Սամոն Բիաու. [Ծիծաղ] Անհամբեր սպասում եմ այս գլխում սկսելուն։

Օլումիդ Օգունսանվո. Սամոն, ինչո՞ւ չես հեռացնում մեզ։ Ի՞նչ եղավ ձեր ֆինանսական անկախությունից հետո։

Աչանի Սամոն Բիաու. Սկսեմ որոշ համատեքստից։ Ֆինանսական անկախության սկիզբն ինձ համար եղավ 2018 թվականին՝ 35 տարեկանում։ Ես նոր էի վերադարձել Դուբայ BCG Ambassador ծրագրից, որտեղ մեկ տարի անցկացրեցի Հարավային Աֆրիկայում։ Հենց այս պահին իմ ներդրումները սկսեցին առաջացնել ամսական պասիվ եկամուտ ավելի բարձր, քան իմ ֆինանսական անկախության նպատակային թիվը։ Այս նորահայտ ֆինանսական ազատությունը թույլ տվեց ինձ ավելի մեծ վերահսկողություն վերցնել իմ աշխատանքային կյանքի վրա և հետապնդել իմ շահերը իմ պայմաններով։ Ես նաև ավելի հարմարավետ էի զգում նախկինում արգելված թեմաները քննարկելիս։ Այն ժամանակ ես պատրաստվում էի առաջխաղացում ստանալ Պրինցիփալում՝ McKinsey Associate Partner-ի համարժեքը։ Ես ստացա առաջխաղացումը ութ ամիս անց և սկսեցի BCG-ից դուրս անցնելու գործընթացը։

Olumide Ogunsanwo. Երբ դուք դառնում եք ֆինանսապես անկախ, դեռ իմաստ ունի մի փոքր ավելի երկար աշխատել երկու պատճառով։

Նախ, միշտ խելամիտ է տեղում բուֆեր ունենալը։ Որպես ինժեներ, ես գնահատում եմ բուֆերների արժեքը, և նույն սկզբունքը կիրառվում է ֆինանսական պլանավորման դեպքում։ Դուք չեք ցանկանում չափազանց ճշգրիտ լինել ձեր ապագա ցանկություններն ու կարիքները գնահատելիս։ Մի փոքր ավելի երկար աշխատելով՝ դուք կարող եք ստեղծել ֆինանսական բուֆեր՝ հաշվի առնելու հետաքրքրությունների կամ կարիքների հետագա փոփոխությունները։

Երկրորդ, ժամանակ է պահանջվում ուսումնասիրելու և իմանալու, թե ինչ տարբերակներ կան և ինչ եք ուզում անել։ Թեև որոշ մարդիկ կարող են վաղաժամ գտնել իրենց կոչը, մարդկանց մեծամասնությանը ժամանակ է պետք իրենց իրական հետաքրքրությունները բացահայտելու համար։ Ամբողջ օրը Netflix-ը դիտելու համար աշխատանքից հեռանալը լավագույն մոտեցումը չէ բավարարվածություն գտնելու համար։

Այնուամենայնիվ, շատ կարևոր է հավասարակշռություն պահպանել և չընկնել «ևս մեկ տարվա համախտանիշի» (OMY) թակարդը, որտեղ դուք շարունակում եք աշխատել տարիներ շարունակ ֆինանսական անկախության հասնելուց հետո։ Եթե, իհարկե, ձեր նպատակն է շարունակել աշխատել, քանի որ դուք դրանից հաճույք եք ստանում։ Ինչպես կյանքում ամեն ինչի դեպքում, խոսքը գնում է փոխզիջումների կշռման և ճիշտ հավասարակշռությունը գտնելու մասին։

Աչանի Սամոն Բիաու. Համաձայն եմ։ Ես մնացի BCG-ում մոտ 1,5 տարի այն բանից հետո, երբ արդեն ֆինանսապես անկախ էի։ Ես բավականին տարբերվում էի մյուսներից և խաղում էի իմ կանոններով։ Դա որոշիչ պահ էր ինձ համար։

Olumide Ogunsanwo. Եկեք մի փոքր ուսումնասիրենք այդ պահը։ Ի՞նչ բառեր կօգտագործեիք նկարագրելու, թե ինչ զգացիք, երբ հասաք ֆինանսական անկախության պահին։

Աչանի Սամոն Բիաու. Ես ինձ մեծ էի զգում։

Օլումիդ Օգունսանվո. [Զարմացած] Վա՜յ։

Աչանի Սամոն Բիաու. Ես զգացի, որ ավարտել եմ առնետավազքը։ Ես դեռ կորպորատիվ մեքենայի մի մասն էի, բայց կախված չէի դրանից։ Ես զրուցում էի ֆիրմայի երկու գործադիր տնօրենների հետ, որոնց վստահում էի խորհրդատվության համար՝ շարունակե՞մ աշխատել այնտեղ, թե՞ ոչ: Այն, որ ես այս խոսակցություններն էի անում, ինքնին վկայում էր, որ հասունացել եմ: Այս խոսակցությունները կարող են վտանգավոր լինել կարիերայի համար, քանի որ եթե դուք մտածում եք հեռանալու մասին, գործադիր տնօրենը չի կարող պայքարել ձեր փոխարեն կամ շարունակել ներդրումներ կատարել ձեր մեջ: Բայց ես հանգիստ էի և թքած ունեմ նրանց կարծիքի վրա:

Օլումիդ Օգունսանվո. Ֆինանսական անկախության հասնելուց հետո դուք զգացիք մեծ և խաղաղ, ինչը հասկանալի է, որովհետև դա կարևոր իրադարձություն է: FI/RE-ի համատեքստում կան երկու ուղենիշ՝ ձեռք բերել ֆինանսական անկախություն (FI) և վաղաժամ թոշակի անցնել (RE), որը նշանակում է աշխատանքից հեռանալ դեպի այլ անձնական նպատակներ: Այս գիրքը հիմնականում կենտրոնանում է FI-ի վրա, որն այն կետն է, որտեղ մարդը բավականաչափ ակտիվներ է կուտակել, որպեսզի ծածկի իր ծախսերը ողջ կյանքի ընթացքում: Դուք հասել եք FI, որն այն անհավատալի հանգրվանն է, որով մենք փորձում էինք ոգևորել մարդկանց: Որևէ այլ բառ, որը ցանկանում եք օգտագործել՝ նկարագրելու ձեր զգացողությունները:

Աչանի Սամոն Բիաու. Զգացողությունը ֆրանսերենում կոչվում է apesanteur (pesanteur-ը ձգողականություն է, apesanteur-ը գրավիտացիայի բացակայություն է)

Olumide Ogunsanwo. [Ժպտում է] Զարմանալի:

Աչանի Սամոն Բիաու. Ես լողում էի: Ես զգացի, որ այնտեղ մի ամբողջ աշխարհ կա, և ես վերջապես ազատ էի ուսումնասիրել այն իմ պայմաններով: Ես ինձ անկաշկանդ էի զգում, բայց միևնույն ժամանակ մտածում էի, թե ինչ անեմ: Դա ազատության, անհանգստության և այդ ամենը իմաստավորելու փորձի համադրություն է։

Olumide Ogunsanwo. Նույնիսկ երբ ես դա լսում եմ, ես ոգևորված եմ, որ դուք փորձում եք պատկերացնել այն։ Ես կարող եմ պատկերացնել, որ դուք ի սկզբանե պլանավորել էիք մնալ BCG-ում երկու տարի, բայց ի վերջո մնաք գրեթե վեց տարի։ Ի վերջո, դուք ձեռք բերեցիք ֆինանսական անկախություն, և ես կարող եմ պատկերացնել այն հնարավորությունների դռները, որոնք բացվել են ձեր առջև, և այն հզորությունը, որը դուք պետք է զգացած լինեիք դրանք հետապնդելու համար։

Աչանի Սամոն Բիաու. Ես նույնպես մի փոքր հպարտ էի և հաստատված։ Ես ինձ օլիմպիական մարզիկ էի զգում: Նախապատրաստական աշխատանքների ժամանակ ոմանք կասկած են հայտնել և ասել՝ «Մոռացիր, ի՞նչ ես մտածում»: Այնուամենայնիվ, ես մնացի անկախ մտածող, նպատակիս հասնելու մոլուցքը և, ի վերջո, հաջողվեց։

Այս ձեռքբերումն առաջինն էր, որին ամբողջությամբ պատկանում էի, ես իմ առջեւ նպատակ դրեցի և չէի հետևում հասարակական նորմերին։ Ի հակադրություն, իմ կյանքի այլ ձեռքբերումները հաճախ ազդվել են հասարակության ակնկալիքների վրա և ծառայել որպես նպատակին հասնելու միջոց։ Օրինակ՝ ես ընդունվեցի բարձրագույն բիզնես դպրոց՝ անձնական աճի և որոշումներ կայացնելու ուժով բարձր վարձատրվող աշխատանք ապահովելու համար։ Նմանապես, իմ խորհրդատվական աշխատանքում ես երկար ժամեր աշխատեցի և հասա հաջողության, բայց ես չէի սիրում ուշ գիշերները. դա աշխատանքի մի մասն էր։

Ինչ վերաբերում է ֆինանսական անկախությանը, ես սիրահարված էի գործընթացի յուրաքանչյուր քայլին։ Ես ձգտում էի ֆինանսական անկախության, առաջին հերթին, որովհետև ուզում էի վերջապես լինել բոլորս և միայն ես: Երբ ես դարձա ֆինանսապես անկախ, զգացի ձեռքբերումների, ապաստանտորի և սեփականության զգացում:

BCG-ում և բիզնես-դպրոցում իմ փորձառությամբ ներշնչված վստահությամբ՝ ես որոշեցի տեղափոխվել Փարիզ և ուսումնասիրել ստարտափը 2020-ի սկզբին, երբ հեռանում էի BCG-ից: Նախկինում ես վարձակալության պայմանագիր էի կնքել, քանի որ Փարիզում տեղ գտնելը կարող է դժվար լինել: Չնայած ես դեռ աշխատում էի Սաուդյան Արաբիայում BCG-ի համար նախագծի վրա, ես սկսեցի անցնել իմ նոր կյանքին Փարիզում, որտեղ արդեն ապահովել էի բնակարան: Հետո COVID-19-ը հարվածեց, և ես հայտնվեցի Փարիզում: Իմ ձեռնարկատիրական ճանապարհորդությունը հետաձգվեց դեռևս չսկսված, քանի որ մեզ թույլ էին տալիս դուրս գալ բնակարանից միայն գնումներ կատարելու կամ կարճ զբոսանքի համար: Մոտավորապես այդ ժամանակ ինձ օգնության խնդրանքով դիմեց ԱՄԷ-ից բարձրաստիճան ներկայացուցիչը: Սա առաջին հնարավորություններից մեկն էր, որ ես ունեի՝ գործադրելու այն ազատությունը, որը ձեռք էի բերել ֆինանսական անկախության հասնելու միջոցով:

Olumide Ogunsanwo. Դա եզակի իրավիճակ է: Դուք ֆինանսական անկախության պահի ունեիք 2018-ին, բայց շարունակեցիք աշխատել BCG-ում մինչև 2020 թվականը: BCG-ից հեռանալուց հետո նախկին կոնտակտը, որը ձեզ ճանաչում էր՝ հիմնվելով ձեր նախկին աշխատանքային փորձի վրա, ձեզ հնարավորություն տվեց նախագիծ իրականացնել: Դուք կարող եք դա անել՝ հիմնվելով ձեր սեփական պայմանների վրա և ընդգրկել այն ձեր ուզած ձևով և ավելի շատ ժամանակ հատկացնել կատարմանը: Դա կարող էր լինել հիանալի հնարավորություն՝ կախված հաճախորդներից:

Աչանի Սամոն Բիաու. Ինձ դուր եկավ մարդկանց հետ աշխատելը, և ես սա համարեցի իմ առաջին իսկական հնարավորությունը՝ ազդեցություն ստեղծելու և ինչ-որ բան ձևավորելու առանց խորհրդատվության սահմանափակման:

Olumide Ogunsanwo. Դուք ունեիք այդ գործակալությունը, ձեզ կաշկանդված չէ BCG մեքենան, որը որոշ առումներով փայլուն և գեղեցիկ է, բայց այլ առումներով ոչ այնքան լավ:

Աչանի Սամոն Բիաու. Ճիշտ է: BCG-ում աշխատելու ընթացքում ես ունեի վերլուծաբանների և գործընկերների թիմ, ովքեր պատասխանատու էին վերլուծությունների կատարման և սլայդների ստեղծման համար: Այնուամենայնիվ, BCG-ից հեռանալուց և նոր նախագիծ ստանձնելուց հետո ես հայտնաբերեցի, որ ստանձնում եմ ավելի բազմազան պարտականություններ՝ վերլուծաբանից մինչև գործադիր տնօրեն: Սա ներառում էր այնպիսի առաջադրանքներ, ինչպիսիք են սլայդներ գրելը, որոշումներ կայացնելը և նախագծի իրականացումը: Ծրագրի ուղղության լիարժեք տիրապետումը եզակի և հաճելի փորձ էր: Ինձ դուր եկավ այդ փորձը: Հենց այս ժամանակ էր, որ ես որոշեցի նաև ուսումնասիրել միջնաժամկետ ճանապարհորդության իմ կիրքը (այն ժամանակ ամիսներ շարունակ տարբեր վայրերում ապրելը), որը նախկինում դժվար էր աշխատանքային սահմանափակումների պատճառով:

Այս ճամփորդությունից ես մի քանի բան սովորեցի: Նախ, ֆինանսական անկախությունը արժե այն, տասնապատիկ:

Olumide Ogunsanwo. Ես չէի կարող ավելին համաձայնվել: FI-ն զարմանալի է:

Աչանի Սամոն Բիաու. Երկրորդ, դուք պետք է համոզվեք, որ պատրաստվում եք դրան: Ես շատ պահեր եմ ունեցել, երբ մարդիկ փորձել են հավաքագրել ինձ: Նախ, BCG-ում իմ վերջին ամիսներին նրանք ինձ առաջարկեցին արագ համագործակցել մեր նոր գրասենյակներից մեկում։ Հետո ինձ մոտեցան նաև նախկին հաճախորդները և երրորդ անձինք։ Դա է խորհրդատվության գեղեցկությունը. դուք շատ շուկայական եք։ Մարդիկ ինձ ավելի շատ գումար էին առաջարկում, և իմ մի մասը մտածում էր՝ կարո՞ղ եմ դա անել մեկ տարի և ավելի անկախ դառնալ։ Այս գայթակղություններն այն են, թե ինչպես եք գնահատում, թե արդյոք ֆինանսական անկախության ձեր ցանկությունը իսկապես ուժեղ է։ Եթե այդպես է, դուք չեք վերադառնա ձեր հին կարիերային կամ նմանատիպ աշխատանքին միայն այն պատճառով, որ նրանք ձեզ գումար են առաջարկում։

Olumide Ogunsanwo. Սա լավ կետ է։ Եկեք մի փոքր կանգ առնենք դրա վրա։ Ավելի վաղ այս գրքում մենք խորհուրդ էինք տվել, որ կարևոր է ունենալ հստակ և համոզիչ տեսլական, թե որտեղ եք ուզում լինել ֆինանսական անկախության ձեր ճանապարհորդության ընթացքում։ Երբ դուք սիրահարվում եք ձեր ապագայի այդ տեսլականին և ամուր հուզական կապ ունենք ձեր տեսլականի հետ, ավելի հավանական է, որ հավատարիմ մնաք դրան։ Առանց այդ կապի, դուք կարող եք գայթակղվել ընդունել աշխատանքի նոր առաջարկ պարզապես այն պատճառով, որ այն ավելի լավ է թվում, քան ձեր ներկայիսը։ Կարևոր է ժամանակ հատկացնել՝ պարզելու, թե իրականում ինչ եք ուզում կյանքում։ Եթե որոշեք, որ ֆինանսական անկախության ձեռքբերումից հետո նոր աշխատանքի կամ կարիերայի անցնելը համահունչ է ձեր նպատակներին, ապա դրանում վատ բան չկա։ Այնուամենայնիվ, շատ կարևոր է ներգրավվել ինքնադրսևորման և ինքնաճանաչման մեջ՝ ձեր ապագայի համար ճիշտ որոշումներ կայացնելու համար։

Աչանի Սամոն Բիաու. Ես չէի կարող ավելին համաձայնվել։ Եթե դուք մտածում եք, թե արդյոք ֆինանսական անկախությունը ճիշտ է ձեզ համար, կա մի արագ թեստ, որը կարող եք անել։ Պարտադիր չէ, որ դուք հստակ իմանաք, թե ինչ եք ուզում անել հետո, բայց դուք պետք է իմանաք, որ չեք ցանկանում շարունակել անել այն, ինչ անում եք հիմա։ Ֆինանսական անկախությունը արժե հետամուտ լինել, եթե կարծում եք, որ ավելի շատ կվայելեք գործընթացն ու ճանապարհորդությունը դեպի այն, քան բուն արդյունքը։

Օլումիդ Օգունսանվո. Ֆինանսական անկախության հասնելու ժամանակ կարևոր է խոցելիության և հետախուզման ընդունումը։ Եթե դուք առաջնահերթություն եք տալիս որոշակիության բարձր աստիճանին, ապա կորպորատիվ կառույցը կարող է դա առաջարկել և ձեզ պահել այնտեղ մինչև ծերանալը։ Մյուս կողմից, ֆինանսական անկախությունը ներառում է հետաքրքրասիրություն և հետախուզական մտածելակերպ, որը կարող է նոր հետաքրքիր կյանք բացել ձեզ համար։

Աչանի Սամոն Բիաու. Ֆինանսական անկախության հասնելու ամենակարևորը ազատությունն է։ Խոսքը ավելի լավ աշխատանք գտնելու մասին չէ։ Խոսքը նույնիսկ համոզիչ տեսլական գտնելու մասին չէ, թեև դա կարևոր քայլ է։ Ավելի շուտ, խոսքը վերաբերում է ազատություն ունենալուն՝ փնտրելու այն, ինչ ուզում եք փնտրել և անելու այն, ինչ ուզում եք, երբ ուզում եք։ Դուք պետք է վայելեք այդ հոգեվիճակը և սեր զգաք դրա հանդեպ։ Երբ դուք ունեք ֆինանսական անկախություն, դուք հնարավորություն ունեք ուսումնասիրելու ձեր հետաքրքրությունները և կրքերը, կամ ընտրում եք ընդհանրապես չհետազոտել։ Դուք ազատություն ունեք ինքնուրույն որոշումներ կայացնելու և անելու այն, ինչ իսկապես ցանկանում եք անել: Ինձ համար ֆինանսական անկախության ձեռքբերումը նշանակում էր BCG-ում իմ աշխատանքի համար ունեցած ինտենսիվությունը վերահղել դեպի իմ ընտրած բանը:

Իմ նպատակն էր ինքս ինձ ժամանակ և տարածք տրամադրել՝ ուսումնասիրելու և էներգիաս այլ ոլորտներ ուղղելու համար: Ես չէի ուզում ապրել Netflix-ի կյանքով, որտեղ անընդհատ կպչում էի զվարճություններին: Ես ուզում էի հնարավորություն ունենալ ընտրելու, թե ինչ եմ ուզում անել և շարունակել նոր բաներ ուսումնասիրել:

Olumide Ogunsanwo: Գեղեցիկ: Մի քանի կետ կավելացնեմ. Կյանքի շատ կարևոր ոլորտներ դժվար է ամբողջությամբ լուծել: Օրինակ, հարաբերություններում շարունակական խոսակցություններ կան ձեր ռոմանտիկ զուգընկերոջ, ընտանիքի և համայնքի հետ, և դուք անընդհատ ձգտում եք դրանք բարելավել: Այս նպատակները երբեք ամբողջությամբ չեն լուծվում կամ ձեռք են բերվում, այլ դրանք աճի և կատարելագործման շարունակական գործընթաց են: Նույնը վերաբերում է առողջությանը. միշտ նոր բան կա սովորելու սնվելու, մարզվելու, սթրեսը կառավարելու և հոգեկան առողջության մասին հոգալու լավագույն միջոցի մասին: Այնուամենայնիվ, ֆինանսական անկախությունը եզակի է նրանով, որ այն կյանքում այն քիչ մեծ բաներից է, որը կարելի է գրեթե ամբողջությամբ լուծել: Եթե դուք ֆինանսապես անկախ եք, դուք կարող եք ազատություն ունենալ կյանքի այլ ոլորտների վրա կենտրոնանալու, ինչպիսիք են հարաբերությունները և առողջությունը, որոնք պահանջում են շարունակական ջանքեր: Ֆինանսական անկախությունը հնարավորություն է տալիս ձեզ ավելի շատ ժամանակ, էներգիա և գումար ներդնել կյանքի այլ կարևոր ոլորտներում, որոնք անվերջ բարելավման ճամփորդություններ են։

Անկախ ձեր աշխատանքից՝ նկարիչ եք, ներդրումային բանկիր, կառավարման խորհրդատու կամ տեխնոլոգիական աշխատող, դուք հավանաբար այլ հետաքրքրություններ և կրքեր ունեք աշխատանքից դուրս։ Միգուցե ձեզ դուր է գալիս լողալը, վոլեյբոլ խաղալը, չմշկելը կամ ճանապարհորդելը։ Կարող է դժվար լինել ժամանակ և էներգիա գտնել այս հետաքրքրություններն իրականացնելու համար, եթե ձեր ամբողջ ժամանակը ծախսում եք աշխատանքի կամ բիզնեսի վրա՝ փորձելով գումար աշխատել։ Ֆինանսական անկախությունը կարող է ձեզ ազատություն տալ ավելի շատ ժամանակ հատկացնել այն բաներին, որոնք սիրում եք կամ կարծում եք, որ սիրում եք։

Որպես մարդիկ՝ մենք բազմաչափ ենք և ունենք բազմաթիվ հետաքրքրություններ։ Պատկերացրեք, եթե կարողանաք ավելի շատ ժամանակ տրամադրել ձեր կրքերին հետապնդելուն, լինի դա բիզնես սկսելը, աշխարհով մեկ ճանապարհորդելը կամ այլ բան։ FIREDOM-ը ազատություն է ընտրելու, թե ինչ եք ուզում անել ձեր ժամանակի և էներգիայի հետ։ Այդ իսկ պատճառով ես սիրում եմ ֆինանսական անկախությունը, ինչու մենք գրեցինք այս գիրքը և այն անվանեցինք FIREDOM (Ֆինանսական անկախություն + վաղաժամկետ թոշակի + ազատություն)։

Աչանի Սամոն Բիաու. Եթե դուք դեռ աշխատում էիք Google-ում, կան մի քանի պատճառ, թե ինչու չեք գրել գիրք։ Հնարավորություններից մեկն այն է, որ դուք ժամանակ չեք ունեցել այն գրելու համար։ Բացի այդ, հնարավոր է, որ դուք ստիպված լինեք հանդիպել իրավաբանական բաժնում որևէ մեկի հետ՝ թույլտվություն ստանալու համար։ [Ծիծաղ] Ես կատակում եմ այստեղ։

Օլումիդ Օգունսանվո. [Ծիծաղ] Զվարճալի է, որ դուք դա բարձրաձայնում եք, բայց ես իրականում թույլտվություն էի անհրաժեշտ Afrobility-ին 2020-ին սկսելու համար: Չեմ կատակում:

Աչանի Սամոն Բիաու. Ես կգնահատեի, եթե մարդիկ կարողանան կենտրոնանալ պատմության հիմնական տարրերի վրա: Պարզաբանելու համար, ահա ամփոփում եմ այն, ինչ զգացի. Նախ՝ ես ինձ մեծ էի զգում: Երկրորդ, ես ավելի խորը զգացում ապրեցի՝ համեմատած հեղինակավոր բիզնես դպրոցներից MBA-ի ստացման հետ, որտեղ ես որոշ չափով փնտրում էի վավերացում:

Olumide Ogunsanwo: Իհարկե: Ֆինանսական անկախության հասնելը մինչև 35 տարեկանը բացառիկ դժվար ձեռքբերում է, նույնիսկ ավելին, քան ընդունվելը Ստենֆորդի GSB (Բիզնեսի ավարտական դպրոց): Սա հատկապես ճիշտ է հաշվի առնելով, որ դուք ծնվել և մեծացել եք Բենինում: Հաշվի առնելով այն մարդկանց թիվը, ովքեր մեծացել են Բենինում ձեր հետ միաժամանակ և կարողացել են ֆինանսական անկախության հասնել մինչև 35 տարեկանը, ես կզարմանամ, եթե այն գերազանցի 0,01%-ը: Դա անհավատալի ձեռքբերում է:

Աչանի Սամոն Բիաու. Իմ ընկերներից շատերն ասում էին. «Ի՞նչ հայեցակարգի մասին եք խոսում: Ի՞նչ նկատի ունեք, որ չեք պատրաստվում շարունակել աշխատել»:

Օլումիդ Օգունսանվո. Իմ գործընկերը գործընկերոջս ասաց, որ ես գիրք եմ գրում ֆինանսական անկախության մասին: Ինչին գործընկերը պատասխանեց. «Ես գիտեմ ֆինանսական անկախության մասին, դա նշանակում է, որ ես աշխատունակ եմ և կարող եմ հեշտությամբ գտնել ցանկացած աշխատանք, որն ուզում եմ»: [Ծիծաղ]

Աչանի Սամոն Բիաու. [Ծիծաղ] Դա խորապես ներկառուցված է մեր հոգեկանի մեջ։ Ես որոշ մարդկանց ասացի ֆինանսական անկախության մասին, և նրանք պատասխանեցին. «Լավ, հիմա ի՞նչ աշխատանք եք անելու»։

Օլումիդ Օգունսանվո. [Հիստերիկ ծիծաղ]

Աչանի Սամոն Բիաու. Ենթադրվում է, որ դուք պետք է աշխատանք կատարեք։ Գրեթե երբեք չպետք է գնաք և անեք ձեր սեփական գործը։ Ամփոփելով իմ վերջին փորձը՝ ես հաւունության և հպարտության զգացում զգացի իմ ձեռքբերումներով։ Ի տարբերություն անցյալի, ես դա չէի անում ուրիշներին տպավորելու համար։ Ես զգացի, որ վերադարձել եմ ազատության զգացումներին, որոնք ունեցել եմ որպես երեխա։ Հիշեք, որ իմ մանկության պատմության մեջ ես նշեցի, որ իմ ամենավաղ հիշողություններից մեկը ազատության զգացումն էր։ Երբ ես մեծացա, ես զգացի, որ այս ազատությունը աստիճանաբար խլվեց, քանի որ ես փորձում էի համապատասխանել հասարակության ակնկալիքներին, և ֆինանսական անկախությունն այն գործիքն էր, որը ես պետք է վերականգնեի իմ ազատությունը։ Բացի այդ, ես զգացի անկշռության զգացում կամ «apesanteur», որը ֆրանսերեն բառ է, որը նշանակում է ձգողականության պակաս։ Զգում է, որ դուք լողում եք արտաքին տարածության մեջ, և ամեն ինչ ընդարձակ է։ Դուք կարող եք գնալ ցանկացած ուղղությամբ, դա ազատագրող է, բայց նաև շփոթեցնող։ Դրանք այն զգացողություններն էին, որ ես ունեի։

Ես տեղափոխվեցի Փարիզ և որոշեցի ուսումնասիրել ձեռներեցությունը, բայց հետո COVID-19-ը հարվածեց և ամեն ինչ փակվեց։ Այնուամենայնիվ, ինձ ստեղծվեց անսպասելի հնարավորություն՝ ձևավորելու ԱՄՆ-ում մի հաստատության ուղղությունը, որը համահունչ էր ազդեցություն գործելու իմ ցանկությանը։ Ես կղեկավարեի նախագիծը և կվերահսկեի դրա իրականացումը, որը տարբերվում էր BCG-ում իմ նախորդ դերից, որտեղ ես ղեկավարում էի նախագիծը և այնուհետև բոլոր առաջարկություններն ու իրականացումը հանձնում էի ընկերությանը։

Olumide Ogunsanwo. Այո, դուք հանձնում եք ծրագրի բոլոր արդյունքները հաճախորդներին և մաղթում նրանց հաջողություն։ [Ծիծաղ]

Աչանի Սամոն Բիաու. Երբեմն, նույնիսկ եթե դուք կրքոտ եք գաղափարի նկատմամբ, դուք դեռ կարող եք կասկածներ ունենալ դրա հնարավոր հաջողության մասին՝ իմանալով, որ դրա միայն մի քանի ասպեկտներ, հավանաբար, կիրագործվեն, իսկ մնացածը կմոռացվեն։ Անկախ նրանից, սա իմ առաջին փորձն էր։ Իմ երկրորդ փորձը վերաբերում էր ճանապարհորդությանը։ Ինձ միշտ դուր է եկել նոր մշակույթների մասին սովորելը, ուստի ես և իմ գործընկերը մեկնեցինք մեկ տարվա ճանապարհորդության՝ մի քանի ամիս անցկացնելով մեր այցելած յուրաքանչյուր քաղաքում։ Թեև իմ գործընկերներից ոմանք կարող էին տարօրինակ թվալ այս երկարատև ճանապարհորդությունը, մեզ հաջողվեց ուսումնասիրել վեց տարբեր երկրներ՝ խորասուզվելով նրանց մշակույթների և լեզուների մեջ։

Իմ երրորդ ուշադրությունը լեզվի ուսուցումն էր։ Արդեն վարժ տիրապետելով յոթ լեզուների՝ ես որոշեցի սովորել ևս մի քանի լեզու։ Ներկայումս ես սովորում եմ չինարեն և կատարելագործում եմ իմ արաբերեն հմտությունները։ Ես չեմ փորձում աշխատանք գտնել Չինաստանում. Ես չեմ փորձում արաբական որևէ երկրում քաղաքական գործիչ դառնալ. Ես սիրում եմ լեզուներ և ցանկանում եմ կարողանամ արտահայտվել և կարդալ թերթեր աշխարհի տարբեր ծայրերից՝ առանց հենվելու բացառապես լրատվամիջոցների վրա։

Այնուամենայնիվ, ամեն ինչ չէ, որ հեշտ է նավարկել։ ԱՄԷ-ում իմ նախագծից հետո ես մտածեցի սեփական ընկերություն հիմնելու մասին և հասկացա, որ անցյալի անապահովությունները նորից ի հայտ են գալիս։ Որպես Սթենֆորդի շրջանավարտ, հաճախ ճնշում կա միաեղջյուր ստարտափ ստեղծելու համար, բայց իմ ֆինանսական անկախությունը թույլ է տվել ինձ առաջնահերթություն տալ իմ կատարած աշխատանքին և զբաղվել միայն ինձ իսկապես հետաքրքրող ձեռնարկություններով։ Ճնշում զգալու փոխարեն՝ ես ձգտում եմ զորություն ունենալ ապրելու իմ պայմաններով։

Olumide Ogunsanwo: Այո ։ Ձեր մոտիվացիան պետք է գա ներսից։

Աչանի Սամոն Բիաու. Ես դրա դեմ պայքարում էի գրեթե վեց ամիս։ Այդ ընթացքում ես մի քանի շաբաթով վերադառնում էի Սիլիկոնյան հովիտ՝ ընկերների հետ շփվելու և մտքերս վերամշակելու համար։ Ի վերջո, ես հասկացա, որ ես աղավնիների փոսում եմ ինձ այլ կաղապարի մեջ (ձեռնարկատիրություն ամեն գնով), որը կլիներ իմ ձեռք բերած ազատության վատնում։ Դա անցյալ էր։ Այսօր ես կենտրոնացած եմ լեզուների վրա, քանի որ դրանք ինձ համար կարևոր են։ FIREDOM-ի հետ ես հնարավորություն ունեմ ընտրելու, թե որտեղ եմ ապրում և ումով եմ ինձ շրջապատում։ ԱՄՆ-ում ապրելն ինձ համար կարևոր է, քանի որ այն առաջարկում է գաղափարների առատություն և ազատություն, որն աշխարհի այլուր չկա։ Այս կերպ ես կարող եմ ժամանակս ծախսել ինձ համար ամենակարևոր ձևերով։

Olumide Ogunsanwo. Իհարկե, ամերիկացիները սիրում են ազատություն։ Դա երկրի էթոսի մի մասն է։

Աչանի Սամոն Բիաու. ԿՐԱԿԸ և Ազատությունը շատ լավ համընկնում են իմ արժեքների հետ, բայց ես չեմ պլանավորում մնալ Ամերիկայում իմ մնացած կյանքի ընթացքում: Ես ուզում եմ ճանապարհորդել և, հնարավոր է, ապագայում այլ տեղ տեղափոխվել: Ինձ համար կարևորն այն է, որ ես հնարավորություն ունենամ ընտրելու, թե որտեղ եմ ապրում: Ֆինանսական անկախության ձեռքբերումն ինձ հասունության և պատասխանատվության զգացում տվեց: Ես ինքս ինձ մարտահրավեր եմ նետում ժամանակ առ ժամանակ փորձել նոր բաներ, ինչպիսիք են այս FIREDOM գիրքը գրելը, ստարտափների վրա աշխատելը և նոր նախագծերի ընդունումը:

Իմ վերջին նախագծերից մեկը ներառում է համակարգչային գիտություն դասավանդել Աֆրիկայում ավագ դպրոցականներին: Ուսումնական ծրագրում ներառելով անգլերենը՝ մենք հուսով ենք, որ այս ուսանողներին հնարավորություն կտանք շփվել աշխարհի տարբեր երկրներից մարդկանց հետ և պոտենցիալ սովորել անգլախոս երկրներում: Հավանաբար նրանք կկարողանան աշխատանք գտնել տեխնոլոգիական ոլորտում նախքան համալսարան գնալը կամ աշկերտության մոդել սովորելը: Կան անսահման հնարավորություններ ուսումնասիրելու համար, բայց, ցավոք, քիչ մարդիկ ունեն ազատություն կամ հետաքրքրություն դրանք հետապնդելու համար:

Olumide Ogunsanwo: Ֆինանսական անկախությունը ձեզ տրամադրում է մտավոր տարածություն, թողունակություն, ժամանակ և ուշադրություն՝ կենտրոնանալու այն ամենի վրա, ինչը առաջացնում է ձեր հետաքրքրությունը: Ահա այս ամենի գեղեցկությունը: Ֆինանսական անկախությունը ձեզ ազատություն է տալիս հետամուտ լինելու այն ամենին, ինչ ցանկանում եք: Միգուցե Սամոնի պատմությունը ձեզ չի հետաքրքրում, քանի որ դուք կրքոտ չեք կրթության կամ լեզվի նկատմամբ: Ամեն ինչ կարգին է. Բանն այն է, որ Ֆինանսական անկախությունը ձեզ հնարավորություն է տալիս անելու այն, ինչ ցանկանում եք՝ լինի դա ձեր կրքերը հետապնդել, թե նոր հնարավորություններ բացահայտել։

Աչանի Սամոն Բիաու. Ես սիրում եմ ֆինանսական անկախությունը մի քանի պատճառներով։ Նախ՝ ես կարևորում եմ աշխարհագրական ճկունությունը: Ես չեմ ուզում ևս մեկ ձմեռ անցկացնել ձյան և դրա հետ կապված դժվարությունների հետ, քանի որ դա ինձ ուրախություն չի պատճառում։ Երկրորդ, ես հաճույք եմ ստանում ցանցային կապերից և մարդկանց կողքին լինելուց, ովքեր կարող են ինձ ինտելեկտուալ խթանել։ Ահա թե ինչու ես ընտրել եմ ապրել Սան Ֆրանցիսկոյում, Բեյի տարածքում։ Ի վերջո, ես սիրում եմ ուսումնասիրելու և զսպելու ազատությունը։

Ահա ֆինանսական անկախության լայնակի տեսակետը։ Մեր կյանքը կարելի է բաժանել երեք փուլի, երբ խոսքը վերաբերում է ազատությանը։ Սկզբում մենք ազատ ենք ծնվում: Ավելի ուշ կյանքում, երբ թոշակի ենք անցնում, մենք վերականգնում ենք մեր ազատությունը, քանի որ այլևս սահմանափակված չենք աշխատանքով։ Այնուամենայնիվ, մեր աշխատանքային տարիների միջին փուլում մենք հաճախ բախվում ենք տարբեր պարտավորությունների և սահմանափակումների, որոնք սահմանափակում են մեր ազատությունը։

Սա է FIREDOM-ի էությունը՝ միջին ժամանակաշրջանը սեղմելու և մեր սեփական պայմաններով կյանքն ապրելու կարողությունը՝ հետապնդելով մեր կրքերը և առավելագույնի հասցնել երջանկությունն ու նպատակը մեր արդյունավետ տարիներին։ Մի խոսքով, ֆինանսական անկախությունը թույլ է տալիս մեզ հնարավորություն տալ անելու այն, ինչով մենք առավել կրքոտ ենք, և մեր հնարամտությունը հասարակությանը նպաստելու իմաստալից ձևերով։

Olumide Ogunsanwo. Քսան և երեսուն տարեկանում ֆինանսական անկախության ձեռքբերումը կարող է աներևակայելի ոգևորիչ լինել։ Ձեր կյանքի այս փուլում դուք երիտասարդ եք, էներգիայով լի և աշխարհը ուսումնասիրելու ցանկությամբ։ Ինչու՞ քայլեր չձեռնարկել ավելի վաղ ֆինանսական անկախության հասնելու համար, որպեսզի կարողանաք ավելի նպատակասլաց, հաճելի կյանքով ապրել՝ հիմնվելով ձեր իսկ սահմանման վրա։ Ի վերջո, խոսքը ուրիշների ակնկալիքներին համապատասխանեցնելու մասին չէ՝ լինի դա ձեր ընտանիքը, ղեկավարը կամ ղեկավարը։ Դա ձեր սեփական պայմաններով կյանքն ապրելու և ձեր սեփական ճանապարհը սահմանելու մասին է։

Հենց սա է պատճառը, որ մենք ստեղծել ենք այս գիրքը՝ օգնելու ձեզ վերահսկել ձեր ֆինանսական ապագան և ստեղծել կյանք, որը ձեզ դուր կգա։ Մեր ուղերձն է ձեզ՝ ոգևորվեք կյանքով և սկսեք պլաններ կազմել՝ քայլեր ձեռնարկելու դեպի այն կյանքը, որն իսկապես ցանկանում եք։ Մի սպասեք մինչև 80 տարեկանը, որպեսզի սկսեք ապրել ձեր ուզած կյանքով. սկսեք քայլեր ձեռնարկել ֆինանսական անկախության ուղղությամբ հենց հիմա, որպեսզի կարողանաք ապրել ձեր լավագույն կյանքով։

Աչանի Սամոն Բիաու. Ես ունեմ երկու օրինակ, որոնք ցույց են տալիս, թե ինչպես են այլ մարդիկ գնահատում ԿՐԱԿԸ։ Առաջին օրինակը 20% անձնական նախագծի ժամանակի հայեցակարգն է, որը Google-ի նման ընկերություններն առաջարկում են իրենց աշխատակիցներին։ Ըստ էության, նրանք իրենց աշխատակիցներին տալիս են իրենց ժամանակի 20%-ը՝ աշխատելու այն նախագծերի վրա, որոնցով նրանք կրքոտ են։ Եթե ընկերությունը կարծում է, որ նախագիծն ունի ներուժ, նրանք ցանկանում են, որ այն կատարվի ընկերության ներսում, որպեսզի կարողանան պահանջել արդյունքի մի փոքր մասը։ Սա ընդամենը մեկ օրինակ է այն բանի, թե ինչպես են ընկերությունները գիտակցում մարդկանց իրենց կրքերը հետապնդելու ազատություն տալու արժեքը։

Երկրորդ օրինակը համընդհանուր հիմնական եկամուտի (UBI) գաղափարն է, որը քննարկվել է շատերի կողմից։ UBI-ն առաջարկում է մարդկանց եկամուտների որոշակի մակարդակ ապահովելը, որպեսզի նրանք չանհանգստանան հիմնական կարիքների համար, ինչպիսիք են սնունդն ու կացարանը, կարող է դրական ազդեցություն ունենալ մարդկության վրա, քանի որ այն մարդկանց ազատում է հետապնդելու այն, ինչ ուզում են։ Սա ցույց է տալիս, որ մարդկության կամարը մեզ մղում է դեպի ավելի մեծ ազատություն՝ ձևավորելու մեր կյանքը, այլ ոչ թե ուրիշի կողմից այն ձևավորելը մեզ համար (օրինակ՝ կառավարությունը UBI-ի հետ, կամ ընկերությունները՝ 20% անձնական ժամանակով)։

Ի վերջո, այս գրքի արժեքային առաջարկն այն է, թե ինչպես արագացնել ձեր ուղին դեպի FIREDOM։ Մեր ուղին ենթադրում էր որոշակի չափով անցնել առնետավազքի միջով, բայց դա անելը դիտավորությամբ։ Մենք օպտիմիզացրել ենք մեր ծախսերը և առավելագույնի հասցրել ենք մեր եկամուտը՝ հետևելով որոշակի ուղիների, օրինակ՝ մասնագիտական ծառայություններին։ Դուք կարող եք անել նույնը և վերագործարկվել (այլ ոչ թե թռշակի անցնել) առնետավազքից շուտ, և ձեր կրակը նվիրել աշխարհին։

Olumide Ogunsanwo. Ձեր FIREDOM պատմությունը գեղեցիկ էր։ Ես կփորձեմ ամփոփել դասերը ձեր պատմությունից։ Հուսով ենք, որ մինչ դուք կարդացել եք մեր պատմությունը, դուք հավաքել եք որոշ օգտակար սկզբունքներ, որոնք մենք սովորել ենք ճանապարհին։ Դրանք ներառում են ինքնավստահության, անկախ և քննադատական մտածողության կարևորությունը, ուրիշներին կրկնօրինակելուց խուսափելը, անհրաժեշտության դեպքում ագրեսիվ ռիսկի դիմելը, հնարավոր բացասական կողմերից չվախենալը և այդ սովորությունները զարգացնելը։ Բացի այդ, կարևոր է ոգևորվել ապագայով և անխղճորեն իրականացնել ֆինանսական անկախության հասնելու ծրագիր։

Այս բաներն իրականացնելուց հետո FIREDOM-ի փառահեղ և կախարդական կյանքը (FI + RE + Ազատություն) սպասում է ձեզ մյուս կողմում, որտեղ դուք կարող եք ապրել ձեր սեփական պայմաններով։

Աչանի Սամոն Բիաու. Օլումիդ, հիմա քո հերթն է։ Ես ուրախ եմ ստանալ ձեր մտքերը կյանքի մասին FIREDOM-ից սկսած։ Կարո՞ղ եք հանդիսատեսին մի փոքր պատմել ձեր համատեքստի և այն մասին, թե որտեղ էիք գտնվում, երբ սկսեցիք ձեր FIREDOM կյանքը։

Օլումիդ Օգունսանվո. Ես ֆինանսապես անկախ դարձա, երբ 35 տարեկան էի 2020 թվականին։ Դա անհավանական էր։ Ես ինձ զարմանալի էի զգում։ ես ցնծացա։ Դա երևի իմ կյանքի ամենաերջանիկ օրերից մեկն էր։ Տարիներ շարունակ նպատակ էի դրել և իմ պայմաններով աշխատել դրա ուղղությամբ, և վերջապես հասա դրան։ Դա նման էր այն պահին, երբ ես ստացա իմ ընդունելության նամակը Օքսֆորդից, երբ ես հուզմունքով պարում էի սենյակումս։ Ես գիտեի, որ իմ կյանքն այլևս երբեք նույնը չի լինելու։

Ես հպարտ էի զգում, քանի որ գիտեի, որ ֆինանսական անկախության հասնելը հեշտ սխրանք չէ։ Ես հիշեցի 2014 թվականի ամառը, երբ սիրահարվեցի ՖԻ-ի գաղափարին և հասկացա, որ դա հնարավոր է։ Ծտապե՛ք մինչև 2020 թվական, և ես դա իրականացրել եմ։ Դա ծայրահեղ երջանկության անհավանական զգացում էր, և ես զգացի, որ ինչ-որ ուշագրավ բան եմ արել։ Ես գոհ էի ինքս ինձնից և անցած ճանապարհից։

Աչանի Սամոն Բիաու. Ես լիովին կապված եմ այդ

զգացողության հետ, և միայն լսելով, որ դուք խոսում եք դրա մասին, ինձ ուրախություն է պատճառում: Իրականում, կար մի խորհուրդ, որը դուք տվել եք նախորդ գլխում, որն իսկապես արձագանքեց ինձ: Դուք նշեցիք, որ նույնիսկ Ֆինանսական անկախության հասնելուց հետո կարող է ձեռնտու լինել մի որոշ ժամանակ շարունակել աշխատանքը՝ նախքան որևէ մեծ որոշում կայացնելը: Ինձ հետաքրքրում է ավելին իմանալ այս հարցում ձեր անձնական փորձի մասին: Կարող եք խոսել ձեր արածի մասին:

Օլումիդ Օգունսանվո. Ահա թե ինչ էի ես արել և ինչ այլ կերպ կանեի, եթե ստիպված լինեի դա նորից անել: 2020 թվականի սկզբին ես սկսեցի Afrobility փոդքաստը Bankole-ի հետ, քանի որ սիրում եմ տեխնոլոգիական ոլորտը, վերլուծում եմ բիզնեսները, և ես մտածեցի, որ հաճելի կլինի նրա հետ համագործակցել նախագծի վրա: Թեև այդ ժամանակ ես չէի հասել ՖԻ-ին, փոդքաստը սկսելը փոխեց իմ ինքնությունը և ինձ ավելի հարմարավետ դարձրեց ձեռնարկատիրական հնարավորությունները բացահայտելու իմ կորպորատիվ դերից դուրս: Ես սկսեցի իմ մասին մտածել որպես Googler-ի և podcaster-ի:

Ես չթողեցի իմ աշխատանքը Google-ում, քանի որ ինձ դուր էր գալիս այնտեղ աշխատելը, և ամեն ինչ լավ էր ընթանում: Այնուամենայնիվ, մինչև 2021 թվականը, Afrobility փոդքաստը արագորեն դառնում էր ժողովրդականություն, և ես նույնպես սկսեցի Adamantium Fund-ը: Արդյունքում, իմ ինքնությունը նորից սկսեց փոխվել, և ես սկսեցի ինձ տեսնել որպես Googler, Podcaster և ներդրող:

2021 թվականին փոդքաստն ու Ֆոնդն աճում էին, և ավելի դժվար էր հավասարակշռել իմ կորպորատիվ դերը իմ անձնական նախագծերի հետ: Այսպիսով, ես եռամսյա արձակուրդ վերցրեցի 2021 թվականի 4-րդ եռամսյակում, որպեսզի փորձեմ, թե ինչպիսին կլիներ կյանքը, եթե կենտրոնանայի միայն հիմնադրամի և փողքասաթի վրա: Զվարճալի էր և զարմանալի: Ես մի փոքր բաց չթողեցի իմ դերը, այնպես որ, երբ վերադարձա 2022 թվականին, ես հստակ ծրագիր ունեի դուրս գալու և ի վերջո լքեցի Google-ը 2022 թվականի վերջին:

Եթե ես կարողանայի դա նորից անել, ես կսկսեի ավելի վաղ ուսումնասիրել ավելի շատ ձեռնարկատիրական հնարավորություններ և անձնական նախագծեր: Ես բախտավոր էի, որ սկսեցի այլ ձեռնարկումներ հետապնդել մոտավորապես այն ժամանակ, երբ ես հասա ֆինանսական անկախության: Ես սիրում եմ ձայնագրել Afrobility-ն և աջակցել աֆրիկյան ստարտափներին Adamantium Fund-ի միջոցով:

Իմ խորհուրդը երիտասարդներին այն է, որ 20-ականների սկզբից սկսեն փորձարկել կողմնակի բարդությունները և կողմնակի բիզնեսները՝ իրենց աշխատանքին զուգահեռ: Շատ մարդիկ օրական չորս ժամ են ծախսում հեռուստացույց դիտելու վրա, ինչը կարող է ավելի լավ ծախսվել կրքոտ նախագծի կամ ձեռնարկատիրական հնարավորության վրա: Սա ոչ միայն օգնում է ձեզ ավելի արագ դառնալ ֆինանսապես անկախ, այլև ձեր միտքը կենտրոնացած է պահում ինչ-որ հետաքրքիր բանի վրա: Նույնիսկ եթե դուք լավ եք անձնական ֆինանսների մեջ և ունեք կայուն աշխատանք, երբեք վաղ կամ ուշ չէ սկսել այլ հետաքրքրություններ ուսումնասիրել: Իրականում, վաղ սկսելն ավելի լավ է, քանի որ դա թույլ է տալիս ավելի երկար վայելել և ժամանակ հատկացնել այն բաներին, որոնք սիրում ես: Մի փնտրեք դյուրանցումներ և հարստացեք սխեմաներ, պատրաստ եղեք գործի մեջ դնել:

Մի սպասեք, մինչև դառնաք ֆինանսապես անկախ կամ թոշակի անցնեք՝ ձեր կրքերը հետապնդելու համար. սկսեք հիմա և վայելեք ճանապարհորդությունը: Ֆինանսական անկախության հասնելուց հետո կորպորատիվ աշխատանքից ձեր ելքը հետաձգելը ֆինանսական բուֆեր ստեղծելու իմաստում որոշում է: Ձեր ապագա կարիքների և ծախսերի գնահատումը ճշգրիտ գիտություն չէ, ուստի բուֆեր ունենալը ձեզ ավելի շատ տարբերակներ և ճկունություն կտա՝ հետամուտ լինելու նոր և պոտենցիալ ավելի թանկ ծրագրերին, որոնք դուք չեք հաշվի առել ֆինանսական անկախության համար պլանավորելիս:

Աշխատանքից հեռանալն ավելի լավ է, երբ ունես այլ նախագծեր, որոնց վրա պետք է կենտրոնացնես քո ժամանակը և էներգիան: Իմ դեպքում, Google-ից հեռանալու կատարյալ ժամանակն էր, քանի որ ես արդեն ունեի Adamantium Fund-ը և Afrobility փոդքաստը՝ աշխատելու համար: Այնուամենայնիվ, եթե ես հեռանայի առանց հետագա անելիքների պլանների, գուցե «թոշակի բլյուզ» ապրեի: Սա ձանձրույթի կամ դատարկության զգացում է, որը կարող է առաջանալ, երբ լրիվ դրույքով աշխատելուց հանկարծ անցնում ես օրական ութ ժամ հեռուստացույց դիտելու շատ ազատ ժամանակ [Ծիծաղ]: Սրանից խուսափելու համար կարևոր է ունենալ այլ գործողություններ կամ նախագծեր՝ ձեզ ներգրավված և խթանելու համար: Իմ դեպքում, ես թոշակի անցնելու բլյուզ չէի զգում, քանի որ զանգեր ունեի Adamantium Fund-ի չորս հիմնադիրների հետ և պատրաստվում էի Afrobility-ի հաջորդ դրվագին՝ Google-ից հեռանալուս հաջորդ օրը: Ես նաև պարում էի սենյակումս՝ զանգերիս արանքում: Ապշեցուցիչ էր.

Վերջապես, մտածեք մի քանի ամսով արձակուրդային կամ մինի թոշակի անցնելուց առաջ, որպեսզի փորձեք չաշխատել: Ես ինքս դա արեցի և երեք ամիս արձակուրդ վերցրեցի Google-ում աշխատանքս թողնելուց առաջ: Սա թույլ տվեց ինձ տեսնել, թե արդյոք ինձ հաճույք կպատճառի լրիվ դրույքով աշխատել իմ Ֆոնդի, փոդքասթի և այլ անձնական նախագծերի վրա, ինչպես նաև հնարավորություն տվեց մտածելու այն մասին, թե ինչպես էի ուզում կառուցել իմ օրերը և անցկացնել իմ ժամանակը: Դա արժեքավոր փորձ էր, որն օգնեց ինձ պատրաստվել անցումային փուլին և առավելագույնս օգտագործել իմ ժամանակը, երբ ես թողեցի աշխատանքս:

Աչանի Սամոն Բիաու. Սա այնքան խորաթափանց է: Հետ նայելով իմ սեփական հետագծին՝ ես հասկացա, որ ես չեմ հեշտացրել իմ անցումը դեպի այն կյանքին, որը ցանկանում էի, որքան դու: Երբ ես գնացի Փարիզ՝ EdTech տարածքում ստարտափ ստեղծելու անորոշ գաղափարով, նախապես բավականաչափ նախապատրաստություն չէի անում: Ես բավականաչափ չկենտրոնացա փորձելու այն կյանքը, որը ցանկանում էի ունենալ, ինչը անցումը դարձրեց ավելի դժվար, քան անհրաժեշտ էր: Այդ իսկ պատճառով ես ուզում եմ հանդիսատեսին շեշտել, թե որքան կարևոր է ձեր ծրագրերը չորացնել: Իմ բախտը բերեց, որ COVID-19 համաճարակն ինձ ստիպեց որոշակի ներդաշնակություն անել: Հակառակ դեպքում անցումը շատ ավելի դժվար կլիներ: Եթե 21 տարեկան եք, ուսումնասիրեք ձեր հետաքրքրություններն ու հոբբիները: Սկսեք բաներ անել և տեսեք, թե արդյոք դրանք իսկապես գերում են ձեզ: Երբ հասնեք Ֆինանսական անկախությանը, մի քանի ամսով և և մեկ արձակուրդ վերցրեք՝ ժամանակ տրամադրելու այն գործունեությանը, որը ցանկանում եք անել ձեր կորպորատիվ կամ բիզնես կյանքից հեռանալուց հետո: Տեսեք, թե ինչպես են նրանք ստիպում ձեզ զգալ և կրկնել, մինչև գտնեք, թե որն է լավագույնը ձեզ համար:

Olumide Ogunsanwo: Այո : Ես խրախուսում եմ բոլորին փորձարկել անձնական նախագծերը և կողմնակի քաղդությունները, քանի որ դա կարող է օգնել նրանց սովորել նոր հմտություններ, զարգացնել նոր հետաքրքրություններ, հանդիպել նոր մարդկանց և գտնել իրենց կիրքն ու նպատակը կյանքում: Ժամանակ տրամադրելով ձեր մասնագիտական կյանքից դուրս հոբբիներին և նախագծերին, դուք կարող եք ձեռք բերել գիտելիքներ և փորձ նոր ոլորտներում, որոնք ձեզ ավելի հետաքրքիր անձնավորություն կդարձնեն զրուցելու համար: Ձեր կորպորատիվ գոյության վրա միայն կենտրոնանալու փոխարեն, դուք կունենաք տարբեր թեմաներ քննարկելու և ուրիշների հետ կիսվելու համար:

Եթե մենք ազնիվ լինենք ինքներս մեզ հետ, մեզանից շատերը իրականում շատ ժամանակ ունեն մեր ձեռքի տակ, բայց հաճախ չենք կարողանում այն արդյունավետ օգտագործել: Երբ ես 20 տարեկան էի, օրերի մեծ մասում մի քանի ժամ վիդեոխաղեր և հեռուստաշոուներ էի խաղում, այնպես որ կարող եմ վերաբերվել հանգստի գործունեությամբ զբաղվելու գրավչությանը: Այնուամենայնիվ, հետ նայելով, ես հասկանում եմ, որ կան շատ այլ բաներ, որոնք ես կարող էի ուսումնասիրել և փորձարկել, բայց ես երբեք նույնիսկ չեմ մտածել դրանց մասին:

Թեև այս անձնական նախագծերը, ի վերջո, կարող են վերածվել եկամտաբեր բիզնեսի, դրանք ուսումնասիրելու հիմնական նպատակը փողի համար չէ, այլ ձեր մասին ավելի լավ պատկերացում կազմելը՝ փորձարկելով գտնել, թե ինչի վրա եք սիրում ժամանակ և էներգիա ծախսել, քանի դեռ երիտասարդ եք: . Երբ հասնեք ձեր երեսունին և քառասունին, դուք կունենաք տարիներ փորձեր և կարող եք փորձել այն ամենը, ինչ ձեզ հետաքրքրում է, լինի դա YouTube-ի տեսանյութերի ստեղծում, փողքաստինգ, գրել, բլոգեր գրել, պոկեր խաղալ կամ ձեր սրտի ուզած այլ բան: Ի վերջո, դուք կգտնեք այն գործունեությունը կամ նախագծերը, որոնց ցանկանում եք ավելի շատ տրամադրել ձեր ժամանակն ու էներգիան:

Տարիներ շարունակ փորձարկելով այս նախագծերը, դուք կարող եք նույնիսկ գտնել դրանք դրամայնացնելու ուղիներ: Դա թույլ կտա ավելի արագ հասնել ֆինանսական անկախության՝ ստեղծելով սիներգետիկ էֆեկտ: Քանի որ մոտենում եք ֆինանսական անկախությանը, կարող եք արձակուրդ գնալ՝ ստուգելու համար, թե ինչ զգացողություն կունենաք ավելի շատ ժամանակ հատկացնել ձեր սիրելի նախագծերին:

Ի վերջո, տարբեր անձնական նախագծերի հետ փորձարկելը կարող է հանգեցնել ավելի լիարժեք կյանքի: Երբ ես սկսեցի Afrobility փոդքաստը, ես ինձ շատ ավելի երջանիկ էի զգում: Մի սպասեք ֆինանսական անկախության՝ նոր բաներ փորձելու և ձեր կյանքով ապրելու համար: Փորձեք նոր բաներ հիմա:

Աչանի Սամոն Բիաու. Ես լիովին համաձայն եմ ձեզ հետ: Դրան մի շերտ էլ ավելացնեմ: Քսան տարեկանում փորձարկումներ սկսելը մի քանի առավելություն ունի: Նախ, դա ձեր կյանքի այն շրջանն է, որտեղ փորձարկումներն ունեն նվազագույն ծախսեր: Ձեր կյանքի արժեքը ցածր է, և ձեր եկամուտը նույնպես ցածր է: Երկրորդ, դա մի ժամանակ է, որտեղ փորձերի սոցիալական կամ մշակութային արժեքը ցածր է: Եթե ձախողեք ձեր փոդքաստում, կարող եք հեշտությամբ ստեղծել մեկ ուրիշը: Երրորդ, քանի որ դուք դեռ չունեք ընտանիք կամ երեխաներ, կարող եք հիմա ավելի շատ ժամանակ ունենալ, քան հետագայում:

Այժմ, երբ մենք քննարկեցինք ֆինանսական անկախության հասնելու սկզբունքներն ու գործընթացը, ես կցանկանայի իմանալ, թե ինչպես է փոխվել ձեր կյանքը ֆինանսապես անկախ դառնալուց հետո: Մասնավորապես, կարո՞ղ եք կոնկրետ օրինակներ ներկայացնել, թե ինչպես է փոխվել ձեր առօրյան կամ գրաֆիկը։ Օրինակ, դուք ուշ եք արթնանում, թե ավելի քիչ ժամեր եք աշխատում։ Ի՞նչ շոշափելի տարբերություններ եք նկատել ձեր առօրյա կյանքում։

Օլումիդ Օգունսանվո. Աստիճանական փոփոխություն տեղի ունեցավ իմ կյանքի տարբեր հանգրվանների միջոցով։ Առաջին հանգրվանը 35 տարեկանում ֆինանսական անկախության ձեռքբերումն էր, բայց այդ պահին ոչինչ շատ չփոխվեց։ Ես շարունակեցի աշխատել իմ հիմնական աշխատանքը Google-ում՝ միաժամանակ ընդլայնելով փողքաստը։

Այնուամենայնիվ, 35-ից 37-ի միջև շատ բան փոխվեց։ Ես ինձ ավելի հարմարավետ էի զգում, քանի որ ֆինանսապես անկախ էի և կարող էի աշխատել իմ պայմաններով։ Զգալի փոփոխությունը տեղի ունեցավ, երբ ես սկսեցի մտածել աշխատանքս թողնելու մասին: Փողքաստն ու ֆոնդը աճում էին, և դա բնական անցում էր, քանի որ իմ ինքնությունը զարգացավ Google-ի և իմ կորպորատիվ կյանքի վրա շեշտը դնելու համար։ Իմ ինքնությունը կամաց-կամաց փոխվեց հետևյալ կերպ.

Googler (2014-2020) -> Googler & Podcaster (2020-2021) -> Podcaster, Investor & Googler (2021-2022) -> Investor & Podcaster (2022-Today)

Ես ծրագրել էի իմ անցումը Google-ից հեռու, ուստի այն հարթ ընթացավ։ Google-ից հեռանալուց հետո ես մի փոքր այլ կերպ կառուցեցի իմ ժամանակը, բայց ընդհանուր առմամբ իմ կյանքը նման էր։ Տարբերությունն այն էր, որ ես ինձ ավելի հարմարավետ էի զգում և ավելի շատ հնարավորություն ունեի փորձեր կատարել անձնական նախագծերի հետ։ Google-ում իմ աշխատանքի վերջում, երբ ես ինձ դիտում էի որպես Podcaster, ներդրող և Googler, ես չունեի թողունակություն այլ բան հետամուտ լինելու համար։

Բայց Google-ից հեռանալուց հետո ես ավելի շատ ժամանակ ունեի կենտրոնանալու իմ անձնական նախագծերի վրա, ներառյալ այս FIREDOM գիրքը գրելը։

Որպեսզի պատասխանեմ ձեր հարցին, թե ինչպես փոխվեց իմ ժամանակացույցը, ավելի ուղղակիորեն, ես փոփոխություններ կատարեցի իմ ժամանակացույցի և ապրելակերպի մեջ իմ ճանապարհորդության ընթացքում, այնպես որ իմ կյանքը շատ չփոխվեց Google-ից հեռանալուց հետո։ Ես չէի սպասում Google-ից հեռանալուն, որպեսզի ստեղծեմ իմ ուզած կյանքը։ Կյանքը չափազանց կարճ է՝ սպասելու համար, որ ստանաս այն, ինչ ուզում ես:

35 տարեկանում ես լիովին հեռացա, ինչն ինձ թույլ տվեց տեղափոխվել գեղեցիկ քաղաք Մայամի: Հենց այս ժամանակ ես սկսեցի Afrobility փոդքաստը։ Մեկ տարի անց, երբ ես 36 տարեկան էի, սկսեցի «Աղամանտիում» հիմնադրամը։ Այնուհետև 37 տարեկանում ես թողեցի իմ կորպորատիվ աշխատանքը Google-ում: Ես նախընտրում եմ աստիճանական փոփոխություններ փորձերի միջոցով, քան հանկարծակի, դրամատիկ տեղաշարժեր։

Արդյո՞ք ես կվերադառնայի կորպորատիվ կյանք մեծ գումարի համար։ Ոչ։ Ես չեմ պատկերացնում, որ աշխատեմ ուրիշի մոտ և ինձ ասեն, թե ինչ անել։ Միտքը վանող է. Թեև ես ֆինանսապես անկախ եմ դարձել միայն երկուսուկես տարի առաջ (2020 թվականին), իսկ Google-ը լքել եմ միայն անցյալ տարի (2022 թվականին), ես արդեն այնքան եմ սովոր իմ ապրելակերպին: Ես դժվարանում եմ պատկերացնել, որ ֆինանսապես անկախ չեմ։ Ես սիրում եմ իմ կյանքը!

Աչանի Սամոն Բիաու. [Ծափահարեք] Այսօր շատ պատկերացումներ կան։ Ես կցանկանայի հարցնել, թե ինչ եք սովորել ձեր մասին ձեր ֆինանսական անկախության ձգտման արդյունքում։ Դուք մի քանի փորձեր եք անցկացրել, և ինձ հետաքրքիր է, արդյոք դուք զգում եք, որ մոտենում եք ինքներդ ձեզ և ձեր նպատակները հասկանալուն, կամ եթե ձեր փորձերը նոր դռներ են բացել։ Կարո՞ղ եք կիսվել, թե ինչպես եք աճում և ծաղկում ֆինանսական անկախության այս նոր գլխում։

Օլումիդ Օգունսանվո. Երբ ես 32 տարեկան էի և մոտ կես ճանապարհի դեպի ֆինանսական անկախություն, ես ժամանակ տրամադրեցի պատկերացնելու իմ ապագան և հասկացա, որ աշխարհագրական անկախությունը վճռորոշ է իմ ընդհանուր երջանկության համար։ Ի սկզբանե ես հավատում էի, որ աշխարհագրական անկախությունը կարելի է ձեռք բերել միայն ֆինանսական անկախությամբ, քանի որ կարծում էի, որ պետք է հեռանամ կորպորատիվ աշխարհից՝ ապրելու այնտեղ, որտեղ ուզում եմ։ Վաղ ճանաչելով աշխարհագրական անկախության արժեքը՝ ես կարողացա սկսել աշխատել դրա ուղղությամբ, նույնիսկ նախքան լիարժեք ֆինանսական անկախության հասնելը։ Սա թույլ տվեց ինձ քաղել աշխարհագրական անկախության օգուտներից շատերը, մինչ դեռ ֆինանսական ազատություն տանող իմ ճանապարհորդությունը։

Ի վերջո, COVID-19-ի բռնկումով ես լիովին հեռացա և հասկացա աշխարհագրական անկախության առավելությունները։ Թեև ես դեռ լիովին ֆինանսապես անկախ չէի, ցանկացած վայրից հեռակա աշխատելը ինձ տվեց ֆինանսական անկախության օգուտների 50-70%-ը։ Շնորհակալություն COVID-19։

Խիստ խորհուրդ եմ տալիս, որ եթե հնարավորություն ունեք աշխատելու հեռակա կարգով և աշխարհագրորեն անկախ լինելու, հնարավորինս շուտ ընդունեք։ Այն ունի բազմաթիվ առավելություններ, որոնց մասին դուք չեք կարող մտածել, նույնիսկ եթե դեռ ֆինանսապես անկախ չեք։

Թույլ տվեք բացատրել կոնկրետ օրինակով. չնայած ես երբեք չեմ արել դա, ես հասկացա, որ կարող եմ չորս շաբաթով գնալ Գվատեմալա և այնտեղից աշխատել Google-ում: Ես կարող էի նաև մեկ ամսով մեկնել Իսպանիա և անել նույնը: Սրանք բաներ էին, որոնք ես երբեք չէի կարծում, որ հնարավոր են իմ երեսունների սկզբին, բայց աշխարհագրական անկախության և հեռավոր աշխատանքի շնորհիվ դա իրականություն դարձավ: Ես խրախուսում եմ բոլորին գտնել ուղիներ՝ զգալու ֆինանսական անկախության որոշ առավելություններ՝ նախքան դրան հասնելը: Աշխարհագրական անկախությունը և հեռահար աշխատանքը ընդամենը մի քանի օրինակ են: Մի սպասիր: Փորձեք և տեսեք, թե ինչն է աշխատում ձեզ համար:

Վերջապես, ես իմացա, որ աշխարհագրորեն անկախ լինելն ինձ առաջնորդել է դեպի ինքնաբացահայտման ճանապարհորդություն, որը շարունակվում է մինչ օրս: Չնայած ես մի քանի տարի ֆինանսապես անկախ եմ, Google-ից հեռանալը չհանգեցրեց ապրելակերպի կտրուկ փոփոխությունների, քանի որ տարիներ շարունակ ես արդեն աստիճանական փոփոխություններ էի անում:

Աչանի Սամոն Բիաու. Ես տեսնում եմ: Ֆինանսական անկախություն ձեռք բերելուց ի վեր հանդիպե՞լ եք որևէ նոր սկզբունքների կամ ավելի լավ պատկերացում եք ունեցել կյանքի մասին գոյություն ունեցողների մասին:

Olumide Ogunsanwo. Ես կարծում եմ, որ բոլորը պետք է ձգտեն հնարավորինս արագ դառնալ ֆինանսապես անկախ: Այն բացում է անսահման հնարավորություններ՝ թույլ տալով անել այնպիսի բաներ, որոնք երբեմն անհնարին էին թվում: Իմ կյանքը այնքան զվարճալի է: Ես ազատություն ունեմ անելու այն, ինչ ուզում եմ: Ես կարող էի այսօր (չորեքշաբթի) տոմս գնել Իսպանիա մեկնելու և մինչև երեքշաբթի վերադառնալու համար։ Հնարավորությունները անսահման են։ Ես միշտ մտածում էի, որ ֆինանսապես անկախ ապրելակերպը զարմանալի կլինի, բայց դա գերազանցեց իմ սպասելիքները։

Ես անկեղծորեն ցանկանում եմ դա բոլորին, այդ իսկ պատճառով ես խորապես կրքոտ եմ իրազեկվածությունը բարձրացնելու և ուրիշներին ֆինանսական անկախության հետամուտ լինելու դրդապատճառով։ Իմ նպատակն է ոգեշնչել մարդկանց, որ հետաքրքրվեն և ոգևորվեն ֆինանսական ազատությամբ և անհրաժեշտ քայլեր ձեռնարկեն դրան հասնելու համար։ Ֆինանսական անկախությունը միայն բանկում միլիոնավոր դոլարներ կուտակելը չէ. դա քո արժեքներին ու ձգտումներին համահունչ կյանք վարելու մասին է։ Դա նշանակում է ունենալ բավականաչափ ռեսուրսներ՝ հետապնդելու ձեր կրքերը՝ առանց օրինագծերի կամ պարտքերի մասին անհանգստանալու։ Դա նշանակում է ունենալ ազատություն՝ ընտրելու ձեր սեփական ուղին՝ առանց աշխատանքի կամ գտնվելու վայրի կապվելու։ Դա ինձ ազատություն տվեց ճանապարհորդելու, նոր հմտություններ ձեռք բերելու, հետաքրքիր նախագծեր նախաձեռնելու և ընտանիքիս ու ընկերներիս հետ որակյալ ժամանակ անցկացնելու։ Այն նաև ինձ հնարավորություն ընձեռեց կիսվել իմ պատմությունով և օգնել ուրիշներին՝ հասնելու իրենց սեփական ֆինանսական ազատությանը։

Ես մեծացել եմ Լագոսում, Նիգերիա, համեստ ընտանիքում։ Ես հաղթահարեցի բազմաթիվ մարտահրավերներ, այդ թվում՝ բիզնես դպրոցի պարտքեր ունենալը 27 տարեկանում։ Այնուամենայնիվ, ես համառեցի և հասա ֆինանսական անկախության 35 տարեկանում՝ ապրելով արժեքների վրա հիմնված կյանքով։ Ինձ դուր եկավ ճամփորդությունը, և ես շնորհակալ եմ այն ազատության համար, որը ինձ տվել է ֆինանսական անկախությունը։ Մաղթում եմ, որ բոլորը կարողանան նույնը ապրել։

Դուք նույնպես կարող եք դրան հասնելու։ FOMO-ն մութ նյութի ամենամեծ խոչընդոտն է, որը կարող է քանդել ձեր երազանքները։ Ցանկանալը, թե ինչ ունեն ուրիշները, շեղում է ձեզ ձեր իսկական ցանկություններից՝ խոչընդոտելով ինքնաբացահայտմանը և հետախուզմանը։ Դա կարող է հանգեցնել ավելորդ ծախսերի, երբ փորձում եք հետևել մեկին, ում ֆինանսական հանգամանքներն ու նպատակները կարող եք ամբողջությամբ չհասկանալ։ Օրինակ՝ ձեր ընկերը կարող է BMW մակնիշի ավտոմեքենա գնել, բայց նա կարող է կամ միլիոնատեր լինել, կամ խեղդվել պարտքերի մեջ։ Դժվար է ընդօրինակել ուրիշի ծախսերի ռազմավարությունը՝ չհասկանալով նրանց արժեքները, եկամուտները, ծախսերը և ձգտումները։ FOMO-ի ծախսերն ի սկզբանե խնդրահարույց են, քանի որ այն հիմնված է թերի տեղեկատվության վրա։

Աչանի Սամոն Բիաու. Պարտքի գաղափարը փառաբանվել է ԱՄՆ-ում, ինչը մարդկանց ստիպել է հավատալ, որ իրենք կարող են և պետք է օգտագործեն պարտքը՝ գնելու այն բաները, որոնք պարտադիր չէ, որ ուզում են կամ կարիք ունեն, բայց որոնք գնահատվում են հասարակության կամ հարևանների կողմից։ Դա նման է մեծ դեկորատիվ ծառ գնելուն, երբ նույնիսկ Սուրբ Ծնունդը չես նշում։ Կարո՞ղ եք մեզ ուղեկցել սովորական շաբաթվա ընթացքում, որպեսզի մարդիկ կարողանան պատկերացնել, թե ինչպիսին է կյանքը ֆինանսապես անկախ մարդու համար։

Olumide Ogunsanwo: Հետաքրքիր է։ Ես վստահ չեմ, թե արդյոք հարցին պատասխանելը տեղին կլինի, քանի որ դա կարող է կողմնակալություն առաջացնել ընթերցողներին։ Փոխարենը, թույլ տվեք կիսվել իմ փիլիսոփայությամբ իմ անձնական ժամանակի կառավարման վերաբերյալ։ Ես հավատում եմ, որ իմ ժամանակը իմն է, և ես ազատություն ունեմ դրա հետ անելու այն, ինչ ընտրեմ։ Ֆինանսապես անկախ շատ անհատներ իրենց ամբողջ օրը չեն ծախսում հանգստի վրա։ Դա պայմանավորված է նրանով, որ մարդիկ կարիք ունեն նպատակի, բավարարվածության և ուրախության զգացողության, ինչը միայն հանգստի ժամանակ չի կարող ապահովել։ Օրինակ, ես կարող էի վաղը դիտել 12 «Աստղային պատերազմներ» ֆիլմեր, սակայն, հակառակ տարածված կարծիքի, իմ օրը լի չէ ժամանցով, և ես ժամանակի մեծ մասը չեմ ծախսում շոուներ դիտելու կամ ծովափին [Ժպտում]։

Վերջին մի քանի տարիների ընթացքում երջանկության, ինքնաբավության և կյանքից բավարարվածության մասին բազմաթիվ գրքեր կարդալուց հետո ես հասկացա, որ երջանիկ կյանքի բաղադրիչները ներառում են համայնք, ընկերներ, լավ առողջություն, ինքնավարություն և շարունակական անձնական աճ։ Իմ օրը պտտվում է այս բաների շուրջ։ Չնայած իմ ինտրովերտ հակումներին, ես ջանքեր եմ գործադրում ուրիշների հետ շփվելու համար։ Մոտավորապես ամեն ամիս ես միջոցառումներ եմ կազմակերպում մարդկանց համախմբելու համար։ Ես Սամոնին տեսա անցյալ շաբաթ (2023թ.-հունվար), քանի որ միջոցառում էի կազմակերպել Սան Ֆրանցիսկոյում։ Ես ձայնագրում եմ Afrobility փոդքաստը իմ ընկեր Բանկոլի հետ՝ ավելին իմանալու և նպաստելու Աֆրիկյան տեխնոլոգիական էկոհամակարգի մասին։ Ես աջակցում եմ հիմնադիրներին՝ օգնելու զարգացնել իրենց ընկերությունները և ստեղծել ապրանքներ հաճախորդների համար՝ որպես Adamantium հիմնադրամի մաս։

Իմ օրը բաղկացած է անձնական նախագծերի համակցությունից, որոնք ուղղված են վերը նշված տարրերին հասնելուն, որոնք ավելի հավանական է, որ ինձ երջանկացնեն։ Ես ժամանակի շքեղություն ունեմ՝ հետամուտ լինելու ինձ համար կարևոր և իմաստալից բաների։ Ես շատ գոհ եմ իմ ամենօրյա գրաֆիկից, քանի որ այն զվարճալի է, և առօրյան արկածային է։

Դա իմ FIREDOM կյանքի ամփոփումն է։ Էլ ի՞նչ ասեմ։ Դա զարմանալի է, և ես սիրում եմ այն։

Սա վերջին գլուխն է, եկեք ամփոփենք մեր ընթերցողներին։ Սամոն, կա՞ ձեր պատմության որևէ կողմ՝ մանկությունից, բիզնես դպրոցից, կրթությունից, կարիերայից և դեպի ֆինանսական անկախություն տանող ճանապարհորդությունից, որը կցանկանայիք ընդգծել մեր լսարանի համար։

Աչանի Սամոն Բիաու. Այո ։ Մենք քննարկել ենք այն սկզբունքները, որոնք մեծացնում են ձեր ֆինանսական անկախության հասնելու հավանականությունը։ Օլումիդը և ես բոլորս չենք զգացել այս սկզբունքները միաժամանակ։ Այս սկզբունքներն այն են, ինչ մարդիկ, ովքեր հասել են ֆինանսական անկախության, սովորել, մարմնավորել և կիրառել են իրենց կյանքի ինչ-որ պահի։

Կան բազմաթիվ գործոններ, որոնք պետք է հաշվի առնել՝ սկսած մանկությունից։ Ինձ համար հայրիկիս հաշվապահական աշխատանքին ծանոթանալը և իմ սեփական ֆինանսները մեկ այլ քաղաքում տնօրինելը սովորեցրեց ինձ ինքնավստահություն և ինքնապահովում։ Այս փորձառությունը նորմալացրեց ինքս ինձ համար մտածելու, ինքս ինձ վրա հույս դնելու և հավատալու, որ ես կարող եմ ինչ-որ բաներ իրականացնել։ Դա առաջին կարևոր պահն էր։

Իմ համալսարանական տարիներն էլ ավելի ամրապնդեցին իմ ինքնապահովումը և ինքնավստահությունը, որով ես զբաղվում էի Կոտոնուում ծնողներիցս հեռու ապրելով։ Ֆրանսիայում լինելը, իմ ծնողներից հազարավոր կիլոմետրեր հեռու, ավելացրեց ինքնապահովման և ինքնավստահության կարևորությունը: Այս ընթացքում ես հավասարակշռեցի իմ հետաքրքրասիրությունը և ուրիշների մասին սովորելը անկախ մտածողության պահպանման հետ: Ես հստակ էի իմ ինքնության մասին և պատրաստ էի ստեղծագործել լուծումների հարցում` միաժամանակ ստանձնելով լիարժեք պատասխանատվություն և հաշվետվողականություն:

Իմ կարիերայի սկզբում ես բախտ ունեցա ստանալու աշխատանք, որը համահունչ էր ճամփորդելու իմ կիրքին, որը խթանեց այլ մշակույթների իմ ուսումնասիրությունը և խթանեց իմ քաջությունը: Իմ հավակնությունն ավելի բարձրացավ թե՛ մասնագիտական, թե՛ ֆինանսապես բարձրագույն մասնագիտական ծառայություններ մատուցող ընկերությունների մարդկանց հետ շփվելու պատճառով, և որովհետև ես բարձր աշխատավարձ էի ստանում որպես սկզբնական մակարդակի վերլուծաբան: Եթե ես, օրինակ, Փարիզում այլ աշխատանք ընդունեի, իմ ամբիցիաները կարող էին այդքան բարձր չլինել, և ես գուցե բիզնես դպրոց չհետևեի:

Olumide Ogunsanwo: Այո : Բացի այդ, ձեր ազդեցության հիման վրա:

Աչանի Սամոն Բիաու. Ճիշտ է: Մինչ ես հասա այդ կետին, ես արդեն ճամփորդել էի մոտ 20 երկիր` վաստակելով երեքից հինգ անգամ այն, ինչ կարող էի վաստակել Գերմանիայում: Այսպիսով, ես կենտրոնացած չէի աշխատավարձերի աճող բարձրացման կամ ամեն տարի ևս մի քանի երկրներ այցելելու վրա: Այնուամենայնիվ, կառավարման խորհրդատվության, մասնավոր կապիտալի և հեջ-ֆոնդերի մարդկանց հետ ծանոթ լինելը օգնեց ինձ բարձր հավակնություններ դնել ինձ համար:

Olumide Ogunsanwo. Ահա թե ինչու դուք պետք է բացահայտեք ձեզ նոր գաղափարներ, հասկացություններ և մարդիկ: Հակառակ դեպքում, ձեր հավակնությունների մակարդակը կսահմանափակվի ձեր ներկայիս միջավայրում արդեն իսկ առկա միջինով:

Աչանի Սամոն Բիաու. Ֆրանսիայում իմ ընկերներից շատերը չեն գիտակցում MBA-ի կամ արտագնա աշխատանքի օգուտները միայն այն բանից հետո, երբ ես դա արեցի: Իմ մտերիմ ընկերներից հինգը շարունակեցին INSEAD-ում գործադիր մագիստրոսի կոչում և ասացին ինձ. «Դու ինձ ոգեշնչեցիր ստանալ MBA»: Շատ ուրիշներ այժմ հարցնում են ԱՄԷ-ում կամ ԱՄՆ-ում աշխատանքի հնարավորությունների մասին: Ամփոփելով, բացահայտումը կարևոր դեր է խաղում ձեր հավակնությունների ձևավորման գործում: Նույնիսկ եթե ձեր ներկայիս միջավայրում շատ հնարավորություններ չեք ունեցել, փորձեք շրջապատել ձեզ ավելի մեծ շրջանակով, որը կօգնի ձեզ ավելի բարձր նպատակներ դնել: Բարեբախտաբար, ես շատ բանի ենթարկվեցի, և իմ փառասիրությունը բարձր էր: Ես դիմել եմ միայն MBA լավագույն 10 դպրոցներին:

Olumide Ogunsanwo. Այո, իհարկե: Դուք արդեն Deutsche Telekom-ում էիք:

Աչանի Սամոն Բիաու. Ճիշտ է: Երբ ես որոշեցի շարունակել MBA-ն, դա միայն աշխատավարձի բարձրացման համար չէր: Ես արդեն բավականին շատ էի վաստակում որպես գաղթական՝ ամսական մոտ $10,000 վաստակելով: MBA-ից հետո, ես պատրաստվում էի այն հասցնել մինչև $12,000 ամսական BCG-ում: Աշխատավարձի բարձրացումն ինձ համար ամենամեծ դրդապատճառը չէր. Ես իմ փառասիրությունը տեղափոխեցի բիզնես դպրոց և նոր նպատակներ դրեցի: Ես ուզում էի դուրս գալ տեխնոլոգիաներից կամ խորհրդատվությունից՝ սկսելու այնպիսի ազդեցություն ունեցող մի բան, որն ունի աշխարհը փոխելու ներուժ։ Դեռ, երբ աշխատում էի Deutsche Telekom-ում, ես հասունություն չունեի նման հավակնոտ նպատակներ դնելու և հետապնդելու համար։ Բայց աշխարհը տեսնելուց, կրթություն ստանալուց և ցանց ստեղծելուց հետո ես հասկացա, որ պետք է մեծ երազեմ։

Սկզբում ես մտածում էի ազդեցության մասշտաբների մասին, որոնք կարող եմ ունենալ, բայց ի վերջո սկսեցի մտածել գլոբալ ազդեցության մասին։ Ինձ համար գեղեցիկ պահ էր ավելի մեծ բանի անցնելու համար։ Ես գիտեի, որ պետք է ինքս ինձ դնեմ ֆինանսական անկախության նպատակ՝ հետապնդելով իմ ավելի մեծ հավակնությունները։

Olumide Ogunsanwo. Ի՞նչ դեր խաղաց ուղեղի անսպասելի վիրահատությունը ձեր պատմության մեջ։

Աչանի Սամոն Բիաու. Չնայած դա դժբախտ և սարսափելի պահ էր, ուղեղի վիրահատությունն ինձ շատ պարզություն տվեց։ Մինչ ես վիրահատական սեղանի վրա էի, հասկացա, որ կարող էի մահանալ կամ դուրս գալ ֆունկցիոնալ խանգարումներով։ Երբ հանդիպում ես նման իրադարձությունների, մտածողությունդ ավելի պարզ է դառնում։ Միակ բանը, որ այդ պահին մտքումս էր, այն ազդեցությունն էր, որը ցանկանում էի ունենալ աշխարհի և իմ ընտանիքի վրա։ Ժամանակի արժեքը շատ ավելի թանկ դարձավ։

Olumide Ogunsanwo. Դա տեղի է ունեցել ձեր երեսունականների կեսերին, երբ կարծում էիք, որ դեռ 50-60 տարի է մնացել ապրելու։ Այնքան սարսափելի է նույնիսկ դրա մասին մտածելը։

Աչանի Սամոն Բիաու. Պատկերացնու՞մ եք։ Մինչ ես վիրահատական սեղանի վրա էի, միտքս այնքան պարզ էր, որ չէի էլ մտածում BCG-ում իմ աշխատանքի կամ հաճախորդներիս շնորհանդեսների մասին։ Փոխարենը, ես երկու հարց ունեի իմ մտքում. Ինչպե՞ս կարող եմ ավելի շատ երջանկություն գտնել պարզ բաներում, ինչպիսիք են ծնողներիս այցելելը, ընկերների հետ ժամանակ անցկացնելը և ծիծաղելը։ Ինչպե՞ս կարող եմ կենտրոնանալ իմ մեծ նպատակների վրա՝ չշեղվելով աշխարհի աղմուկից։

Երբ արթնացա վիրահատությունից, ամեն ինչ պարզ դարձավ։ Խորհրդատվությունը միայն նպատակին հասնելու միջոց էր։ Ես ուզում էի փորձարկել այն ցավի կետերը, որոնք ես խորապես զգում էի, և ֆինանսական ազատությունը նպաստեց դրան հասնելու։ Թեև նախկինում մտքում ունեի ֆինանսական ազատություն, այն այնքան վճռական չէր, որքան վիրահատությունից հետո։ Այժմ, իմ Excel մոդելը պետք է փոխվեր «որքա՞ն գումար կարող եմ աշխատել։ «որքա՞ն քիչ ժամանակ կարող եմ ծախսել ինձ անհրաժեշտ գումարը վաստակելու համար»։

Olumide Ogunsanwo. Օպտիմիզացում ժամանակի համար, որն ավելի արժեքավոր արժույթ է, քան փողը։

Աչանի Սամոն Բիաու . Սա օգնեց ինձ որոշել այնպիսի պարամետրեր, ինչպիսիք են, թե որքան պետք է խնայեմ և որքան մեծ պետք է լիներ իմ բոնուսը՝ առաջնորդելով ինձ դեպի ֆինանսական անկախություն ձեռք բերելու իմ առաքելությունը։ BCG-ի հեղինակավոր Ambassador ծրագրին դիմելը ոչ միայն հիանալի հնարավորություն էր, այլ նաև հնարավորություն էր գրեթե կրկնապատկելու իմ եկամուտները՝ դրանով իսկ արագացնելով ֆինանսական անկախության իմ ուղին։ Ուղեղի վիրահատության պահը իմ հաջողության մեծ մասի կատալիզատորն էր։ Մեր ընթերցողներին ես չեմ կարող բավականաչափ ընդգծել խանգարող FTE գտնելու կարևորությունը, որն օգնում է ձեզ պարզություն ձեռք բերել և, անհրաժեշտության դեպքում, ինքներդ մշակել այն։ Երբ դուք գտնվում եք գոտում, պահեք այն և կատարեք։ Գայթակղություններն ու շեղումները ձեզանից կցատկեն։

Ի վերջո, եթե դուք երեխաներ ունեք, բացահայտեք նրանց փորձառությունները, որոնք կերտում են ինքնավստահություն և ինքնավստահություն։ Դրեք նրանց առաջին տեղում և գիտակցեք, որ ձեզանից հեռու ժամանակը արագացնում է նրանց աճը։ Տվեք նրանց սովորելու և արագ սխալվելու հնարավորություններ։ Տարեք նրանց այլ երկրներ և ցույց տվեք, թե ինչպես է աշխատում աշխարհը։

Olumide Ogunsanwo. Այսպիսով, նրանք կարող են սովորել, թե ինչպես հաջողակ լինել նոր միջավայրերում։

Աչանի Սամոն Բիաու. Ճիշտ է։ Հետաքրքրասեր եղեք։ Իռլանդիայի Դուբլին կատարած իմ վերջին ճամփորդության ժամանակ ես զրուցեցի իմ Uber վարորդի հետ այն մասին, թե ինչպես են մարդիկ հաջողության հասնում Դուբլինում։ Մենք քննարկեցինք բարձր հարկերի միջավայրը և առկա շահութաբեր տեխնոլոգիական աշխատատեղերը։ Կարևոր է խոսել որքան հնարավոր է շատ մարդկանց հետ, բայց ոչ պարզապես պատճենել այն, ինչ նրանք անում են։ Փոխարենը, կապեք նրանց փորձառությունները ձեր սեփական ուժերի և հմտությունների հետ։

Ձեր կարիերայի սկզբնական փուլում մի բավարարվեք հարմարավետ գործերով։ Եղեք չափազանց հավակնոտ և բարձր նպատակ դրեք։ Հարցրեք ինքներդ ձեզ. «Ինչպե՞ս կարող եմ վերլուծաբանից դառնալ տնօրենի պաշտոն»։ կամ «Ի՞նչ է անհրաժեշտ գործադիր տնօրեն դառնալու համար»։ կամ նույնիսկ «Ի՞նչ է անհրաժեշտ այս չափի ընկերություն ստեղծելու համար»։

Բարձրացրեք ձեր ամբիցիաները, եղեք համարձակ և մի բավարարվեք միայն վեց ամիսը մեկ առաջխաղացում կամ բոնուս ստանալով՝ որպես ձեր լավ աշխատանքի վարձատրություն։

Olumide Ogunsanwo. Ընկերությունները կկերակրեն ձեզ փշրանքներով, եթե թույլ տաք նրանց։ Նայեք ձեր հասակակիցների խմբից այն կողմ, եթե նրանց ազդեցությունը նվազեցնում է ձեր հավակնությունները։ Ձեր հասակակիցների խումբը կարող է լինել ամենամեծ բանը, որը խանգարում է ձեզ այս պահին։ Կարդալով մեր պատմությունները՝ մենք հուսով ենք ոգեշնչել ձեզ մտածելու այն սահմանափակումներից, որոնք կարող եք զգալ և նպատակ ունենալ ավելի մեծ բանի։ Մի բավարարվեք այնտեղով, որտեղ դուք կաք, միայն այն պատճառով, որ ձեր ընկերները գոհ են իրենց կյանքով։ Հիշեք, որ յուրաքանչյուրն ունի տարբեր նպատակներ և ձգտումներ։

Անցեք այն սահմանները, ինչի համար հնարավոր է, և մի համակերպվեք միջակ կյանքով։ Դժգոհության զգացումը կարող է դրդել ձեզ ավելիին հասնելու։ Ահա թե ինչու ենք մենք գրում այս գիրքը։ Մեզ փող պետք չէ, մենք արդեն ֆինանսապես անկախ ենք։ Բայց մենք ցանկանում ենք օգնել ուրիշներին և շարունակել ինքներս աճել։ Մենք մնում ենք հետաքրքրասեր և հավատարիմ անձնական աճին, չնայած որ հասել ենք ֆինանսական անկախության։ Մարդ արարածը զգում է բավարարվածության մակարդակ, երբ աճում է։

Աչանի Սամոն Բիաու. Գեղեցիկ ։ Լիովին համաձայն եմ ձեզ հետ։ Ձեր ավանդական 9-ից 5-ի աշխատանքը ստեղծվել է այնպես, որ դուք աշխատեք այնքան ժամանակ, մինչև ձեր մարմինը թուլանա, և դուք թոշակի անցնեք 70 տարեկանում։ Այնուամենայնիվ, ֆինանսական անկախության դեպքում դուք կարող եք սեղմել այդ ժամանակացույցը և դուրս գալ առնետների մրցավազքից 10-20 տարի հետո։ . Այսպիսով, դուք կարող եք վայելել ձեր լավագույն տարիները՝ միաժամանակ լինելով ֆինանսապես ապահով։ Ֆինանսական անկախությունը պարզ հավասարում է՝ ռացիոնալ ճանապարհով վաստակեք շատ գումար և մի ծախսեք ավելորդ ծախսեր։ Մնացած գումարը կավելանա և ի վերջո ձեզ ֆինանսապես անկախ կդարձնի։ Էսենցիալիզմը քննադատական է։ Կենտրոնացեք այն ամենի վրա, ինչ դուք կարևոր եք համարում ձեր ծախսերը նվազեցնելու համար՝ միաժամանակ ավելացնելով ձեր եկամուտը։ Սա կպահանջի կարգապահություն և կատարում, բայց ի վերջո արժե այն։

Այսօր ես սիրում եմ իմ կյանքը։ Ինձ դուր է գալիս, որ կարող եմ անել այն, ինչ ինձ դուր է գալիս, օրինակ՝ ճամփորդել, նոր լեզուներ սովորել, նոր նախագծեր ուսումնասիրել և աշխատել։

Olumide Ogunsanwo. Բղավիր FIREDOM ընտանիքին։

Աչանի Սամոն Բիաու. Օլումիդի հետ հանդիպումն ինձ համար կարևոր իրադարձություն էր։ Մենք գրառումներ փոխանակեցինք և պատմեցինք մեր կյանքի մասին։ Այնքան գեղեցիկ էր, քանի որ հիանալի է խոսել այն մարդկանց հետ, ովքեր ընդլայնում են քո մտածելակերպը։ Ես սիրում եմ ձեզ հետ այս գրքի վրա աշխատելու այս փորձը։ [Ծիծաղ]

Օլումիդ Օգունսանվո. Ինձ նույնպես դուր եկավ աշխատել ձեզ հետ։ [Ծիծաղ] Մենք անհաջողակ էինք և հասանք դրան։ Անհավանական! Ահա մինչ այժմ իմ կյանքի պատմությունը։

Ես մեծացել եմ Լագոսում, Նիգերիա և մեծացել եմ մեծ ազատությամբ։ Ես զարգացրեցի ինքնավստահություն և ինքնավստահություն, որ կարող եմ ինքնուրույն գլուխ հանել ամեն ինչից, քանի որ գերազանց էի ակադեմիական առումով։ Արդյունքում, ես բախտ ունեցա Ամերիկա տեղափոխվելու հնարավորություն ունենալու համար, քանի որ իմ ավագ դպրոցում մշտապես ամենաբարձր գնահատականներն էի ունենում։ Թեև բախտը դեր խաղաց ծնողներիս դա թույլ տալու ունակության մեջ, ակնհայտ էր, որ իմ գնահատականները ցույց էին տալիս ավելի մեծ բանի ներուժ։

Ես տեղափոխվեցի Ամերիկա, երբ 17 տարեկան էի և շատ արագ սովորեցի հույս դնել ինձ վրա, քանի որ գիտեի, որ ոչ ոք չի հոգա իմ մասին։ Որպես ներգաղթյալ՝ ես չունեի աջակցության ցանց, ուստի պետք է լինեի ինքնապահովված։ Թեև բախտը դեր խաղաց իմ հաջողության մեջ, ես ամեն ինչ արեցի, որպեսզի իմ օգտին առաջ քաշեմ հավանականությունը։ Ճանաչելով և հավատալով ինքներդ ձեզ, քրտնաջան աշխատելով ճիշտ բաների վրա, փորձարկելով նոր բաներ և շրջապատելով ձեզ ճիշտ մարդկանցով, դուք մեծացնում եք ձեր բախտը բերելու հնարավորությունը։ Մի թերագնահատեք կյանքում բախտի ուժը, բայց նաև մի ապավինեք դրա վրա՝ որպես հաջողության ձեր միակ աղբյուրի։ Փոխարենը, կենտրոնացեք ինքներդ ձեզ և ձեր հմտությունները զարգացնելու վրա՝ մեծացնելու ձեր հաջողության հավանականությունը և պատրաստ եղեք հնարավորությունների, երբ դրանք հայտնվեն։

Հաջորդը անձնական զարգացումն էր։ Ես վաղ տարիքից կենտրոնացել էի անձնական զարգացման վրա, քանի որ գիտեի, որ կարևոր է մեծացնել իմ վաստակելու ներուժը։ Ահա թե ինչու ես սովորել եմ Քիմիական ճարտարագիտություն և առաջադեմ աստիճաններ եմ ստացել ինչպես Օքսֆորդում, այնպես էլ MIT-ում։ Ես շարունակում եմ առաջնահերթություն տալ իմ անձնական զարգացմանը՝ ամեն օր ժամանակ հատկացնելով նոր բաներ սովորելու համար։ 2023 թվականի մայիսի դրությամբ իմ ամենօրյա ուշադրության ոլորտները ներառում են՝ հարաբերություններ և արտադրանքի կառավարում շաբաթ օրերին, Առողջություն և վաճառք՝ կիրակի, AI՝

երկուշաբթի, ամպ և ինքնավար մեքենաներ երեքշաբթի օրը, Blockchain, Web3 և Crypto՝ չորեքշաբթի, և China Tech & India: Tech հինգշաբթի օրերին, իսկ Africa Tech՝ ուրբաթ օրերին:

Անձնական զարգացումը ձեր մարդկային կապիտալի զարգացման գրեթե հիմնարար շերտն է: Ահա թե ինչու եք գնել այս գիրքը: Այս գիրքը ֆինանսական անկախության մասին է, բայց ավելի շատ անձնական զարգացման մասին է:

Ես ֆինանսապես անկախ դառնալու հստակ տեսլական ունեի, քանի որ չէի ուզում լինել գործատուի ողորմածության տակ: 21 տարեկանում իմ առաջին աշխատանքը կորցնելը շրջադարձային էր: Ես անմիջապես հասկացա, որ ոչ մի ընկերություն իմ մասին ոչինչ չի ասել: Այս իրադարձությունը, որը MJ DeMarco-ն անվանում է «FTE» կամ «fuck this event», ինձ համար արթնացման կոչ էր: Դա ինձ հասկացրեց, որ ես պետք է տնօրինեմ իմ կյանքը: Եթե դուք կարդում եք այս գիրքը, դուք պետք է ստեղծեք մի հանգամանք կամ իրավիճակ, որտեղ դուք բավականաչափ հուսահատ կզգաք՝ հասկանալու համար ֆինանսական անկախության կարևորությունը: Դուք պետք է կազմակերպեք ձեր սեփական FTE միջոցառումը, ինչպիսին այն դեպքն էի, որը ես զգացել էի երիտասարդ ժամանակ, որպեսզի ձեզ հասկացնեք, որ ֆինանսական անկախությունը կարևոր է:

Աչանի Սամոն Բիաու. Այն, ինչ դուք հիմա ասացիք, ինձ համար խորաթափանցության ևս մեկ շերտ է: Այդ FTE-ն այն կամուրջն է, որը բաժանում է ցանկացողներին և ցանկացողներից: FTE-ն իրադարձություն է, որը ավարտվում է այն գիտակցմամբ, որ դուք պետք է փոխեք ձեր կյանքը: Իմ FTE-ն տեղի ունեցավ իմ խորհրդատվական կարիերայի ընթացքում, երբ ես վիրահատվեցի: Ես հասկացա, որ չնայած իմ ակադեմիական և մասնագիտական նվաճումներին, ես դեռ խոցելի և փխրուն էի։ Ես հասկացա, որ իմ ձեռքբերումները արտաքին գործոններ էին, որոնք ինձ որպես մարդ չէին բնորոշում։ Ցավոք, ոչ բոլորի բախտն է արժանացել FTE ունենալու։

Olumide Ogunsanwo. MJ DeMarco-ն կարծում է, որ եթե վստահ չեք, որ FTE իրադարձություն եք ունեցել, ապա հավանաբար չեք ունեցել։ Երբ դուք իսկապես փորձեք, դա կլինի հստակ և փոխակերպող պահ, որը կփոխի ձեր կյանքի հետագիծը և կփոխի ձեր արժեքներն ու նպատակները ապագայի համար։ Այլ կերպ ասած, FTE իրադարձությունը մի բան է, որը զգալի ազդեցություն է թողնում ձեր կյանքի վրա, և կասկած չկա, որ դուք դա զգացել եք։

Աչանի Սամոն Բիաու. Մի քանի մտքեր տարբեր տարիքային խմբերի համար.

Ձեր երեխաների համար. Եթե ցանկանում եք պատրաստել ձեր երեխային ֆինանսական անկախության համար, սկսեք նրան այսօր դնել ձեր ընտանիքի ֆինանսների վրա։ Թող նրանք տնօրինեն կենցաղային բյուջեն, նույնիսկ եթե կարծում եք, որ նրանք չափազանց երիտասարդ են։ Մարդիկ անսահման ընդունակ են. Ես 7 տարեկան էի, քան տնային տնտեսության բյուջեն. Ես զբաղվում էի միջին ձեռնարկության P&L-ով։ Ձեր երեխաներին վերաբերվեք ինչպես մեծերի և վստահեք նրանց պատասխանատվությունը։ Նրանք կարող են հաջողության հասնել կամ ձախողվել, բայց նրանք կսովորեն փորձից։

Ուսանողների համար. Թողեք ձեր հայրենի երկիրը՝ մեկ տարի սովորելու կամ սովորելու արտասահմանում, ընկղմվելով տեղական մշակույթի մեջ և սովորելով լեզուն։ Օրինակ, եթե դուք MIT-ի բակալավրիատի ուսանող եք, մեկ տարի արձակուրդ վերցրեք և սովորեք Կորեայում կամ Հարավային Աֆրիկայում։ Այս փորձառությունը կընդլայնի ձեր տեսակետը և ձեզ ավելի խորը պատկերացում կտա աշխարհի մասին։

Մեծահասակների համար՝ շաբաթօրյակ կատարեք՝ մտածելու և ինքներդ ձեզ ավելի լավ ճանաչելու համար, կամ փորձեք նոր գործունեություն, որը ձեզ դուրս կբերի հարմարավետության գոտուց։ Ձեր առօրյայից դուրս գալը կարող է օգնել ձեզ բացահայտել նոր հետաքրքրություններ և հմտություններ։

Olumide Ogunsanwo. Մտածեք ճանապարհորդելու այնպիսի երկրներ, ինչպիսիք են Գվատեմալան կամ Ուգանդան՝ մարդկանց կյանքի և մշակույթների ավելի լավ պատկերացում կազմելու համար։ Տարբեր մշակույթների մեջ ընկղմվելը կարող է նոր հեռանկարներ բացել և նոր գաղափարներ առաջացնել։

Աչանի Սամոն Բիաու. Ձեր նոր միջավայրում նպատակ դրեք՝ տնից օգնություն չխնդրել։ Զբաղվեք ինքնավստահությամբ և կատարեք տեղական աշխատատեղեր՝ անհրաժեշտության դեպքում ծայրը ծայրին հասցնելու համար։ Այդ ճգնաժամի ստեղծումը ձեզ որոշակի քայլեր կբերի ճանապարհին։ Դուք դրանից բաներ կսովորեք։ Երբ վերադառնաս հայրենիք, եթե որոշես վերադառնալ, քո կյանքն ավելի լավ կլինի նրա համար։ Ես առաջարկում եմ ստեղծել FTE-ներ ձեր կյանքում՝ արագացնելու անձնական աճը՝ օգնելով ձեզ բացահայտել ձեր իսկական եսը։ Սա ֆինանսական անկախության հասնելու բանալին է։

Օլումիդ Օգունսանվո. 21 տարեկանում աշխատանքի կորստի հետ կապված FTE-ն զգալուց հետո ես հասկացա, որ ինձնից բացի ուրիշ ոչ ոքի վրա հույս դնել չկար։ Արդյունքում ես սկսեցի ճանապարհորդություն դեպի ֆինանսական անկախություն՝ իմ կյանքը շրջելու համար։ Այդ ժամանակվանից իմ ծրագիրը կյանքի կոչելու խնդիր էր։ Ես գիտեի, թե ինչ պետք է անեի, և ես շնորհակալ եմ, որ քայլեր ձեռնարկեցի։ Նույնը ցանկանում եմ աշխարհի բոլորի համար։ Սամոնը իսկապես խորաթափանց բան ասաց, երբ ասաց, որ մենք ցանկանում ենք, որ դուք ֆինանսական անկախություն ունենաք, որպեսզի կարողանաք ձեր կրակը նվիրել աշխարհին։ Ես դա ուզում եմ բոլորի համար։ Ահա թե ինչու մենք գրեցինք այս գիրքը՝ հույս ունենալով, որ մեր պատմությունները կարող են ոգեշնչել և առաջնորդել ուրիշներին ֆինանսական անկախության հասնելու և իրենց լավագույն կյանքն ապրելու ուղղությամբ։

Հուսով եմ, որ դուք վերցրել եք որոշ սկզբունքներ, որոնք կարող եք կիրառել ձեր կյանքում՝ ինքնավստահություն, ինքնավստահություն, հետաքրքրասիրություն, անկախ մտածողություն, փառասիրություն, քաջություն, նպատակադրում, անձնական զարգացում և դիտավորությամբ ապրել՝ առավելագույնի հասցնելու ձեր եկամուտը և ծախսերը համահունչ ձեր արժեքները. Մեր քննարկած այս սկզբունքները համընդհանուր են, բայց ձեր կյանքում կիրառումը եզակի կլինի։ Որոնեք ձեր սեփական ճանապարհը, որպեսզի սկզբունքներն աշխատեն ձեզ համար։

Փորձեք ձեր լավագույնը։ Ամենավատ ափսոսանքն այն է, որ գիտես, որ չես փորձել ապրել քո լավագույն կյանքով։ Գիտեմ, որ փորձել եմ առավելագույնը։ Ես փորձեցի զարգացնել ինքս ինձ և սովորել այն ամենը, ինչ կարող էի, հիմնվելով ինձ շրջապատող հանգամանքների վրա։ Այդ իսկ պատճառով դուք գնել եք այս գիրքը, քանի որ գիտեք, որ ցանկանում եք փորձել։ Դուք կարող եք ապրել հարմարավետ կյանքով, բայց դուք պետք է փորձեք նայել հարմարավետությունից այն կողմ՝ ինքներդ ձեզ մղելու համար։ Դուք կարող եք անել շատ տարբեր զարմանալի բաներ, եթե փորձեք ձեր լավագույնը։ Դուք չեք կարող հասնել մեծության ձեր անձնական սահմանմանը և ապրել ձեր լավագույն կյանքով՝ ամբողջ օրը հեռուստացույց դիտելով։ Ահա թե ինչու մենք գրում ենք այս գիրքը ոչ միայն ֆինանսական անկախության համար, այլ որովհետև ցանկանում ենք, որ դուք ապրեք այնպիսի կյանքով, որով կարող եք հպարտանալ։

Սա եղել է իմ ամենասիրած ձայնագրման գլուխներից մեկը, քանի որ այն միավորում է բազմաթիվ թելեր և դրանք բոլորը միասին կապում ընթերցողների համար։ Զարմանալի!

Աչանի Սամոն Բիաու. Ես սիրում եմ դա։ Հրաշալի։ Շնորհակալություն և ուրախ եմ լինել այս ճանապարհորդության մեջ։

Olumide Ogunsanwo. Ինչ անհավանական ճանապարհորդություն ենք մենք միասին անցել։ Դժվար է հավատալ, որ գիրքն ավարտվել է։ Հուսով ենք, որ մեր պատմությունները ձեզ ոգեշնչել են դրական փոփոխություններ մտցնել ձեր կյանքում՝ ֆինանսական անկախության հասնելու համար։

Օգտվելով առիթից՝ ցանկանում եմ իմ երախտագիտությունը հայտնել երկու հոգու: Նախ և առաջ մեծ շնորհակալություն Սամոնին։ Ինձ դուր է եկել աշխատել Սամոնի հետ։ Բացարձակ հաճույք էր այս նախագիծը միասին կատարելը։ Գիրք ստեղծելը հեշտ գործ չէ, բայց Սամոնը հիանալի գործընկեր է եղել ամբողջ ճանապարհին։ Ես շնորհակալ եմ նրա կողքին աշխատելու հնարավորության համար:

Ցանկանում եմ նաև սրտանց շնորհակալություն հայտնել ձեզ՝ այս գրքի ընթերցողին։ Շնորհակալություն, որ ժամանակ տրամադրեցիք՝ միանալու մեզ այս ճամփորդությանը, քանի որ մենք կիսվեցինք ֆինանսական անկախության վերաբերյալ մեր փորձով և պատկերացումներով։ Դուք միացաք մեզ՝ վերհիշելու մեր անցյալը, և ես շնորհակալ եմ ձեզ տրամադրված ժամանակի համար։ Մենք հուսով ենք, որ ստեղծել ենք մի գիրք, որը գրավիչ, հետաքրքիր և օգտակար կլինի ձեր սեփական ֆինանսական անկախության ձգտման համար: Շնորհակալ եմ աջակցության համար!

Դիմեք մեզ hello@myfiredom.com հասցեով և միացեք մեր substack տեղեկագրին firedom.substack.com հասցեով [1], որտեղ մենք կտեղադրենք FI-ի մասին զրույցը շարունակելու համար: Ես անհամբեր սպասում եմ, որ մի օր բոլորիդ հասնեք ֆինանսական անկախության և ապրեք ձեր երազանքների կյանքով: Շնորհակալություն բոլորիդ մեզ հետ այս ճանապարհորդության համար:

Աչանի Սամոն Բիաու. Ես լիովին համաձայն եմ այն ամենի հետ, ինչ ասացիր, Օլումիդ: Շնորհակալություն հրաշալի փորձի համար: Ամեն անգամ, երբ մենք ծրագրում էինք ձայնագրություն, ես մեծ ակնկալիքով սպասում էի դրան, քանի որ գիտեի, որ դա հիանալի զրույց է լինելու: Մենք անկեղծորեն հուսով ենք, որ մեր գիրքը օգտակար կլինի մեր բոլոր ընթերցողներին, երբ նրանք սկսում են իրենց սեփական ճանապարհորդությունը: Եվս մեկ բան, ինչպես նախկինում ասացի, ես սիրում եմ լավ տրամադրություն...

Օլումիդ Օգունսանվո. [Հիստերիկ ծիծաղ] Դուք դա ասացիք առաջին գլխում: Այժմ դուք դա նորից եք ասում յոթերորդ գլխում:

Աչանի Սամոն Բիաու. Ես ավելի երջանիկ կլինեմ, եթե ավելի շատ մարդիկ հասնեն ֆինանսական անկախության: Հիշեք, որ մեկ այլ անձի ֆինանսական անկախությունը չի սահմանափակում դրան հասնելու ձեր սեփական ներուժը:

Olumide Ogunsanwo: Համաձայն եմ: Իրականում, դուք ավելի հավանական է հավատաք, որ ֆինանսական անկախությունը հնարավոր է ձեզ համար, եթե տեսնեք օրինակելի օրինակներ:

1. http://firedom.substack.com

Աչանի Սամոն Բիաու. Կյանքում իմ անձնական փիլիսոփայությունն է օգնել ուրիշներին անել ավելի լավ, քան ես եմ հասել։ Կարո՞ղ եք օգտագործել այն, ինչ ես արել եմ որպես հիմք նոր բան ստեղծելու համար։ Ես ուրախ եմ, որ ձեզնից նրանք, ովքեր հետաքրքրված են այս թեմայով, խորանալու և ուսումնասիրելու մեր պատմությունները, կիսվելու խորհուրդներով և ամենակարևորը՝ այն սկզբունքներով, որոնք կարող եք կիրառել ֆինանսական անկախության հասնելու համար։ Ինձ անսահման ուրախություն կպատճառի իմանալ, որ մեր խոսքերը ոգեշնչել են ձեզ, նույնիսկ ամենափոքր ձևով, և օգնել ձեզ հասնել ֆինանսական անկախության։ Եվ ինչպես ասաց Օլումիդը, եթե երբևէ ցանկանաք կապ հաստատել, կարող եք էլ. Համայնքը բարելավում է ամեն ինչ, այնպես որ շարունակեք մեծացնել ձեր ֆինանսական անկախության համայնքը։

Օլումիդ Օգունսանվո. Ի՜նչ զարմանալի ճանապարհորդություն։ Շնորհակալություն Սամոն։ Շնորհակալություն բոլորին! **Ներիր ինքդ քեզ և ուրիշներին, ովքեր ցավ են պատճառել քեզ, հավատա ինքդ քեզ, եղիր քո իսկական եսը, ստեղծիր քո կյանքի ապագայի համոզիչ տեսլականը, դրիր արժեքների վրա հիմնված հավակնոտ նպատակներ և զարգացիր քեզ ամեն օր՝ նպատակներին հասնելու համար։** Գնացեք դեպի ձեր ԿՐԱԿ և նվաճեք։

www.ingramcontent.com/pod-product-compliance
Lightning Source LLC
LaVergne TN
LVHW091247150826
845673LV00006B/1344

* 9 7 9 8 8 6 9 0 0 7 0 2 5 *